"十四五"国家重点出版物出版规划项目

国家社科基金抗日战争研究专项工程项目"满铁资料整理与研究"（项目编号：17KZD001）成果

郑毅
李少鹏 编著

满铁人物评传

满铁研究丛书

主　编　邵汉明

副主编　武向平

中国社会科学出版社

图书在版编目（CIP）数据

满铁人物评传／郑毅，李少鹏编著. -- 北京：中
国社会科学出版社，2025. 8. -- (满铁研究丛书).
ISBN 978-7-5227-5266-2

Ⅰ. K265. 610. 6

中国国家版本馆 CIP 数据核字第 2025RA5382 号

出 版 人	季为民	
责任编辑	靳明伦	王金英
责任校对	李 硕	
责任印制	李寡寡	

出 版	中国社会科学出版社
社 址	北京鼓楼西大街甲 158 号
邮 编	100720
网 址	http://www.csspw.cn
发 行 部	010-84083685
门 市 部	010-84029450
经 销	新华书店及其他书店

印刷装订	北京君升印刷有限公司
版 次	2025 年 8 月第 1 版
印 次	2025 年 8 月第 1 次印刷

开 本	710×1000 1/16
印 张	31
字 数	481 千字
定 价	158.00 元

"满铁研究丛书" 编委会

总　序

南满洲铁道株式会社，简称"满铁"，一个名称上看似专营铁路业务的民营企业，在日本侵华史上是一个特殊的存在，它实际上是一个集殖民统治、经济掠夺、情报搜集等活动于一体的巨无霸企业，不仅在日本史上独一无二，在世界史上也是罕见的。

满铁在近代中日关系史上占有重要地位。它成立于日俄战争后的1906年，是根据日本特殊立法而设立的"国策会社"，首任总裁是曾经担任中国台湾民政长官的有着"殖民地经营家"之称的后藤新平。他主张"举王道之旗行霸道之术"，提出"文装的武备"的殖民主义统治政策。九一八事变前，满铁是近代日本推行大陆扩张政策的中枢机构；九一八事变后，满铁更是凭借其雄厚的实力以及在中国东北特殊的地位，积极地配合关东军侵略东北。可以说，九一八事变是关东军与满铁共同作用的结果。

此后，伴随着日本侵略范围的扩大，满铁经营的范围也迅速向中国华北、华东、华南地区扩张，几乎控制了中国东北、华北的主要经济命脉，广泛涉及铁路、水运、煤炭、钢铁、森林、农牧、金融、学校、医院、旅馆等各个领域。满铁垄断了中国东北铁路网，掠夺了中国东北及华北大量的国防能源和经济资源，将中国东北变成了日本工业原料供应地，是日本对华经济掠夺和经济侵略的中心组织。

满铁在中国东北盘踞40年，发展规模达40亿日元，从业人员近50万人，其直接统治的满铁附属地近500平方公里。从九一八事变到1945年日本战败投降，满铁几乎参与了日本全部侵华活动。它是日本对中国进行全面侵略的重要工具，是在华时间最长、侵害最大的侵略会社。

　　情报搜集是满铁的一项重要职能，满铁调查部直属专业调查人员有2500余人。数十年间，满铁对中国的地质、矿产、土地、森林、港湾、农业、海运等展开了全面调查，并形成了庞大的调查报告书，广泛涉及当时中国的政治、经济、军事、法律、历史、文化、教育、民族、宗教、地理、自然科学等各个领域。1945年日本战败投降后，满铁档案资料除了部分被焚烧以外，绝大部分留在了中国东北。这些满铁资料包括文书档案、往复电报、调查报告、指令、命令等，涉及日本侵华的各种机密文件。这些资料分散于十几家档案馆、图书馆及研究机构中，其中，吉林省社会科学院所藏满铁资料最为丰富。这些当年服务于日本侵华的资料，成为今日确证日本侵略行为的罪证，成为历史研究的珍贵的第一手资料。

　　吉林省社会科学院长期以来致力于满铁资料的整理与研究。20世纪50年代末，满铁研究作为经济学重大课题被纳入国家科学发展规划。其后历经曲折，直到改革开放后的1987年，八卷本1000万字的《满铁史资料》终于面世。20世纪90年代，吉林省社会科学院正式建立满铁资料馆，该馆收藏满铁资料总计3万余册，大幅图表近3000幅。2016年，在吉林省社会科学院和中国社会科学院近代史研究所的共同主导下，满铁研究中心成立了，这是国内首个满铁研究实体机构。此后，满铁研究中心在满铁资料抢救、整理、研究方面发挥了重要的推动作用。为便利学界研究，满铁研究中心出版了大量馆藏的满铁对华"调查"资料，其中，由时任院长邵汉明发起并亲任主编的《近代日本对华调查档案资料丛刊》迄今已陆续有六辑出版面世，多达490册。

　　吉林省社会科学院不仅是国内的满铁资料中心，也是满铁研究重镇。前辈解学诗是中国满铁研究的重要奠基人，他先后出版了《满铁与中国劳工》《评满铁调查部》《满铁与华北经济》，并主编了《满铁内密文书》（30卷）、《满洲交通史稿》（20卷）。在他的带领下，满铁研究的后起之秀纷纷崛起。近年来，武向平著《满铁与国联调查团研究》、李娜著《满铁对中国东北的文化侵略》、王玉芹著《日本对中国东北医疗卫生殖民统制研究》等陆续面世，进一步丰富了满铁研究。

　　此次，吉林省社会科学院集结了满铁研究的精兵强将，以本院研究骨干为主体，吸纳东北相关高校和研究机构的研究者参与，组成了强有力的项目团队。该丛书对满铁展开了系统研究，涵盖满铁活动的众多面相，内容包括满铁对附属地的统治、满铁与日本关东军、满铁与"满洲"扩张论，满铁对东北矿产资源林业资源的调查与掠夺、满铁对铁路煤矿的垄断经营，以及对满铁重要人物、战后满铁会的研究等。通过这些研究，丛书比较完整地描绘出满铁的基本面貌，揭示了满铁在日本向中国东北扩张中的急先锋作用，与日本军方的紧密关系及其在日本对华各类资源掠夺中的重要作用。

依托吉林省社会科学院得天独厚的满铁资料收藏，这些研究建立在丰富而扎实的史料基础上。大量的第一手史料的发掘与使用，使得这些著作体现出浓郁的原创性。这一系统性的研究，将满铁研究又推向了一个新的阶段，在满铁研究的学术史上必将留下浓重的一笔。

祝贺丛书的出版，期待有更多的优秀成果面世，将满铁研究推向新的高峰，将日本侵华史研究推向新的高峰。

王建朗

2025 年 6 月 6 日

目　　录

绪　　论

本书为"满铁研究丛书"之一《满铁人物评传》，按照通常的释义，《满铁人物评传》应当以在满铁这个特殊日本国策会社有过职业经历的人物群体为主，但考虑到"满铁"本身被"制造"出来的历史过程及其实际功能，我们认为谋划并制造出这一特殊国策会社的日本政、军、财等多领域的首脑级人物虽未在满铁有过任职经历，但也属于与满铁有关联的重要群体，是不应该被忽略的。没有这些日本社会统治集团诸多人物的"运筹谋划"，就不会产生这样一个特殊的日本国策会社；同时，满铁产生的过程本身也可以视为日本继对中国台湾、朝鲜半岛殖民统治之后的一种殖民经营方式升级改造的结果，是日本自明治维新以来走上对外扩张侵略道路上的一个独特的"标志性"产物；"满铁"本身不仅是一个日本版的"东印度公司"，也是一个帝国主义日本制造出的独一无二的以铁路经营为名、行殖民侵略扩张之实的"文武兼备"、功能齐全的殖民侵略"利器"。

因此，要想从人物群体层面解读和剖析"满铁"的功能、作用及地位，将满铁被制造出来的动因和历史背景做出清晰的梳理是非常必要的。满铁之所以能够被制造出来，不仅仅是儿玉源太郎、后藤新平两人共谋筹划的产物，它更是当时日本统治阶层对日俄战争后日本所处的国际环境和日本扩张战略综合分析利弊得失后达成的一种"共识"。

满铁，全称"南满洲铁道株式会社"，其成立的依据是1905年9月5日由美国调停日、俄两国，为结束战争状态而签署的《朴茨茅斯和约》，其中的第5条俄国向日本转让辽东半岛租借地和第6条俄国将中东铁路宽城子（长春）以南的支线让渡给日本。但上述两项权益的让渡须经清政府的承认。1905 年 10 月 30 日，日俄两国政府在四平街（今吉林四平）签署两国撤军手续和铁路线让渡顺序协定书。根据这份协定书，俄国将长春以南的中东铁路南部支线及其附属线路正式移交给日本。随后同年 12 月 22 日，日本同清政府签订了《中日会议东三省事宜条款》（日方称为《北京条约》），迫使清政府承诺同意转让俄国在旅顺、大连的租借地及长春至大连间铁路及其附属地的租借权，另加上日本因战争需要而修建的安奉轻便铁路的限期使用权，共同构成了满铁成立的铁路基础。

日俄战争之后，日本朝野十分忌惮俄国日后向日本复仇。满铁设立的战略目的就是日本在“南满地区”站稳脚跟后，利用满铁线路及其附属地为日本继续向北推进充当后勤补给线。在日俄战争进行过程中，日本外相小村寿太郎就向首相桂太郎提出如下建议，即在与俄议和的条件中应包含割让辽东半岛租借地和南部铁路支线的内容，这是从战略上阻止俄罗斯再次南下的必要条件。陆军元老山县有朋在 1905 年 8 月也向内阁提出了一份“战后经营意见书”，其明确提出为了阻止俄国南下应充分利用军用铁路，开采抚顺煤矿来补充军用铁路所需的费用。显然，当时日本政府内部对中东铁路南部支线颇为重视，主要是从阻止俄国再次南下的国防战略考虑。正是出于这种政治和军事层面的考虑，日本政府最终废弃了和美国铁路大王哈里曼联合经营南部铁路的计划。

日本发动对俄战争的最初战略目标是消除来自北面沙俄的威胁，在独占朝鲜半岛的问题上获得其承认。但随着日本在对俄战争中优势逐渐明显，日本对作为日俄战争双方交战地的中国东北地区尤其是日本占领的辽东半岛及中东铁路产生了毫不掩饰的贪欲。

围绕着如何经营从俄国手中获得的这条铁路线问题，日本军方人物儿玉源太郎和殖民地经营“专家”后藤新平两人发挥了至为关键的作用。日俄战争期间儿玉源太郎任日本满洲军参谋总长，战争结束后升任参谋总长，并作为委员长成立了“满洲经营委员会”，成员包括日本政府的各方面高级官僚，有外务省次官珍田舍己、外务省政务局局长山座圆次郎、大藏省次官若槻礼次郎、大藏省主计局局长荒井贤太郎、递信省次官仲小路廉、递信省经理局局长关宗喜等人。这个委员会可以说是满铁的"制造者俱乐部",他们用时约两个月讨论制成了设立满铁的敕令和命令书的方案。1906年6月7日,明治天皇颁布第142号敕令《关于设立南满洲铁道株式会社之文件》,"南满洲铁道株式会社"正式成立。敕令中明确规定:南满洲铁道株式会社的总裁和副总裁是经日本天皇敕裁、由日本政府任命的敕任官。虽名为株式会社,但实际上是日本政府机构,政府负责对会社的业务进行监督,会社接受政府的命令从事相关业务。

日本政府对于日俄战争后如何控制、占领中国东北即所谓的"满洲经营"并无把握,1906年1月7日接替桂太郎出任内阁总理大臣的西园寺公望曾在儿玉源太郎的劝诱下,于4月14日由大藏省次官若槻礼次郎、外务省政务局局长山座圆次郎、农商务省农务局局长酒匂常明、铁道作业局建设部部长野村龙太郎等人陪同下,秘密前往中国东北进行了一次为期三周的实地考察。

西园寺公望实地考察中国东北回到日本后,立即召开了一次名为"满洲问题协议会"的联络会议,参加会议的成员可以说包括了日本政府的主要高官、元老、海陆军代表等,有韩国统监伊藤博文、枢密院议长山县有朋、元帅大山岩、内阁总理大臣西园寺公望、枢密院顾问松方正义和井上馨、陆军大臣寺内正毅、海军大臣斋藤实、大藏大臣阪谷芳郎、外务大臣林董、陆军大将桂太郎、海军大将山本权兵卫、参谋总长儿玉源太郎等。

这次会议确定了日本在日俄战争之后对中国东北南部地区的侵略政策,即撤废军政统治,在辽东半岛南端的日本租借地"关东州"

寺内正毅

设立关东都督府作为日本的统治机构，关东都督由陆军大将或中将担任，对满铁具有业务监督权。外务省系统驻中国东北各地使领馆除负责与清政府交涉外，还可通过领事警察行使保护日本侨民的权利，而满铁对外交涉事项的监督权由外务大臣掌握。这样一来，通过这次会议确定了日俄战争之后日本在中国东北南部地区的统治体制。满铁的成立，实际上是在陆军系统的关东都督府与外务省系统的各地领事馆两个独立的系统之外，增加了一个满铁系统，三者互为依托、互为钳制、互为平衡的殖民统治格局就此确立。

1906 年 11 月 13 日，后藤新平被任命为首任满铁总裁，26 日在东京神田基督教青年会馆召开满铁成立大会。1907 年 4 月 1 日，满铁正式开始运营。1945 年 8 月 9 日，苏联正式对日宣战，8 月 18 日伪满洲国政权垮台，9 月 5 日苏军解除了盘踞在中国东北的日本关东军的武装。此前，苏联政府基于与英美达成的雅尔塔秘密协议，同国民政府签订了《中苏友好同盟条约》，迫使国民政府全部接受了雅尔塔秘密协议中与中国相关部分的内容，其中就有中苏共同经营中长铁路三十年的条款。中长铁路即为原中东铁路。9 月 22 日，满铁最后一任总裁山崎元幹在长春向苏方代表正式移交满铁所辖所有业务的管理权，满铁宣告解体。

与此同时，美国对日占领军总部（GHQ/SCAP）在 1945 年 9 月 30 日发布《关于关闭外地、外国银行及战时特别金融机关的指令》（SCAPIN 第 74 号），满铁属于被关闭的日本国策会社，这标志着满铁在法律意义上作为一个实体的正式消亡。

满铁作为日俄战争之后日本帝国"经营"中国东北最重要的侵略工具，虽然其自身名为"铁道株式会社"，但其所肩负的"帝国使命"和涉足中国东北的广度和深度都是令人发指的。在日本帝国扩大对中国东北的侵略过程中，满铁是日本帝国实行大陆政策的"急先锋"和主要推动者，满铁既承担了从经济层面扩大和加深对中国东北侵略的职能，又承担了推进对中国东北侵略的军事层面的辅助职能。从日本帝国殖民侵略史的角度来看，满铁是日本政、军、财等多方上层人物共同谋划打造出来的一种日本式的殖民侵略模板，是日本帝国在殖民统治中国台湾和朝鲜半岛基础上的一个升级版侵略模式。从这个意义上来分析满铁的设立、经营、变异等历史环节，对我们透视日本帝国殖民侵略史的深化过程更具有历史意义。

从历届满铁总裁到基层满铁从业者，在满铁存续的 40 年间，满铁成为日本社会各界各阶层人物涉足中国东北的一个重要平台。"满铁的事业复杂纷繁，由于经历了 40 年之久，仅总裁（中间曾改变为理事长制和社长制）就更换了 16 次，以各种部、局、课所组成的庞大机构，全面或重要的机构调整不下 21 次。满铁还有人数众多的职工队伍，在日本投降前接近 40 万人，其中日本职工近 14 万人，仅日本职员和准职员就有 6 万余人。"[①] 在为数众多的满铁人物中，最重要的人物群体就是历任满铁总裁（曾改称为理事长、社长），这些历任总裁是满铁这一日本国策会社的最高首脑，既是日本帝国的国策实施者，同时又是参与谋划制定对华侵略政策的策划者。在满铁存在的 40 年间，仅总裁就先后有 17 人，副总裁有 15 人，理事有 73 人，监事有 19 人。虽然其中有个别人的任职履历有重合，但作为满铁最高领导层人事的更迭也是相对频繁的。这些掌控、实际运营满铁这一庞大殖民机器的群体无疑是本书的内容主体。其中，首任满铁总裁后藤新平在奠定满铁殖民经营理念方面发挥过不可忽略的作用，一度使满铁成为日本在中国东北殖民经营的中心。他所提出的所谓"文装的武备"论在相当长的一段时期内成为满铁经营的主要理念。所谓"文装的武备"，就是把赤裸裸的军事占领和殖民活动披上一层"文化"的伪装，"以文事设施之后行武装侵略之实"。[②] 满铁第十任社长山本条太郎曾被称为"满铁三大总裁"之一，他上任后提出过"满铁新经营策"，力主在中国东北开发日本工业所必需的原料和粮食，变中国为日本的原料产地和商品销售市场，在满铁内部推行经营管理合理化和经济化，大量裁员，使满铁的经营全面从属和服务于日本国内财阀的利益诉求。张学良东北易帜后，由于世界性经济危机的爆发和中国国内反日运动的高涨，满铁一度出现了经营危机。日

---

① 苏崇民：《满铁史》，中华书局 1990 年版，序言，第 3 页。
② 参见［日］鹤见祐辅：《后藤新平传·满洲经营篇》下，太平洋协会出版部 1944 年版，第 10—11 页。

本资深职业外交家内田康哉受命担任满铁总裁，被推出处理日本在中国东北的"双重外交"和"四头政治"等现象。适逢关东军发动九一八事变全面实施侵占中国东北的计划，内田康哉指令满铁系统全面支持配合关东军，因策应和协助关东军侵略中国东北"有功"，全体满铁日本职员均受到日本天皇的"表彰"，九一八事变也成为满铁40年历史的分水岭。

历任满铁总裁经营理念的提出和实施，都可以视为日本政府对所谓"满洲经营"政策的一种变化和需要，同时也应该看到满铁作为日本帝国殖民侵略中国东北的重要媒介，在不同时期以不同的政策理念、经营方式去适应当时的国际环境和列强对中国东北的"关注"。

满铁总裁的经营理念和策略是以满铁为实施平台而提出的，是在日本帝国的总体对华政策之下展开的。因此，这些经营理念和策略的发挥空间是有一定的限制条件的，无论其经营理念如何变化，其作为日本大陆政策"急先锋"的特定角色和使命的定位始终没有变化。因此，历任满铁总裁虽身为这个日本国策会社的最高首脑，其扮演的角色和定位都没有超越日本帝国主义殖民侵略中国东北的工具性角色和历史地位，都是从属于满铁这一日本国策会社属性的一员而已。

满铁总裁群体中有殖民地官僚、党派政治家、财界领袖、职业外交官、技术官僚等各色人物，每一任满铁总裁人选的产生实际上都是日本国内政治势力角逐、争夺、平衡的结果。从这个意义上讲，满铁总裁的系谱也是观察研究当时日本政治的一个重要参照系。本书通过列举八百多名满铁中层以上人员的履历，大致勾勒出满铁的职员构成及特点，相信会对国内学界了解和研究满铁这个特殊的日本国策殖民机构有所帮助。

需要说明的是，"南满""满铁""满蒙"等历史词汇本身具有一定的殖民色彩，学界在使用时一般直接改写为"东北南部"等。本书因涉及特定的语境且数量庞大，文中并未逐一加以改写，此系历史范畴的特定用语，不代表编撰者立场，请读者在阅读或引用时特别加以注意。

上 编

满铁重要人物评传

满铁是日俄战争结束后模仿英国"东印度公司"而专门设立的以接手、经营日本获得的中国东北南部（"南满"）的铁道运输、矿业开发、附属地经营为主要内容的国策性质的特殊公司，它与日本社会按照一般商法设立的普通股份公司性质完全不同，它是日本政府的国家经营战略和意志的体现者，其公司的社长、副社长（后改称总裁、副总裁）须经敕裁后由政府任命。由于满铁是日俄战争的产物，在日俄战争中政治地位陡升的日本军方尤其是陆军操控了制造这一日本国策公司的全过程。

1906 年 7 月 13 日成立的设立委员会和 80 名委员的人选，明显地体现了日本陆军的色彩和意志。首任委员长是参谋总长儿玉源太郎，在他突然病故后，陆军大臣寺内正毅接任委员长一职，可见主导"满铁"这一日本国策会社制造过程的始终是日本军方人士。

在满铁存续的 40 年间，满铁在日本"经营满洲"战略中的地位是有变动的过程，满铁与日本军方尤其是关东军的关系也同样是一个变动的状态，作为特殊的日本国策会社的最高层领导者总裁（中间曾改为理事长制和社长制）就更换了 16 次，会社内部的机构也曾进行过不下 21 次大调整。

依照日本天皇敕令第 142 号"关于成立南满洲铁道株式会社"和外务、大藏、递信三大臣命令书第 14 号，"满铁"设立总裁、副总裁（各一名，任期 5 年），人选要经过日本天皇裁决，由日本政府任命。理事（4 人以上，任期 4 年）由股东选出，政府任命。满铁设立之初，公司的最高层领导机构是由总裁、副总裁各一人，理事四人以上，监事三人至五人组成。1918 年 7 月废止总裁、副总裁职位改设理事长，1920 年 4 月又废止了理事长制，改为社长、副社长各一人。1931 年 6 月废止社长、副社长，重新设置总裁、副总裁各一人直至 1945 年战败。监事（3—5 人，任期 3 年）由股东大会选任。总裁、副总裁、理事、监事构成了满铁的核心领导层，尤其是历届总裁、副总裁的人事任命可以说是日本国内政治力量变化的直接反映。历届满铁总裁的人事变动都直接反映了当时日本国内政治格局中占据优势地位的政治势力的意志。

首任满铁总裁后藤新平就是因为在殖民经营中国台湾过程中与台湾总督儿玉源太郎"合作"甚洽，深得儿玉源太郎的赏识与信赖，而儿玉源太郎作为日俄战争期间参谋总长兼"满洲经营委员会"首任委员长，无疑在日俄战后"经营满洲"问题上具有绝对的话语权，由他推荐的后藤新平以"殖民地经营权威"的身份就任了首任满铁总裁。按照后藤新平的殖民经营理念，他在向山县有朋元帅和时任首相西园寺公望提交的《满铁总裁就职情由书》中提出了满铁总裁应具有的权力：（1）由满铁总裁兼任关东都督府顾问，关于行政应与都督咨询，并授以开陈意见之职权；（2）就职前给予亲任官职，就任后仍享受亲任待遇；（3）就任满铁总裁后仍任台湾总督府顾问，过问台湾政务；（4）政府不干涉选任满铁副总裁和各理事问题；（5）给予现任官员受聘满洲铁道者与受聘外国政府者同一待遇。其中第2条亲任待遇一项因山县有朋、寺内正毅等军界领袖未予支持而被否定，其余各项要求均被采纳接受。

根据后藤新平殖民"经营满洲"的设计，不仅满铁总裁被赋予了更多权限，使满铁总裁实际上成为日本在中国东北殖民经营框架中的权力中心，同时为了平衡满铁与日本军方的关系，满铁副总裁同样扩张了自身的权力范围，日本政府任命满铁副总裁为关东都督府民政长官，并以民政长官身份署理满铁副总裁事务，采取在旅顺和大连隔日办公的制度。满铁理事久保田政周署理关东都督府警务探长。显然，按照后藤新平的满铁总裁权力制造目标，日俄战争后日本在中国东北南部的殖民经营活动是以满铁为依托，以满铁总裁为政治中心，隶属于军部的关东都督府和隶属于外务省系统的领事机构均应服务于满铁的经营战略，"满铁总裁位于关东都督之下，同时复充任都督府顾问，在外务大臣监督下参与都督府一切政务"①。"这种以满铁总裁为殖民政策中心的体制，虽然只在后藤任内实行，而满铁总裁在东北的中心地位则一直继续到1931年九一八事变。"②满铁成立后以官僚出身的总裁为主，随着第一次世界大战结束后日本国内大正民主运动中政党势力崛起，政党人士和经济界

---

① 南满洲铁道株式会社编『南满洲铁道株式會社十年史』（明治百年史叢書第239卷）、原書房、1974年、第105頁。

② 苏崇民：《满铁史》，中华书局1990年版，第44页。

人物逐渐成为总裁人选的主要来源，早川千吉郎、川村竹治、安广伴一郎、山本条太郎、仙石贡等人成为总裁人选即是源于这样的政治背景；军部法西斯势力得势后，围绕着日本独占中国东北的侵略行动更趋公开化，日本与西方英美的外交关系紧张，满铁作为日本经营殖民中国东北的特殊地位更显重要，具有外交官背景的人选成为满铁总裁的人选来源，内田康哉、松冈洋右、林博太郎等人成为满铁总裁就是在这种国际背景下产生的。

本编主要选取满铁具有代表性的创社元老、历任总裁，以人物为纲，勾勒出满铁由创建到扩大直至崩溃的历史过程。在满铁创社元老中，我们选择了西园寺公望、小村寿太郎和儿玉源太郎三人。大藏公望、白鸟库吉和稻叶岩吉分别是第二次世界大战后"满铁会"以及"满蒙学派"的代表性人物，他们在满铁的活动在相应的总裁部分已有叙述。由于其对第二次世界大战后日本社会与日本学界的"满洲认知"产生了重要影响，在此将这些人与历任满铁总裁并列评析。

西园寺公望

日本前首相，近代日本著名的政治家、教育家，日本侵略中国东北政策的推动者之一（见图1-1）。

1849年生于日本京都大贵族大寺家，后过继给大贵族西园寺师季，幼年时成为西园寺家族主。后为孝明天皇的"侍从"，8岁时被封为右禁卫少将，13岁升为右禁卫中将。早年入学习院学习，与尚在东宫的幼年明治天皇、岩仓具视为同窗好友，在幕末即从事倒幕运动，参加过"小御所会议"。明治以后曾担任越后府、新潟府知事，不久后进入

图1-1　西园寺公望

开成学校学习法语，1871年在大村益次郎的推荐下赴法国留学，留法10年间接受了法国自由民主思想，完成了贵族资产阶级的思想转变。1880年留学结束，回到日本后一度创办《东洋自由新闻》杂志，但因经营不佳而停刊。1881年被补为参事院（筹设国会的临时机构）议官，并受到伊藤博文的赏识。1885年至1892年，主要担任日本驻欧外交人员，1893年担任贵族院副议长，1894年第二次伊藤博文内阁时入阁担任文部大臣，他努力纠正前任文部大臣井上毅所实施的过度强调日本中

心主义的一些做法，因外相陆奥宗光抱病还一度成为代理外务大臣（后转为实任），负责解决当时在朝鲜发生的"乙未事变"①，从此时开始他逐渐参与了日本政府对"满鲜"政策的制定。

1896 年 8 月，随着伊藤内阁的倒台，西园寺公望辞去了公职，赴法国开始从事教育制度和军政府统制问题研究。1898 年，伊藤博文第三次组阁，西园寺公望再次担任文部大臣，仅仅几个月后因病辞职。病愈后参与伊藤博文组织的立宪政友会，1900 年 12 月担任枢密院议长，并一度成为代理首相。1903 年接替伊藤博文出任政友会总裁，成为伊藤重点培养的政治继任者，在 20 世纪初与山县有朋培养的桂太郎开启了交替继任首相的政治模式。在此期间，日本的对内对外政策具有相当的连续性，史称"桂园时代"。

1906 年 1 月，桂太郎内阁"禅让"，第一次西园寺内阁成立。其间处理了日俄战争的善后问题、美国国内的排日问题，1908 年 7 月辞去首相职务。西园寺公望作为内阁首相是日俄战争后日本对满殖民经营政策的主要制定者之一，深度参与了当时日本政府对中国东北问题决策的制定过程。

以中国东北地区为主要交战区，以争夺中国东北和朝鲜半岛为战略目标的日俄战争（1904 年—1905 年），可以说是东方新兴帝国日本向欧洲强国俄国在东亚地区权威的一次直接挑战。俄国通过组织三国干涉还辽、修筑西伯利亚大铁路等举措，其奉行的"远东政策"明显具有进攻性的特征；日本作为新崛起的东方帝国，同样奉行扩张型的外交战略，在其向朝鲜半岛和中国东北扩张过程中，同俄国发生冲突与对抗是必然的结果。

日俄战争结束后，两国分割在中国东北地区的势力范围，形成暂时的南北分治局面。在 1906 年前后，日本政府内部虽然已经开始着手"满洲经营"，但对经营的具体步骤和进度，特别是对"满洲"地区是否实行"门户开放"政策存在分歧。

日俄战争前，日本曾对英美承诺获胜后不会效仿俄国"独占满洲"，

① 乙未事变，指 1895 年 10 月 8 日在日本驻朝鲜公使三浦梧楼等人的策划下，日本驻朝鲜守备队、领事馆警察纠合朝鲜的亲日派武装力量，暗杀当时主政的朝鲜高宗皇后闵妃（又称明成皇后）的恶性事件，此事件对后来朝鲜半岛政局产生了极大影响。

这一承诺换取了英美对日本的支持。而战后日本陆军坚持在"南满"地区实行军事统治，实际上是试图独占"满洲"的利益。不仅严重侵害了中国的经济权、司法权，而且对外国商业活动横加阻挠，导致英美商人的抗议。1906年3月19日，英驻日大使窦纳乐照会日本外相并称：日本军事当局不准英船从事大东沟进出口贸易，使英糖业、丝绸业蒙受重大损失，英商感到畏惧。并要求日本守信，实行此前"门户开放"原则的承诺。① 3月31日，英使致函伊藤博文，指出："若如今日这样继续下去，日本当必失去与国之同情，于将来开战之时，亦将蒙受极大之损害。"4月，美国总统西奥多·罗斯福指责日本说：日本驱逐排他的俄国于"满洲"之外，今却实行俄国之主张，实属遗憾。②

以伊藤博文、西园寺公望为代表的政治家深感日本经济实力不足，尚无法离开英美的金融支持，主张在"满洲经营"上稳步推进，即主张"满洲开放论"。而以儿玉源太郎为首的陆军参谋部则认为日本完全可以不依赖英美的经济和资源，通过建设"南满"的殖民地来实现自给自足，主张独占"南满"利益，这就是"满洲独占论"。

为此，1906年4月14日，首相西园寺公望对"满洲"实地进行了约三个星期的"秘密考察"。"西园寺首相在详细考察了满洲以后，痛感有从满洲迅速撤兵的必要，现今既已达到惩敌的目的，如再驻兵'满洲'各地，不仅会加重本已枯竭的国库负担，并将引起列国不必要的疑心，被谴责为第二俄国"③，郑重建议撤销在中国东北的日俄战区仍在实行的"军人政治"。5月22日，在东京永田町西园寺公望首相官邸召开了"满洲问题协议会"，邀请元老、内阁和陆海军首脑等13人参加，确定日本对"满"的政策基调。

会上，伊藤博文首先发言，指责"满洲"军政当局不实行"门户开放"政策，招致了英美和清政府的强烈抗议。他说：

---

① ［日］外務省編『日本外交文書39—1』、東京：日本國際連和協會、1961年、第205—208頁。

② ［日］外務省編『日本外交文書39—1』、東京：日本國際連和協會、1961年、第221—222頁。

③ ［日］宿利重一『兒玉源太郎』（復刻版）、マツノ書店、1993年、第768頁。

美国政府关于满洲问题，给我国政府寄来严重照会，在英国也成为提到国会的问题，我深为忧虑……对日本说来，最适当的方策是尽量努力不招惹清人的不满。然而在清国政治家中，甚至最同情日本的袁世凯都能发出如此论调，对日本来说实在是不应有的现象。①

如此放任下去，"不仅北清，甚至导致（中国）二十一省人士皆反抗日本"。伊藤主张"我们在'满洲'的所作所为应符合国际条约、帝国多次声明的政策以及实际的情况。不然的话，将终至丧失盟国的同情，损伤帝国的威信，招致将来无法弥补的不利"②，他主张撤销"军政署"，并在大连贸易上给英美一些好处。

以参谋总长儿玉源太郎为代表的在"满"军人则对此不以为然，他说"外国的感情在今天并不像伊藤侯爵说的那样严重化……在伊藤侯爵所讲的事实当中，有的是现存的，有的已经是过去的事情"。他以可能会受到俄国的复仇攻击而拒绝马上撤销军政，建议在中国东北设置日本领事的同时逐步撤销军政。对此，陆军大臣寺内正毅和代表陆军的元老山县有朋并不支持。寺内认为"关东总督过去是根据战时命令行动，到了恢复和平的今天，只要把一切都改革成符合于和平状态就可以了"。山县也强调："一旦设置了领事，军政官就应撤销。"外相林董也从外国抗议的角度建议撤销军政，"日本办了不应该办的事，才会引起外国的干涉"③，儿玉源太郎的"军政"几乎成为众矢之的。最终儿玉源太郎勉强同意撤销"满洲"的军政统治。西园寺首相做出结论：全会基本观点一致；按此推进今后政策；将关东总督府改为平时组织；依次撤销"军政署"。④

需要指出的是，虽然此时日本陆军和伊藤之间对如何"经营满洲"

---

① ［日］外務省编『日本外交文书39—1』、東京：日本國際連和協會、1961年、第240頁。

② 《日本外交年表并主要文书》，转引自苏崇民主编《满铁档案资料汇编》第一卷，社会科学文献出版社2011年版，第266、102页。

③ 《伊藤博文秘录》，转引自同上书，第104页。

④ 参见沈予《日本大陆政策史（1868—1945）》，社会科学文献出版社2005年版，第138—139页。

存在分歧，但分歧主要是在进度的快慢上。伊藤博文等政治元老注重与列强的协调，主张逐步稳妥地推进"经营满洲"策略，暂时推行"门户开放"以避免和欧美撕破脸；而儿玉源太郎等激进派军人则不顾列强的反对，主张独占"满洲"的利益，拒不实行"门户开放"政策。双方对"经营满洲"这一侵略政策本身并不存在任何分歧。

日俄战后不久，日俄面临不断恶化的国内状况和国际上的共同压力，都被迫要主动调整相互关系。

> 战争对日俄两国国内的影响，反映了战争结果的性质。在日本，战争的胜利证明了优先加强国力的政策是正确的，从而鼓舞了主张日本在亚洲大陆发挥有力的作用的倾向。在俄国，这次失败的影响同俄国在克里米亚战争中失败的影响差不多，战争中政府经不住外国的考验，于是主张维持现行秩序的势力削弱了。这次的主要教训又是以下两点：俄国赶不上它的对手；如果俄国不做极大的努力来实现工业化，不改革教育，不改善公共福利，那么它还将遭到更惨重的失败。[①]

日本在日俄战争期间可以说是倾全国之力甚至不惜大举借债，才勉强维持进行了这场争霸战。战争期间军费开支庞大，几近 20 亿日元。日本国债在 1906 年已达 22 亿日元，与战前 1903 年相比，几乎增加了 3 倍。其中外债占该数目的一半以上，共计约 11.4 亿日元。[②]

日本国内财政严重拮据的现实，使得日本再次准备对俄战争的意图只能停留在虚张声势的口头宣传层面，缓和日俄关系对战后日本而言是第一外交要务。正是日本自身有这样的财政、经济压力，转化为外交层面就是战争结束后日俄两国在两年间就签订了《日俄协定》和《日俄密约》。

---

① ［美］西里尔·E.布莱克等：《日本和俄国的现代化——一份进行比较的研究报告》，商务印书馆 1989 年版，第 177 页。

② ［苏］纳罗奇尼茨基、古贝尔、斯拉德科夫斯基等：《远东国际关系史》第一册，商务印书馆 1976 年版，第 316 页。

伊藤博文力主对俄协调，缓和紧张的对立关系。他认为：日本"如果不能够和境域相连、利害最近的俄国完成协商，将对解决有关各国与朝鲜关系的一切问题有所方便，自不待言"①。在尽快缓和与俄国紧张关系问题上，日本军界领袖山县有朋与伊藤博文有相同的外交主张。山县有朋也认为：日本"同俄国进行合作，不独是我们从事满洲经营的捷径，而且可以使得欧洲列强一致团结起来压迫东洋"②。

日俄两国战后能够很快握手言和，固然有复杂的国际关系转变的外部因素，但更重要的还是日俄两国都有内部压力需要缓和关系。日本自不待言，俄国自身也同样迫切需要改善对日关系。日俄战后，帝俄新败，国内革命四起，农业歉收，财政枯竭，国力大减，为了恢复国力，镇压革命，对付德奥，帝俄不得不在远东暂取守势，以便把它的战略中心转向欧洲。俄国外交大臣伊兹沃尔斯基称：

> 本大臣确信，俄国将来的长远之计在于：一方面加强同日本的友好；另一方面同英国达成圆满的和解，以此维护世界和平，专心致力于国力的恢复，把帝国外交政策的中心转移到其本土的欧洲。③

伊兹沃尔斯基一再向日本驻俄公使本野表达俄国希望缓和对日关系的愿望。他表示："本大臣若能得到在日俄之间将来能够确保和平的保证，即使作出更大的让步，也毫无顾忌。"④

1907年2月4日，他对本野公使再次承诺："俄国正在采取只要能够办得到就同意日本的提案，对日本尽量给予满足的方针。"⑤ 本野公使提出，什么样的方案可以使俄国安心，伊兹沃尔斯基回答称："俄国除了将来维持在远东现在所拥有的地位外，别无他求。详言之，如果得到使俄国现在在远东所拥有的萨哈林岛的一半及太平洋沿岸的领土不受侵

---

① ［日］松本忠雄：《近世日本外交史研究》，东京博报堂出版部1942年版，第120—121页。

② ［日］大山梓编：《山县有朋意见书》，原书房1966年版，第306页。

③ ［俄］罗曼诺夫：《帝俄侵略满洲史》，商务印书馆1937年版，第483页。

④ 《日本外交文书》第40卷，日本国际联合协会1960年版，第97页。

⑤ 《日本外交文书》第40卷，日本国际联合协会1960年版，第98页。

害的保障，俄国毅然完全承认日本靠这次战争所取得的一切果实，保证将来决不争夺之。"①

日本外务大臣林董在了解俄国的外交立场后，复电本野公使明确日本的外交方针：

帝国政府不仅对俄国没有采取任何侵略行动的意向自不待言，而且为了保障东洋持久和平，殷切希望增进同俄国的深交。因此，万一俄国以上述目的提出什么动议时，帝国政府当然愿意对其加以考虑。②

日俄两国在战后迅速地主动缓和两国关系，化敌为友的最主要原因是战后美国在远东的存在感明显增强，日俄两国都共同感受到来自美国资本的威胁。面对美国的强大攻势，日俄两国都将固守现有势力范围视为第一要务，日俄两国在 1907 年 7 月 30 日签订了第一次《日俄协定》和《日俄密约》。在公开的协定中，"承认中国之独立与领土完整，及各国在华商工业机会均等主义"，成为日俄两国抵制列强反对和欺骗清政府的招牌，而在两国的密约附款中，日俄两国在中国东北划分了一条瓜分线，这条线从珲春画一直线到镜泊湖北端，往西直到长春东北的秀水河子，由此沿松花江至嫩江口，沿洮儿河至此河横过东经 122°止。线的南部（"南满"）划为日本的势力范围，北部（"北满"）划为俄国的势力范围。密约规定：日本向俄国保证：不在"北满"谋求任何铁路或电信让与权，亦不直接或间接阻挠俄国在北满谋求让与权的任何行动；而俄国对日本在"南满"的谋求让与权的任何行动，也采取同样保证。此外，沙俄承认日本在朝鲜的"自由行动"，换取了日本承认俄国在"外蒙古"的"特殊利益"。③

应该说西园寺内阁所施行的对"满"政策的核心就是攫取铁路权

---

① 《日本外交文书》第 40 卷，日本国际联合协会 1960 年版，第 99 页。
② 《日本外交文书》第 40 卷，日本国际联合协会 1960 年版，第 98 页。
③ 日本外务省编：《日本外交年表及主要文书》上册，原书房 1966 年版，文书第 280—282 页。

益，对此 1906 年 12 月 31 日的《东京朝日新闻》评论："西园寺内阁施行的对满政策，多半是无可非议的，这不能不说主要是仰仗已逝世的曾任满洲经营委员长的儿玉源太郎的努力。西园寺内阁施行的对满政策，它的根本非常明显，那就是我们'胜利'果实的铁路。那就是我们军费经营的铁路。那就是经过朝鲜半岛把我国本土同欧洲联系起来，除作为世界交通干线的命脉之一外，还依靠它的干线和支线打下我国在大陆上取得通商贸易之利的基础的铁路。"[1] 就在这一年，"满铁"诞生。

第二次西园寺公望内阁是 1911 年 8 月 30 日成立，时值中国爆发辛亥革命，在对华政策上制定了"遇有良机则努力渐渐扩大日本的利权，至于满洲问题的根本解决，需等待对我有利时机的到来"的稳健政策，反对军部出兵占领"满蒙"的激进政策，因而与军部产生矛盾，后因军部的抵制和不配合导致内阁垮台。1919 年，西园寺公望以日本政府首席全权代表身份率团出席巴黎和会，签署《凡尔赛和约》，回国后以元老身份操纵影响日本政治，历届首相人选多由其推荐。其晚年反对军人专权，竭力维持天皇制下的议会制度，避免出现军部内阁，招致军部法西斯势力的仇视，二二六事件中曾被列为首要暗杀对象，但在政变中幸免于难。1940 年 11 月 24 日病逝，日本政府为其举行国葬。西园寺公望是日本近现代政治史上重要的政治人物，其政治经历、政治理念、政治主张与诸多重大历史问题相关联，是一位值得重视研究的日本政治人物。

---

[1] 转引自苏崇民主编《满铁档案资料汇编》第一卷，社会科学文献出版社 2011 年版，第 127 页。

小村寿太郎

日本职业外交家，曾任日本外务大臣（见图1-2）。所谓"满洲三先人"之一，是通过铁路侵略中国东北政策的始作俑者。

1855年10月26日出生在宫崎县饫肥町。6岁时进入当地藩校振德堂读书。1869年，小村离家赴长崎求学，攻读英语。1871年，年仅16岁的小村因成绩优异被保送进入东京大学预科班学习，后升入东京开成学校法学科攻读本科课程。接着被文部省选为第一批出国留学生派往美国，进入哈佛大学学习法律，获

图1-2　小村寿太郎

法学学士学位。1880年小村回到日本司法省刑事局任职，出任大阪诉讼裁判所的审判官。1884年，精通外语的小村进入外务省，并受到时任外相陆奥宗光的赏识，先后出任外务省翻译局次长、翻译局局长、驻华使馆临时代理公使。

19世纪末20世纪初，中国成为日本侵略扩张的重点，小村以其敏锐的政治嗅觉，主动要求到中国去任职。当时外务省的官员大多希望到晋升空间大的欧美工作，小村主动要求到中国任职的态度博得了陆奥宗

光的好感和信任。1893 年 11 月，38 岁的小村被任命为驻华公使馆一等书记官并代理公使职务。1901 年 6 月，桂太郎内阁成立，驻华公使小村寿太郎受邀出任外务大臣。小村因在北京参与列强与清政府的交涉，直到 9 月 7 日强迫清政府签订《辛丑条约》以后才回日本接任外务大臣。在第一任外相期间，小村以日英结盟作为外交政策的主要目标，积极推行大陆政策。通过构建日英同盟，完成了对俄战争的外交准备，为日俄战争中打败沙俄创造了有利的国际条件，进而把俄国势力从中国东北驱逐出去，1905 年小村寿太郎以全权代表的身份出席朴茨茅斯会议，代表日本签订《朴茨茅斯和约》。并在日俄战后处理善后事宜、大肆侵吞中国东北的各项权益，为日本侵略中国东北奠定了政策和外交基础。

1905 年 12 月 20 日，自桂太郎内阁辞职。次年 1 月 7 日，以政友会总裁西园寺公望为首的新内阁成立，小村改任驻英大使。1908 年 7 月，桂太郎第二次组阁，驻英大使小村寿太郎再度出任外务大臣。他从伦敦归日本后于 8 月 27 日就任外相，9 月 5 日就在内阁会议上提出了对外政策方针及解决对华政策方面有关"满洲"若干问题之方针两个议案，均获通过。前者包括日本对列强的态度、国外企业管理、修订条约三项内容；后者包括间岛问题、法库门铁路问题、拆除大石桥至营口的铁路问题、延长京奉铁路问题、抚顺及烟台煤矿问题、安奉线及其他铁路沿线的矿山问题六项内容（合称"东三省六案"），这成为 1910 年前后中日交涉的核心问题。①

1909 年美国向日本提出"满洲铁路中立化方案"，企图把"满洲"铁路置于国际共管之下，打破日本和俄国在中国东北的优势地位。小村强烈反对，为阻止美国的渗透，小村转而谋求与沙俄合作。1910 年 3 月 19 日，小村通过日本驻俄大使本野一郎，迅速地与俄国政府交换意见。7 月 4 日，日俄双方签署了第二次《日俄协约》，以抵制美国对中国东北的扩张计划，进一步巩固了日本在中国东北的地位。1911 年，小村因病隐居叶山，11 月 26 日去世，终年 57 岁。②

---

① 相关问题参见郑毅、李少鹏等《"间岛问题"与中日交涉》，吉林人民出版社 2016 年版，第 139—225 页。

② 本部分参考了朱考志《小村寿太郎》，收入车吉心主编《世界著名外交家传》，山东友谊出版社 2000 年版，第 900—906 页。

推动缔结日英同盟和通过朴茨茅斯会谈为日本谋求特殊权益，是小村职业外交官生涯中两段最为"辉煌"的经历。满铁是日俄战争的产物，而规划日俄战争媾和条件的正是时任日本外相的小村寿太郎。

早在日俄战争尚未结束的 1904 年 7 月，作为外相的小村就曾经草拟日本胜利后向俄国提出的媾和条件，其中有如下条款：

> ……将哈尔滨、旅顺间的铁路，其支线以及一切附属的特权与财产让与日本……将辽东半岛租借地的一切特权及财产让与日本……①

在朴茨茅斯媾和之前，日本内阁确定的三条媾和底线条件中，就有"使之将辽东半岛租借权及哈尔滨、旅顺间的铁路让与我方"② 一条，表达了日本政府的基本态度。但在 1905 年 8 月 16 日，小村与俄国全权委员维特协商时，俄国对此表示反对，维特说明道：

> 俄国政府不能放弃现在日本国军队占领区外之铁路，据上述条件而让与之铁路终点，应由双方协商决定。此外需要考虑到：上记铁路之铺设及经营特许权，系由对该地尚保有主权之中国给予一私立公司者，军事占领对该公司之权利不能有任何损害。俄国政府将准许中国政府，今后随时行使上记线路买收权，并准备承担与该公司协商之责，而归该公司所有之买收价款则应让与日本……（另外）哈尔滨不具备两线间最终车站的必要条件，它只是在铺设铁路时出于技术上的考虑认为在地形上架设松花江桥梁较为方便而被选定的，它没有商业中心一事，作为最终车站将会发生困难，此外还有一个不可选它为两线分界点的原因，即日本军队并未到达哈尔滨。除该军队有效占领地区外，其他地区不让与日本将是正当的。③

---

① 外务省编：《日本外交年表及主要文书》上册，原书房 1966 年版，第 230 页。
② 外务省编：《日本外交年表及主要文书》上册，原书房 1966 年版，第 239 页。
③ ［日］东亚同文会编纂：《再增补东亚关系特种条约汇纂》，转引自苏崇民主编《满铁档案资料汇编》第一卷，社会科学文献出版社 2011 年版，第 47—48 页。

上述引文表达了俄国的两点态度：（1）铁路让与仅限于自旅顺至哈尔滨之间、日本业已占领的地域（此时日本仅占领了至公主岭的铁路线）；（2）提醒日本，俄国与清政府签订的条约已经规定这些铁路的运营仅限于以工商为目的的私人公司，且清政府一直享有随时赎买该铁路的权利。表明俄国绝不接受日本的过分要求。

此后日俄两国各让一步，确定选择长春（宽城子）为割让分界站，前提是俄国不反对由日本修筑长春至吉林间的铁路。

最终在 8 月 29 日签订的《朴茨茅斯和约》中，对铁路割让事宜有如下规定：

> 第六条　俄国政府允将由长春（宽城子）至旅顺口之铁路及一切支路，并在该地方铁道内所附属之一切权利财产，以及在该处铁道内附属之一切煤矿，或为铁道利益起见所经营之一切煤矿，不受补偿，且以清国政府允许者，均移让于日本政府。两缔约国互约前条所定者，须商请中国政府承诺。
>
> 第七条　日俄两国约在满洲地方，各自经营专以商工业为目的之铁道，决不经营以军事为目的之铁道。①

因上述《朴茨茅斯和约》特别规定这些割让须经"清国政府允许"方可实施，且清政府已经照会日本，在日俄议和中"倘有牵涉中国事件，凡此次未经与中国商定者，一概不能承认"②，在日俄媾和后不久，小村转赴北京与清政府协商落实上述条款。

小村在向中国提出的要求草案中，实际上大大超出了俄国所让与日本的特权，其中日本提出的第七条草案是：

> 中国政府允将由安东县至奉天省城以及由奉天省城至新民屯筑

---

① 刘瑞霖：《东三省交涉辑要》，收入姜维公编《东三省交涉辑要　吉林勘界记　皇华纪程》，黑龙江教育出版社 2014 年版，第 58 页。

② 《外部致胡惟德日俄议和凡未与中国商定者不能承认电》，收入王彦威、王亮辑编，李育民等点校整理《清季外交史料》七，湖南师范大学出版社 2015 年版，第 3463 页。

造之铁路，仍由日本政府接续经营，由长春至旅顺口之铁路将来展至吉林省城一事，中国政府应不驳阻。①

实际上这则草案涉及的铁路并非俄国已获得的权益，而是日本对中国的讹诈条款。其中安东县至奉天省城的铁路即后来的安奉（今丹东至沈阳）铁路，该铁路是日本在日俄战争期间为运输战略物资而修建的窄轨轻便铁路，在修建时曾承诺战争结束后即拆除。但从地图上我们可以发现这条铁路对日本而言具有重要的战略价值：它直接与汉城至新义州（京义铁路）的朝鲜铁路隔江相望（1911 年安东鸭绿江大桥贯通后直接连通），是日本通过朝鲜半岛控制辽东半岛一带的重要线路，早在京义铁路兴修时就曾规划，企图使其最终与东清铁道和关外铁道相连接，成为整个大陆干线的一部分。朝鲜这条铁路与俄国本没有关系，清政府也没有承认其合法性，此为讹诈之一。奉天至新民屯铁路，后来被称为新奉路，当时由中国修建的"关外铁路"已经从山海关起，修至新民屯，日俄战争期间日本在新奉之间修筑了简易军用铁路，日本同样企图让此路合法化，并暗含了将中方的关外铁路纳入"满铁"的意图，此为讹诈之二。而长春吉林之间的铁路清政府拟独立修筑，日本则不问情由、强行视之为待修的满铁线路，此为讹诈之三。

清政府识破了日本的阴谋，提出对此条的意见如下：

中国政府允将由安东县至奉天省城所筑造之行军铁路，仍由日本国政府接续经营，改为专运各国工商货物。自此约画押之日起，以五年为限，届期一律拆去，或请一公估人估价，售与中国。其五年以内，所有中国官商货物由该路转运，应按照山海关内外铁路章程、价值给付，并准由中国政府运送兵丁、饷械，可按东省铁路章程办理。

由奉天省城至新民府所筑造行军轨路，应由两国政府派员公平议价，售与中国，另由中国改造铁路。此外各处军用轨路，应一律拆去。

① 《中日全权大臣会议东三省事宜节录第一号附件》，收入王彦威、王亮辑编，李育民等点校整理《清季外交史料》七，湖南师范大学出版社 2015 年版，第 3503 页。

由长春展造至吉林省一路，应由中国自行筹款筑造，如须贷借洋款，可先向日本政府贷借。①

显然清政府是出于在东三省引入其他列强以相互制衡的目的，做出了一定的"让步"。关于安奉铁路，强调在"专运各国工商货物"的前提下允许日本"接续经营"五年再行拆除；而新奉路和吉长路则由清政府主持修建，同时给予日本一定的补偿或优先条件。另外还强调了日本仅限于继承俄国已经获得的权益，所有因日俄战争而修筑的临时铁路均应拆毁或折价卖与中国。经过双方讨价还价，在最终的《中日会议东三省事宜附约》的第6条做出了如下规定：

中国政府允，将由安东县至奉天省城所筑造之行军铁路仍由日本国政府接续经管，改为转运各国工商货物。自此路改良竣工之日起，除因运兵回国耽延十二个月不计外，限以二年为改良竣工之期，以十五年为限，即至光绪四十九年止。届期，彼此公请一他国公估人，按该路建置各物件估价，售与中国。未售以前，准由中国政府运送兵丁、饷械，可按东省铁路章程办理。至该路改良办法，应由日本承办人员与中国特派人员妥实商议。所有办理该路事务，中国政府援照东省铁路合同，派员查察经理。至该路转运中国官商货物价值，应另订详章。②

将上述两则引文比对，可见在小村的胁迫下，中方又做出了重大让步：（1）放弃了对新奉路、吉长路须由中方修筑的明文限定；（2）将日本经营安奉路的年限由5年增至15年，期满再由中国赎回；（3）安奉路的改筑作业由中日双方共同监督实施。实际上后两条的限定条件最终同样被挣脱：安奉路在1909年被满铁强行改筑，在1915年日本提出的

① 《中日全权大臣会议东三省事宜节录第二号附件》，收入王彦威、王亮辑编，李育民等点校整理《清季外交史料》七，湖南师范大学出版社2015年版，第3507页。

② 《中日会议东三省事宜正约附约》，收入王彦威、王亮辑编，李育民等点校整理《清季外交史料》七，湖南师范大学出版社2015年版，第3549页。

"二十一条"中将租借旅大和安奉路经营年限延长为 99 年，吉长路由日本经营 99 年。

为维护日本从中国抢夺的这些"特殊权益"，在 20 世纪 20 年代中后期（按照中俄、中日约定，旅大租借和安奉路均至 1923 年止，应由中国政府收回）日本社会所谓的"满蒙危机论"，为军事侵略行动制造借口。

1905 年日俄战争结束后，虽然以《朴茨茅斯和约》的形式明确了日俄两国南北分治中国东北的局面，但实际上列强对中国东北的新一轮争夺又重新开始了。美国在日俄两国结束战争进程中扮演了调停人的角色，因而在中国东北问题上自恃有一定的优先权利。战争极大地消耗了财力本不富裕的日俄两国，而此时飞速发展的美国成为世界上经济实力最强大的国家。美国想利用日本财政拮据的困境，用资本换取日本新攫取的权益。

早在 1895 年，美国驻北京公使田贝就提出过"田贝计划"，按照这个计划，美国打算先修筑京汉铁路，然后南通广州，北接西伯利亚铁路，最后将京津、京山两条铁路合并在内，并建设一条从沈阳到朝鲜边境的支线。这样一来，美国资本就可以通过贯通整个中国的铁路主干线控制中国的经济命脉。这项计划的首要目标是获得在中国东北的铁路修筑权，美国的这项铁路计划与当时觊觎中国东北的俄国的利益相冲突，因而遭致俄国政府的坚决反对，1896 年，俄国以干涉还辽"有功"诱迫李鸿章签订《中俄密约》，清政府允许俄国在中国东北修筑中东铁路，使美国的"田贝计划"只能停留在计划书层面。

1905 年 3 月，日俄战争尚未结束，美国驻华公使康格又提出关于中国东北铁路国际化的计划。1905 年 8 月，美国联合太平洋铁路公司董事长、"铁路大王"哈里曼预估到日本将获得俄国在中国东北的铁路权益，赴日同桂太郎首相洽购日本在"满"铁路权益。战争期间，日本为了获得美国的财政贷款以弥补巨额军费缺口，极力向美国示好，在口头上允诺在战后中国东北地区实行美国希望的"门户开放""机会均等"的政策。但实际上，日本国内的强硬派从开战伊始就打算独自垄断在中国东北地区的权益。

哈里曼因在日俄战争期间为日本发行公债奔走呼号出力甚多，在日本国内颇有影响力。他访日期间通过发表演讲和与日本政界、军界及财界人士会晤，鼓动日本出售在满铁路权益。他警告日本，"南满"铁路将成为日本的财政负担，只有"日美共同经营南满铁路对日本有利"，他提出愿与日本合作经营"南满"铁路，由日本政府方面提供铁路权益，美国提供资金。

井上馨、伊藤博文等日本政界元老甚至包括桂太郎首相都赞同哈里曼的日美联合经营方案，认为"南满"铁路经营困难，如果经营亏损必定会进一步拖累财政上已经十分困难的日本经济。此前中俄合办的中东铁路自 1903 年运营以来，持续每年亏损 1000 万至 1500 万卢布。① 因此，元老们多主张引进美国资本共同经营"南满"铁路，这样既可以获得经营铁路所必不可少的外资，还可以使俄国失去报复性战争的借口，甚至认为若美国控制"南满"铁路同样会制衡俄国向日本的复仇。井上馨甚至认为"日本若失此良机，实为至愚"②。

1905 年 10 月 12 日，桂太郎首相同哈里曼签订的《备忘录》约定：日本政府同意哈里曼根据日本法律的有关规定组成美日合股公司，出资购买日本政府所获得之"南满"铁路以及其他附属财产，并将该铁路加以修复、改筑、延长，日本政府和哈里曼共同拥有对该铁路的运营权，并将在"满洲"兴办工矿业。

10 月 16 日，小村寿太郎外相在完成与俄国签订《朴茨茅斯和约》后返回东京。此前与哈里曼的交涉主要通过日本驻美大使为中介、在没有向小村外相汇报的前提下完成的，因此负责外交的小村大为恼怒。他坚决反对外来势力介入南满事务，力主南满应由日本人独占，借口《朴茨茅斯和约》第 6 款中规定"南满"铁路的转让必须得到中国清政府的允许，极力反对日美合营"南满"铁路。小村强调日本已然放弃了要求俄国的战争赔款，"如果这点点贫乏的成果南满铁路都出卖给美国人，

① ［日］满史会编著：《满洲开发四十年史》上卷，东北沦陷十四年史辽宁编写组译，1988 年（内部发行），第 93 页。

② 王芸生：《六十年来中国与日本》第五卷，生活·读书·新知三联书店 1980 年版，第 13 页。

使满洲成为列强商业竞争的自由战场，究非为日本国民所能容忍者"，这"意味着放弃日本独自经营满洲的立场"。①

小村寿太郎提出日本必须放弃《桂太郎—哈里曼备忘录》，日本可以依靠扩张在"满洲"的侵略权益，增强日本自身的力量来抵御俄国，而且可以通过盟国英国募集到经营"南满"铁路所需资金。

小村寿太郎极力反对日美共同经营"满洲"的另一个重要因素是，《朴茨茅斯和约》签订后因日本未能获得预期的 5 亿至 10 亿美元战争赔偿，日本国内将这一"悲惨的结果"归咎于作为调停人的美国，签订和约后的第四天，俄国驻上海的财政代表报告说，"据从日本逃至此间的美国人和英国人反映"，"普遍的暴怒不仅是针对日本的和谈代表而发，并且更多的是针对美国和英国而发。日本人之所以责怪这两个强国，是因为它们当初曾千方百计地挑动战争，但现在又似乎在施加压力，要日本明白，如果它不签订和约，今后就借不到外债"。② 日本国内如此激烈的反美情绪让身为媾和全权代表的小村寿太郎心悸不已，若此时再透出日美共同经营"满洲"的方案，将进一步刺激日本国内的不满情绪，对政局可能产生巨大的冲击。

在小村寿太郎的坚决抵制下，桂太郎不得不接受小村的意见，放弃了同哈里曼合营"南满"铁路的计划。1906 年 1 月 15 日，西园寺公望接替桂太郎出面组阁，正式通知哈里曼，以《朴茨茅斯和约》中规定经营"南满"铁路的股东必须是日本和中国籍人士为由，"迫不得已，请阁下将该草合同作为无效"。同年年底，日本采取"募集社债"的方式来独立经营"南满"铁路，只是在名义上也允许中国人入股满铁。1 月 26 日"南满洲铁道株式会社"成立，1907 年 4 月 1 日正式营业。

而此时的中国政府同样有意在中国东北引入美国势力，1907 年 4 月 20 日唐绍仪（见图 1-3）被任命为奉天巡抚，清政府的意图是充分发挥其在路矿交涉方面的特长，推动东三省吸引外资的力度，以对抗日本的步步紧逼。台湾学者李恩涵认为，1905 年至 1908 年中国的"收回路矿

---

① ［日］东亚同文会：《对华回忆录》，胡锡年译，商务印书馆 1959 年版，第 312 页。

② ［苏］鲍·亚·罗曼诺夫：《日俄战争外交史纲 1895—1907》下册，上海人民出版社 1976 年版，第 972 页。

图 1-3 唐绍仪

运动"实际上是与袁世凯和唐绍仪的大力推动分不开的,他们推行的政策是"稳健性地接纳外资,换言之即致力于将外资建筑我国铁路合同的条件改善,而不完全坚持收回外资路权"①,唐绍仪在就任奉天巡抚后即推行这一政策。

另外,美国对唐绍仪就任一事也表示欢迎。据时任美国驻奉天总领事司戴德评价,"唐绍仪乃中国最为聪颖者之一,然其实力是否足以抗日,以及是否足够无私且爱国而甘冒抗日的风险,吾人则无从得知。若有一位可资倚靠来支持省级官员立场的中央

政府,情况将有所改观"②,表明唐绍仪留美的身份受到了美国政府相关人员的高度评价。需要指出的是,司戴德曾在美国驻汉城使馆任职,对日本人本就没有好感,在就任奉天领事后更迫切地感到日本控制了中国东北的铁路将会威胁美国在当地的经济利益,他极力支持哈里曼的收购满铁计划。③

与中美两国"你情我愿"的态度形成鲜明对比的,是日本政府的消极态度。"日本在'南满仅为日本人所有'的口号下,在那里推行沙俄连做梦也没有梦见过的实行严格的'关门'政策。"④尽管在小村寿太郎

---

① 李恩涵:《中国近代之收铁路利权运动(1904—1911)》,收入《中国现代史专题研究报告》第二辑,台湾史料研究中心 1982 年版,第 24 页。

② Herbert Croly, *Willard Straight* (New York: The Macmillan Co., 1925), p. 237.

③ 参见杨凡逸《折冲内外:唐绍仪与近代中国的政治外交(1882—1938)》,东方出版社 2016 年版,第 84 页。

④ [苏]鲍·亚·罗曼诺夫:《日俄战争外交史纲 1895—1907》下册,上海人民出版社 1976 年版,第 979 页。

的强烈反对下，日本拒绝了哈里曼计划，但清政府希望将列强势力引入东北相互制衡使美国资本的攻势并未停止，随后的几年内美国依托雄厚的资本实力陆续推出新法铁路计划、锦瑷铁路计划以及"诺克斯计划"，持续对日本垄断中国东北的局面进行冲击。

美国在以资本开路介入南满铁路计划受挫后，并未放弃对中国东北的权益要求，转而希望以雄厚的资本实力与中国清政府合办"东三省银行"。1906 年 10 月，司戴德作为哈里曼的代理人出任美国驻奉天总领事，他的主要工作任务之一就是直接与清政府的地方官员联络，谋求美国资本进入东北打破日俄垄断的局面。

日俄战争后美国势力强力介入中国东北的态度，又从另一方面推动了日俄两国从兵戎相见到握手言和，这种国家间关系的冷暖变化也反映出当时列强间关系的吊诡之处。战后美国方面的哈里曼铁路计划和日美共同经营"南满"铁路方案，都是美国将凭借雄厚资本介入中国东北的重要举措。美国设想用资本的力量打破日俄两国对中国东北的独占，用"满洲铁路国际化"方式介入东北的铁路管理，从中分得一杯羹。

而清政府则一直希望在日俄战争结束后，中国东北的利权能够尽可能地收回到中国手中，但日俄两国垄断东北的局势使清政府始终受制于日俄两国，因此希望引进其他外国势力，保持东北地区各国势力的平衡，避免一国独占东北。① 时任清政府东三省总督徐世昌积极支持司戴德的提议，因为徐世昌力主在东三省实行"平均各国之势力，广辟商场、实行开放"的方针，② "欢迎"美国的加入，这也是清政府在群狼环伺下的无奈自保之策。

1907 年 8 月 7 日，司戴德同奉天巡抚唐绍仪商定合作备忘录，拟定从美国的"庚子赔款"和金融资本中贷款两千万美元，筹组一个"东三省银行"，主营铁路和各项实业投资，并支持清政府在东三省实行币制改革。但时逢美国国内发生金融危机，哈里曼也力不从心，投资计划延期。

1908 年，美国国内金融危机平息，美国资本欲重新启动介入东北方

---

① 朱寿朋编：《光绪朝东华录》，中华书局 1958 年版，总第 5398 页。
② （清）徐世昌等编纂、李澍田等点校：《东三省政略》（长白丛书本），吉林文史出版社 1989 年版，第 1 页。

案。司戴德、唐绍仪恢复了一年前搁浅的"东三省银行"筹建谈判。7月18日，唐绍仪受命担任考察财政大臣，前往美国答谢美国变相退还的"庚款"，表面上有两个任务，一是致谢，二是与美国谈判免厘增税和币制改革问题，实际的任务则是探讨中美合作的可能性，寻求美国财力支持中国东北的铁路建设，计划访美结束后再赴柏林促成中德同盟。[①]中美双方曾初步达成协议，规定由美国方面贷款 2000 万美元作为资本金，成立"东三省银行"，改革币制以稳定中国东北金融，开发东北农矿森林，并修筑自京奉线至瑷珲的铁路。

9月，司戴德奉召回国磋商，他向美国国务卿罗脱详细汇报了计划进展情况。10 月 3 日，唐绍仪出发赴美进行深度协商。日本方面十分关注唐绍仪的美国之行，满铁总裁后藤新平特地致函陆军大臣寺内正毅，要求日本政府关注唐绍仪访美的使命。[②] 为了阻止唐绍仪访美使命的完成，日本政府采取两种手段，一方面在唐绍仪过境日本时暗中阻挠其成行，另一方面通过日美高层磋商，阻断中美合作的路径，以日本方面的让步换取美国放弃对"东三省银行"的支持。

小村寿太郎训令日本驻美公使高平小五郎，"就太平洋问题在适当的时机，与美国达成协议"[③]。国家间的外交游戏是以实力为后盾的，贫弱的中国与新兴帝国主义国家日本相比手中并无有分量的谈判筹码，遵循趋利避害的游戏规则，日美两国很快就做出了利益交换。与唐绍仪到达华盛顿的同时，美国政府宣布同日与日本政府达成协议，对中国东北的现状相互谅解并表示支持，也就意味着美国无意参与改变中国东北现状的"东三省银行"的筹建。

美国国务卿罗脱与日本驻美公使高平以互相换文形式成立协定，史称"罗脱—高平协定"。协定称：

（日美）两国政府之政策，不含有任何侵略的倾向，以维持上

---

① 参见中国第一历史档案馆编《光绪宣统两朝上谕档》第三十四册，《交会议政务处》[光绪三十四年（1908 年）八月二十七日]。

② [日] 栗原健：《对满蒙政策史的一面》，原书房 1966 年版，第 76 页。

③ [日] 外务省编：《日本外交文书》第 41 卷第 1 册，日本国际连合协会 1960 年版，第 75 页。

述方面之现状，以及拥护在华商工业机会均等主义为目的……互相尊重彼此在上述方面之领土……依其权限内之一切和平手段，维持中国之独立及领土完整，及该国内列强商工业之机会均等主义，以保列强在该国之共同利益。①

"罗脱—高平协定"直接终结了唐绍仪的访美使命，司戴德推动的"东三省银行"计划也彻底被美国政府放弃了。"罗脱—高平协定清楚地表明，罗斯福政府已经改变主张而给予日本以在满洲行动的自由，一如在朝鲜的情形那样。"② 司戴德并不十分赞同美国政府的外交决策，他事后在日记中写道："这件事（指罗脱—高平协定）又是罗斯福一个可怕的外交错误。"③

尽管"罗脱—高平协定"暂时舒缓了日美两国之间因中国东北等问题而紧张对立的外交关系，但来自美国金融资本强势介入中国东北的压力并未彻底消除，日本无力在军事上保持对俄国复仇战争警惕的同时，还要同金融帝国美国保持经济领域的对抗，权衡利弊，日本政府趋向于同俄国缓和关系并进而联手对抗美国势力的介入，在这样一种国际大背景之下，中国清政府在东北的主权被充当了日本同美国、俄国之间调整外交关系的牺牲品，日俄两国在美国虎视眈眈下很快达成了共同垄断中国东北的默契，前后签订了多次"日俄密约"划定双方在中国东北的势力范围。

在美国没能找到支持的唐绍仪随即赴欧洲，寻求英、法资本的介入。一度与英国的保龄公司达成初步合作意向，在英国驻华公使朱尔典的支持下，确定了由英国公司出资修建新法铁路，并在以后将铁路进一步展修至齐齐哈尔。但日本以英日同盟的名义向英国政府施压，最终与保龄公司的合作也无果而终。至此，袁世凯等人所筹划的借助美国资本进入中国东北以制衡日俄的计划在小村寿太郎的暗中干预下宣告失败。

---

① ［日］外务省编：《日本外交年表及主要文书》上卷，原书房1969年版，第312页。

② ［美］马士·宓亨利：《远东国际关系史》下册，姚曾廙等译，商务印书馆1975年版，第512。

③ 孙繁棠：《日俄战争后美国侵略中国东北的阴谋》，《进步日报》1950年11月24日。

宿利重一曾经如此评价小村寿太郎与日本经营中国东北："人们常说：满洲是日本的生命线，实际上最早指出朝鲜半岛和满洲是日本帝国生命线的正是小村男爵，而主张为了确保这个生命线，应该同俄国开战、并且努力说服元老做出阁议决定的，也是小村男爵。"[1] 1939 年年底，由关东军、日驻满大使馆、伪满洲国政府、满铁共同发起组建了"满洲三先人纪念事业委员会"，纪念大山岩、儿玉源太郎、小村寿太郎三人在中日甲午战争、日俄战争中侵略中国东北的"功绩"，可见小村寿太郎对日本侵略中国东北所发挥的特殊作用。

小村寿太郎是明治后期日本外交的代表性人物，其外交理念是霞关外交的一种继承和延续，即在同英美协调的外交框架下，尽最大可能在亚洲获取更多的殖民权益，他的职业外交官生涯中经历并直接参与了中日甲午战争、日俄战争、日英同盟缔结、对俄协调外交的转向等，可以称得上是明治后期日本外交的一个象征，尤其是其对华外交的强硬立场和主张，使日本借助军事上的强大优势而获取了外交上的更多权益，在侵略中国东北过程中小村外交无疑是一个不可忽略的特殊存在。考察和研究日本侵略中国东北的历史时，以小村寿太郎为代表的日本职业外交官群体的角色与作用是无法回避和忽略的重要历史侧面，所谓的"满洲三先人"的称谓本身，也说明了这些人物在制造出"满铁"与"满洲问题"过程中所处的特殊地位。

---

[1] 宿利重一『兒玉源太郎』（復刻版）、マツノ書店、1993 年、第 735 頁。

儿玉源太郎

日本职业军人，曾任台湾总督、陆军大臣、参谋总长、首任"满洲经营委员会"委员长，号称"明治时期的日本第一智将"（见图1-4）。日俄战争时任"满洲军"参谋总长，旅顺争夺战的实际指挥者，与桂太郎和川上操六并称"明治陆军三杰"。20世纪初对中国东北推行强硬殖民政策的代表人物，创设"满铁"最主要的筹划者。

1852年出生于日本山口县武士之家，幼名百合若，后称健。9岁时父亲为藩内守旧派暗杀，后由他继承家主，大阪兵学

图1-4　儿玉源太郎

寮（陆军士官学校前身）毕业。1871年4月15日初任陆军准少尉，历任第2大队副官、步兵第19番大队副官等，以手腕高超著称。佐贺之乱时他作为大阪镇台大尉副官从军。1874年8月，任日本熊本镇台参谋。1877年西南战争爆发后，西乡隆盛率领三万五千人包围了熊本城，当时儿玉源太郎镇守熊本城，他指挥守军抵抗住了西乡叛乱武士的攻击，于1878年12月擢任近卫师团副参谋长。1880年5月，任步兵第2联队联队长。1883年晋升为步兵大佐。1885年5月，任参谋本部局长。翌年9

月，兼任日本陆军大学校干事。1887 年 6 月，任监军部参谋长；10 月，兼陆军大学校长。1889 年 8 月，晋陆军少将。

1891 年 10 月，出使欧洲；翌年 8 月，任陆军省次官兼军务局局长。1893 年 4 月，兼陆军省法官部部长。1895 年 3 月，任大本营留守参谋长兼临时检疫部部长；8 月，日本天皇赐其金鸥勋章及旭日重光章，封男爵。翌年 10 月，晋陆军中将。1898 年 1 月，任第 3 师团师团长；2 月，任台湾总督。1900 年 12 月，兼任陆军大臣（1902 年 3 月免兼）。1903 年 7 月，兼任内务大臣；10 月，免兼内相，改兼参谋本部次长。翌年 6 月，晋陆军大将，兼"满洲军"参谋总长，参加了日俄战争。1906 年 4 月，免台湾总督，任日军参谋总长；7 月 13 日，兼中国东北"南满铁道设立委员会"委员长，同月 23 日，因突发脑溢血暴毙。

儿玉源太郎是日本政府中少有的精通殖民地经营者。中日甲午战争后，中国台湾及澎湖列岛割让给日本。日本为了迅速占领台湾，采取了剿抚并用的手法。但前三任台湾总督桦山资纪、桂太郎、乃木希典都没能控制住台湾局势，在乃木希典看来，日本统治者对台湾是得不偿失，军费开支每年高达 700 万日元。除了台湾的税收之外，日本还从中日甲午战争中国的赔款中拿出 1200 万日元对台湾进行军费补助。庞大的开支使日本不但没有从台湾得到实际利益，反而成了沉重包袱。乃木在 1897 年前后提出了出售台湾的构想，并说动了当时的首相松方正义。经过一系列幕后活动，初步决定以 1.5 亿法郎把台湾卖给法国。[①] 1898 年，伊藤博文重新成为日本首相，在他主持召开的军政要员会议上，乃木希典正式提出了他的"台湾卖却论"，日本外务省对此表示支持，但多数阁僚表示反对。儿玉源太郎主张："台湾系日本南部的屏障，军事价值甚大，不能卖给法国。当初为了得到台湾，我们费了那么大的力，死了那么多的人。如果将台湾卖给他国，从长远看划不来。至于乃木总督提到台湾不好治理的问题，我觉得不是台湾不好治理，而是我们管理的官员无能。如果首相觉得政府中找不到治理台湾的总督，我愿前往。"于是 1898 年 2 月儿玉成为继任的台湾总督。

---

① ［日］矢内原忠雄『帝國主義下の臺灣』、岩波书店、1929 年、第 10 頁。

儿玉源太郎在中国台湾推行一系列新的殖民政策，一方面，采取残酷的镇压措施，实行保甲制和连坐法，打压台湾民众的反抗运动；另一方面，实行食盐、樟脑、烟酒、鸦片等专卖制度，压榨剥削台湾民众。儿玉在台湾颁布《台湾地籍规则》《土地调查规则》，重新丈量台湾土地面积以增加殖民统治的经济基础，逐渐稳固了日本在台湾的殖民统治。儿玉在台湾任期长达 8 年多，是历任总督中最长的。正是由于有这一段殖民统治台湾的经历，日本政府委任儿玉作为"满洲问题"的实际负责人。

在成立"满铁"前，日本政府曾经在 1906 年 1 月秘密设立了一个"满洲经营委员会"，作为日本对"满"政策的咨询决策机构，儿玉源太郎正是这个委员会的首任委员长。后来曾任日本首相的若槻礼次郎在回忆录中这样评价儿玉源太郎与"满洲经营委员会"：

> 儿玉大将在战争中作为总参谋长在满洲树立了"丰功伟绩"，这是人所共知的。大将不单在军事方面而且在经济和其他方面，就如何把满洲从战争废墟中振兴起来，应采取的政策也有相当的研究，因此被任命为委员长，而且绝非徒具名义的委员长，而是一位"德才兼备"的委员长。日本以从战争中新争得的利权为中心，今后应如何经营满洲，这就是委员会的目的。①

这一评价表明儿玉源太郎实际上是日俄战争后日本对"满"政策的主要策划人。日俄战争的胜利使日本社会坚信自己西化道路选择的"正确"与"成功"，同时，作为从事对外战争的主体——日本陆军，在取得军事胜利的同时，自然而然地希望能长久地占据权力的中枢，也就是若槻说的："任何国家的战争都有一个通病，那就是在战后，必然有一段时期是军人得势，他们希望扩大战胜国的权利和利益，对于撤兵却想尽可能地拖延。"② 这实际上是违背了战争的初衷的，也遭到了英美和清

---

① ［日］若槻礼次郎：《若槻礼次郎自传·古风菴回想录》，读卖新闻社 1950 年版，第 84 页。译文转引自苏崇民主编《满铁档案资料汇编》第一卷，社会科学文献出版社 2011 年版，第 123 页。
② 译文引自同上书，第 94 页。

政府的强烈反对。

1906 年 5 月 22 日，日本政府召开"满洲问题协商会议"，会上儿玉是唯一希望拖延"满洲军政"者，与伊藤博文产生了尖锐的对立。会议最终决定结束在中国东北的军政统治，撤销各地军政署，将关东总督改为关东都督，确定在中国东北形式上要奉行"门户开放""机会均等"的原则。

表面上儿玉的意见被压制，实际上最终儿玉与伊藤的分歧在于如何经营"满洲"，且日本政府后来的做法更接近儿玉的构想。儿玉认为：

> 南满洲将来与俄国将发生种种关系……从经营满洲上来看，将来要发生很多问题，而且这些问题一旦报到日本国内，势将牵涉到各省各个主管部门，处理手续实为烦琐。扶植日本势力这一南满洲港口不同于汉口或上海固不待言，所以满洲的主权应该委任于某一人，则上述烦琐事务可以汇总到一个部门，是否可以新组织一个官衙由它指挥一切？①

对此伊藤博文驳斥道：

> 儿玉参谋总长等对于日本在满洲的地位似乎从根本上有所误解，日本在满洲方面的权利，根据媾和条约，俄国所移交给日本的除辽东半岛租借地和铁路外并无他物。"经营满洲"这个名词起源于战争中我日本人之口头禅。今天除官吏外甚至商人等也频频称道"经营满洲"，但满洲绝非我国属地，它完全是清国领土的一部分。在既非属地的地方就没有我们行使主权的道理，从而也没有我设立拓殖务省一类机关和处理事务的必要。满洲行政的责任必须完全交由清国政府负担之。②

---

① 《伊藤博文秘录》第 409 页，译文引自苏崇民主编《满铁档案资料汇编》第一卷，社会科学文献出版社 2011 年版，第 109 页。

② 《伊藤博文秘录》第 409 页，译文引自苏崇民主编《满铁档案资料汇编》第一卷，社会科学文献出版社 2011 年版，第 109 页。

从上述两则针锋相对的资料中可见，伊藤博文基于对列强（主要是俄国）的忌惮，认为对"满洲"的政策应该按照《朴茨茅斯和约》所揭示的"除辽东半岛租借地和铁路外并无他物"，这是日英美俄均已达成谅解的，可称为"协调领有论"。但儿玉同样基于对俄国的忌惮，认为"南满"应该成为日俄对抗的利刃，建议将"满洲"（主要是"南满"）视为日本的禁脔，不容他国染指，同时建议日本应设立一个"官衙"统筹对"满"政策，通过在"满"经营准备向俄国的下一次开战，可称为"强硬领有论"。从二人的根本分歧中我们发现，虽然"协议会"后儿玉的意见被暂时压制，"军政"被撤销，但实际上后来成立的"满铁"及"铁道院"正是儿玉对"满"政策构想的实现。

1906 年 8 月 1 日，日本明治天皇颁布第 196 号敕令，批准在旅大租借地设立关东都督府，陆军大将大岛义昌任关东都督。（见图 1-5）10 月 18 日，关东都督府在旅顺正式成立。与此同时，日本政府在中国东北设立了"南满洲铁道株式会社"，原台湾民政长官后藤新平被任命为首任满铁总裁。在中国东北南部的日本控制区域内形成了以都督为代表的日本陆军与以满铁为代表的日本政府二元统治结构。在最初的设想中，满铁是从属于"关东州"的。关东都督府是日本的

图 1-5　大岛义昌

一个政府机构，是对旅大租借地实行殖民统治的中枢。都督拥有广泛的行政权和军事权，"负责管辖关东州"，"保护和监督南满铁路线路"，"监督满铁公司各项事务"，"统率驻满军队"。[①] 但经后藤新平的争取，

---

① ［日］栗原健：《对满蒙政策史的一面》，原书房 1966 年版，第 39 页。

"关东州"民政长官一度由满铁副总裁中村是公兼任，这也就意味着将"关东州"置于满铁的管理之下。但这种局面并未持续多久，此后二者互争长短，绝大多数时期"关东州"均在满铁之上。

1906 年 6 月 7 日，日本政府以敕令第 142 号公布了《南满洲铁道株式会社设立之件》。8 月 1 日，向满铁设立委员下达了递信、大藏、外务三大臣《命令书》。敕令是以日本天皇的名义公开发布，而不能公布的秘密事项均载在《命令书》中。二者合起来就是满铁一切经营活动必须遵循的根本大法。①

需要指出的是，虽然满铁是以"株式会社"即"股份制"的形式组织，但实际上早在儿玉源太郎的腹案中已经规划确定，满铁只是披着"股份制"外衣的"日本国有企业"。日本政府对满铁事业有广泛的命令、干涉权，不仅收缴股款、发行社债、制定会计及营业规定、预算、决算须经政府认可，重要事项须向政府报告，而且满铁负有据政府命令降低运费、变更事业、提供各种设备的义务。

就在 1906 年日本政府公布"满铁章程"前后，时任北洋大臣的袁世凯曾向清政府外务部表示，"此项章程，核与中俄原约不符者，撮其大要约有数端"：

> 原约系中国政府建造之路派委华俄道胜银行承办，该公司由日本政府命令设立，与原约不符者一；原约造路资本系由中俄合伙开设之银行所出，盖官路而商办者，且该路所用地亩全不纳税，所用官地并不给价，系照中国官路办法，该公司将铁路及附属财产悉充为日本政府资本，与原约不符者二；原约总办由中国政府选派，该公司总裁等员由日本政府任命，与原约不符者三。②

就在上述电文发出后几个小时内，袁世凯又追发了一道电文：

---

① 原文详情参照苏崇民《满铁史》，中华书局 1990 年版，第 17—21 页。
② 《提议照约合办满洲铁路事情的由二纸》，中国第一历史档案馆藏清史档，外务部，中日关系，路矿实业，案卷号 2646，转引自苏崇民主编《满铁档案资料汇编》第一卷，社会科学文献出版社 2011 年版，第 196 页。

此外为造路运载暂筑至营口及隙地海口之支路，照原约应在工竣拆去之列，开采煤矿仅准在铁路经过一带，并无准其增筑采矿支路明文。其奉天安东铁路为中日新约所订，应归另案办理。至铁路附带事业，如为铁路需用开采煤斤及专为路用之电线并公司建造房屋工程等项，均应照原约由中国政府允准，未便经由日本政府许可。①

这表明中国已经觉察到日本单方面公布的"满铁章程"是不符合《中日会议东三省事宜条约》的，与此同时时任盛京将军赵尔巽也极力表示反对。为此，清政府外交部门向日本驻华公使林权助提出抗议。林权助看出了清政府只是在例行公事地表示抗议，他根本没有向日本东京请示就对清政府的抗议进行了答复，在事后林权助向日本外务省汇报道：

（中方的）抗议内容几乎都是不可以常识理解的离奇的空论……类似儿戏。本使前此按照训令面晤外务部当事者时，渠等关于帝国政府设立会社的措施或会社章程的内容等事，并未表示任何异议，只是反复表示鉴于目前的财政恐难应募（指满铁招募股票之事）。想此次抗议，最低限度可以说，外务部大臣原无认真支持之意，单是为了对盛京将军（指赵尔巽）表示一下自己的责任而已……②

林权助推断清政府的外务部无意纠结于此，但他也意识到盛京将军赵尔巽反应比较激烈，因为赵尔巽的反对意见在《东方杂志》中被全文刊载出来。但林权助没有想到的是，权臣袁世凯私下同样表示了抗议，而外务省向林权助所发的抗议照会是根据袁世凯的意见撰写的。无论如

① 原档同前，转引自苏崇民主编《满铁档案资料汇编》第一卷，社会科学文献出版社2011年版，第196—197页。
② 《关于清国政府就南满洲铁道会社事提出抗议及奉天将军之对日态度》，日本外务省档案，转引自苏崇民主编《满铁档案资料汇编》第一卷，社会科学文献出版社2011年版，第199页。

何，中方的反对意见并没有产生什么效果。1906 年 11 月 26 日，满铁在东京召开成立大会，总部设于东京，第一任总裁为后藤新平。1907 年 3 月 5 日，根据敕令第 22 号的要求，满铁总部迁往大连，在东京设支社。4 月 1 日，正式开始营业。

实际上满铁的成立，是公然违反 1905 年 12 月中日缔结的《中日会议东三省事宜条约》的行为。原约规定，日本所取得的铁路侵略权益仅限于俄国业已取得的部分，且需与中国商定后方可实行。实际上俄国所办的东省铁路是中俄合办、总办由中国政府选派、只准中俄商民持股的股份制铁路。而日本却视满铁为独办，对外宣称只准中日持股，以拒绝英美的持股要求；对清政府则罔顾其一再抗议，甚至将完全属于中方财产的抚顺煤矿和烟台煤矿视为日本政府的官股。最终，满铁成了由日本官股和日本民股合办的、在中国领土上的日本铁路公司。

日本陆军真正在实质上介入干预国家政治，就是从日俄战争之后开始的。由于日本的海外殖民地都是通过战争方式（主要是陆军）获得的，因此如何经营管理这些海外殖民地，军方的意见自然是尤为重要。军事力量的存在成为日本殖民地帝国存活的前提和基础，高度依赖日本的军事力量是日本殖民地统治的最大特征。

以山县有朋、寺内正毅、桂太郎为核心人物的长州藩阀，是日本陆军的政治利益代言人。日俄战争中军事上的获胜，稳固和加强了日本陆军在政治生态中的主流地位。战后提倡推行对俄软弱外交而遭受攻讦的伊藤博文不得不离开日本，就任韩国统监一职，山县有朋不仅成为长州藩阀的唯一领袖，而且也成为整个藩阀政治势力的唯一领袖。在山县有朋的庇护和支持下，日本内阁中的陆军大臣一职被长州藩出身的军人所长期占据。而且，长州藩出身的军人占据了陆军大臣→次官→军务局长→军事课长的整个陆军省的中枢权力机构。[①] 以山县有朋为领袖人物的陆军势力在日本国内的财政预算案制定、海陆军扩充计划、国防方针的确立、战后对新殖民地经营战略以及外交政策调整等诸多领域都发挥着左右政策走向的强势主导作用。

---

① ［日］北冈伸一『日本陆军と大陆政策』、东京大学出版会、1985 年、第 62—63 页。

　　对俄战争的胜利加强了日本陆军干预国家政治的能力，在战后依然将俄国视为最大敌国，一切以对俄战争准备为第一要务，是这一时期日本陆军干预国家政治的出发点和基本原则。日本陆军将"独占满洲"和强化对俄再次战争准备绾结在一起，并将之转化为日本的国家战略，儿玉即这一理念的重要推动者。

　　日俄战争一结束，日本陆军方面就提出"战后经营的最大急务"，乃是制定《帝国国防方针》。① 1906 年 10 月，日本陆军领袖山县有朋根据参谋一部中佐田中义一起草的《帝国国防方针》草案，拟出了《帝国国防方针的私案》上奏日本天皇；1907 年 2 月，日本陆海军统帅部共同向天皇呈奏《帝国国防方针》草案。4 月 4 日，日本天皇敕令批准。《帝国国防方针》规定，中国是日本向大陆扩张"国利国权"的对象，英国是日本的盟国，俄国是日本国防的首要敌国，美国则系第二假想敌国。② 《帝国国防方针》中确立了日本要建立"大陆帝国"和实施"攻势国防"的战略。

　　有中国学者评价日本的"攻势国防"战略方针的重要性时认为，"此后，'攻势作战'变成了日本政府'国防方针'的基本内容，而且成为贯彻'国策'的'基本方针'。从这个意义上讲，1931 年日本关东军发动九一八事变，并不是所谓关东军的'独走'，其根源在于日本国家的国策，关东军不过是贯彻日本国策的强力机构"③。我们以为这样的分析结论，准确地揭示了日本帝国近代以来对华侵略战略的内在惯性和根源。

　　日本陆军的"满洲独占论"正是落实上述国防方针的主要内容之一，成为左右日本 20 世纪初"满洲经营"战略的主导方针，日本独资组建的满铁成为实现日本独占"满洲"的主要载体。这一垄断性经营战略的出台，意味着"日本在俄日战争期间和朴茨茅斯会谈期间，满口许诺给美国资本的种种特权，在条约签订后的第二天，就已被遗忘得一干二净。所有这一切必然引起日美在远东对抗的加剧。从这时起直到爆发

---

① ［日］北冈伸一『日本陆军と大陆政策』、东京大学出版会、1985 年、第 12 页。
② ［日］北冈伸一『日本陆军と大陆政策』、东京大学出版会、1985 年、第 12—13 页。
③ 米庆余：《近代日本的东亚战略和政策》，人民出版社 2007 年版，第 206 页。

第一次世界大战，英德之间的矛盾始终是帝国主义的主要矛盾。而日美之间的对抗正是在这种形势下发展的"①。

1906年儿玉病逝，他死前极力推荐后藤新平出任即将成立的满铁的首任总裁。儿玉源太郎和后藤新平可谓满铁的"实际制造者"。

---

① ［苏］纳罗奇尼茨基、古贝尔、斯拉德拉夫斯基等：《远东国际关系史》第一册，商务印书馆1976年版，第309页。

后藤新平（理事附）

第一任满铁总裁，日本殖民政策制定者与推行者，殖民统治中国台湾、中国东北的主要谋划者和政策制定者（见图1-6）。历任台湾总督府民政长官、满铁总裁、递信大臣（两任）、内务大臣（两任）、外务大臣、首任铁道院总裁、东京市长、帝都复兴院总裁等。

后藤新平1857年出生于陆奥国（今岩手县）一个武士家庭，17岁时进入须贺川医学校学习医学，毕业后曾进入内务省卫生局担任医官，后赴德国留学，回国后被授予博士学位，并

图1-6　后藤新平

在1892年担任内务省卫生局局长。中日甲午战争时从事陆军检疫工作，经人介绍结识陆军省次官儿玉源太郎并受到赏识。1898年至1908年，在儿玉源太郎担任台湾总督期间推荐后藤新平出任台湾民政长官。其间着力实施台湾旧惯调查，以"警察政治"、保甲制度管理台湾社会，以"渐进同化"、开发铁路和公路为手段经营台湾的经济活动，图谋稳固日本殖民统治基础。

1904年至1905年日俄战争期间，儿玉源太郎出任"满洲军"参

谋总长，后藤新平成了实际上的台湾总督。日俄战后他视察了中国东北，起草了《满洲经营策梗概》，提出以铁路经营为基础的全面侵华的基本殖民思想与政策。1906 年 11 月 13 日至 1908 年 7 月 14 日任第一任满铁总裁，成为日本最大殖民侵略机构的奠基人，明确地提出以满铁为中心推行所谓"举王道之旗行霸道之术"的"文装武备"的侵略方针。1908 年 7 月，任桂太郎内阁递信大臣，兼铁道院总裁及拓殖局副总裁，将满铁置于其监督之下。之后，历任寺内内阁的内务大臣、外务大臣、东京市市长等，并在第二次山本内阁担任内务大臣兼帝都复兴院总裁，主持规划和重建因关东大地震而损毁的关东都市圈，今天的东京都城市布局基本上由其奠定。1928 年受封伯爵。

在其任外务大臣期间，曾从事收买中东铁路的活动。他是"大亚洲主义"者，1917 年寺内内阁对华政策中的"东亚经济同盟"纲领出自他手。1928 年曾访苏，图谋恢复日苏邦交。1929 年 4 月在外旅行期间，因突发脑溢血抢救无效在京都逝世。

日俄战争结束后，日本根据《朴茨茅斯和约》规定获取了俄国在"南满"的各项权益，日本政府拟成立"南满洲铁道株式会社"，并希望由富有殖民统治经验的后藤新平出任首任总裁。之所以选择后藤，是由于他在担任台湾总督府民政长官期间，实行镇压反日活动和渐减的鸦片专卖政策、以明确土地所有权为基础的地税稳定措施、以铁路为中心的交通网建设、以治理传染病为中心的卫生政策和大规模的惯行调查等活动，因其对台湾的"有效"控制受到日本政府的赏识。

最初日本政府计划"满铁总裁位于关东都督之下，同时作为都督府顾问，在外务大臣的监督下参与都督府的一切政务"①，也就意味着满铁是在关东都督和外务大臣的监督下运营。对此，后藤新平并不满意，他向元老山县有朋等人表示了对外务大臣掣肘的担忧：

> "满朝经营"与对清国关系，利害攸关，极为重大，是以所望于
> 外务大臣及驻清公使者尤深。务乞为余策划提供方便，余亦当披肝沥

---

① 南満洲鉄道株式会社編『南満洲鉄道株式會社十年史』、『明治百年史叢書』第 239 卷、原書房、1974 年、第 105 頁。

胆，受其指导，以便完成此重大任务。倘认为殖民政策仅系纸上空谈，则毋庸多言，苟认之为国家重大实际问题，即不应为空理空论所拘束，处处掣肘，贻误大局。此种现象有如外交界之宿弊，理应避免。①

另外，他也致函关东都督大岛义昌，向其说明满铁与"关东州"的关系：

> 凡事不可逆睹，今后之计，必须共同努力，则余当有一议。一议者非他，所谓铁路事业对于经营满洲，名虽视若等闲，实则为其主责。故军事行政之一切措施，表面上制约铁路事业，但究其实，不可不为铁路事业所制约。依余之见，身为满洲铁路总裁，倘非实际与闻都督阁下之一切重要事宜，并承认其有论述可否之能力，恐将不能责以大成。阁下果能谅此，能否赐以垂问一切行政机宜之约束耶？②

在后藤新平的呼吁下，首相西园寺公望在与其他大臣磋商后基本表示赞同，反映在后藤新平向政府所提的就任条件中：

> 一、由满铁总裁兼任关东都督府顾问，关于行政应都督咨询、并授以开陈意见之职权；
> 二、就职前给与亲任官职，就任后仍享受亲任待遇；
> 三、就任满铁总裁后仍任台湾总督府顾问，过问台湾政务；
> 四、政府不干涉选任满铁副总裁和各理事问题；
> 五、给以现任官员受聘满洲铁道者与受聘外国政府者同一待遇。③

以上意见除第 2 条"亲任官职"（满铁属于企业，后藤希望满铁总

① 南满洲铁道株式会社编：《南满洲铁道株式會社十年史》，《明治百年史叢書》第 239 卷，原書房，1974 年，第 116—117 页。译文引自苏崇民主编《满铁档案资料汇编》第一卷，社会科学文献出版社 2011 年版，第 311 页。
② 鶴見祐輔『後藤新平傳 2』、太平洋協會出版部、1943 年、第 682—683 頁。
③ 『南満洲鉄道株式会社十年史』、原書書 1974 年版、第 105 頁。

裁能兼任一个政府官职，以便与中国官方沟通）因陆军方面的反对而作罢外，其他几条意见均被采纳。因此还导致了日本外相林董的辞职。后藤是历任满铁总裁中权限最大者，随着后藤新平辞去满铁总裁，满铁对"关东州"和外务省的干预力量大为削弱。

因后藤新平要求满铁的人事大权完全掌握在他的手里，1906 年 11 月 26 日，上任两周的后藤新平在东京神田美土代町的基督教青年会馆召开了满铁创立总会。

后藤新平对满铁后续发展最大的影响，就是确立满铁的定位为"日本国策会社"和"文装的武备"。

早在日俄媾和前，负责"满洲"事务的儿玉源太郎就曾规划道："战后经营满洲的唯一秘诀在于，在明处以经营铁路为幌子，在背地里想尽办法，暗中施设。"① 此后儿玉猝死，但日本政府仍按这一计划施行。在准备筹建满铁的"敕令"（1906 年 6 月 7 日）中，就规定：满铁设立总裁一人、副总裁一人，任期均为五年，须由日本政府任命；理事若干，任期四年，须经日本政府任命，且明确说"日本政府关于会社之事业得发布监督上必要之命令……日本政府认为必要时，得将帝国内关于铁路法令之规定适用于会社"②，表明日本政府最初就打算将满铁建设成一个"日本国策会社"。

随着满铁的成立，日本政府赋予了后藤新平极大的权限。满铁成立之初的一个重要工作是在安奉线将原来的窄轨更换为标准铁轨，这一工作本非《中日会议东三省事宜条约》（又称《北京条约》）所确定的、由俄国转给日本的权益，需要外务省与清政府进一步沟通。日本外务省不知出于何种原因，迟迟不向中方提出这一问题，后经协商，清政府明确反对满铁改筑安奉线。后满铁在关东军的保护下，于 1909 年 8 月强行改筑，中国对此大为反感，也招致了日本国内的一些诟病。后藤新平在任期间，正值外务省消极对待改筑交涉，他认为这是外务省在故意掣肘。而外务省、大藏省也确实在一定程度上将满铁视为一般的大型公司

---

① [日]鹤见祐辅『後藤新平傳 2』、太平洋協會出版部、1943 年、第 5—7 頁。
② 《明治 39 年勅令第 142 号·南満洲鉄道株式会社ニ関スル件》。档号：A03020674499，所藏館における請求番号：御 06644100，所藏館：国立公文書館。

而非政府机关，对此后藤在 1908 年 6 月 17 日明确向日本政府抗议：

> 中央官厅对南满洲铁道会社的监督是多头的，名义上虽属于外务大臣，实际业务却多属大藏、递信两大臣主管。各省的意见动辄涉及权限的消极争执，给予会社颇多困惑，其实例不胜枚举……因内阁没有专管满洲政策的机关，各省互争权势，致使发展公司事业的良机往往逸失，会社债、新奉线、新法线等问题，即其实例。①

后藤新平一度拟向日本首相上书，要求兑现对满铁性质和地位的承诺：

> 满洲的问题如果只是以经营铁路、开采煤矿，或以取得商业赢利为目的，则世上自有能事之人。如果认为除此而外，还存在着国家殖民政策问题时，国家就应当妥善地寻求一个一定的决策……国家从经济上、政治上对公司加以保护。与此同时，公司也应当在谋求本公司赢利之外，还必须承担符合殖民政策的义务。因此，旧时只是承担公司组织契约的私法上的义务，如今则成为承担属于国家行政行为的公法上的义务。从而，公司的权利能力直接与国家的权力联结起来……总之，南满洲铁道会社，虽称铁路，但绝不能单纯用经营运输事业的眼光来衡量，虽称公司但不能视为商法上规定的有限股份公司。从殖民政策上看，不论如何命名，都必须大胆地视为帝国权利发动机关的一个部门。我一向运筹思索全基于此。②

实际上后藤自 1908 年 7 月 14 日从满铁辞职后，同日即加入桂太郎内阁担任递信大臣，从某种意义上来说正是想从中央政府的角度确立日本的对"满"政策、贯彻其确定的满铁经营方针。③

---

① 《满铁总裁后藤新平提交日本政府的备忘录》，日本外务省档案。转引自苏崇民主编《满铁档案资料汇编》第一卷，社会科学文献出版社 2011 年版，第 323 页。

② 《满铁会社不稳固》，满铁档案甲种。转引自苏崇民主编《满铁档案资料汇编》第一卷，社会科学文献出版社 2011 年版，第 329 页。

③ ［日］加藤圣文『満鉄全史：「国策会社」の全貌』（講談社選書メチエ，374）、講談社、2006 年、第 37 頁。

　　"所谓'文装的武备',简而言之,就是用文事设施,以备外来的侵略,以便在突发事变时,兼可有助于武力行动……殖民政策归终就是'文装的武备',打着王道的旗帜,行其霸术,本世纪的殖民政策只能是这样的。"①　显示了其作为殖民地经营老手的险恶用心。他进一步批判传统的殖民地经营政策是小儿科,"许多人认为只要铁路运转了,煤炭开采了,有利可图,没有亏损,满洲铁路就算完成任务了。可以断言,这不是完成帝国在满洲特殊使命的途径,而是孕育着其最大的病根"②。苏崇民先生曾一针见血地指出:

　　　　……(后藤新平)着重抓文教、卫生设施。其用心是通过这些设施来笼络人心,磨灭东北人民的民族精神,使之盲从于日本的殖民统治,达到他所说的思想上的"归依"……后藤新平的"文装的武备"披着"和平经营""王道"和"发展经济"等等虚伪的外衣,具有很大的欺骗性,掩盖着增强军备的意图。实际上,满铁的各项设施无一不考虑军事上的潜在要求。③

　　直到战后,大藏公望、平岛敏夫等"满铁会"所鼓吹的"满洲开发论",正是后藤新平"文装的武备"论的拙劣翻版。他们打着"开发"的旗号否认侵略战争,却没有注意到他们的鼻祖后藤新平早已经将这一如意算盘的真实目的和盘托出,再具实证性的研究也掩盖不住满铁作为"日本国策会社"的本质。

附理事:
　　后藤新平在任期间(1906 年 11 月 13 日—1908 年 7 月 14 日)的满铁领导层
　　副总裁:中村是公(1906 年 11 月 26 日—1908 年 12 月 19 日,后任第二任总裁)

---

①　[日] 後藤新平『日本植民政策一斑』、拓殖新報社、1921 年、第 114 頁。
②　[日] 後藤新平『日本植民政策一斑』、拓殖新報社、1921 年、第 115 頁。
③　苏崇民:《满铁史》,中华书局 1990 年版,第 46 页。

理　事：国泽新兵卫（1906 年 11 月 26 日—1908 年 12 月 19 日，后任第五任总裁。铁道技师、铁道担当）

清野长太郎（1906 年 11 月 26 日—　，未标注时间者为继续在任，下同。附属地行政、土木担当）

久保田胜美（1906 年 11 月 26 日—　。经理、金融担当）

犬塚信太郎（1906 年 11 月 26 日—　。营业担当）

田中清次郎（1906 年 11 月 26 日—　。营业担当）

野野村金五郎（1906 年 11 月 26 日—　。金融担当）

久保田政周（1906 年 12 月 7 日—　。附属地行政、土木担当）

冈松参太郎（1907 年 7 月 1 日—　。法律担当）

清野长太郎

政界代表（见图 1-7）。1869 年生，日本香川县人。东京帝大毕业后入内务省，经富山县理事官、香川县理事官，后任内务省理事官。1906 年任秋田县知事，同年任满铁理事（1906 年 11 月 26 日—1913 年 12 月 26 日），1913 年辞职。三年后再被起用，任兵库县知事、神奈川知事、帝都复兴局长官。

久保田胜美

财界代表（见图 1-8）。1895 年大学毕业后入日本银行，曾任国库局局长。1906 年至 1913 年任满铁理事（1906 年 11 月 26 日—1913 年 12 月 26 日）。后任大信银行、大信储蓄银行董事。此外，还曾任细井工厂、东京仓库运输等会社董事。

图 1-7　清野长太郎　　　　　　图 1-8　久保田胜美

犬塚信太郎

实业界代表（见图 1-9）。曾任三井物产门司支店店长，当选满铁理事时年 33 岁。1906 年 11 月至 1914 年 7 月任满铁理事（1906 年 11 月 26 日—1914 年 7 月 14 日），兼任矿业部部长，主导发掘抚顺煤矿。系山东矿业会社主要创办人。此外还曾任立山水力发电、大凑兴业等各会社董事。

田中清次郎

实业界代表（见图 1-10）。1890 年入三井物产，后任三井物产香港支店店长。1906 年 11 月至 1914 年 1 月任满铁理事。1939 年满铁将所属的多个从事情报工作的部门合并成立大调查部，时任调查部部长，享受副总裁级待遇。1942 年因满铁调查部间谍事件而退任。

图 1-9　犬塚信太郎　　　　　　　　　图 1-10　田中清次郎

野野村金五郎

　　财界代表（见图 1-11）。曾任朝鲜国学部顾问官。后历任大阪藤田组社员、兴业银行营业部部长等。1906 年 11 月至 1914 年 3 月任满铁理事。1920 年后任川崎银行常务董事、东京银行集会所监事等。

久保田政周

　　政界代表（见图 1-12）。日本内务省出身。1906 年 12 月至 1911 年 9 月任满铁理事，主管地方部工作。后历任三重县知事、铁道院理事、东京府知事、内务省次官、横滨市市长。1924 年任东洋拓殖会社总裁。

图1-11 野野村金五郎　　　　图1-12 久保田政周

冈松参太郎

学界代表。东京帝大毕业，法学博士。1899 年任京都帝大教授。曾主持台湾旧惯调查。满铁成立后，1907 年 7 月至 1914 年 1 月任满铁理事，主管调查，是满铁调查事业的奠基人，并主持实施"满洲旧惯"调查。曾撰写《南满洲铁道株式会社的性质·关东都督府官吏的性质》等论文。①

---

① 以上传记出自解学诗主编《满铁档案资料汇编》第十五卷，社会科学文献出版社 2011 年版，第 541—542 页。后文所附理事小传同出此书者，不再标注。

中村是公（理事附）

第二任满铁总裁，历任满铁总裁、铁道院总裁、东京市市长、贵族院议员等，是满铁初期事业的主要奠定者（见图1-13）。

中村是公于1867年12月生于安芸国佐伯郡（今属广岛市）的酿酒商人家庭，幼名柴野登一，后过继给中村家作为养子，更名为中村是公，与文学家夏目漱石交好。毕业于东京帝国大学法科大学，后入大藏省官方第二课、主计局，1894年担任秋田县税务官，1896年进入台湾总督府，结识了时任民政长官的后藤新平，很快成为后藤的左膀右

图1-13　中村是公

臂。先后担任台湾总督府事务官、临时台湾土地调查局局长、专卖局局长、总务局局长兼财务局局长等。满铁成立后，被任命为首任副总裁，负责满铁的日常事务和人事工作。他深受后藤信任，力排众议，举荐了年33岁的犬塚信太郎作为理事，兼任关东都督府民政长官（1907年4月—1908年5月），并在1908年12月后藤新平入阁后继任满铁总裁（1908年12月19日—1913年12月18日）。1909年伊藤博文在哈尔滨车站遇刺时，中村也在现场。

早在后藤新平出任满铁总裁之初，曾向政府提出满铁是经营"满洲"的中心，满铁总裁须以都督的最高顾问身份参与政策的制定，并以此作为出任总裁的前提条件（参见本书后藤新平评传）。中村是公出任副总裁之后，日本政府根据后藤的建议，让中村同时作为关东都督府和满铁的领导，试图以满铁为中心推进"南满殖民事业一元化"进程。由于关东都督府和满铁本社分设于旅顺和大连两地，所以中村采取在旅顺和大连两地隔日轮流办公的制度。这是后藤新平以满铁统辖"关东州"理念的具体实施。① 为此，当时的日本首相、外相、递信大臣、陆相共同做出决议：

1. 政府认为经营南满洲至关重要，特此任命满铁副总裁中村是公任关东都督府民政长官。

2. 身为民政长官的中村是公经关东都督批准，受满铁总裁委托署理满铁副总裁业务。

3. 中村是公署理满铁副总裁业务仅限在会社之内，对外副总裁缺任。

4. 中村是公因担任满铁副总裁实务而可从满铁支取若干薪金。②

从任命之日起，中村便奔忙于大连和旅顺之间，或处理社务，或执行政务。但由于前述第三条规定对于副总裁一职限制过多，加之这种制度招致各方的非难，所以一年之后，随着后藤任职期满，这一破例的措施也就终止了。

中村是公是满铁历任总裁中在任时间最长者，他在任期间努力扩大满铁的经营规模，在后藤新平的大力配合下，其实现了满铁事业的基本稳定。

中村是公兼任关东都督府民政长官是在 1907 年 4 月至 1908 年 5 月。

---

① 王胜利等主编：《大连近百年史人物》，辽宁人民出版社 1999 年版，第 376 页。

② 南满洲铁道株式会社编『南满洲铁道株式會社十年史』、『明治百年史叢书』第 239 卷、原书房、1974 年、第 126 页。

早在日俄战争尚未结束时，日本就曾在军事占领区设官建制，明目张胆地侵犯中国的主权。1904 年 9 月，日本在金州设立"关东守备军司令部"及"军政署"，由参谋总长神尾光臣担任军政长官，对金州地区实行军政统治。[①] 这是日本在"满洲"设立殖民统治的开始。

1905 年 9 月，日本"满洲占领军"在中国辽阳建立"关东都督府"（翌年 5 月迁至旅顺），管辖旅顺、大连租借地——"关东州"。按照1906 年 7 月颁布的《关东都督府官制》，都督的任务是"管辖关东州并执掌南满洲铁路线的保护及管理事宜"，同时"监督南满洲铁道株式会社的业务（第 2 条）；"统率所属军队，受外务大臣的监督统理诸般政务"（第 4 条）；"依特别委任掌管与清国地方官宪的交涉事务"。都督由日本天皇亲命的陆军大将或陆军中将担任（第 3 条）。另外，赋予都督的权限是"依据其职权或特别委任可以发布都督令，制定监禁 1 年以内或者罚款 200 元以内的处罚规则"（第 7 条）；"为维护管辖区域内的治安秩序或保护、管理铁路线，认为必要时可以使用兵力"（第 10条）等。[②]

可以看出，关东都督直接对日本天皇负责，其职权是统治"关东州"和监督"南满"铁路，并拥有对留驻"满洲"的 2 个师团和 6 个铁路守备队（包含宪兵）的指挥权。此外，还对以"南满"铁路为中心，宽 62 米、呈带状的"附属地"有管辖权；直接或间接地与中国政府或第三国办理交涉。因此，在政务上关东都督还受外相的"特别委托"和监督。其职权的核心就是以强大的武力为后盾，在中国东北实行军事、行政、司法、经济等全面的殖民统治。

都督府内设民政部和陆军部两个部。民政部在民政长官指挥下，担任除军事行政以外的一切行政事务。陆军部依据条例"在关东都督管辖范围内执掌有关陆军的一般事宜"，陆军部参谋长"辅佐关东都督，参与策划陆军的机要事务，监督命令的普及与实行"，担任部内民政业务的监督。直到 1919 年，实行军民分治，才将上述二部分别改为"关东

---

① 陈本善主编：《日本侵略中国东北史》，吉林大学出版社 1989 年版，第 111—112 页。

② 王芸生：《六十年来中国与日本》第五卷，生活·读书·新知三联书店 1980 年版，第21—24 页。

厅"及"关东军司令部"。

在地方行政方面，把州内划分为大连、旅顺、金州 3 个行政区，各区设民政署，在铁路附属地设警务署及支署。都督府第一任都督由陆军大将大岛义昌担任，民政长官由前"关东州"民政署长官石冢英藏担任，次任民政长官即满铁副总裁中村是公。①

关于中村是公就任满铁总裁期间所从事的主要工作。可以概括为以下几个方面。

第一，延续后藤新平对满铁的总体规划，与中国官员维持交往的关系。

1908 年后藤新平出任第二届桂太郎内阁递信大臣后，辞去了满铁总裁的职务，同时将满铁的监督权转到递信大臣名下，并将其心腹中村是公由副总裁提拔为总裁这样的人事和制度安排显然是希望其经营思想和大方针得以延续。

中村出任总裁之后，完全承袭了后藤的理念，忠实地继承后藤的经营思想。就在中村上任后的第二天，他在满铁《社报》上刊载了这样一则声明，向满铁全体职员昭示了满铁的事业将仍在后藤递相的监督之下：

> 今后仍可在前总裁阁下的方针下完成各项计划，唯不能如前日夜亲接阁下指挥，聆听其教诲，实感遗憾。然而……将来仍可在其监督下继续得到他的教诲和辅导。即对内在社务处理上仍如从前不变，对外在本社业务发展上，亦绝无后顾之忧。②

实际上后藤新平也确实仍在东京指导满铁的各项事业，可以说是这一时期满铁的"太上皇"，中村的重大决策都需要派专员先与后藤协商后落实，下文将提到的中村希望将满铁移至奉天的决策就因后藤并未支

---

① ［日］铃木隆史：《日本帝国主义与满洲》，周启乾译，台北：金禾出版社 1998 年版，第 87 页。

② 满铁档案甲种。转引自苏崇民主编《满铁档案资料汇编》第一卷，社会科学文献出版社 2011 年版，第 340 页。

持而最终落空。

在这样的大方针下，中村延续了后藤新平用甘言密语与中国官员交好的方针，这对于扩大满铁的在华经营十分奏效。1908 年 9 月 11 日至 15 日，东三省总督徐世昌受邀参观位于大连的满铁会社，事后在其发给清政府的电文中称：

> 此次往返仅一星期，沿途所见，粱稷丰茂，年岁顺成，差堪欣慰。经过铁路区域，见其军纪之严明，警察之齐一，道途之平治，几堪媲美欧西……中村又谓南满铁道营业本系两国共有之利益，非一国独擅之利益，宗旨认定斯其他争端自可解释，且力劝入铁道股本，以践凤诺。世昌洞其词色，窥其神情，似非矫饰，从前后藤总裁亦屡以为言，彼既谆切相就，似可乘机以图，将来关系南满铁路各事应如何相机因应，应随时商承钧部查核示遵。①

引文表明，一方面，在满铁的管理下其附属地和租借地有一定程度的发展，这一点令徐世昌感触良多；另一方面，显然徐世昌对满铁的野心尚无清晰认知，他一厢情愿地认为"彼既谆切相就，似可乘机以图"，并建议外务部筹划措施，实际上满铁总裁根本没有将满铁交由中日合营的意图。事后，徐世昌还请清政府赏给日本"关东州"及满铁相关人员宝星徽章佩戴，显示了清政府的高官对日本通过满铁企图达成的战略目的认识肤浅。

第二，筹划将满铁本社从大连移至奉天（最终未获批准）。

选择大连作为侵略中国东北桥头堡的是沙俄，在三国干涉还辽后俄国租借了刚刚从日本手中夺回的旅顺，作为其长期追求的"远东不冻港"。随着日俄战争的结束，日本获得了旅大租借权，将满铁总部从东京移至大连，同样也是出于将大连作为侵略中国东北基地这一考虑。

在日本建设大连港时，已向国际社会声明将建成一个自由贸易港，为进一步强化其国际地位，又在满铁和港口实行了有利于大连港的"到

---

① 第一历史档案馆：中日关系档。转引自苏崇民主编《满铁档案资料汇编》第一卷，社会科学文献出版社 2011 年版，第 348 页。

货发货特殊运费制"，并且在港口建设中引入现代化港务设施，还在港务区建设了完善的基础设施。这一系列的政策使大连港迅速崛起成为东北亚的重要港口，抑制了营口、葫芦岛等其他港口的发展。①

但从满铁线路的地图上可以清楚地看到，大连的位置在整个满铁线路的最南端，并不利于控制全部的线路。从地图上看，此时的奉天正好位于满铁干线和安奉铁路的 T 字形交叉点上，同时位于整个"南满"地区的中心，地理位置极其重要。因此中村在就任满铁总裁之后就向日本政府建议将满铁会社总部从大连搬迁至奉天，他向后藤新平陈述的理由如下：

> 洞察满洲形势，大连恐不足为我将来之根据地，纵使因此一时投下巨资，深信为今后之计，莫如将本社迁往奉天，是为长远之策……大连过于偏南，并将本社置于大连指挥此项建设，时至今日不无鞭长莫及之憾。因而将主力逐渐北移，较为有利。尤其是安奉线改修工程行将竣工，此线一端接连朝鲜铁道，他端与中东路及京奉路通。奉天乃东亚交通要冲，将成为最重要之铁路联络地点，将本社置于奉天，在满洲铁道经营上，可谓最得地利之宜……②

这一计划从 1909 年至 1913 年一直徘徊在中村的脑海中，在满铁档案中我们还发现了 1910 年其规划的奉天建设方案，包括学校、医院、工厂和市政设施等详细的搬迁计划，但这一计划可能没有获得后藤新平的全力支持。据代表中村是公拜会后藤新平的冈松参太郎回忆，1910 年 9 月后藤新平"看来对这些问题大体上不感兴趣，将来能否慷慨应允，甚为挂心"③。至 1913 年中村即将卸任之时，他计划满铁在此后十年应完成的事业中第一项就是"将满铁本社迁至奉天，经营满蒙，以奠定北

---

① ［日］满史会编著：《满洲开发四十年史》上卷，东北沦陷十四年史辽宁编写组译，1988 年（内部发行），第 100 页。

② 满铁档案甲种。转引自苏崇民主编《满铁档案资料汇编》第一卷，社会科学文献出版社 2011 年版，第 341 页。

③ 满铁档案甲种。转引自苏崇民主编《满铁档案资料汇编》第一卷，社会科学文献出版社 2011 年版，第 344 页。

进西临的基础"①，但这一计划直到中村卸任满铁总裁，甚至到他逝世也未能实现。

为何日本政府对中村的建议并不感兴趣？

我们推断，当时日本政府主要是从中日条约的角度进行决策。按照相关条约，奉天只是一个普通的"附属地"，不如大连作为名正言顺的"租借地"更加靠得住。随着日本对大连的持续加大建设，也带来了一系列的连锁反应。其一就是辽东半岛上的传统港口营口港（由中国经营）的衰落，为此徐世昌一度计划扶植葫芦岛成为取代大连港的中方港口，但最终并未完全落实；其二就是中国东北的反日倾向日渐加强，这主要是由于日本依托交通优势抢夺和压榨了中国东北的民族资本，而满铁则致力于反对中方建设"满铁平行线"，日本外务省与中国政府为此屡生纠纷；其三就是大连港的各种优势对日本在朝鲜的港口、日本的大阪商船造成营业压力，在日本国内也有一些反对声音。②

第三，稳步推进满铁的各项事业建设。

在中村是公就任满铁总裁期间，正值满铁事业的奠基期，其主要完成的工作包括以下三个方面：

（1）满铁干线的改建和双轨铺设（复线）工程，安奉线的改建工程。满铁干线是从长春至大连的铁路，这条铁路此前是俄式轨距的单轨铁路，而安奉线则是从安东至奉天的轻便军用铁路，这两条铁路均需要按照标准轨距重新铺设铁轨，必要时还需铺设复线。其中满铁干线的改建工程共耗资892万日元，在不影响铁路正常运输的情况下，于1908年完工，干线的复线工程则时建时停，在中村任内只完成了大连至苏家屯的复线铺设工程，直到1934年才全线完工。③

（2）车辆、工厂和车站的建设，扩充满铁的规模。因满铁线路轨距的更改，伴随的必然是车辆工厂的建设和改建线路相关工业产品，如矿

① 苏崇民：《满铁史》，中华书局1990年版，第49页。
② ［日］满史会编著：《满洲开发四十年史》上卷，东北沦陷十四年史辽宁编写组译，1988年（内部发行），第101页。
③ ［日］满史会编著：《满洲开发四十年史》上卷，东北沦陷十四年史辽宁编写组译，1988年（内部发行），第103页。

山、电气设备、土木建筑等方面均投入了一定的资金。在满铁开业时，全路段车站只有 54 个，约至中村离任时已经达到了近 90 个。人事方面，中村是公在出任总裁后，先是大刀阔斧地调整机构裁减冗员，将原有的 6500 名职员的四分之一进行调整和裁减。同时，又根据需要增设中央试验所、码头事务所和东亚经济调查局，重新招聘录用职员，使机构更加完善充实，其退任时满铁职工总数达两万余人。

（3）港口（主要是大连港）和城市建设。大连港的建设自满铁创设之初就未曾停止，在中村在职期间主要是筑设防波堤工作。而在城市建设方面主要是对满铁附属地的基础设施建设，包括建设学校、医院、图书馆、市政设施等。至 1916 年满铁创业十年期间，共花费了 1.6 亿日元，其中 48% 用于铁路建设，12.6% 用于矿山工厂，12% 用于船舶港湾，附属地投资共占 9%，表明了满铁在创业初期所确定的方针：以经营铁路为主，同时多面地对中国东北进行侵略。

从满铁开业以来，以满铁干线（铁路事业）的营业额为例，在 1907 年的盈利为 410 万日元，至野村上任之初的 1913 年已经达到了 1375 万日元。且伴随着盈利的增长，满铁的各项改筑、扩修事业并未停滞。以收支相抵，在 1908 年亏损 43 万日元，而到 1910 年已经扭亏为盈，至 1913 年已经净收益达 61 万日元，显示出满铁运营的效益。

在此期间，满铁事业除铁路之外，还进行了大连港的扩建改造、铁路沿线的仓库及配套设施建设、电气业和旅馆业的开拓，接管了原属于关东都督府的中央实验所开展研究工作，配合矿业开展了对中国东北的地质调查事业。除此类与满铁直接相关的工业设施之外，还在附属地开展了大量的文化事业，如对满洲日日新闻社实行了股份制改革、设立针对附属地中国人的公学堂和日语学堂、开始幼儿保育事业、筹建"南满洲工业学校"和"南满医学堂"等高等教育机关、建设以满铁大连图书馆为代表的藏书机构等，这些附属的文化设施创办的目的仍是服务于日本对中国东北的殖民侵略政策。

从满铁创立到中村是公离任，是满铁事业的奠基期，也是满铁在日本政府内部拥有较大发言权的时期，这一时期的满铁成为日本侵略中国东北政策的主要制定者和实施者，在某种意义上与后藤新平、中村是公等人的个人因素是密不可分的。

附理事：

中村是公在任期间（1908 年 12 月 19 日—1913 年 12 月 18 日）的满铁领导层

副总裁：国泽新兵卫（1908 年 12 月 19 日— ，小传详后）

理　事：清野长太郎（理事小传已见后藤新平传内者不再重出，下同）

久保田胜美（留任）

犬塚信太郎（留任）

田中清次郎（留任）

野野村金五郎（留任）

久保田政周（ —1911 年 9 月 4 日）

冈松参太郎（留任）

沼田政二郎（1911 年 9 月 9 日— ）

沼田政二郎

1906 年入满铁，历任满铁庶务课课长、电气作业所所长、筑港事务所所长、营口水道电气会社社长等（见图1-14）。1911 年 9 月至 1914 年 1 月任满铁理事。之后曾任第六十五银行董事、东洋拓殖会社理事等。

图 1-14　沼田政二郎

野村龙太郎（理事附）

图 1-15　野村龙太郎

满铁第三任、第六任总裁，铁路技术官僚出身，工学博士（见图1-15）。

1859 年 1 月生于日本岐阜县，1872 年随其父到东京，进入庆应义塾的"童子局"（类似于预科班）学习，1874 年进入东京外国语学校英语系（后改建成独立的开成学校）学习外语，1881 年毕业于东京大学土木工程学专业，同年进入东京市土木课任职，1886 年转入铁道厅，担任铁道院技师，负责铁道的经营、铺设、监督及行政等杂务，有一定的铁路管理经验。1892 年担任日本全国铁道线路调查委员，对日本国内的铁路建设规划进行调查。1894 年担任铁道院奥羽福岛派出所所长，在此期间因解决了箱根山路隧道的施工难题。1896 年受派赴欧美各国考察铁道建设，1898 年回到日本，进入铁道局担任中层领导，历任铁道院建设部部长等。1899 年取得工学博士学位，兼任东京市区改正委员、土木会议员。[①]

1913 年升任铁道院副总裁，同年年末任满铁第三任总裁，1914 年 7

①　西濃聯合教育会编『西濃人物誌：修身資料．第 1 輯』、大垣町（岐阜県）西濃印刷、1910 年、第 91—92 頁。

月被罢免。1914 年任大凑兴业会社社长。1919 年 4 月，任第六任满铁总裁（当时改称社长）至 1921 年 5 月。其后历任铁道学会会长、湘南电铁会社、南部铁道会社董事等职，1942 年任东京地铁会社等社董事。①他是满铁总裁中少数的铁路技术官僚，也是唯一一位两次出任满铁总裁者。

野村第一次就任满铁总裁的时间并不长（仅半年多），在此期间其并未能对满铁产生太大的影响，其主要任务是推动一项改革措施，以改变后藤新平、中村是公所拟定的满铁事业规划，这里略作说明。

第一次野村总裁及理事会的成立是与原敬、山本权兵卫等政党内阁的成立密不可分的。中村是公和国泽新兵卫正副总裁任期将满之际，其接班人问题早已成为日本社会舆论的关注点，前任驻华公使伊集院彦吉、陆军省经理局局长辻村楠造、桦太长官平冈定太郎、铁道院院长床次竹二郎等均被视为可能成为次任满铁总裁的热门人选。政友会总裁原敬希望将满铁打造成为政党的"摇钱树"，但又希望掩人耳目，因此推荐前铁道院副总裁野村龙太郎担任满铁总裁，同时让政友会干部伊藤大八担任副总裁，并掌握实权，借此清除后藤新平、中村是公的残余势力。在理事的更新换代上，更是兼顾铁道院和政友会两个派系背景者，"先准许后藤系统的清野长太郎和久保田政周两理事辞职，任命驻莫斯科总领事川上俊彦和前兴业银行副总裁佃一豫为后任理事；然后将冈松参太郎、野野村金五郎和沼田政二郎三理事解任，政友会派的改野耕三、山本权兵卫伯爵宠爱的桦山资英和铁道院的藤田虎力三人为新理事"②。通过这轮换洗，到 1914 年春，满铁的领导层已经被政党内阁所控制。

随着满铁领导层的"大换血"，野村和伊藤开始在满铁推行一套改革方案，这一改革方案是与原敬首相密不可分的。原敬草拟的改革案涉及满铁经营的方方面面，主要包括改变中村是公时代已经形成的"合议制"，导入"部局制"，将满铁理事改由满铁各中层要员兼任并

---

① ［日］日本教育资料刊行会编『新東亜建設を誘導する人々』、日本教育资料刊行会、1939 年、第 567—569 页。

② ［日］大陸出版協會编『满鉄王國』、大陸出版協會、1927 年、第 187 页。

强化理事的权限等，这些改革受到了铁道院院长床次竹二郎和外相牧野伸显的支持。[①] 这一改革方案与当时铁道院规划的"满鲜"铁路一体化经营策略有密切关系。1911 年 11 月安东的鸭绿江大桥架设完成，这也就意味着"南满"铁路可以通过安奉线与朝鲜铁路连为一体。而将"满洲"的货物通过朝鲜半岛运回日本，成为铁道院官僚的优先选择，这一方案受到了朝鲜总督的大力支持，但与满铁方面主推的以大连港为中心的"满洲"铁路建设规划相矛盾。野村和伊藤分别接任满铁的正副总裁正是想要在满铁推行东京方面的"满鲜"铁路总体规划，这与满铁此前的经营方略是矛盾的。

1914 年 5 月 15 日，伊藤大八副总裁发布了满铁改革方案，将满铁各机构分为"五部三局"，总务部由伊藤副总裁担任部长，下设三局：事务局、交涉局和技术局，是满铁运营的中枢机构；运输部由犬塚理事担任部长，经理部由佃理事担任部长，矿业部由桦山理事担任部长，地方部由改野理事担任部长。[②] 这一改革方案受到了中村时代唯一留任的理事犬塚的强烈反对。犬塚所依赖的是元老井上馨的政治势力，且在满铁中因分管抚顺煤矿和满铁线路规划问题而具有相当的发言权和影响力。[③] 其反对的理由也非常充分，因在满铁经营初期的 1907 年 4 月曾经施行过类似的"五部制"，但因效果并不理想而在次年 12 月废止，改成理事以上的集体领导制即"重役合议制"，[④] 其目的就是避免满铁组织的复杂化，提高中枢机关的办事效率并稀释重役的决策风险。犬塚和伊藤双方各不相让，发生了严重的对峙。日本内阁援用日本传统"喧哗两成败"而勒令二人双双辞职，野村总裁也受到牵连而被迫辞职。由于这一次野村的辞职是由伊藤和犬塚的矛盾所引发的，野村本人并无直接过失，这也为五年后野村的再度入主满铁埋下了伏笔。

野村第二次入主满铁同样与政党内阁对满政策的调整密不可分。早

① ［日］岩壁義光、広瀬順晧編『原敬日記』、北泉社、1998 年影印本、1914 年 1 月 14 日。

② ［日］小林英夫編『近代日本と満鉄』、吉川弘文館、2000 年、第 45 頁。

③ ［日］石井満『野村龍太郎傳』、日本交通學會、1938 年、第 201—202 頁。

④ ［日］南満洲鉄道株式会社編『南満洲鉄道株式會社三十年略史』、『明治百年史叢書』第 243 巻、原書房、1975 年、第 37 頁。

在第三次桂太郎内阁时（1912年12月21日—1913年2月20日）曾经构想过一种将满铁与关东都督府协同经营、实质上将满铁置于关东都督（陆军）之下的"满洲"经营方针，这一构想在寺内内阁时成为现实，关东都督从制度上拥有对满铁业务的"统裁权"，因此位于大连的满铁总裁（此时称为理事长）需要每隔一天到位于旅顺的关东都督府"请示工作"，这与中村是公担任满铁副总裁时兼任关东厅民政长官的做法恰好相反。与此同时，原归满铁地方部管辖的铁路附属地行政职权归并入日本驻满领事的业务管辖之内①，这种调整名义上是将日本在"满"的领事馆（外务省）、满铁和关东都督府（陆军）三股势力协同调整，但实质上出现了由陆军主导对"满"政策的结果。为此，作为政党内阁的原敬开始谋求压制军方势力。

1918年，原敬几乎同时在朝鲜总督府、台湾总督府和关东都督府三个部门推行军民分治的政策，对侵略中国东北的殖民机关关系进行了调整：将关东都督府的军政和民政拆分，分别设立关东长官（民政）和关东军司令官（军政），废除关东都督，关东长官（文官）有权监督满铁事业，同时满铁的总裁、副总裁改称为社长、副社长，以突出其民营企业的形象。② 野村龙太郎实际上是第一任满铁社长，其实质并未变化。原来由陆军控制的对满铁的"统裁权"被划归关东厅长官的职权范围之内，同时废除了满铁的理事长制度，改为"社长制"。在这一过程中关东长官暨统裁满铁事务文官确定由外务省系统的林权助担任，前任理事长国泽新兵卫提出辞职，原敬推荐了前任满铁总裁野村龙太郎再度出山担任总裁，而副社长则由1914年7月因强烈反对野村总裁辞职愤而辞职的前铁道院监督局局长兼满铁监督官中西清一担任。

至此，前任寺内内阁推行的将日本在"满"陆军、满铁和外务省三位一体的对"满"政策宣告终结。而原敬内阁对满政策的调整实际上还另有更深层次的国际背景。

---

① ［日］関東州廳長官官房庶務課編『關東州施政三十年回顧座談會』、関東州廳長官官房庶務課発行、1937年、第46頁。

② ［日］加藤聖文『満鉄全史：「国策会社」の全貌』（講談社選書メチエ，374）、講談社、2006年、第62頁。

野村龙太郎重新主持满铁时期所从事的最重要的活动就是在 1920 年 12 月解决了满铁增资问题。在满铁开办之初，规定资本是 2 亿日元，日本政府和民间资本各持一半，其中民间资本可以按一成缴纳（其余资本需要追缴），即实际招募的民间资本仅有一千多万日元。这次将满铁的名义资本由 2 亿日元增加为 4.4 亿日元，实现了满铁的增资。在此之前，截至 1920 年 3 月满铁设立已 14 年，民间股份才缴纳 8000 万日元，尚差 2000 万日元未缴，这实际上是极其缓慢的增资，对于扩大满铁的规模是严重的限制。

此时日本的资产阶级对满铁股票的兴趣还是很浓厚的，屡次要求满铁收缴股款和招募新股。第一次世界大战后，在民间股东的要求下，满铁股票开始在东京股票交易所上市，成为交易所买卖的主要股票之一。在日本经济连遭危机冲击的情况下，唯有满铁的营业逐年发展，从 1917 年起，开始向商股发放 8 厘的红利，满铁的股票更加抢手。据记载，1920 年在东京股票交易所实缴 100 日元的满铁股票的现货牌价，最高是 198 日元，最低是 107 日元，平均是 158.43 日元，大大高于其票面价格。[1] 这也就意味着投资者对满铁的营业状况预期是良好的，是满铁增资的大好时机。正值此时需要扩建鞍山制铁所，将满铁线路向北满发展，这些都需要大量追加投资，增资问题已刻不容缓。

如何增资，却颇费踌躇。主要目的是保证日本政府在增资之后仍能占有满铁一半以上的资本份额，但实际上日本政府并无意向满铁真正投入资本，最好能如同满铁成立时日本政府用固定资产折算为资本入股一样，采取"空手套白狼"的增资手段。"最终由日本政府承担满铁英镑社债约 1.2 亿日元的本利支付义务抵充政府股金，而将满铁资本由 2 亿日元增加为 4.4 亿日元的方案。"[2] 这种变外债为政府股份的办法，使得日本政府实际没有交给满铁一文现金，就得以继续保持其占有满铁股份半数的地位。由于这种社债的偿还期是在 1932 年以后，在到期之前，日本政府只需支付其利息，而在此期间日本政府还要从满铁获取红利。

需要说明的是，就在这次满铁增资时，为满铁服务的日本兴业银行

---

① 参见苏崇民《满铁史》，中华书局 1990 年版，第 67 页。
② 参见苏崇民《满铁史》，中华书局 1990 年版，第 68 页。

曾经试图在美国融资，据说从 1920 年 4 月兴业银行驻纽约办事处就开始了这一计划。[①] 此计划最终并未成功，但这种尝试本身就说明美国资本自哈里曼、司戴德之后一直具有进入中国东北的野心，也为此后满铁引入美国资本埋下了伏笔。

满铁的此次增资主要是为了解决扩大其发行社债余额的问题。它仍然是以发行社债，即主要靠借用资本来解决经营资金的来源。第一次世界大战爆发后，满铁在日本国外发行社债困难重重，日本国内却有了发行社债的市场。第一次世界大战促进了日本经济的发展和日本垄断资本的形成，积累了向国外寻找出路的过剩资本。日本垄断资本三井、三菱、住友、安田等大财阀控制下的各大银行组成了满铁借款团，包销满铁社债，使之成为日本国内金融市场上的重要债券。银行团不仅可以靠经办满铁社债获利，并且可以通过操纵社债买卖积极影响满铁的经营方针。同时，满铁通过发行社债，使国家资本得以吸收和驾驭数量更大的私人资本，用于殖民侵略和对外扩张，又为日本私人垄断资本提供了一个既能保证可靠的利润，又不必承担经营风险的输出资本、分享殖民侵略利益的途径。

除上述外，野村第二次担任满铁总裁期间，还进行了一次重要的职制调整。此前在国泽新兵卫时代实行的"一室四部"制（理事长室、总务部、计理部、矿业部、地方部）在 1919 年 7 月被修正为"一室六部"制，分别是社长室、总务部、运输部、兴业部、地方部、技术部、经理部，在 1920 年新设立商事部并废除兴业部，这是满铁史上实行的第五次职制调整。[②] 在具体的业务上也是极力扩大满铁规模，裁汰了冗员，为应对物价的上涨而设立了满铁消费组合（一种针对满铁社员的变相生活福利组织），扩大了抚顺煤矿的规模，继续进行铁路改良施工建设。这些扩大规模的举动无不需要大量的资本投入，这也是导致满铁增资的直接原因。

---

① ［日］山崎元幹、田村羊三共著『思い出の満鉄』（満鉄会叢書 1）、龍溪書舍、1986年、第 161—165 頁。

② ［日］満鉄会等編『南満洲鉄道株式会社課級以上組織機構変遷並に人事異動一覧表』（満鉄史料叢書 12）、龍溪書舍、1992年、第 266—267 頁。

野村第二次担任满铁总裁时，日本政党政治插手满铁事务已经弊端渐露。日本媒体批评政党政治家通过在满铁安插亲信获取政党活动经费，渎职舞弊事件层出不穷。在1921年2月1日第44次议会上，由原敬所在的政友会的反对党宪政会所揭发的"满铁事件"成为政党政治介入满铁事务的一大丑闻。此前满铁副社长中西清一在会社推行改革，受到了庶务课课长山田润二的掣肘和阻碍，山田向社会披露了中西与森恪为向政友会输送选举资金而出卖满铁利益，勾结高价购买搭连煤矿租借权的"满铁事件"。此事一经《大阪每日新闻》曝光，立刻引发了社会对满铁的极度不信任，副社长中西因此被提起公诉，满铁社长野村龙太郎也受牵连而二度辞职。① 由三井出身的早川千吉郎接任社长，前理事松本烝治接任副社长。

这一事件在日本社会被视为政党政治的一大污点，它就像自然界的"蝴蝶效应"一样，对原敬后来被暗杀（1921年11月）乃至日本政党政治的公信度等问题均产生了一定的影响，是导致日本此后政党政治式微、军国主义崛起的一个重要因素。

附理事：

第一次野村龙太郎在任期间（1913年12月19日—1914年7月15日）的满铁领导层

副总裁： 伊藤大八（1913年12月19日—1914年7月15日）

理　事： 清野长太郎（　—1913年12月26日）

　　　　久保田胜美（　—1913年12月26日）

　　　　田中清次郎（　—1914年1月17日）

　　　　冈松参太郎（　—1914年1月17日）

　　　　沼田政二郎（　—1914年1月17日）

　　　　野野村金五郎（　—1914年3月25日）

　　　　犬塚信太郎（　—1914年7月14日）

　　　　川上俊彦（1913年12月26—　）

---

① ［日］小林英夫编『近代日本と満鉄』、吉川弘文館、2000年、第49頁。

佃一豫（1913 年 12 月 26—　　）

藤田虎力（1914 年 3 月 28 日—　　）

改野耕三（1914 年 3 月 28 日—　　）

桦山资英（1914 年 3 月 28 日—　　）

伊藤大八

　　1858 年生，日本长野县人（见图 1-16）。1890 年任众议院议员。1898 年任递信省参事官兼铁道局局长。后任毛生铁道会社董事。1913 年 12 月，经政友会的原敬授意，任满铁副总裁。但因欲废除满铁设立以来的合议制，受到犬塚信太郎等的激烈反对，结果，与野村龙太郎、犬塚信太郎一起于 1914 年 7 月被罢免，在满铁史上称为"伊藤·犬塚事件"，是第一次野村龙太郎总裁被罢免的主要责任人。伊藤大八在政友会创立时任干事长。

图 1-16　伊藤大八

川上俊彦

　　日俄战争时期为军部"部附"，从事外交和策划对北满及西伯利亚调查活动（见图 1-17）。后任驻莫斯科、哈尔滨总领事等职。1913 年 12 月至 1920 年 10 月任满铁理事。其间，在向中国政府攫取吉长线、四洮线铁路和鞍山铁矿、阜新煤矿权益等方面，倾注颇大力量。后任北桦太矿业会社社长、日鲁渔业会社社长等。

佃一豫

曾任大藏省参事官、大隈内阁秘书官，以及大阪、神户各税关长（见图1-18）。后被陆相提为陆军省参事官，1902年又被儿玉推荐为直隶总督袁世凯财政顾问。1906年任日本兴业银行副总裁。1913年12月至1917年12月任满铁理事。其间，参与鞍山制铁所的创立。后任报德银行经理。

图1-17 川上俊彦　　　　　　　图1-18 佃一豫

藤田虎力

1897年东京帝大毕业，后入铁道院（见图1-19）。在政党政治介入满铁后，1914年3月至1917年12月任满铁理事。其间，率数百名满铁社员侵入山东半岛，抢占原来德国侵占的胶济铁路和淄博煤矿等权益。

改野耕三

　　曾任兵库县议员、农商务省官房长（见图1-20）。政友会活动者，多次当选代议士。1914年3月至1919年6月任满铁理事。1925年任纲干银行监察人。

图1-19　藤田虎力

图1-20　改野耕三

桦山资英

　　美国耶鲁大学毕业，法学博士（见图1-21）。日俄战争时期从业于陆军省大本营，战后历任台湾总督府参事官助理、外事课课长、陆军大臣兼拓务大臣秘书官、内阁总理大臣秘书官、内务大臣秘书官。1908年任东洋海上火灾保险会社社长。1914年3月至1919年6月任满铁理事。1923年任山本内阁书记官长，敕任贵族院议员。1926年以后历任"满洲"棉花会社董事和社长、国际电话会社社长、日鲁渔业会社顾问、大东文化协会理事等。

图 1-21　桦山资英

附理事:

第二次野村龙太郎在任期间（1919 年 4 月 12 日—1921 年 5 月 31 日）的满铁领导层

副总裁: 中西清一（1919 年 4 月 12 日—1921 年 5 月 31 日）

理　事: 川村铆次郎（　—1920 年 2 月 16 日）

改野耕三（　—1920 年 6 月 28 日）

桦山资英（　—1920 年 6 月 28 日）

川上俊彦（　—1920 年 10 月 4 日）

龙居赖三（　—1921 年 2 月 14 日）

久保要藏（留任）

片山义胜（1919 年 5 月 6 日—　）

松本烝治（1919 年 5 月 6 日—1921 年 5 月 31 日）

岛安次郎（1919 年 6 月 28 日—　）

中川健藏（1919 年 6 月 28 日—　）

杉浦俭一（1920 年 2 月 16 日—　）

中西清一

1874年生，东京人（见图1-22）。1899年东京帝大毕业。1900年任岩手县参事官，1901年任兵库县参事官，同年任法制局参事官。1914年满铁总裁野村龙大郎因故被罢免时，中西清一任铁道院监督局局长，负责监督满铁的运营。在原敬任首相期间任递信省次官，代表政友会向满铁渗透，于1919年4月12日至1921年5月31日出任满铁副社长。后因策划收购邻近抚顺煤矿的搭连煤矿计划，并导致所谓"满铁事件"，于1921年3月与野村社长一道辞职。因给满铁造成损失，1922年东京裁判所曾判其惩役10年，但第二次审判为无罪。

图1-22 中西清一

图1-23 龙居赖三

龙居赖三

1858年生，东京人（见图1-23）。1882年任参事院书记生，后就职于太政官和枢密院。1896 年以日报社理事身份经营报业。1898 年任农商务大臣秘书官，后重返日报社。1900 年游历欧美，归后任麻布英和女学校商议员。1906 年满铁设立时任秘书役长。1917 年 2 月至 1921 年 2 月任满铁理事。

川村铆次郎

1894 年东京帝大毕业，后曾在大藏省中立银行工作，后任第三十四银行副领导人，曾被推为高级助理，1908 年辞职（见图 1-24）。后入满铁，经任调查课课长，1917 年起任理事，并任营口水道会社社长，1920 年辞职。后历任大安生命保险会社专务董事、太平洋生命保险会社总董事、大日本商事会社社长等职。

图 1-24　川村铆次郎　　　　　图 1-25　久保要藏

久保要藏

生平不详，1917 年 9 月至 1923 年 3 月任满铁理事（见图 1-25）。

松本烝治

东京帝国大学毕业，曾任农商务省参事官，1903 年任东京大学助教授，1913 年兼法制局参事官，1919 年任满铁理事，1921 年至 1922 年任满铁副总裁兼理事（见图 1-26）。斋藤实内阁时期，1934 年 2 月任商工大臣。后历任日本银行参与和理事、学士院会员、朝鲜化学工业、钟渊纺织、川崎信托、高速铁道、国际工业、安田生命保险、理研重工业等各会社监查官和董事等职。1944 年 6 月至 1945 年 8 月任满铁监事。

图 1-26　松本烝治　　　　　　　图 1-27　片山义胜

片山义胜

曾任商务省参事官、战时保险局局长（见图 1-27）。1919 年 5 月至 1921 年 12 月任满铁理事。后任朝鲜银行理事、满洲电信电话会社事务顾问及监察人、东亚经济调查局监事、日产汽船及日本矿业等会社监察人。

岛安次郎

图1-28　岛安次郎

1894 年东京大学毕业，后任参宫铁道会社技师、关西铁道会社汽车课课长（见图 1-28）。1901 年任递信技师。1903 年入日本铁道会社，并赴欧美，翌年归日。1908 年任帝国铁道厅技师。1910 年兼任东京帝大教授，后任铁道院理事、补工作局局长，1918 年升任技监。后任满铁理事（1919 年 6 月 28 日—1923 年 6 月 27 日）、旅顺工科大学商议员。曾获工学博士学位。

中川健藏

曾任递信省书记官、通信局局长（见图 1-29）。1919 年 6 月至 1923 年 6 月任满铁理事。其后历任香川及熊本各县知事、北海道厅长官、东京府知事、文部省次官。1932 年任台湾总督。1936 年任贵族院议员、大日本航空会社总裁。

杉浦俭一

曾任大藏省参事、专卖局经理、事业部部长（见图 1-30）。1920 年

2月至1922年3月任满铁理事。1933年任日本劝业银行理事，1934年任极东炼乳会社监察人，1938年任东洋烟草会社董事、会长。

图1-29　中川健藏

图1-30　杉浦俭一

中村雄次郎（国泽新兵卫附）

图 1-31　中村雄次郎

日本职业军人，陆军大将，中日甲午战争时任陆军省军务局第一军事课课长（见图 1-31）。后任陆军士官学校校长、炮兵会议议长等。1900 年任陆军次官兼军务局局长、陆军中将、陆军总务长官。1902 年任贵族院议员，后兼任八幡制铁所长官。1914 年任满铁总裁，1917 年任关东都督兼统裁满铁事务。1920 年任宫内大臣。1922 年任枢密院顾问官。

1911 年爆发辛亥革命，1912 年清帝退位，此后一段时间日本对华的政策主要围绕着如何维持其在中国东北的利益而展开。1912 年 11 月 13 日，日本外务大臣内田康哉在给驻华公使的训令中阐述了日本对华政策的总方针：

当前国家的急务，是谋求财政稳定，促使经济发展，大大增加一国之财富。所以在对外关系方面，必须采取和平方式，以扩大通商关系和伸张各种权利为重点，以达到国富民强殷盛的目的……假如帝国的行动赤裸裸地破坏此根本精神，开瓜分中国之端，终将出现不可收拾的局面……当前的急务是：在南满完全以和平的手段和通过取得权利等方法扩大我们的经济利益，谋求我国人的企业发展，增加中日合办事业，使贸易关系扩大，居留日侨增多，在这方面的帝国地位愈益巩固。①

既然确定了以"和平"的手段扩大日本在中国东北的经济利益，稍早的 1912 年 7 月 8 日第三次日俄密约又以通过北京的经度线将内蒙古分为东、西两部分，东部内蒙古与"南满"一并划入日本的势力范围，从此以后"满蒙"便成了日本的禁脔，严禁他国染指。为牢牢控制"东蒙"地区，日本计划修筑铁路，为此 1913 年 3 月 26 日满铁规划出五条线路，分别是："一、从满铁本线四平街站经西北奉化县（买卖街）至郑家屯的铁路；二、从郑家屯延长到洮南府的铁路；三、从满铁本线开原站经东方掏鹿至海龙县城的铁路；四、从海龙城至吉林的铁路；五、从满铁抚顺站至营盘、山城子或兴京地方的铁路"②，合称"满蒙五路"。此时正值袁世凯需要日本的支持，双方在 10 月 5 日签订了《满蒙五路秘密换文》，日本基本获得了五路的借款权，这是 1909 年"间岛交涉"附属的东三省五案协定之后日本从中国东北取得的又一巨大权益，也为日后日本向中国提出"二十一条"要求奠定了基础。

上文已述，因副总裁伊藤大八和理事犬塚信太郎的分歧，野村被迫辞去满铁总裁，但实际上早在野村辞职之前，代表宪政会的首相大隈重信已经物色好他的后任——出身陆军的中村雄次郎，这一人事安排是由寺内正毅极力推动的。1914 年 7 月野村总裁辞职后，已转为预备役的中村雄次郎由八幡制铁所长官转任满铁第四任总裁，使满铁进入军人统治的"中村雄次郎时代"。副总裁则是在铁道院总裁仙石贡的极力推荐下，选择了在中村是公时代担任副总裁的铁路技术官员国泽新兵卫，国泽在中村卸任后继任满铁总裁（当时改称为满铁理事长），实际上国泽仍是

① 日本外务省档案，转引自苏崇民主编《满铁档案资料汇编》第一卷，社会科学文献出版社 2011 年版，第 241—242 页。

② 苏崇民：《满铁史》，中华书局 1990 年版，第 58 页。

在秉承中村的意志工作。因此在 1917 年 7 月至 1919 年 4 月国泽任理事长时期仍可视为中村雄次郎时代，本文将此二任满铁总裁合并叙述。

中村雄次郎出任总裁不久，正值第一次世界大战爆发，日本对德宣战，日本出兵占领了青岛和胶济铁路，给满铁提供了向山东扩张的机会。中村雄次郎于 1914 年 10 月向日本政府提出经营山东铁路、港湾的意见书草案，策划满铁势力挤入山东，佃一豫的建议主要包括："一、担任铁路、港湾、码头之修建、管理。二、担任矿业之经营。三、青岛之行政准照满铁附属地经营之例执行。四、使令满铁上海航路之定期船只于青岛停泊。五、使令满铁直接经营公共建筑物之修建和新建等。"① 日本撤兵后将原德国管理的青岛及山东铁路收编，日本政府把管理胶济铁路、筹组山东铁道管理部的重任委托满铁，此后满铁在山东一直保持相当势力。

1915 年，日本大隈内阁向袁世凯政府提出"二十一条"要求，并于 5 月 25 日签订《关于南满洲及东部内蒙古之条约》，规定将旅大租界期限并"南满"及安奉两铁路之管理期限均延至九十九年，日本人在"南满"享有土地商租权及杂居权等。这一非法条约和有关换文极大地巩固了日本在"满蒙"的特殊地位，也为满铁"开发满蒙"创造了更为有利的条件。因此中村雄次郎的满铁积极经营方针应运而生。同年 11 月，他向日本内阁上报《事业计划意见书》，提出：第一，增建铁路，特别是四平街—郑家屯路及其延长线，开原—海城线和奉天—四平街间的复线；第二，农业的指导和奖励，推广农业试验成果，资助日本有资本的农民移住，必要时可由满铁收购附属地以外的廉价土地再转让给日本农民种植；第三，工业方面的指导和奖励，扩大中央试验所，扩大抚顺发电所；第四，对各种矿山进行更详细的调查，同时制订开采计划，尽量使他人经营；第五，在鞍山站附近建立大炼铁厂；第六，将本社迁移到奉天，以便适应时代变化；第七，在一定期限内免除政府股份的红利分配，以吸引更多社会资本投入满铁事业。② 上述七点计划中最主要

---

① 满铁档案甲种。转引自苏崇民主编《满铁档案资料汇编》第一卷，社会科学文献出版社 2011 年版，第 371 页。

② 满铁档案甲种。转引自苏崇民主编《满铁档案资料汇编》第一卷，社会科学文献出版社 2011 年版，第 364—367 页。

的是建设制铁所（即后来的鞍山制铁所）、铺设满铁支线和复线以及增加农业指导和奖励三方面，这在1916年6月17日的满铁股东大会上被重点介绍。这一计划的经营范围和战略目标都更加富于掠夺性和侵略性。除了第6条、第7条，大体上获得日本政府批准，它成为中村雄次郎任职期间满铁经营的总方针。

首先满铁迫使北洋政府签订了《改订吉长铁路借款合同》，派人把持了吉长铁路使之从属南满铁路，并使正金银行转让借款权，由满铁操纵四郑铁路的建筑；其次以中日合办大新、大兴两公司的名义"收买"矿区、掠夺资源，以中日合办振兴公司的名义攫取铁矿开采权，建立鞍山制铁所，使之成为日本在国外最大的钢铁基地；同时，设置满铁哈尔滨公所，向北满扩张。此外，为通过海运将满铁势力向南扩张，特设立大连汽船会社，作为海上别动队。至中村雄次郎任职期满，满铁已发展成为拥有庞大的海运力量，垄断东北出口货物运输，经营朝鲜铁路和煤铁等重工业，投资各种企业，活动范围扩及山东、"北满"和内蒙古的规模巨大的超级殖民机构。

满铁首任总裁后藤新平在就任之前，曾极力主张以满铁监督权为主的关东都督和满铁总裁二位一体制，并于任上就任关东都督顾问。后来满铁总裁的地位和被监督系统成为历届政府棘手的问题。中村雄次郎出任满铁总裁之后，曾向日本政府提交了《满铁总裁意见书》：

> 关东都督府除统治关东州之外，还拥有铁路附属地行政司法的警察权，领事馆则拥有开放地区的警察权，以及该地区和铁路附属地内的司法权……与此同时，满铁根据政府的命令，在铁路附属地接受关于土木建设、教育、卫生等方面必要设施的委任，担负着一般行政事务，学校、医院则由公司和领事馆协商，力求采取一致的方针……像这样，属于不同系统的三个机关，各个分立，想使样样事情都步调一致是困难的。……平时的不便，固然可以容忍，而一旦发生重大事件，它在外交上的影响，绝不可轻视……满蒙机关所以有必要完全隶属于一个上级机关，在它的指挥命令下，根据一定

的方针而行动。[①]

他批判了日本在中国东北的警察制度的不统一和分属不同系统的关东都督府、满铁、领事馆三大机关各自为政所造成的不便和外交上的不利。但当时这一意见遭到外务省的反对。1916 年 10 月日本寺内正毅组阁上台,鉴于前任大隈内阁的对华政策的弊端而重新确定了对华方针。寺内内阁强调中国东北是日本在政治上及经济上有特殊利益的地区,不同于各国在中国本部的势力范围。为了积极扩大日本在中国东北的势力,他在"统一内政"的幌子下,对日本在中国东北的侵略机构进行了调整,客观上解决了中村雄次郎提出的悬而未决的问题。为解决所谓三头政治问题,内阁决定统一行政机关,指令关东都督统裁满铁业务,满铁不设总裁、副总裁,改设理事长承都督之命执行业务。同时对于驻在"南满"的领事、副领事设特别任用制度,使之同关东都督府、满铁密切联系,并统一警察制度。[②] 1917 年 7 月,寺内内阁将正在任满铁总裁的中村雄次郎恢复为现役军官,任命为关东都督,并统裁满铁,以国泽新兵卫为理事长主持满铁日常业务。至此,后藤新平时代构成的以满铁兼管"关东州"的格局被颠倒,关东都督成了满铁的实际指导者。

就在中村雄次郎出任满铁总裁之初,正值第一次世界大战爆发之时,日本对满铁的铁路设施、运输能力的军事要求更加明确,军队直接渗透并干预满铁业务。1915 年 11 月,中村雄次郎在提出满铁事业计划时,特别听取了日本参谋本部的意见。中村雄次郎就任关东都督之后,军部同满铁的关系更为紧密。按他的旨意,1918 年 8 月日本出兵中国东北和西伯利亚时,满铁所属铁路均积极提供军事服务。1918 年寺内内阁垮台,原敬组建政友会内阁,并开在内阁更迭同时更换满铁高层之先例,重新任命野村龙太郎接替中村雄次郎为满铁总裁;同时废除关东都督,分别设立关东长官和关东军司令官;以文官充任关东长官,管理辽

---

① JACAR(アジア歴史資料センター)Ref. B03041655500,南満洲行政統一問題一件第一巻(1—5—3—20_ 001)(外務省外交史料館),第 0024—0029 帧。

② JACAR(アジア歴史資料センター)Ref. B03041655500,南満洲行政統一問題一件第一巻(1—5—3—20_ 001)(外務省外交史料館),第 0386—0393 帧。

东地区、监督满铁。使满铁摆脱了武官的监督。中村雄次郎辞任关东都督之后，于1920年任宫内大臣、枢密顾问官等职，1928年10月因病去世。①

附理事：

中村雄次郎在任期间（1914年7月15日—1917年7月31日）的满铁领导层

副总裁：国泽新兵卫（1914年7月20日—1917年7月31日）

理　事：川上俊彦（留任）

佃一豫（留任）

藤田虎力（留任）

改野耕三（留任）

桦山资英（留任）

龙居赖三（1917年2月14日—　，小传见野村龙太郎评传内）

国泽新兵卫

国泽新兵卫是满铁的首任理事长，日本铁路技术官僚，工学博士（见图1-32）。

1864年生于江户，少年时期曾就读于会美神学校（后来的青山学院），后进入东京大学学习土木工程专业。东京大学毕业后，任九州铁路和铁道省技师，曾负责长崎到佐贺的铁路修筑。1893年进入递信省铁道局，先后担任北陆本线铁路铺设的技术人员，1899—1902年被派往欧美学习铁路建设工程。1906年满铁设立时，是唯一的技术方面的理事，从事窄轨改为宽轨的业务。当时的满铁理事多数是政界、财界人员，只有国泽是铁路技术方面的专家。在满铁理事伊藤大八和犬塚信太郎产生

---

① 参见王胜利等主编《大连近百年史人物》，辽宁人民出版社1999年版，第386页。

图 1-32 国泽新兵卫

矛盾时，国泽作为同级经常居中调停，但最终也没能避免二人矛盾的激化。1914 年中村雄次郎任总裁时，国泽任副总裁。中村担任满铁总裁五年期满后国泽升任满铁总裁，1917 年 7 月至 1919 年 4 月任理事长（相当于总裁）。1920 年至 1921 年任众议员（政友会）。1928 年任朝鲜京南铁道（私铁）会会长。1937 年 10 月至 1940 年 2 月任首任日本通运会社社长。1953 年因脑溢血在千叶县去世。

因国泽新兵卫时代的满铁基本秉承着"关东州"都督中村雄次郎的意志行事，自 1916 年至 1919 年在满铁史上是一个特殊的时期，被称为"一元化时代"。实际上早在满铁成立之初，后藤新平就曾构想设立一个机构来统筹日本在中国东北的殖民权益，当时他的设想是由满铁作为统筹机构，将"关东州"（民政）放在满铁之下，这只在后藤新平时代实行过一小段时间，此后满铁和"关东州"不相统属，被称为满铁史上的"二元化时代"①。从 1916 年寺内内阁成立以后，后藤新平入阁，满铁总裁中村雄次郎转任关东都督，"指导"满铁业务，实际上是将满铁放在了"关东州"的管辖之下。这段时间正值第一次世界大战时期，满铁的营业额大幅提高，是满铁业务迅速扩张时期。

从满铁的人数上就可以清晰地发现这一趋势。在满铁成立之初，包括职员、雇员和嘱托的满铁社员人数共计 2953 人，另有雇用工作人员 10264 人（其中包括中国人 4129 人）；至 1914 年年末中村雄次郎时代初

---

① ［日］满史会编著：《满洲开发四十年史》上卷，东北沦陷十四年史辽宁编写组译，1988 年（内部发行），第 38 页。

期，满铁社员人数共 4712 人，另有雇用人员 18183 人（其中中国人 9663 人）；而到了 1918 年年末国泽新兵卫后期，满铁社员人数达到了 6678 人，另有雇用人员 31383 人（其中中国人 16819 人）。[①] 人数暴增的背后是所谓的"大战景气"，即在第一次世界大战期间满铁事业的"突飞猛进"。仅以满铁主要的铁路客货运事业为例：在 1907 年营业里程为 1135 千米，货运量为 138 万吨，客运量 151 万人；至 1910 年营业里程为 1138 千米，货运量提升到了 356 万吨，客运量提升至 235 万人；至 1915 年营业里程为 1106 千米，货运量达到了 532 万吨，客运量为 371 万人；至国泽新兵卫卸任之后的 1920 年营业里程是 1104 千米，货运量达到了 921 万吨，客运量达到了 812 万人。[②] 基本上运营里程没有太大的变化，但客货运输量每隔五年就有一个较大的提高，尤其是在 1915 年—1920 年更是基本实现了大幅增长，原因除"大战景气"外，与这一时期中国东北政治的黑暗与资本乏力是密不可分的。

附理事：

国泽新兵卫在任期间（1917 年 7 月 31 日—1919 年 4 月 12 日）的满铁领导层

（无副理事长）

理　事：藤田虎力（　—1917 年 12 月 17 日）

　　　　佃一豫（　—1917 年 12 月 25 日）

　　　　川上俊彦（留任）

　　　　改野耕三（留任）

　　　　桦山资英（留任）

　　　　龙居赖三（留任）

　　　　川村铆次郎（1917 年 9 月 26 日—　）

　　　　久保要藏（1917 年 9 月 26 日—　）

---

① ［日］加藤聖文『満鉄全史：「国策会社」の全貌』（講談社選書メチエ，374）、講談社、2006 年、第 54—55 頁。

② ［日］満史会编著：《满洲开发四十年史》上卷，东北沦陷十四年史辽宁编写组译，1988 年（内部发行），第 51 页。

早川千吉郎（理事附）

图1-33　早川千吉郎

日本财界人物，第二任满铁社长暨第七任满铁总裁（见图1-33）。

早川千吉郎1863年出生于石川县金泽市，1887年毕业于东京帝国大学法科大学政治学专业，后继续攻读研究生，于1889年毕业，次年进入大藏省任参事官。1899年担任日本银行监理官，次年进入三井银行担任专务理事，此后逐年升迁，在日俄战争期间积极为日本募集国债，至1918年担任三井会社副理事长，成为三井财团的重要决策者。1916年前后他创立了以地方自治改良运动和青年教育为宗旨的"中央报德会青年部"，1920年至1922年被敕选为贵族院议员。[①] 1921年5月至1922年10月任满铁总裁，1922年10月在沈阳奉天高等小学校演讲时因突发疾病死亡。

早川前一任社长野村龙太郎和副社长中西清一因满铁收购搭连煤矿事件而引咎辞职，此时仍值政党政治时期的政友会掌权时代，首相原敬

---

① 世界公論社編『進境の人物』、世界公論社、1917年、第132頁。

不得不慎重考虑此前一直将满铁作为政党政治的"摇钱树"这一政策本身的合理性，此前的伊藤大八、中西清一都是代表政党利益的副总裁，但均因与以营利为目的的满铁经营方针之间的矛盾不可调和而牵涉日本政府，最终不得不辞职。此时原敬拟将满铁重新定位为以营利为目的的公司，因此选择了在日本财界颇具名望的早川千吉郎继任满铁社长。

因早川秉持协调主义的立场来经营满铁，与中村雄次郎以来的对外强硬政策不同，受到日本国内多股政治势力的支持。就在其就任满铁总裁的途中，其伪善的施政理念很快得到了朝鲜总督的理解，实现了悬而未决的朝鲜铁路委任满铁经营，为满铁下一步的"满鲜"铁路联运奠定了基础；而其到达大连后不久，很快便与张作霖见面，同样获得了张支持满铁事业的承诺。可以说，早川千吉郎的就任使政党政治、黑金政治对满铁的恶性影响大大降低，这也正是日本政府所期望其达成的重要目的。

早川千吉郎提出的"日中共存共荣"的经营理念是颇具迷惑性的殖民扩张策略，下文简单介绍一下日本政府对中国东北政策的转变，这影响了此后满铁的经营方针。

日本对华政策转变与1921年11月召开的华盛顿会议确立的"华盛顿体系"密切相关。该会议通过了《九国关于中国事件应适用各原则及政策之条约》，规定各国在"尊重中国主权和独立以及领土和行政之完整"的名义下，在中国有平等发展之机会，这相当于否定了日本独占中国利益的亚洲"门罗主义"。在美国的主导下，华盛顿会议还通过了《关于太平洋区域岛屿属地和领地的条约》，取代了英日同盟条约。通过华盛顿会议，美国以尊重中国主权和领土完整的名义抑制日本势力在中国的过度膨胀，通过与列强的经济竞争，求得在中国的新势力均衡。

华盛顿会议所通过的《限制海军军备条约》《九国关于中国事件应适用各原则及政策之条约》《关于太平洋区域岛屿属地和领地的条约》形成了"华盛顿体系"。华盛顿体系否定了日本在中国（特别是中国东北）的特殊权益，确立了以美国为核心的远东太平洋新秩序。华盛顿会议虽然没有解决中国代表提出的关税自主、废除治外法权等要求，但在制约日本对外扩张方面确实取得了一定的进展。日本政府后来又根据所谓的"利益线",提出在中国东北的特殊权益主张,认为"我们历来主张的领土保全、机会均等主义不变,但是须确立我之特殊权益和领导地位",企图在华盛顿体系框架下,获得列强对其特殊利益的承认。

第一次世界大战期间日本趁列强无暇东顾之际,大力实施对中国的侵略行为。从某种意义上讲,华盛顿会议就是列强批判日本在远东地区推行的"门罗主义"外交路线。日本在中国的"独大"造成了其与列强的矛盾,华盛顿会议所确立的"门户开放""机会均等"原则,否定了日本在华的特殊权益,一定程度上抑制了日本的过快扩张。华盛顿体系又是列强以牺牲中国利益为前提的妥协,不可能给远东带来和平。在华盛顿体系下,日本暂时采取与美国为首的西方国家相"协调"的外交方针,确保已取得的利益。但是,日本一直也没有放弃对"特殊利益"的追求,一旦时机合适,就会冲破华盛顿体系的束缚。美国却凭借强大的实力做后盾,以"门户开放""机会均等"为名,保持了在远东的优势地位。此后,日本与美国围绕打破还是维持华盛顿体系不断发生矛盾,这成为此后九一八事变的远因。

从某种意义上讲,以早川千吉郎为代表的"日中共存共荣"的满铁经营路线,本质上仍是对中国东北殖民扩张政策的不同表现形式,也是国际社会对日本向中国东北进一步扩张加强制约的反映。早川千吉郎仅在社长任上一年多就因突发疾病逝世,日本政府紧急任命川村竹治继任满铁社长。

附理事:

早川千吉郎在任期间(1921年5月31日—1922年10月14日)的满铁领导层

副社长: 松本烝治(1921年5月31日—1922年3月24日)

理 事: 片山义胜(—1921年11月23日)

杉浦俭一(—1922年3月24日)

久保要藏(留任)

岛安次郎(留任,于1922年10月14日—1922年10月24日任满铁代理社长)

中川健藏（留任）

松冈洋右（1921 年 7 月 4 日—　　）

大藏公望（1921 年 12 月 23 日—　　）

赤羽克己（1921 年 12 月 23 日—　　）

森俊六郎（1922 年 9 月 2 日—　　）

赤羽克己

　　1869 年出身于岩代国若松县，1894 年毕业于东京高等商业学校（现一桥大学前身），曾任三井物产会社业务课课长、经理等职（见图 1-34）。1921 年 12 月至 1925 年 12 月任满铁理事。1937 年以后，历任北海道煤矿、汽船、公共汽船等会社董事。在满铁期间推动开采抚顺页岩油事业，从满铁退任后从事日本煤炭液化（煤油）事业，1941 年 7 月病死于东京。

图 1-34　赤羽克己

森俊六郎

图 1-35　森俊六郎

1877 年 3 月 6 日生于福岛县若松市，是福岛县士族森惣兵卫的次子，于 1957 年 3 月 19 日去世（见图 1-35）。他的妻子是鸟山藩藩主大久保忠顺的女儿，他本人是贵族院议员大久保忠春子爵的义弟。曾就读于会津中学，与松江春次、平石弁藏、君岛八郎、松平恒雄是同级生。1902 年 7 月毕业于东京帝国大学法科大学，同年 11 月通过文官考试入职于大藏省。1903 年 7 月被任命为主计局司计课课长，1906 年任大藏大臣秘书官兼任参事官。1907 年 5 月任大臣官房文书课课长兼统计主任、官报报告主任、财务通信主任。历任大藏书记官、大藏大臣秘书官、大藏省参事官、大藏省银行局局长、大藏省理财局局长等。1906 年，任大藏大臣阪谷芳郎的秘书官。1908 年 4 月 15 日任专卖局主事兼任大藏省参事官，并赴欧洲考察，此后就任（大藏）大臣官房文书课课长、专卖局主事、专卖局局长官房等职务。1912 年任横滨正金银行监理官，1913 年任大藏大臣官房银行课课长，1916 年 4 月任银行局局长、第四十议会政府委员。1918 年创立朝鲜殖产银行之初，担任设立委员，同年 10 月就任大藏省理财局局长，随后任大藏省临时调查局金融部部长、日本银行监察官。1920 年 8 月辞职后，出任株式会社台湾银行副行长，辅助行长中川小十郎。1922 年 9 月至 1927 年 9 月出任满铁理事。1923 年 4 月出任东京支社社长，随即移居到东京。后来与西野元重建了已经破产的十五银行，1938 年任常务董事。除此之外，还担任过帝国仓库运输、园池制作所（今天田集团）的会长等。

川村竹治（理事附）

日本官僚，曾任满铁总裁、法务大臣、台湾总督等（见图1-36）。1871年9月生于日本秋田县，1897年毕业于东京帝国大学法科大学英法科，同年加入外务省。1911年当选为和歌山县知事，1914年为香川县知事，1917年转为青森县知事，1918年任内务省警保局局长，1921年任内阁拓殖局长官，1922年6月6日被敕选为贵族院议员。后因满铁第七任总裁（社长）早川千吉郎暴毙，而被紧急任命为满铁第八任总裁（1922年10月24日—1924年6月22日）。

1-36　川村竹治

在此前的政友会内阁时代，曾任命具有政党背景的伊藤大八、中西清一两人担任满铁副总裁，二人均因丑闻被迫辞职。首相原敬此时恳请经济界巨头早川出任满铁总裁，借以改变满铁风气，当时舆论认为早川是继后藤新平之后最理想的满铁总裁。因此在早川暴毙之后，舆论均倾向于继续由经济界选任继任满铁总裁，当时首相原敬倾向于由日华实业协会副会长和田丰治继任，但被和田本人婉拒。于是由内务省次官、曾担任过拓殖局长官的川村竹治接任满铁社长。

川村上任之初，主要延续了其前任的经营计划，他在第 22 次满铁股东大会上曾总结这段时间的主要工作：

> 取得社内外人士对本社事业的谅解；谋求北满的货物南下；设法促进四平街洮南间及其他培养线的工程；为提高运输能力将满铁干线 80 磅钢轨改为 100 磅钢轨；整理大连码头海面和修建第四码头使出入船舶不用在海面等候；等等……谋求提高煤的产量并降低采煤成本，以便促进满洲工业的发展，确实是当前的紧急任务。因此，在这种形势要求下，为了扩充露天开采已经断然收买抚顺市街地……①

此后川村竹治主要实施了三项对满铁意义重大的决策：一是大力支持抚顺煤矿的油（母）页岩开采，二是对鞍山制铁所贫矿处理法的全面实施，三是对内整顿人事制度和裁员。这三项决策对满铁事业的发展起到了重要的作用。

随着日本工业化程度的提高，石油紧缺问题成为日本大规模对外扩张国策的一大障碍。抚顺是一个大煤田，煤炭的蕴藏量相当可观。在煤层上面覆盖着厚厚一层能燃烧的石头，这种会燃烧的石头含有石油，被称作油页岩（或油母页岩）。抚顺煤矿的油页岩厚度约 120 米，其藏量实达 55 亿吨。如果进行干馏，平均可得 5.5% 的原油，上述油页岩所含石油约达 3 亿吨之巨。可供日本在 20 世纪 20 年代工业化水平下 300 年之用，且有以下优点：埋藏部位接近地表，作为煤层顶端形成极厚层，储量巨大；开采的工人工资极为低廉；运输燃料依托抚顺煤矿，丰富而低廉；借助满铁交通方便；工业用水丰富。因此，抚顺煤矿在经济上具备建立采油工业的可能性。②

1921 年，日本将 100 吨抚顺油母页岩送往瑞典、德国进行试验，

---

① 满铁档案甲种。转引自苏崇民主编《满铁档案资料汇编》第一卷，社会科学文献出版社 2011 年版，第 412 页。

② ［日］赤羽克己：《日本的石油问题和抚顺油页岩的价值》，转引自解学诗主编《满铁档案资料汇编》第七卷，社会科学文献出版社 2011 年版，第 414 页。

得到 2% 左右的页岩原油。1922 年，日本中央试验所继续对抚顺油母页岩的理化性质进行了系统的基础研究，并于同年 3 月 31 日提出了干馏试验报告，奠定了页岩油工业开发的理论基础。此后历届满铁总裁均十分重视页岩油的抽提与加工，这项工业虽然最终并未获得理想的效果，但作为贫油国的日本在太平洋战争后期曾寄希望于油页岩工业能为其提供紧缺的石油资源，这一希望即始于川村竹治任职满铁时的尝试。

1918 年 5 月 15 日，鞍山制铁所正式成立。次年 4 月 29 日举行第一高炉点火仪式，鞍山制铁所开始投产。鞍山制铁所投产后，由于第一次世界大战已经结束，钢铁需求量锐减（日本生铁价格 1918 年 9 月每吨541 日元，1921 年 9 月末降至 70 日元），加之鞍山铁矿绝大部分是贫矿，故满铁经营艰难，连年亏损。[①] 鞍山一带铁矿埋藏量虽然很大，富矿却很少，绝大部分是含铁 40% 以下的贫铁矿，品位低、含硅多。投产后不仅生产的铁含硅量大，质次价低，而且需要混用富矿并消耗大量的焦炭，成本和品质都难以保证。因此解决贫矿处理问题，就成为鞍山制铁所生死存亡的关键所在。

在通常情况下，贫矿处理一般需要经过三道工序：一是"破碎"，即按铁矿石块度的大小，先进行破碎，再进行球磨；二是"选矿"，即把矿石中含铁的部分同夹杂物挑选分离开来，有"磁选"和"浮选"两种方法；三是"烧结"，即把选出的含铁量较高的精矿，烧结成块状，以便装入高炉冶炼。经过这三道工序生产的烧结矿，就是人造富矿。但这种方法由于种种原因均不适用于鞍山贫矿。1921 年，梅根常三郎等人研究成功了"还原焙烧法"，解决了鞍山铁矿贫矿处理的关键技术难题。

梅根等发明的贫矿处理法受到时任满铁总裁的川村竹治的大力支持。经过一系列实验和研究工作，在 1922 年 11 月，建成了还原试验炉和选矿试验工厂，开始了试验性生产。结果证实了鞍山式还原焙烧法适合选矿作业，颇为有利。在 1923 年 4 月，起草了年产生铁 12 万吨的选

---

① 朱诚如主编：《辽宁通史》第五卷，辽宁民族出版社 2009 年版，第 95 页。

矿工厂建设计划，随后又改为 24 万吨。为了审查这项计划，满铁还特别任命了鞍山贫矿处理法特别审查委员，又请日本国内专家参与研究。1923 年 10 月 4 日，满铁理事会决定在两年内建成选矿厂及其附属设备，并以年产 20 万吨生铁为目标，扩建高炉及其附属设备和采矿设备，并研究修建炼钢、轧钢工厂。这一计划得到日本军部的大力支持，最终于 1926 年基本落实。① 鞍山制铁所产量大幅上升的同时成本进一步降低，1919 年的年产量为 3.2 万吨，到 1930 年达到了 28.8 万吨，十年几乎翻了 10 倍；每吨成本从 130.7 日元降低为 29.4 日元，成本大幅度降低。川村竹治的这一努力使鞍山制铁所成为此后满铁盈利的重要来源。

关于整顿满铁人事制度和裁员，主要是面对满铁的经营困境而采取的"甩包袱"行为，此时满铁的人力资源成本已经占到了经营成本的三分之一，满铁想要扩大再生产，就必须想办法从人事费中腾出资金。据他本人说，在整顿期间"尽量不用强制裁减的手段，而用退职津贴从优等劝诱的办法，采取尽量等待自动提出申请的方针。因此，此次退职的人员，几乎全部都能很好地谅解会社的精神，圆满地办理了辞职，丝毫没有表现类似动摇的情况，这对会社来说，实在是算作欣幸的事。经过这一整顿，离开会社的人达到 1200 余名之多。此外所支付的此项退职津贴的总额，达到 600 万（日）元左右"②。按此计算，从 1923 年起满铁每年节约了约 300 万日元的人事费，这些经费多数被用作满铁固定资产的投资。

在 1923 年 4 月，在川村竹治的主持下满铁进行了第七次职制调整。这次职制的满铁会社本部的架构由"一室五部"组成，各部长不仅控制本社事务，还有权控制各分社相应事务。"一室"即社长室，下辖文书课与人事科；"五部"包括庶务部，下辖庶务课、社会课、调查课；铁道部，下辖庶务课、经理课、旅客课、货物课、运转课、计划课、保线课、机械课；地方部，下辖庶务课、地方课、土木课、建筑课、学务课、卫生课；兴业部，下辖庶务课、商工课、农务课、贩卖课；经理

① 苏崇民：《满铁史》，中华书局 1990 年版，第 240 页。
② 满铁档案甲种。转引自苏崇民主编《满铁档案资料汇编》第一卷，社会科学文献出版社 2011 年版，第 413 页。

部，下辖主计课、会计课、购买课、仓库课。① 这一次职制调整基本维持到 1930 年并没有太大的变化，只是在 1929 年将社长室改为总裁室，是满铁历史上相对稳定的一次职制。

附理事：

川村竹治在任期间（1922 年 10 月 24 日—1924 年 6 月 22 日）的满铁领导层

理　事：久保要藏（　—1923 年 3 月 21 日）

　　　　岛安次郎（　—1923 年 6 月 27 日）

　　　　中川健藏（　—1923 年 6 月 27 日）

　　　　松冈洋右（留任）

　　　　大藏公望（留任）

　　　　赤羽克己（留任）

　　　　森俊六郎（留任）

　　　　安藤又三郎（1923 年 3 月 21 日—　）

　　　　入江海平（1923 年 6 月 28 日—　）

　　　　梅野实（1923 年 6 月 28 日—　）

安藤又三郎

曾任朝鲜统监府铁道管理局参事、金刚山电气铁道会社董事（见图 1-37）。1923 年 3 月至 1927 年 3 月任满铁理事。1937 年任自动车投资会社监察官。

入江海平

曾任朝鲜总督府、拓殖局、外务省书记官，自动车投资会社社长、

---

① 南満洲鉄道株式会社編『南満洲鉄道株式會社三十年略史』、『明治百年史叢書』第 243 卷、原書房、1975 年、第 38 頁。

满蒙毛织会社理事（见图1-38）。1923年6月至1927年6月任满铁理事。后任制糖会社社长，昌光硝子、东亚劝业、满蒙毛织、山东矿业各社董事。1935年任拓务省次官。

图1-37　安藤又三郎　　　　　　　图1-38　入江海平

梅野实

曾任三菱合资会社技师兼三浦制铁所所长（见图1-39）。入职满铁后，历任大连埠头事务所所长、运输部部长，抚顺煤矿矿长、鞍山制铁所所长等职。1923年6月至1927年6月任满铁理事。在张作霖与郭松龄进行战争期间，代表满铁积极活动。1935年任三和矿业代表董事。

图 1-39　梅野实

安广伴一郎（理事附）

历任日本司法大臣秘书官、内务大臣秘书官、内务省社事务局局长、内阁书记官长、枢密院顾问、满铁总裁等，贵族院议员（见图1-40）。是山县有朋派阀的重要青年官僚，山县派"主要头目"之一。

安广伴一郎是筑前国福冈藩士安广一郎的儿子。幼年时在村上佛山门下学习汉学以及儒学，1875年进入庆应义塾读书，1878年到香港中央书院留学，主修英国学，于1880年5月毕业，随后赴中国从事研究中国学两年。1885年1月远渡英国伦敦，进入剑桥大学法律专业学习，1887年后毕业并取得法律学士学位。回国后，1888年任第三高等中学校教员。1890年出任内阁书记官并兼任法制局参事官一职。随后任内务大臣秘书官、社司局局长代理、文部省普通学务局局长等职务。在1898年11月至1900年10月出任内阁书记官长。1900年9月26日至1916年3月任贵族院敕选议员，代表三菱（宪政会）利益。1908年7月出任法制局长官兼任内阁恩给局局长。1915年6月22日进入桂内阁，出任农商务总务长官，1916年任制铁所长官兼

图1-40 安广伴一郎

任第五回博览会事务官长，1916 年 3 月 4 日任枢密顾问官，并辞去贵族院敕选议员。1924 年 6 月—1927 年 7 月任南满洲铁道株式会社总裁。1951 年去世。

满铁发展到安广伴一郎的时代，资本已达 44000 万日元，拥有职员37500 人，已经成为名副其实的"满铁王国"。安广被任命为满铁首脑实际上也是政党内阁平衡各方势力的产物，此前他是枢密院顾问，得益于宪政会加藤内阁的推荐，出任第九任满铁总裁（当时称为第四任社长）。但由于此前满铁与政党之间的丑闻不断，安广在上任之初十分注意与宪政会保持距离，淡化满铁的政党色彩，这与此前政友会系统的满铁经营方针背道而驰。此前几任满铁总裁基本上出自政友会系统，他们把满铁当作政友会的党派私利，力主将朝鲜铁路委托给满铁来经营，扩大满铁的业务范围；而与宪政会关系密切的安广伴一郎与之完全不同，他缩小满铁的业务范围，规避经营风险，淡化政党色彩，甚至不顾舆论批评而坚持这一路线。因此安广的满铁经营方针被称为"消极的紧缩主义"[1]。

安广的满铁紧缩经营方针可以从以下两个事件中表现出来。其一是进一步的人事关系整顿。早在川村竹治时期，满铁就致力于缩减人事费，这一理念被安广所继承，在此期间他停发了社员家属津贴，削减社员差旅费，对满铁的职制进行微调。这些措施招致了满铁内部人员的不满及舆论的批评。其二是对满铁关系会社及子公司的整顿，在安广上任之初，在前几任满铁总裁的扩张战略下，满铁的子公司超过一百个，其中有些公司经营惨淡，完全靠满铁"输血"和"做假账"存活。安广着力整顿，聘用专职审计人员对各个子公司的财务状况进行清查以规避债务风险，最终只留下约一半能保证一成以上利润的公司。另一方面，他还将满铁经营的电气、煤气、窑业、旅馆业和玻璃业独立出来，将满铁的经营主业缩减为铁路、矿山、煤炭三个密切相关的行业，力求将满铁势力扩展到中国东北北部的黑龙江地区，这些方针也都被此后的满铁总裁所继承。

---

[1] 大陆出版协会编『满铁王国』、大陆出版协会、1927 年、第 274 页。

　　虽然表面上安广伴一郎的满铁经营理念是"消极的紧缩主义"，但其主要目的还是在规避金融风险，其最终目的是稳步扩大日本在中国东北的铁路权益。以"南满"铁路为中心，铺设包括"北满"在内的"满蒙铁路网"，是日本历届政府的"满蒙"政策的既定方针。1923年四洮路竣工通车后，满铁于11月，向日本政府提出《关于促进修筑满蒙铁路问题》的建议：

　　　　大和民族必须首先求生于满蒙……开发满蒙是我国国民在经济上得以生存的必要条件……今天的急务是，必须在广达七万五千方日里的土地上，迅速完成可以担任长途运输的铁路网……①

　　提出要尽速修筑洮齐线、长扶线、开朝线、吉会线、白开线五铁路，总长720英里。并且建议"满蒙"的铁路建设应完全由满铁负责，而且不必拘泥于过去的借款交涉，应采取灵活措施，即和张作霖或吉林、黑龙江督军签订借款协定，并立即着手铺设。日本政府根据满铁的意见，确定政府的方针，制订了促进修建"满蒙"地区铁路的方案。

　　1923年12月，日本政府授权满铁负责实施修建"满蒙铁路"的方案。满铁方面鉴于当时中国政局，北京中央政府与东三省两大势力互不统属，安广伴一郎认为如不与东三省方面实现谅解，即使同北京中央政府交通部签订合同，满蒙铁路的修建亦难实现。为此，满铁理事松冈洋右与张作霖于1924年4月举行会谈，开始交涉修筑以下铁路：

　　　　（1）开原—朝阳镇线；
　　　　（2）吉林—敦化线；
　　　　（3）长春—大赉线；
　　　　（4）洮南—齐齐哈尔线。

　　张作霖对满铁表示：四线中属于奉天省的开原—朝阳镇线，其大部

---

① 转引自苏崇民《满铁史》，中华书局1990年版，第76页。

分属于奉天省的洮南—齐齐哈尔线，由奉天省省长王永江负责协商落实，可以考虑；属于吉林省的吉林—敦化线和大部分属于吉林省的长春—大赉线，奉天省二线达成协议之后，由奉天方面出面斡旋，与吉林省方面具体协商落实。① 随着第一次直奉战争以后张作霖意识到铁路事业对军事部署的重要意义，奉系军阀方面开始积极筹划建设奉天到海城的铁路，这需要满铁方面的支持。满铁以此为要挟，要求奉天方面让满铁承建洮南至昂昂溪之间的铁路，与四洮路相连接，作为满铁向黑龙江地区延伸的培养线路，具有重要的军事价值。1924 年 9 月满铁与奉系军阀达成协议，满铁获得洮昂路的修筑权，可以指导监督该路的一切事务。1925 年 4 月满铁开始争取修筑吉林到敦化铁路的权利，9 月签订了与洮昂路类似的吉敦路借款合同，至此满铁的铁路线延伸至吉林省东部地区。

满铁策划修筑吉敦路的同时，满铁经过实地调查，拟订了 15 线总长 4935 千米的"满蒙开发铁路网"计划，后来又加以修订，扩充为在 20 年内完成长达 8828 千米的"满蒙开发铁路网"计划，于 1924 年 9 月 22 日提交给日本政府。根据该计划，要从 1925 年到 1944 年，完成 35 条铁路，需修建费 5.8 亿元。② 这都是以安广伴一郎的保守经营策略为基础的侵略计划。1927 年，山本条太郎就任总裁后，又做了部分修改。后来的"满蒙新五路"就是其中的一部分。

附理事：

安广伴一郎在任期间（1924 年 6 月 21 日—1927 年 7 月 19 日）的满铁领导层

副社长：大平驹治（1924 年 11 月 11 日—1927 年 7 月 19 日）

理　事：赤羽克己（　—1925 年 12 月 23 日）

　　　　　松冈洋右（　—1926 年 3 月 10 日）

　　　　　安藤又三郎（　—1927 年 3 月 20 日）

　　　　　大藏公望（留任）

---

① 南満洲鉄道株式會社編『満洲鉄道建設誌』、南満洲鉄道株式會社、1939 年、第 113 頁。

② 苏崇民：《满铁史》，中华书局 1990 年版，第 78 页。

森俊六郎（留任）

入江海平（留任）

梅野实（留任）

冈虎太郎（1925 年 12 月 23 日—　）

藤根寿吉（1927 年 10 月 5 日—　）

大平驹治

图 1-41　大平驹治

曾任农商务省矿山监督官、矿山监督署署长，住友合资会社理事兼别子矿业所所长、士佐吉野川水利电气会社董事（见图 1-41）。其间，1924 年 11 月至 1927 年 7 月、1929 年 8 月至 1931 年 6 月，两次任满铁副总裁。1873 年 12 月生于广岛县福山市深井町。1896 年毕业于东京帝国大学法科大学。毕业后即投身于官场，1897 年 3 月起担任农商务省的矿山监督官补，又在福冈矿山监督署任职。1903 年 12 月转任大阪矿山监督署署长，也曾为涉足实业界，在 1906 年 5 月接受

藤田家之招聘，辞官加入藤田组任矿山课课长。1907 年 1 月转任小坂铜矿的庶务课课长兼小坂铁道株式会社的董事。经历了五年的矿山生活后，于 1911 年 8 月加入住友总本店任副经理，1913 年晋升为经理。1914 年 1 月转任别子矿业所经理。曾于 1918 年 12 月以别子矿业所所长的身份兼任吉野川水力电气株式会社专务。1922 年 1 月再次回到大阪本店任总本店理事，当年年末辞职赋闲。1923 年被农商务省委托调查欧美的制铁事业，到

欧美各国海外工业界考察。后在 1924 年 11 月被推举为满铁副社长。

冈虎太郎

曾任满铁大连管理局局长、营业课课长、总务部监查课课长、鞍山制铁所次长、满铁临理官、兴业部部长（见图 1-42）。1925年 12 月至 1929 年 12 月任满铁理事。1883 年 10 月生于日本冈山县冈山市下片由町。其为冈山县酱油制造商冈圆太郎的长子，1923 年继任为家主。1906 年京都大学法科大学毕业，1907 年 7 月虎太郎毕业于京都大学法科大学后即进入满铁工作，担任书记员，后任铁岭站助理，1907 年 12 月调任运输部营业课勤务。在创业的时代，1917 年的春天起负责运输事务。曾于 1911 年 9 月至 1914年 4 月赴欧美留学。1917 年 4 月

图 1-42　冈虎太郎

转至总务部事务课监察课，又调至学务研究所。1918 年 1 月起任大连管理局营业课课长，1919 年年末开始担任监察课课长，又被晋升为鞍山制铁所次长。曾兼任过一段时间的制造课课长和工务课课长。1922 年 7 月起任临时的鞍山制铁所所长，1923 年 4 月调任审查员，再次被派到欧美考察。1924 年 4 月起任兴业部部长之要职，几乎掌握了中国东北工商业的命脉。1925 年 12 月被破格选为满铁理事。在此期间留学欧美两年、在北美进行八个月的视察旅行。他是个长期在满铁供职且能对日本政府决策施加影响的、和政党有关联的官僚系实业家，也是第一个从记录员做

到满铁理事的满铁职员。

藤根寿吉

图 1-43 藤根寿吉

铁道技师（见图 1-43）。曾任南满洲铁道株式会社理事、满铁铁道部部长，1876 年 8 月生于大阪市浪速区，是大阪府室田传八的第五子，后过继给藤根义道做养子，1878 年 9 月继承家业。1900 年毕业于京都大学理工科大学土木科，毕业后直接进入第五高等学校工学部任教。从 1902 年开始到 1905 年在北海道厅铁道部及铁道作业局工作。1905 年 5 月任满铁工程师、野战铁道提理部第四建筑班轨道长，来到中国东北。1906 年 4 月受俄国委命赴昌图参与昌图到长春的铁路建设项目。1911 年 4 月任满铁会社工程师。在此期间，专注于铁道建设保线运输业务，1913 年 1 月到各国考察，参加伦敦举办的第三次万国道路会议，1923 年 10 月公务出差到美国、欧洲和非洲，参加罗马举办的万国铁道会议。1916 年被派遣到四郑铁道任工程师。1919 年回归满铁，任技术部线路课课长，随后任铁道部部长。1927 年 4 月至 1931 年 4 月任满铁理事。1936 年任陆军顾问，任职于关东军特务部。1937 年任伪满洲国铁道局局长。

山本条太郎（理事附）

近代日本的实业家、政治家（见图1-44）。众议院议员、经济审议会委员、贵族院议员，三井物产常务董事，政友会干事长，第十任满铁总裁（当时称为社长），被山崎元幹称为满铁的"中兴之祖"。

1867年10月生于东京市赤坂区新坂町，其父亲是一名武士。山本幼年丧母，由姨夫吉田健三（吉田茂的养父）抚养成人。

1882年进入三井物产公司，任三井物产牛庄支店店长；1888年到中国，在三井物产公司上海支店供职，专门经营中国东北大豆业务。

图1-44　山本条太郎

由此结识了在营口开设东永茂油房的广东商人潘达球父子。此间，山本条太郎对"北朝鲜"及中国东北经济进行了秘密调查，制成《北朝鲜平安道及盛京省商业调查复命书》上报三井本店。在满铁调查机构创立之前，这是有关中国东北地区经济的最详尽的调查资料。中日甲午战争期间，山本奉日本陆军参谋部和海军军令部的双重命令潜伏于营口、大连等地继续进行情报活动。战后他出资为潘达球之子潘玉田在大连开设油坊，作为间谍活动据点。1901年升任支店店长。日俄开战后，山本以陆军通信嘱托的名义从军，在潘玉田掩护下活动于大连、营口一带，为日军收集情报，派人破坏金州铁路，出海侦察俄舰队行踪。山本行事诡谲，1909 年被推选为三井物产常务董事，不久又出任政友会干事长，为他后来入主满铁铺平道路。

图 1-45　中村觉

辛亥革命爆发后，在日本当局策划下肃亲王善耆一家逃亡旅顺。关东都督中村觉（见图 1-45）、关东长官林权助、满铁理事犬塚信太郎和山本条太郎之甥西宫房次郎多次为以肃亲王为首的"满蒙独立运动"提供资金，并为其全家提供生活费用。日本方面则以此为由插手掌管肃亲王府的财产。

辛亥革命前，肃亲王在东北各地拥有土地约 68 万亩，在河北拥有土地约 210 万亩，在内蒙古拥有土地约 16 万亩，牧场约 11 万亩，另有矿山两座、建筑数栋。肃亲王逃亡旅顺后，日本当局仍将这些财产视为肃亲王个人所有，试图通过控制肃亲王来占有这些财产。山本委托犬塚信太郎等人在调查的基础上提出方案，设立"满洲兴农公司"，全权经营管理肃亲王名下的财产。在山本的策划下，1914 年 8 月 28 日，"满洲兴农公司"成立，并与肃亲王签订了委托经营契约，期限为 20 年。山本表面上只是该公司的经营者之一，实际上却是公司的中心人物，总公司即设在山本在东京的宅邸。"满洲兴农公司"成立不久，北洋政府便发现了这一阴谋。同年 9 月 5 日，内务部通告声明：王府只拥有收租权而不持有土地所有权；亲王、王族之领地属国有财产，未经国家认可之任何契约均视为无效。至此由山本导演的这一掠夺活动只得暂时收场，伺机再起。事后，连日本方面自己也承认："此计划的目的之一是为解决肃亲王一家的生计，但其中的确包藏着更远大的企图。"

1914 年山本条太郎因涉嫌海军受贿的西门子事件，被迫离开三井。1920 年以三井为背景，参加政友会，当选众议员，连选 5 次，并任政友会干事长，在党内有着山崎猛等 10 名左右的旗下议员，代表三井操纵政友会。此后作为事业家重新创业，担任多所公司的社长和干事。

1927 年 7 月，"东方会议"确定了在中国东北敷设几条具有高度战略意义和经济价值的"满蒙铁路计划"，以此作为实现"满蒙"分离政策的突破口。为此日本首相田中义一部署了以山本条太郎为主角的秘密外交，即对张作霖恫吓与行贿兼施，迫其就范，以解决在中国东北铁路上一系列悬而未决的问题。田中对此胸有成竹，他打算把山本放到满铁，由他去演这出戏。①

1927 年 7 月 19 日山本出任满铁总裁到任之前，他就在东京进行了一系列策划和调遣；8 月 27 日赴大连上任后，在张作霖身边安插了内线以监视其行动。

1927 年 10 月 8 日，山本由大连赴北京拜会张作霖。在事先以筹备费 500 万元贿送的基础上，山本又在谈判桌上表演了"划拳外交"和"心理战术"，恃强凌弱，以售其奸，终于迫使张作霖应允了日本所要求承包铺设的七条铁路中的五条，即所谓"满蒙新五路"的吉会路、吉五路、长大路、洮南路和延海路。《张作霖—山本密约》的出笼，形成了日本攫取中国东北铁路的第三次高潮。继而，山本得寸进尺在大连又拟就两项协定草案，欲诱迫张作霖签订。一是想一举攫取东三省治安权的"政治协定"，二是进一步掌握东北铁路利权的"经济协定"。由于张作霖被炸身亡，《张作霖—山本密约》遂成一纸空文，两项协定亦未获签订。

山本受命与张作霖谈判，是被田中首相（兼任外相）委以秘密交涉的权力，即越过外务省职能部门及日本驻华公使而单独与张作霖接触，因此在《张作霖—山本密约》签订过程中，外务省系统（除兼任外相田中义一外）根本毫不知情，甚至外务省的森恪计划采取"外科手术"式的方式保障日本在满权益，与山本用"内科疗法"的对满方针完全相反。② 后

---

① ［日］山本条太郎翁伝記編纂会編『山本条太郎：傳記』、山本条太郎翁伝記編纂会、1942 年、第 562 頁。

② ［日］山浦貫一編『森恪』、高山書院、1943 年、第 605 頁。

在田中义一的调解下日本政府确定按照山本的方案执行。

山本就任满铁社长两个月后，曾在一次内部会议上对其秉持的经营理念进行说明：

> 满蒙开发问题，乃是所谓在经济方面关系到日本国家存立和日本国民生活的问题……开发满蒙，尽可能从满蒙以低廉的价格获得日本所缺少的粮食，再有为可满足日本工业和其他产业的发展，尽可能以低廉的价格和方便的条件从满蒙输入原料，这两项就是根本问题。……满铁的根本问题，乃是对于上述从日本经济方面着眼的方针负有全力以赴的义务……就是由东三省输入原料，经过加工之后再行输出……凡是威胁日本产业的企业，不论它是属于哪一种类，宁可加以阻止。[①]

山本条太郎为了加强"日满两国"产业上的联系，使中国东北的资源为日本所用，将日本产品输入中国东北而提出了"满铁新经营策"。其核心是以掠夺为前提，以日本工业所必需的原料为目标，加大开发力度，增加抚顺煤的产量，加紧对粮食、木材、羊毛等资源的掠夺，扶植东北日商成立输入组合，促进日货在东北倾销。据 1928 年山本条太郎向日本议会的说明材料，他在任满铁总裁期间在"着重开发满蒙的丰富资源，以之供给日本所必需的粮食和原料，以对母国（即日本）产业的发展作出贡献，同时促进我国产品输入满蒙"的理念下，主要从事了以下七个方面的工作：

1. 社内业务的整改，力求事业简化，提高效率，具体事业由专人责成。

2. 业务的拆分，为修正满铁的过分扩张，有些业务（制铁、医院、学校等）从满铁分离出去单独经营。

3. 文化事业的压缩，将经费转向产业设施。

---

① 1927 年 9 月 30 日山本条太郎在满铁内部讲话速记稿。收入苏崇民主编《满铁档案资料汇编》第一卷，社会科学文献出版社 2011 年版，第 456—461 页。

4. 产业设施的扩大，特别是煤矿、页岩油、钢铁产业、运输产业等。

5. 铁路的增建，重新将交通机关的整备作为满铁事业的核心。

6. 产业扶助方法的修正，重点发展与日本国内产业能够互补、没有竞争的产业。

7. 顾及国际影响，推行"门户开放、机会均等"的"满蒙开发"政策，消弭中国的反日浪潮。①

为了增强运输能力，他把满铁的投资重点向海运倾斜，加强大连、旅顺的港口建设，并扩建大连汽船株式会社。创立于 1915 年的大连汽船株式会社（隶属于满铁），主要运输中国抚顺煤炭和东北特产资源。为了使该会社的运输能力与扩大的掠夺计划相适应，山本授意满铁为之提供大量贷款，使资金由 450 万元猛增至 1000 万元，并亲自聘请当时日本海运界一流大腕人物、原日本邮船会社社长伊东米治郎出任该社社长。伊东与山本为莫逆之交，但因年届七十、力不从心，所以特为山本推荐了日本邮船常务董事安田桩。1928 年安田到任，依照山本整顿计划和扩建方案运作，将资金由 1000 万元增至 2500 万元。山本将满铁所有的运煤船只全部移交大连汽船株式会社管理，同时又为之新造客船 1 艘、运煤船 6 艘，购入泊船 9 艘。至 1936 年大连汽船株式会社已发展成为拥有船只 50 艘、总吨位达 17.6 万吨的大型海上运输公司，与日本国内的日本邮船会社和大阪商船会社并称为三大船舶公司，成为掠夺中国东北资源的一支海上别动队。

创刊于 1905 年的《辽东新报》与创刊于 1907 年的《满洲日日新闻》，一为关东都督府的御用报纸，另一为满铁的机关报纸，两者均为殖民当局在中国大连的新闻喉舌。但两报的经营历来呈对峙之势。山本条太郎出任满铁社长之后，正是日本开始实施将"满蒙"与中国本土相分离方针的时期。为了加强新闻舆论力量，山本认为日本在"满洲"的新闻机构应统一口径、一致对外，大连没有必要设立两家

---

① 1928 年 12 月山本条太郎《第 56 回帝国议会说明材料·别册》，收入苏崇民主编《满铁档案资料汇编》第一卷，社会科学文献出版社 2011 年版，第 462 页。

官方报纸，应集中力量为实施"东方会议"所制定的积极政策服务。因此，他主张将《辽东新报》与《满洲日日新闻》合二为一。当时的满铁副社长松冈洋右秉承山本的旨意亲自确立了两报合并的条件。由于《辽东新报》创刊在先，所以合并改题后的《满洲日报》，并按《辽东新报》的刊号顺序接续出刊，这件事可以视为满铁压缩文化事业的例证。

从铁路经营的角度出发，满铁首脑一向重视旅馆业务。尽管大和旅馆和汤岗子温泉连年亏损，但仍由满铁直接经营。当时，日本人山田三平在大连浪速町一角所经营的百货商店因火灾而毁于一旦。山本条太郎任职期间对已成为废墟的这块地皮颇感兴趣。他怂恿山田三平在此建造一座现代化的大型旅馆，并应允为其提供贷款。条件是山田出地皮，满铁出资金，作为股份公司经营。满铁的贷款按社债利息偿还，盈利后山田可逐步买进满铁股份，直至最终归山田个人所有。为了保证满铁资金的回收，山本敲定旅馆经营人须为山田本人，不得转让或承包出去。山本拍板之后，山田立即注册创办了资金达 100 万日元的股份公司，满铁支付约半数资金，在火灾废墟上建成了辽东旅馆，这样既保证了满铁事业的规模和控制力，又不占用满铁的大量资金和人力资源。

山本条太郎任职期间还积极扶植农业移民侵略，操纵满铁掠夺"关东州"内土地，并于 1929 年设立大连农事会社，专门从事移民活动。此外山本在满铁调查课之外另行设立了临时经济调查委员会，抽调有实际业务经验的人员 130 名，从事各方面的调查研究，编纂出版《临经资料》共 35 编，为制定经济掠夺决策服务。这种以优化满铁未来资源配置的经济调查与其压缩文化事业的既定方针并不矛盾。满铁在山本条太郎的主持下，营业总额逐年上升，不仅巩固和增强了原有的势力范围，更把触角伸向新的领域和中国东北腹地。

总而言之，山本任满铁总裁期间，竭力向张作霖施压攫取所谓"新满蒙五路"路权，对满铁进行改组整顿，加强对中国东北铁矿资源的掠夺。在任满铁总裁期间，进行大胆的改革。推动日本对中国的政治、经济侵略。同年 10 月与张作霖达成在"满蒙"建设五条铁路的谅解。后因皇姑屯事件，田中义一内阁总辞职，此项计划未能实现。

1929 年 7 月 2 日田中内阁垮台，导致山本条太郎离开满铁，8 月山本由大连返回日本，任立宪政友会院内总务，从此他一直作为政友会元老活跃在政界，1935 年敕选为贵族院议员，1937 年因病去世。①

附理事：

山本条太郎在任期间（1927 年 7 月 19 日—1929 年 8 月 14 日）的满铁领导层

副社长（1929 年 6 月 21 日后改称副总裁）：松冈洋右（1927 年 7 月 19 日—1929 年 8 月 17 日）

理　事：入江海平（　—1927 年 6 月 27 日）

梅野实（　—1927 年 6 月 27 日）

大藏公望（　—1927 年 9 月 17 日）

森俊六郎（　—1927 年 9 月 17 日）

冈虎太郎（留任）

藤根寿吉（留任）

神鞭常孝（1927 年 7 月 27 日—　）

斎藤良卫（1927 年 7 月 27 日—　）

田边敏行（1927 年 9 月 17 日—　）

小日山直登（1927 年 9 月 17 日—　）

神鞭常孝

曾任大藏省书记官、主税局关税课课长（见图 1-46）。1925 年任横滨关税长。1927 年 7 月至 1931 年 7 月任满铁理事。曾任满铁经理、贩卖、用度各部部长及昭和制钢所常务董事。

---

① 上文参考王胜利等主编《大连近百年史人物》，辽宁人民出版社 1999 年版，第 323—327 页。

斋藤良卫

法学博士，1883 年 11 月生于福岛县耶麻郡喜多方町的一个士族家庭，是家中的长子（见图 1-47）。1909 年毕业于东京帝国大学法科大学政治科，后在中国研究国际法，获得法学博士学位。1910 年进入领事馆担任候补，驻天津、汉口。历任福州领事、外务事务官、外务书记官、外务省参事官、农商务书记官、总领事、外务省通商局局长等，曾任中国驻屯军最高顾问。著有《东洋外交史序说》《支那国际关系概观》《支那国家法研究》等。1927 年 7 月至 1930 年 7 月任满铁理事。1940 年松冈任外相时的外务省顾问。1944 年任满铁顾问。

图 1-46　神鞭常孝　　　　　　　图 1-47　斋藤良卫

田边敏行

曾任满铁长春派出所经理系主任、经理课课长、社长室人事课课长、地方部长等职（见图1-48）。1927年9月至1929年10月任满铁理事。后任东亚劝业会社社长、大连汽车和奉天汽车会社社长、大同产业会社董事、大同生药工业会社监查官。1942年任伪满洲农业团体中央会长。

图1-48　田边敏行

仙石贡（理事附）

图1-49　仙石贡

毕业于东京帝国大学，历任工部省"御用挂"、技长、技师等职（见图1-49）。曾赴欧美考察。1919年获工学博士学位。后历任递信省铁道技监、铁道局管理课课长、运输部部长。继转实业界，先后任筑丰铁道社社长、九州铁道社社长、猪苗代水力电气董事、日本窒素肥料董事，后又转入政界，三次当选众议员，属戊申俱乐部、立宪国民党、立宪同志会、宪政会。第二次大隈内阁时期，1914年任铁道院总裁。第一次和第二次加藤内阁时期，连任铁道大臣。滨口内阁时期，1929年8月至1931年6月任满铁总裁。

在仙石贡任满铁总裁期间，一方面正值满铁的经营策略从山本条太郎"国际协调路线"向此后"满洲独占路线"的转换时期，另一方面也处于中日关系从皇姑屯事件至九一八事变的关键转换时期。在此期间，两国有关东北问题的交涉非常频繁深入，此时仙石贡经历了拉拢张学良、"东北易帜"、东北反日浪潮的激化、万宝山事件等重要事件。同时受欧洲金融危机的冲击，在这一时代大变革中，仙石贡操纵满铁会社、密切配合日本政府的战略部署，使满铁进一步成了侵略中国东北的经济工具。

日俄战争后，日本社会逐渐产生了"满蒙特殊权益"意识，为维护这一"特权"而产生的"满蒙危机"意识引发了皇姑屯事件和九一八事变。在这近 30 年的时间内，日本一直期待"满蒙"脱离中国，直至处于日本的控制之下。

所谓"满蒙特殊权益"是日本在日俄战争之后的《朴茨茅斯和约》和《中日会议东三省事宜条约》的基础上获得的在中国东北的各项"权益"，在 1915 年的中日条约（又称"民四条约"）中得到了加强和一部分扩张。1907 年和 1912 年的第一次、第三次《日俄协约》，进一步明确了日俄两国在中国东北的势力范围。在当时日本人的眼中，这些"特殊权益"是以 20 亿日元和 10 万人的牺牲为代价所得到的"国家的遗产"，是关乎日本"生存权"的重要权益。① 从日俄战争结束后至伪满成立前，"南满东蒙"一直被作为日本帝国的禁脔而不容别国染指。

20 世纪初叶日本的"满蒙特殊权益"总计有三十一项之多，② 概括而言包括以下七项：（1）包含旅顺和大连在内的"关东州"的租借权（截至 1997 年）；（2）长春以南的"南满洲"铁道的经营权、在满铁附属地的行政权以及满铁平行线路的禁止修筑权（截至 2002 年）；（3）安奉铁路的经营权（截至 2007 年）；（4）"满蒙"五铁道的修筑权以及相关二铁道的优先经营权；（5）中国东北地区的矿山开采和森林采伐权；（6）土地租让权、自由往来居住权等商业和工业权利；（7）铁道守备兵的驻屯权（每公里铁路上限为 15 人，总计 16665 名以内）。

从上述日本所谓的"满蒙特殊权益"中，我们可以清晰地发现其背后包含了日本吞并整个中国东北的野心和图谋。可以说，日本的"大陆政策"在 1910 年至 1930 年的主要表现就是软硬兼施地守护其"满蒙特殊权益"。

国际社会就日本向中国东北的扩张曾做出一些反应。以美国为例，

---

① 大杉一雄『日中十五年戦争史：なぜ戦争は長期化したか』、中央公論社、1996 年、第 45 頁。

② 信夫淳平『満蒙特殊権益論』、日本評論社、1932 年、第 152—154 頁。

在日俄战争后，东三省总督徐世昌曾积极向中国东北地区引入美国势力，在东北"以商战易兵战，以郡邑易屯戍，聚万国之货，致万国之贾"①，美国一度对此积极响应，但在日本的围逼下无果而终。在中日"二十一条"交涉时期，美国驻日大使于1915年2月20日曾向日本外相加藤高明抗议会影响列强在华利益的"机会均等原则"，并转交美国政府对日备忘录。② 与此同时，日本政府也在积极求得美国的谅解。据1919年8月13日日本外相内田康哉在外交调查会上的说明，美国此前已默认日本的"满蒙特殊权益"。③

第一次世界大战期间，日本趁此"天赐良机"（井上馨语）积极扩大"满蒙特权"，引发了中国的强烈反对，而第一次世界大战后的华盛顿体系、亚洲的民族独立运动风潮都在倒逼日本放弃部分"满蒙特权"，从日本内阁决议中我们也能看到这种逐渐加深的焦虑：

> 南满东蒙是帝国在政治、经济上有特殊利益的地区……帝国所应争取的是，按照既定方针，以稳健公正的方法扩充这种特殊权益。④（1917年1月9日阁议）

> 满蒙同我国领土接壤，对我国国防及国民经济生活都有重大且密切的关系……扶植我国在满蒙的势力，乃是我国满蒙政策的基础……但当前世界大势倾向于民族自决主义，往往上述最必要且十分合理的要求会被人误解为是侵略的表现，致使帝国的国际立场越来越窘迫。因此，在实行对满政策之际，须有周密的准备和完全的考虑。⑤（1921年5月13日阁议）

第一次世界大战以后，由于国际社会对日本过度扩张的钳制，"国

---

① 吴廷燮：《东三省政略跋》，（清）徐世昌等编纂、李澍田等点校：《东三省政略》（长白丛书本），吉林文史出版社1989年版，第49页。
② 外務省编『日本外交文書·大正4年第3冊上』、外務省発行、1968年、第577—581頁。
③ 加藤陽子『満州事変から日中戦争へ』、岩波書店、2007年、第42—48頁。
④ 外務省编『日本外交年表竝主要文書』、原書房、1966年、第426頁。
⑤ 外務省编『日本外交年表竝主要文書』、原書房、1966年、第523、524頁。

际环境对日本由'奖赏型'向'限制型'的转变，使对外强硬外交路线找到了一个外在支点"①。日本担忧失去"满蒙特殊权益"的"满蒙危机"意识日渐加强，日本政府对"满蒙"的态度也渐趋强硬：

> 对于维持满蒙秩序，因帝国对该地域有重大利害关系……所以要经常加以注意，特别是在自卫上有必要时，可相机采取对应措置。②（1924 年 5 月 30 日，五相协定对华政策纲领案）

> 万一动乱波及满蒙，治安因之紊乱，我国在该地方的特殊地位及权益有被侵害之虞，不问其来自何方，我国应准备好毫不迟疑地采取适当的措施，以保护内外人的安居与发展。③（1927 年 7 月 7 日，田中外相在"东方会议"的总结报告）

可见在皇姑屯事件（1928 年）前，日本越来越倾向于"在自卫上必要时，可采取相应措置"，即默许可以用"非常手段"来解决"满蒙危机"。

与日本政府的"满蒙危机"相伴随的是社会上的一些"宣传家"鼓噪。

有从人口和殖民角度阐发者，认为日本在狭隘的国土中承担过多的人口，自然资源的匮乏是日本面临的巨大危机，而 1924 年 5 月美国《排日移民法》的通过，此时中国东北成为日本在海外"拓殖"的首选区域（预计至少可容纳 7500 万人）；从当地角度看，在"满蒙"的日本人（含朝鲜人）占到了当地全部外国人的 90%，远远超过排第二位的俄国移民，占有绝对优势。④ 也有从经济和资源角度阐发者，认为日本与中国东北的贸易总额占到中国东北贸易额（进出口合计在内）的一半以上，而在中国东北的外国投资日本占到了 73%，中国东北丰富的耕地资

---

① 郑毅：《荣耀与挫折：一战后日本外交转型问题的几点思考》，《外国问题研究》2018 年第 4 期。

② 外务省编『日本外交文书·大正 13 年第 2 册』、外务省刊行、1989 年、第 817 页。

③ 外务省编『日本外交文书·大正 13 年第 2 册』、外务省刊行、1989 年、第 35 页。

④ 大杉一雄『日中十五年戦争史：なぜ戦争は長期化したか』、中央公論社、1996 年、第 46 页。

源、煤铁矿资源将成为日本未来发展的重要基地。① 还有从政治、历史、民族等角度阐述者，总而言之就是向日本社会灌输："满蒙特殊权益"绝对不容丧失。

国际方面，1930 年 10 月 2 日日本枢密院批准了"伦敦军缩条约"，表明日本尚受制于国际秩序控制日本向中国东北扩张的压力。而在中国，1928 年 12 月 "东北易帜"，南京国民政府完成了形式上的统一中国。1930 年 4 月，由北方军阀冯玉祥和阎锡山发动了反对蒋介石的"中原大战"，10 月在张学良的支持下，蒋介石的中央军获得胜利。11 月，张学良与蒋介石会面，初步拟定将东北的外交、交通、财政和军事权移交给南京政府，其中铁路事业由南京国民政府监督开展，北宁（即京奉路，北京至奉天）、四（平）—洮（南）、吉（林）—长（春）三铁路国有化经营。同时，南京政府外交部与币原喜重郎外相正在磋商日本撤废治外法权问题，日本拟做出一定的让步。

具体到满铁业务上，1930 年满铁的营业额较上年大幅减少，其主要原因是欧洲经济危机导致欧洲和日本对东北大豆的需求降低，而关东军则归咎于"蒋张合作"，认为中国"排挤满铁"的阴谋导致了满铁经营的困顿，并借助各种手段向日本社会宣传"满蒙危机论"。此时滨口雄幸担任日本首相，币原喜重郎担任外相，被称为"第一次币原外交时期"。由于日本社会弥漫着浓郁的"满蒙危机"意识，特别军部势力针对滨口的"统帅权干犯"问题煽动舆论，导致 1930 年 11 月 14 日滨口雄幸遇刺身亡，军部、右翼、政友会等不同势力借此加强对币原外交的攻击。

中国方面也注意到日本对华协调外交正遭受社会的抨击，蒋介石仍寄希望通过外交手段解决东北问题，其态度并不强硬。一方面，国民政府通过驻日公使汪荣宝向日本外相币原喜重郎解释蒋、张均无排日意图，张学良也通过日本驻奉天领事强调自己并无排挤满铁的任何计划；另一方面，国民政府继续取缔反日宣传、反日运动，避免进一步刺激日本。② 中国方

① 朝日新聞社政治経済部編『朝日政治経済叢書・満蒙の諸問題』、朝日新聞社、1931 年、第 10 頁。

② 高文勝『満蒙危機と中国側の対応』、『現代と文化：日本福祉大学研究紀要』、2006 年、第 114 号、第 71—90 頁。

面的上述努力随着币原外交的终结，特别是九一八事变的发生而没有实际效果，在反日爱国主义运动的影响下，中国政府的对日态度也逐渐强硬起来。

皇姑屯事件以后，1928 年 10 月张学良明确答复满铁方面，不再签署此前由张作霖与满铁签署的《"满蒙新五路"借款预备合同》的正式文本，并且表示理解民众的反日愿望，但"利用外资（指日资），兴拓实业，修筑铁路，余亦不反对。惟须中国人民自动，更须看条件如何"①。据松本一男分析，此时张学良对东北铁路问题的真实态度是这样的：

> 首先，重视与日本长期以来的关系，必须适当尊重其在东北的权益。其次，认为币原外交比以前的田中外交要公正些，它比较透彻地了解中国内部实情。但是，也不能无视国内抗日意识的高涨，作为东北的领导者，发表一些表面上的反日言论也是不得已的。另外，有关东北问题，希望不要通过南京国民政府，而由东北当局与日方直接谈判解决。②

实际上张学良此时尚未完全与日本政府"撕破脸"，但全国特别是东北地区的反日爱国运动对他接下来的决策产生了一定的影响。1929 年 3 月，张学良向日本方面表示："东北外交均归中央，铁路交涉亦归中央……所以尽管如何同我反复交涉也不可能解决问题……即使向南京政府交涉，恐怕亦无成功的可能。"③ 至 1929 年 5 月，张作霖受胁迫与日本签订的《"满蒙新五路"借款预备合同》被张学良全部取消。受此影响，7 月关东军参谋石原莞尔制订了《关东军占领满蒙计划》上报参谋本部，基本确定了在中国东北推行亚洲门罗主义政策、不惜与英美对立的外交路线。

---

① 《张学良对日外交谈》，《大公报》（天津）1928 年 11 月 16 日第 2 版。
② ［日］松本一男：《张学良与中国》，王枝忠等译，北京师范学院出版社（内部发行），1991 年版，第 73 页。
③ 吉林省社会科学院《满铁史资料》编写组：《满铁史资料》第二卷《路权篇》第一分册，中华书局 1979 年版，第 1036 页。

另外，受"满蒙危机论"、"万宝山事件"（1931年5月）、"中村大尉事件"（1931年8月）的影响，日本社会对"软弱"的币原外交失去信心，中国的反日爱国运动也风起云涌。此时关东军已经完成了对华作战准备，中日双方外交部门的相互接近已经难以抚平民众的怒火，战争一触即发。

也正是此时，仙石贡因病请辞，主张配合关东军侵略中国东北的内田康哉被任命为新任满铁社长。

附理事：

仙石贡在任期间（1929年8月14日—1931年6月13日）的满铁领导层

　　副总裁：大平驹治（1929年8月17日—1931年6月13日）

　　理　事：田边敏行（　—1929年10月10日）

　　　　　　　冈虎太郎（　—1929年12月22日）

　　　　　　　小日山直登（　—1930年5月7日）

　　　　　　　斋藤良卫（　—1930年7月2日）

　　　　　　　藤根寿吉（　—1931年4月4日）

　　　　　　　神鞭常孝（留任）

　　　　　　　大藏公望（1929年10月10日—　）

　　　　　　　伍堂卓雄（1930年7月2日—　）

　　　　　　　十河信二（1930年7月11日—　）

　　　　　　　大森吉五郎（1930年7月23日—　）

　　　　　　　村上义一（1930年7月23日—　）

　　　　　　　木村锐市（1930年8月25日—　）

伍堂卓雄

1877年9月出生于东京府。是东京府士族伍堂卓儿的长子，于1918年继承家业。1901年毕业于东京帝国大学工科大学兵器制造科。毕业后任海军兵器制造技师，其后任历任吴海军兵工厂炮工部部长、制钢部部长、飞机部部长、海军舰政本部部员、吴海军兵工厂厂长等职务。至1926 年累升为兵工中将。1929 年转为预备役。1931 年 7 月至 1934 年 7 月任满铁理事。曾为满铁炼钢计划赴欧美考察，并任昭和制钢所所长。1930 年获工学博士学位。1937 年任林内阁铁道大臣兼商工大臣，同年 5 月任贵族院议员。1938 年任日本商工会议所会长。1939 年任阿部内阁商工大臣兼农林大臣。此后曾任日本工业协会会长，以及东京、横滨电铁会社董事等。战后曾作为战犯嫌疑人被捕，1952 年免于追究，恢复日本能率协会会长之职。1956 年逝世。

十河信二

1909 年东京帝大毕业。历任铁道院经理局会计课课长、复兴院书记官、复兴局部长、铁道省经理局局长。1931 年 7 月至 1934 年 7 月任满铁理事。1935 年任兴中公司社长。与军部关系密切，积极参与策划九一八事变，曾任满铁经调会会长。战后曾任日本国铁总裁，力主建设新干线，1981 年病逝。

大森吉五郎

曾任爱媛、神奈川县警察部部长，熊本县、长崎县内务部部长，山口县、熊本县知事（见图 1-50）。1930 年 7 月至 1932 年 7 月任满铁理事。后任京都市市长、商业兴信所代表董事、东京轴承制造和伪满洲轴承制造等社董事。

村上义一

曾任铁道省书记官、递信省书记官、铁道大臣秘书官，神户、大阪各铁道局局长（见图1-51）。1930年7月至1934年7月任满铁理事兼铁道部长。九一八事变期间积极从事夺取中国铁路活动。后任日本通运会社、朝鲜运送会社社长和华中铁道会社、国际运输会社等社董事。

图1-50 大森吉五郎　　　　图1-51 村上义一

木村锐市

曾任外务省参事官、日本驻比利时及法国大使馆一等秘书、外务省亚洲局课长。曾参加1919年巴黎和会及1922年华盛顿会议，积极主张日本侵占中国山东。1925年任外务省亚洲局局长，1927年任驻捷克公使。1930年8月至1932年7月任满铁理事兼交涉部局长。九一八事变前主要推行铁路交涉，妄图软化张学良。1942年任忠清工业会社社长、台湾拓殖会社顾问。

内田康哉（ 理事附 ）

第十二任满铁总裁（见图1-52）。曾任日本驻外大使，先后四次任外相，两度任临时首相。

内田康哉1865年出生于熊本，1887年从东京帝国大学毕业后直接进入外务省。1888年随驻美公使陆奥宗光赴华盛顿见习外交事务，获得陆奥宗光的赏识与信任，后成为陆奥宗光的秘书。1894年年末，日本政府因旅顺大屠杀事件而在国际社会上声名狼藉。时任日本驻英临时代理的内田积极参与掩盖事实真相的活动。他扣留了路透社记者由

图 1-52　内田康哉

上海发回伦敦的关于日军暴行的电稿，并立即向外相陆奥宗光汇报，请求陆奥特批一笔款项，由他继续在英国从事收买、贿赂报界的活动，以阻止旅顺大屠杀事件真相公之于众。内田的表现深得陆奥宗光的赏识，为他日后在外交界的飞黄腾达打下基础。

1901年至1906年任驻华公使，积极筹建对华、对俄情报网，之后历任驻奥匈帝国、瑞士、美国等国大使。1911年任西园寺内阁外相，继任驻俄大使。第一次世界大战期间进行种种外交活动，包括对中国山东

的侵占。1918 年起，先后任原敬、高桥、加藤内阁外相，并两次任临时首相。1925 年任枢密院顾问官。

1929 年，受世界经济危机影响，满铁经营步入困境；中日关系因皇姑屯事件而恶化；日本所谓的"满洲经营"出现危机。当时日本在中国东北存在着"双重外交"和"四头政治"的弊端，即军部与外务省各行其是，而关东厅、关东军、满铁和驻奉天总领事馆则各自为政。这显然不利于推行日本"大陆政策"之核心——"满蒙政策"，因此日本政府推出外交界老手、政界名人内田康哉充任满铁总裁，以期借重内田的资历和声望，统一日本在中国东北的政治和外交，进而统一侵略步骤，使"满蒙经营"重上轨道。这一人事任命，博得了日本朝野的一致欢迎，以致大连的日方报界也载文赞赏。日本政府选任如此资深望重的人物充任满铁总裁，其意图显然不在满铁本身的经营。

1930 年"敕选"为贵族院议员。1931 年 6 月任满铁总裁。九一八事变前后积极拥护军方的主张。1931 年 7 月 5 日，年已七旬的内田康哉启程前来中国大连走马上任，不久九一八事变爆发。对此，内田力主不扩大事态，持观望态度。其实，事变前四天，他在大连已得知事变的准确日期。当满铁总务部部长（后任满铁总裁）山崎元幹建议他赴中国旅顺访问关东军参谋长时，内田一口回绝。九一八事变当夜，满铁驻奉天领事木村电话向内田转达日驻奉天总领事林久治郎的建议：希望速向东京斡旋，以限制事态扩大。可是内田仍按兵不动，甚至在接到日本政府"不扩大事态"的指令后，仍表示"对军方不协力、对事变不参与"。此时以大连为基地，满铁密切配合关东军进行军事运输，以满铁职员为主的右翼政治团体"满洲青年联盟"和大雄峰会亦活动猖獗，内田对此也持默许的态度。

十几天后，坐镇大连继续观望的内田康哉终于接到日本币原外相的电令，回东京汇报事变详情。行前，满铁理事十河信二受板垣征四郎所遣从奉天专程返连，劝说内田去奉天与关东军首脑会谈。10 月 6 日内田拜访本庄繁，并相继会见了关东军其他要员。奉天之行，使内田的态度彻底转变。内田康哉在东京先后拜见了日本政府元老、内阁成员和其他要员，以军方代表的姿态呼吁各方支持军队建立"满蒙"傀儡政权的计划。为了报答内田的鼎力相助，关东军则把中国东北的交通及金融、工矿、森林、水田开发、羊毛改良、棉花栽培等经济部门，都委托满铁把持与经营，以诱使满铁进一步从财政与经济上予以支持。

从日本东京返回中国大连后，内田康哉与关东军沆瀣一气，操纵满铁全面支持关东军的军事侵略，积极参与制造伪满洲国。早在柳条湖事件发生的当夜，满铁就应关东军之要求，在旅顺组成专用军列，将关东军司令部由旅顺转移奉天，并大力协助关东军设立军事运输临时指挥机构。在内田"竭尽全力"支援关东军的号令下，满铁在大连设立临时时局事务所，以其铁道部部长为首，总揽军事运输事务，下令部内有关人员"脱产"，昼夜不停地受理"事变"的军运业务。

自九一八事变至 1932 年 3 月，满铁编发军用列车 4056 次，月均 676 次，日均 22 次；运输军需品 197980 吨，日均 1000 吨。关东军所有参战兵员、军事辎重几乎均由满铁运输。关东军只用短短的四个多月就占领了比日本国土大一倍多的中国东北广大地区，这是与满铁的军事运输分不开的。因此，本庄繁在调离关东军司令官一职时，致信满铁，以示感谢。为了给关东军提供所用经费，内田多方斡旋，终于使日本政府同意由满铁贷给关东军机密费 300 万日元，而在此之前，关东军因经费支绌已在举债度日了。为了实现与关东军的全面合作，满铁派出大批职员到关东军各部门，从事政治策划、经济调查、统制宣传和搜集情报等活动。自 1931 年 9 月至 1933 年 3 月，满铁共派出 2600 人，其中在关东军各部就有 212 人，继承关东军第三课衣钵的关东军统治部（后称特务部）部长驹井德三便出身满铁，其成员中 161 人来自满铁。伪满洲国傀儡政权出笼时，由满铁正式转任伪满政府官吏者达 244 人，构成伪满日系官吏的主体。由于伪满政权奉行总务厅中心主义，而从伪国务院总务厅长官到次长、处长及各部总务司长、各省总务厅长均由日系官吏担任，且满铁出身者占 50%，所以说满铁在很大程度上控制着伪满政府各要害部位。这也是内田在组织上为伪满洲国成立打下的基础。

内田康哉出任总裁后的满铁，已拥有 4.4 亿日元资本、1100 千米的铁路、480 平方千米的附属地、近 4 万名职工和 50 多个关系会社，名副其实地成了"满铁王国"。九一八事变爆发后，在内田的操纵下，满铁不但为关东军提供了从事军事政治谋略和夺取经济命脉的"别动队"，而且竭尽全力充当关东军的超级后勤部，可以说与关东军一道直接参与了侵略战争，起到关东军无法替代的作用。因此，日本天皇对于侵略"有功"的满铁社员，按照日本陆军军衔（将军、校官、尉官等）授予勋章，被授予勋章者达 23301 人，囊括了全部日本职工。

九一八事变为满铁扩大铁路利权扫清了道路。在关东军支持下，满铁进行了一系列攫取路权的活动。1932 年 3 月，关东军司令官本庄繁和内田康哉密议多次，签署了关东军将伪满洲国的铁路、河川、港湾委托满铁经营的协定，并委任满铁总裁为关东军最高顾问。

1932 年 7 月 6 日，内田康哉辞去满铁总裁职务转任日本外务大臣。他从坚决支持关东军占领中国东北和拼凑伪满洲国的立场出发，加快了承认伪满洲国的步伐。面对国际上拒绝承认伪满洲国，他力主实行国际孤立主义，宣布日本退出国联。8 月 25 日，内田在国会上发表施政演说，叫嚣：即使日本变成焦土也不会放弃对"满洲"的利益。所以，内田此时所推行的外交，被称为"焦土外交"。9 月 8 日内田拜见元老西园寺公望，请求同意承认伪满洲国。9 月 9 日日本政府发表承认伪满洲国的声明。

1936 年内田康哉患病不治，死于日本。①

附理事：

内田康哉在任期间（1931 年 6 月 13 日—1932 年 7 月 6 日）的满铁领导层

　　副总裁： 江口定条（1931 年 6 月 13 日—1932 年 4 月 7 日）

　　　　　　八田嘉明（1932 年 4 月 7 日—　　）

　　理　事： 大藏公望（　　—1931 年 7 月 15 日）

　　　　　　神鞭常孝（　　—1931 年 7 月 26 日）

　　　　　　大森吉五郎（　　—1932 年 7 月 8 日）

　　　　　　木村锐市（　　—1932 年 7 月 8 日）

---

① 以上内容参考王胜利等主编《大连近百年史人物》，辽宁人民出版社 1999 年版，第 391—395 页。

伍堂卓雄（留任）
十河信二（留任）
村上义一（留任）
首藤正寿（1931 年 7 月 15 日—1932 年 7 月 8 日）
山西恒郎（1931 年 7 月 15 日—　　）
竹中政一（1931 年 7 月 15 日—　　）

江口定条

1891 年入三菱合资会社，历任三菱合资长崎、门司各支店店长，营业部部长、总理事。1931 年 6 月至 1932 年 7 月任满铁副总裁。1942 年任明治制糖会社监查人、日华协会理事。1932 年被"敕选"为贵族院议员。

八田嘉明

1903 年东京帝大毕业（见图 1-53）。1921 年任铁道省建设局路线调查课课长，1923 年任铁道省建设局局长，1926 年任铁道省次官。1929 年任贵族院议员。1932 年 4 月至 1935 年 9 月任满铁副总裁。曾参与关东军的满铁改组案的实行。1937 年任中国东北兴业会社总裁。第一次近卫内阁时期，1938 年 10 月任拓务大臣；平沼内阁时期，1939 年 1 月任商工大臣兼拓务大臣。1939 年 10 月任东京及日本商工会议所所长。1941 年任铁道大臣，1943 年任运输通信大臣。1942 年以后任东京输出振兴会

图 1-53　八田嘉明

社社长、东武铁道会社董事长、东亚经济恳谈会日本部长等。第二次世界大战后，1953 年任拓殖大学第九任总长和日本科学振兴财团会长等职，并在实业界广泛活动。

山西恒郎

图 1-54　山西恒郎

1886 年 11 月出生于日本三重县，是山西庄左卫门的第三子（见图 1-54）。1910 年在东京帝国大学法科大学就读期间通过了高等文官考试，1911 年大学毕业之后即进入满铁工作，历任了地方各课。1913 年到 1916 年为进行各国的殖民地行政状况和相关设施研究，到欧美留学，在北美和南美各地进行考察。1916 年回国后任人事课长次席，1919 年任地方部庶务课课长，1922 年任社长室文书课课长，1924 年为奉天地方事务所所长，1925 年为参事，抚顺煤矿次长，1927 年任抚顺煤矿矿长，1930 年任地方部次长，1931 年 7 月至 1935 年 7 月任伪满铁理事兼总务部部长，1935 年任伪满洲矿业开发理事长，1938 年 11 月任伪华北开发副总裁兼张家口支社社长。

竹中政一

1883 年 10 月 11 日出生于兵库县城崎郡（见图 1-55）。是兵库县农民竹中作平的长子，1922 年 12 月，继承家业。在乡里的中学校毕业后，1907 年 4 月神户高等商业学校毕业，同年入职满铁，任满铁书记员一职，

同年 5 月，来到中国东北，在抚
顺探矿会计课工作。1909 年 8 月
转任至满铁庶务课工作，与此同
时，赴欧美留学两年，留学期间
研究了欧美的铁道、矿山和工厂。
后在运输课工作，在大连、奉天、
长春等地工作。1912 年 5 月，转
任至运输部，任见习员工。1913
年 9 月被派往大连站工作，同年
7 月调至奉天站工作，同年底又
被调往到长春站工作。1915 年任
运输课旅客系主任。1917 年 7 月
任四郑铁路局的运转主任，1919
年转任总务部文书课课长，1921
年 1 月被派往速记培训所兼任所

图 1-55　竹中政一

长。1922 年 1 月转任社长室参事。1923 年 4 月任奉天地方事务所所长。
1924 年 3 月任北京公所所长，1926 年 3 月升任为经理部部长。1931 年至
1935 年，就任满铁理事。1935 年 7 月退职后，历任铣铁贩卖会社总董事。
1938 年任伪满洲重工业开发会社理事。1939 年任协和铁山会社副社
长等。

首藤正寿

　　曾任横滨正金银行上海支店店长、台湾银行理事、大分合同银行经
理、名古屋银行副经理兼常务理事。1931 年 7 月至 1932 年 7 月任满铁
理事。曾积极参与伪满洲国中央银行筹建和伪满币制策划等活动。

林博太郎（理事附）

图1-56　林博太郎

满铁第十三任总裁（见图1-56）。1899年东京帝大毕业后，到1903年在德国留学。1904年任学习院大学教授。1907年袭伯爵（祖父为伯爵林友幸）。1908年任东京高商（现一桥大学）教授。1914年至1947年担任贵族院议员。1919年任东京帝大教授。1932年7月至1935年8月任满铁总裁。

满铁在九一八事变后，实行了重要的人事变动。此时日本军部对政党政治体制下的人事任命非常反感，提出当政府更替时，殖民地首脑就要随之更换成自己党派利益者，是一种"政党本位"而非"国家本位"行为，对日本利益最大化是不利的，他们提出"满铁总裁长期化"的口号，希望没有政治色彩的内田康哉能长期担任满铁总裁。

1932年4月7日，拓务大臣秦丰助为了迎合陆军和安插亲信，在东京会见满铁副总裁江口定条，迫使其辞职，江口与之辩驳，最终被免职。原来，秦与江口本身就属于不同政党，二人之间没有好感，加之江口相比内田总裁在财务上对陆军限制很多，陆军方面动员秦出面迫使江口辞职，同时任命曾任铁道省次官的八田嘉明为副总裁。对此当时的日本首相犬养毅表示不满，犬养毅认为内田总裁的做法不利于满铁发展，反而暗中赞赏江口副总裁对陆军的限制行为，但这并没有改变江口被免职的结果。①

对于突然罢免他的副手，满铁总裁内田康哉极为不满，当即提出辞职。在日本军方的干预下，日本首相犬养毅出面挽留，内田康哉才勉强留任，以应付国联李顿调查团的到来。3 个月后的 7 月 6 日，内田出任斋藤实内阁的外务大臣（此前外相由首相兼任）。在此期间，满铁总裁的空缺曾有多人角逐，到 7 月 26 日才选定了由贵族院议员林博太郎出任。② 这是在决定交给总理大臣任意处理的情况下，由陆军大臣荒木贞夫推荐的，如此一来，满铁正副总裁的任命都反映了陆军的意愿，林博太郎由此成了满铁的第十三任总裁。

就在林博太郎出任满铁总裁的 3 个月前，在日本军部的暗中支持下八田嘉明代替江口出任满铁副总裁，承担了"改组"满铁的秘密任务。据山崎元幹回忆：

> 满铁的改组，这是随着满洲国的出现必然要进行的。国防体制的加强是必要的，只是为时尚早而已。可以说，军方是急于求成的。由于满铁受委托管理满洲国铁路，当时满铁大为得意，岂知，在其决定后面，已经潜藏着满铁的改组方案。③

1932 年 9 月 15 日，日本公开宣布承认伪满洲国，由武藤信义元帅出任关东军司令官兼日本驻伪满特命全权大使，小矶国昭中将任参谋长兼特务部部长，冈村宁次少将任参谋副长。与前届本庄、三宅时相比，军衔提高了一级。对于满铁这个巨大收入财源采取了更积极的政策，提出了分解满铁的计划。

1933 年 3 月 16 日，关东军特务部总务课课长将一份《满铁改组方

---

① ［日］原田熊雄『西园寺公与政局・第 2 卷』、岩波书店、1950 年、第 263—264 页。
② 苏崇民：《满铁史》，中华书局 1990 年版，第 462 页。
③ ［日］满铁会编『満鉄最後の總裁山崎元幹』、满铁会、1973 年、第 563 页。

案》秘密交给满铁副总裁八田，并要求满铁提出改组的具体措施，而在公布改组方案时，还要表明改组是自动提出的。这个《满铁改组方案》的要点包括：将满铁经济调查会并入特务部，成为关东军的经济参谋部；将满铁改组为控股会社，称作"满洲产业开发株式会社"；把满铁的企业及其直系或旁系会社中经营基本产业的会社，都作为"满洲开发株式会社"的子会社，并使之分别独立经营；经济参谋部不仅领导控股会社，而且直接领导各子会社。总之，特务部是想把满铁分解为三个基本组成部分：（1）职能部分——经济参谋本部；（2）经营职能部分——株式会社；（3）企业职能部分——16个独立的企业会社。

这个方案不仅要将满铁的监督权从拓务省手中夺过来，而且要将满铁对下属企业和子会社的监督管理职能也转到关东军手里，将满铁架空，使它的任务只限于筹集资金。八田嘉明并没有将这一关系满铁生死存亡的大问题提交满铁理事会，而只是个别征求一些理事的意见。同时，命令最受关东军宠信的宫崎正义率领几名经济调查会的职员离开东北，去秘密制定满铁的改组方案。按照八田嘉明的设想，所拟订的满铁方案与关东军方案的不同之处在于：满铁要握有"经营满洲"的领导权，即使成立经济参谋部，也需设在满铁内部；满铁成为控股会社后仍需直接经营铁路；给满铁增加16亿元资金，但采取增发会社债券方式。这样满铁虽然由拓务省管辖移为关东军管辖，而在"满洲经济开发"上仍然握有领导权。满铁的这项工作是在极端保密的情况下进行的。另外日本陆军省根据关东军的方案，也于同年5月12日拟订了《满洲产业开发方针要纲》。7月13日，关东军司令官武藤信义将这个文件送交满铁总裁林博太郎备查，并要求满铁负责人同军部负责人充分协商后，草拟《满铁改造扩充实施要纲案》。

满铁的改组方案终于在满铁理事会通过。于是关东军方面由沼田中佐，满铁方面由总务课长山崎元幹各自携带方案去东京，分别向日本陆军中央和日本政府报告。但是由于参加制定满铁方案的北条秀一将关东军的方案故意泄露给《东京日日新闻》记者，于是该报总社的政治部副部长宫本开始行动起来了。他搭上了沼田乘坐的火车，把上海发来的《改组方案大纲》拿出来给沼田中佐看，并追问了一句："果真是这样吗?"沼田点头称是。宫本后来又进一步收集了材料，9 月 17 日的报纸用整版大字标题登出了《满铁改组方案全貌》的新闻，舆论哗然。

由此轰动性的新闻，当时正在募集的满铁社债随之出现滞销，同时满铁股票价格下跌，使日本的对满投资出现危机。山崎元干后来评论说，关东军改组满铁的消息使日本的政界财界大吃一惊，"大体上欢迎九一八事变，并作为一种满洲热而高兴的内地的政界财界，也还没有完全相信军方。正在出售的满铁社债的滞销，对军方来说，是个致命伤。军方是急于求成，过于自信了"①。

在满铁方面，对于改组满铁方案，在八田嘉明的说服下，满铁的理事会勉强表示同意，而满铁的社员会却代表全体社员出来反对，掀起了一场反对满铁改组的运动。原来在满铁的日本人在籍正式职员和工人统统称为社员。1927 年 4 月，在满铁总裁的同意下成立了网罗全体社员的社员会。这个社员会不是工会组织，恰恰是为了防止工会出现而设立的所谓社员大家庭。它实际上是处于满铁课长级干部控制下将全体职工引向为"日本国策"服务的群众性的辅佐机构。社员会由工作岗位选出的代表组成评议员会，从中组成干事会、常任干事会，形成执行部，以干事长为社员会代表。社员会纲领的第 1 条是："拥护会社的自主独立地位，当外部势力拟对会社及其健全发展非法阻害时，将以全力排除之。"此时关东军成为妨害满铁会社"独立地位"的"外部势力"，满铁社员发表宣言反对军方的改组方案，最终满铁改造扩充方案流产。②

自九一八事变尤其是伪满洲国建立后，满铁在"满洲"所扮演的角色，甚至其存在，开始成为日本各界尤其是军方（指陆军省及关东军）检讨的课题，而满铁的改组就是其中心议题之一。因为关东军在取得伪满洲国的主导权后，进一步将满铁改组借以取得其监督权是很自然的事。

其实，日本国内的商工业界对满铁在"满洲"的独占行为，早已发出不平之鸣。尤其在"满洲"的日本商工业界对满铁的老大作为，感受尤深。1932 年 3 月，奉天商工会议所就曾建议满铁改组，这一例行性集

① 満鉄会编『満鉄最後の總裁山崎元幹』、満鉄会、1973 年、第 495—496 頁。
② 以上参见苏崇民《满铁史》，中华书局 1990 年版，第 460—469 页。

会的建议，只属谈论性质，所以当时并没有引起社会各界太大的注意。至1933年10月，关东军高级参谋沼田多稼藏中佐就有关满铁改组的关东军方案对新闻记者发表谈话后，才掀起轩然大波。自九一八事变以后，关东军不仅不欢迎日本国内财界势力进入中国东北，还积极采取"国家社会主义的统制经济论"等措施，满铁当时已执"满洲"经济的牛耳，果真遭到解体。可以预见，日本国内企业界将失去投资管道，且对"满"投资也将因军方的干预而裹足不前。由于这些错综复杂的因素，满铁改组案曝光后立刻引起很大的反弹，满铁的股价暴跌，满铁公债销售不畅。开发"满蒙"资金的筹措陷入困难，种种负面的影响，不仅说明了满铁在"满洲"经济势力之举足轻重，也预示了改组方案必然遭受阻力。自伪满洲国成立后，关东军俨然以日本在"满"最高指导者自居，对妄图集伪满洲军、政、经济等大权于一身的关东军而言，满铁当然是他们的眼中钉。加上九一八事变后，日本几乎被国际社会所孤立，当时日本急欲建立"日满经济共同体"，以突破孤立，因此建立一个统制伪满洲经济产业的方案，成为当务之急，满铁的改组也自然无可避免。[①]

虽然满铁改组计划最终并未成功，但满铁沦为关东军的附庸这点并无疑义。林博太郎即使与军部配合也无法改变满铁本身被边缘化的命运。1935年8月1日，林博太郎向首相冈田启介提交了辞呈。

林博太郎在战后曾任霞会馆监事、高千穗商科大学理事长、东海大学教授等职，1968年去世。

附理事：

林博太郎在任期间（1932年7月6日—1935年8月2日）的满铁领导层

副总裁：八田嘉明（留任）

理　事：伍堂卓雄（　—1934年7月1日）

十河信二（　—1934年7月10日）

---

① 详见黄福庆《一九三三年的满铁改组案争议》，台北：《政治大学历史学报》2001年总第18期。

村上义一（ —1934 年 7 月 22 日）

山西恒郎（ —1935 年 7 月 15 日）

竹中政一（ —1935 年 7 月 15 日）

河本大作（1932 年 10 月 4 日— ）

大渊三树（1932 年 10 月 4 日— ）

山崎元幹（1932 年 10 月 4 日— ）

郡山智（1934 年 7 月 10 日— ）

佐佐木谦一郎（1934 年 7 月 25 日— ）

宇佐美宽尔（1934 年 7 月 25 日— ）

佐藤应次郎（1935 年 7 月 25 日— ）

石本宪治（1935 年 7 月 25 日— ）

河本大作

日本兵库县人，日本士官学校和陆军大学毕业（见图 1-57）。曾参加日俄战争和干涉苏联十月革命战争。1920 年任日本驻北京公使馆武官，1923 年回国，任参谋本部中国课课长兼陆军大学教官。1926 年升大佐，任关东军参谋。1928 年阴谋制造皇姑屯事件炸死张作霖，1930 年转预备役，随后进入满铁，后改任伪满洲煤矿理事长。1932 年 10 月至 1936 年 10 月任满铁理事。其间，任伪满洲煤矿会社理事长和满铁经调会委员长。1942 年

图 1-57 河本大作

任山西产业会社总裁，掌控山西的经济大权，伙同侵入山西的日军对阎锡山进行游说活动。1945 年日本投降后协助阎锡山打内战。山西解放后被捕，死于太原战犯管理所。

大渊三树

　　曾任满铁地方部劝业课课长、东京支社次长、审查员、上海事务所所长、东京支社社长。1932 年 10 月至 1936 年 10 月任满铁理事。1938 年任日本帝国燃料兴业会社副总裁。1942 年任桦太人造石油会社社长、日产液体燃料会社顾问。

郡山智

　　1911 年东京帝大毕业后入朝鲜总督府工作,历任总督府官房会计课课长、书记官、事务官,兼任拓殖局书记官、拓殖事务局事务官、东洋拓殖会社监理官,兼任关东厅事务官、拓务省拓殖局局长(见图 1-58)。1934 年任拓务省次官。1934 年 7 月至 1938 年 7 月任满铁理事,并在 1938 年 4 月伪调查部成立时任部长。后任海外移住组合联合会理事长。

图 1-58　郡山智

宇佐美宽尔

1884 年 1 月生于岐埠县揖斐郡小岛村，是岐埠县宇佐美又藏的长子，1914 年 5 月继承家业（见图 1-59）。1911 年 7 月毕业于东京帝国大学法科大学政治科，毕业后直接入职铁道院，任铁道院书记员，同年 11 月通过了高等文官考试。1912 年任长崎、博多站助理，10 月任铁道院副参事。1913 年 6 月任门司的九州铁道管理局的运输课庶务主任，1916 年 4 月任铁道院参事、配车系系长，1917 年 12 月辞任。1918 年转入中岛矿业株式会社旗下的佐贺

图 1-59　宇佐美宽尔

煤矿，任矿长一职，并在 1919 年 10 月任营业部部长。1920 年 4 月入职满铁，任满铁运输部营业课课长，因而来到中国东北。1923 年在满铁铁道部工作，1923 年 1 月任运输部货物课课长兼任旅客课课长，1924 年 3 月任铁道部货物课课长。1925 年 8 月任满铁参事，9 月任铁道部次长，1927 年 4 月升任铁道部部长一职。在此期间，1921 年 5 月开始了为期一年半的欧美各国考察，考察了海外各地的铁道状况；1922 年 7 月至 1924 年 2 月到欧美各地考察，出席于 1925 年在莫斯科召开的日俄联络运输会议。九一八事变后，出任哈尔滨事务所所长、奉天事务所所长，而且还是东北交通委员会最高顾问。1933 年被满铁委托经营伪满洲国有铁道，3 月就任伪铁路总局局长，1934 年 7 月至 1938 年 7 月任满铁理事就任满铁理事、伪铁路总局局长，1936 年 10 月兼任次长。关东军司令部顾问和日本交通公社满洲支部部长。1939 年，在中国华北地区设立华北交通株式会社，就任总裁一职。

石本宪治

　　1890 年 2 月生于东京本乡区西片町。父亲是陆军中将石本新六，他是家中次子。他的祖父是姬路藩士石本胜左卫门，身份比他的父亲更为显赫。由于兄长继承了家业，他便分家自立门户。1915 年毕业于东京帝国大学法科大学经济科，进入满铁后先是被派往大连，1920 年开始在东京分社会计课任职，1923 年开始了为期两年的欧美留学生涯。1926 年 4 月任社长情报课次席，同年 11 年升任临时经济调查委员会四部部长并兼任情报课课员。1927 年任社长室情报课参事、临时经济调查委员会第四部干事，1929 年任社长室情报课课长，1930 年任上海事务所所长，1931 年任总务部人事课课长。曾积极参与伪满洲国政权的制造活动。1932 年 1 月任奉天事务所次长。1933 年任本社总务部部长。1935 年 7 月任满铁理事，1936 年去世。

松冈洋右（理事附）

日本甲级战犯，历任日本驻中国外交官、殖民官吏、满铁总裁、外务大臣等职，是日本帝国主义对华侵略扩张的主要代表人物之一（见图1-60）。

1880年生于山口县室积町。是山口县松冈三十郎的第四子，1893年分家。松冈洋右自幼受武士道教育。13岁时，他跟随当船长的叔叔出海远航，但叔叔以应自谋生路为由，将他抛弃在美国海岸。1900年松冈毕业于美国俄勒冈州法学院，获得法学学士学位。后回到日本。1904年在外交官及领事馆考试合格进入领事馆候补，在上海工作。

图1-60 松冈洋右

日俄战争爆发后，正在中国上海任职的松冈洋右曾利用外交官的身份积极从事军事间谍活动。1905年5月，日俄海军的日本海大海战之前三天，松冈侦悉到俄国波罗的海舰队由金兰湾北上参战的准确动向，将此情报电告日本海军统帅部，得到日本政府的高度赏识。1906年当日本政府在中国大连设立殖民统治机构关东都督府时，一贯主张对外侵略扩张的松冈即被任命为关东都督府第一任外事课课长。任职期间，松冈洋右就如何对中国东北进行经济掠夺出谋划策，始终坚持武装干涉中国的立场。1907 年起历任关东都督府外事课课长，外务省情报书记官、情报部部长。

1908 年进入日本驻比利时公使馆担任三等书记官，1909 年转任进入中国公使馆工作，1912 年担任日本驻俄罗斯大使馆二等书记官，1915 年受命为美国大使馆一等书记官。1916 年返回日本，担任内阁总理大臣秘书官，1919 年担任讲和会议全权随行人员去法国，是巴黎和会的日本"要员"。1921 年由陆军中将三浦观树推荐任满铁理事，1927 年任满铁副社长。

1924 年 9 月，中国爆发了第二次直奉军阀战争。日本统治集团内部对中国军阀的内战态度不一。在日本应采取何种对策问题上，时任满铁理事的松冈与驻旅顺的日本关东军高级将领意见一致，坚决主张实施干涉中国内政的政策，扶植奉系军阀，控制张作霖，借以实现使中国东北沦为殖民地的扩张野心。

1927 年 7 月 19 日，满铁社长安广伴一郎、副社长大平驹治离职，由山本条太郎和松冈洋右二人接任。这是日本内阁以田中义一为首的政友会代替了加藤高明内阁的结果。"东方会议"制定的《对华政策纲领》提出把"满蒙与中国本土相分离"的方针作为日本最高国策，为了实施"满蒙分离"政策要不惜动用武力干涉中国内政，并决心以推行"满蒙铁路计划"为突破口，图谋先取得在中国东北建筑几条有高度战略意义和经济价值的新铁路的权利。正是在这样的背景下，田中才选中山本条太郎与松冈搭档出任满铁首脑。

松冈洋右出任满铁副总裁后，为解决"满蒙"铁路问题，全力配合山本条太郎同张作霖的交涉活动，他始终主张采取强硬态度，逼迫张作霖就范，接受日方要求。满铁方面把有关建造"满蒙新五路"的"协约"视为"东方会议"后攫取中国东北权益的重大步骤，因而急于付诸实现。但是，张作霖深感这种卖国行径会使自己失去政治上的重要筹码，所以在同日本的接触中有意拖延，谨慎从事，一直没有同满铁签署正式承建合同。此时，对攫取整个中国东北已急不可耐的关东军高级参谋河本大作等人已开始策划谋杀张作霖。1928 年 6 月 4 日，制造了炸死张作霖的皇姑屯事件。事发之后，田中内阁一味隐瞒事件真相、祖护肇事者，引起日本朝野的强烈反响，1929 年 7 月 2 日陷于困境的田中内阁总辞职，松冈也于 8 月辞去满铁副总裁职务返回日本。

1929 年 12 月 14 日，在日本广岛市召开第三次太平洋问题调查会，松冈洋右作为日本政府代表出席会议。当一些国家指责日本图谋侵占中国东北时，松冈却振振有词："日本在日俄战争中向满洲投入 20 亿日元的战费。这笔费用在十年之内可达 60 亿日元，中国至今未予偿还。""日本在满洲损失了十万宝贵生命，这是不能以金钱换取的。"1930 年，松冈在他当选为日本众议院议员时，出版了《兴亚大业论》，详尽地披露了他对外进行侵略扩张的思想和观点。此书经满铁职员会请求，由"第一公论社"再版，两星期之内竟连续再版多次，可见影响之广泛。1931 年春松冈在《动乱之满蒙》一书中首次提出"满蒙生命线"这一用语。自此，这种侵略主张便在日本盛行一时。

日本对中国东北的侵略引起世界各国的一致谴责。国联派出李顿调查团赴中国东北进行九一八事变真相调查。1932 年一·二八上海事变时在上海活动。同年，松冈洋右代表日本政府率团参加国联大会时施展雄辩家的手段，为日本的侵略行径诡辩，并以强硬态度宣布日本退出国联。松冈的这种对外强硬主义路线极大地迎合了日本军部势力的胃口，1935 年经日本军部推荐出任第十四届满铁总裁。

在满铁内外素有"山本条太郎以'经营'管理满铁、松冈洋右以'思想'指导满铁"一说。而松冈"思想"的核心便是："即使承认满洲是中国的领土，也不能把满洲与中国本土等同起来，满洲的主权和中国本土的主权并非相同，满洲只不过是清朝统治下的一块王家封地或者叫作王子的私人领地；仅仅是在二十几年前才被划入中国版图。即使如此，满洲人也许还要说个'否'字。"松冈正是以此为基础来分裂"满蒙"、经营满铁的。松冈在任期间以大连满铁本社的三课四室为中心组建了拥有二千多人的满铁调查部，成为当时日本的最大情报调查机构和日本政府赖以"经营满洲"、侵华扩张的"智囊团"。1939 年 4 月大调查部宣告成立的同时，出任总裁三年零八个月的松冈发表了"退职演说"，离开了他四度任职的大连。此后他的目光转向日本的政权中枢。其间实现满铁改组，先是成立产业部，后又向满业会社转让昭和制钢所等重工业，并开始向中国华北进军，成立大调查部等。

1940 年 7 月松冈洋右出任第二次近卫内阁外相。翌月他在一次国策演说中公开提出"大东亚共荣圈"这一极富侵略性的战略口号。9 月松冈代表日本政府签订了《德意日三国同盟条约》，实现了他轴心外交的愿望。1941 年赴苏签订《日苏中立条约》，由北进派转为积极的南进派。因与东条英机政见不合，一年后被排挤出内阁。此后松冈患病长期卧床，未再任公职。

1945 年 9 月 19 日，驻日盟军总部宣布松冈洋右为甲级战犯，并发出逮捕令。9 月 23 日松冈被关进巢鸭监狱，1946 年 6 月病死狱中。[①]

附理事：

松冈洋右在任期间（1935 年 8 月 2 日—1939 年 3 月 24 日）的满铁领导层

副总裁：八田嘉明（ —1935 年 8 月 21 日）

大村卓一（1935 年 8 月 21 日—1939 年 3 月 24 日）

佐佐木谦一郎（1938 年 6 月 24 日— ）

理　事：河本大作（ —1936 年 10 月 3 日）

大渊三树（ —1936 年 10 月 3 日）

山崎元幹（ —1936 年 10 月 3 日）

石本宪治（ —1936 年 10 月 5 日）

佐佐木谦一郎（ —1938 年 6 月 24 日）

郡山智（ —1938 年 7 月 9 日）

宇佐美宽尔（ —1938 年 7 月 24 日）

佐藤应次郎（ —1939 年 3 月 24 日）

阪谷希一（1936 年 10 月 5 日—1938 年 2 月 25 日）

中西敏宪（1936 年 10 月 5 日— ）

武部治右卫门（1936 年 11 月 21 日— ）

久保孚（1937 年 6 月 2 日— ）

①　以上内容参见王胜利等主编《大连近百年史人物》，辽宁人民出版社 1999 年版，第 506—509 页。

伊泽道雄（1938 年 1 月 22 日—　　）

平岛敏夫（1938 年 1 月 22 日—　　）

平山复二郎（1938 年 8 月 20 日—　　）

诸子一到（1938 年 10 月 10 日—　　）

佐佐木谦一郎

1907 年东京帝大毕业后入大藏省，历任税务监督官、税关监视官、税关事务官、神户和横滨等各关监视部部长、大藏省书记官兼参事官以及专卖局经理部部长、事业部部长、贩卖部部长等职（见图 1-61）。1932 年任专卖局局长。1934 年任满铁理事，1938 年 6 月至 1942 年 3 月任满铁副总裁。

图 1-61　佐佐木谦一郎

阪谷希一

原日本大藏大臣阪谷芳郎的长子，1914 年东京帝大毕业后入日本银行，后入政界，曾任关东厅事务官、财务课课长（见图 1-62）。1932 年任拓务书记官。伪满洲国成立后，任伪财政部总务司司长，同年任伪满国务院总务厅次长。1935年转任伪满中央银行常任监事。1936年入满铁，同年10月至1938年2月任满铁理事、伪产业部部长、经济调查委员会委员长。后曾任伪华北联合准备银行顾问。

图1-62　阪谷希一　　　　　　　　　　图1-63　中西敏宪

中西敏宪

1894年3月中西敏宪出生于福井县南条郡的神山村（见图1-63）。他是当地村民中西吉之进次子。1918年，在东京帝国大学英法科就读期间通过高等文官考试，次年毕业并入满铁，历任长春地方事务所庶务系主任、社长室人事课庶务主任及人事主任、地方部地方课课长、长春地方事务所所长、本社总务部人事课课长及文书课课长、地方部部长，兼任"南满"电气公司煤气公司董事。1923年10月开始，为了研究殖民地的统治制度及政策赴欧美、南美及东亚各国进行了为期三年的考察旅行和研究访问。1935年继石本宪治为伪总务部部长。1936年10月至1940年10月任满铁理事，是满铁理事中较年轻者。曾长期留学欧美等国考察殖民制度和殖民政策。九一八事变期间积极参与制造傀儡政权活动。

武部治右卫门

1887 年 7 月，武部治右卫门出生于广岛市的水主町（见图 1-64）。他的父亲是广岛人，名叫武部三百二。1895 年治右卫门作为长子接替了父亲作为一家之主的职责。1910 年神户高等商业学校毕业后入满铁。同年 12 月开始了他的军旅生涯，被编入了冈山步兵连队。1912 年他又被提拔为陆军三等主记。复员后回到满铁。1920 年 2 月他被提拔为兴业部销售课课长。1924 年 4 月任抚顺煤炭销售公司专务董事。1926 年 4 月又回到满

图 1-64　武部治右卫门

铁工作，任审查员，1927 年升任兴业部工商课课长。曾任兴业部贩卖课课长，1928 年任兴业部商工课课长，1930 年任殖产部次长，1931 年任地方部次长，1932 年任商事部部长，1936 年任新设的"日满"商事会社社长。1936 年 10 月至 1940 年 10 月任满铁理事。后任伪满洲曹达会社社长、昭和制钢所董事、抚顺煤贩卖会社总董事、大连汽船会社董事等。

久保孚

1887 年 5 月生于高知市大川郡（见图 1-65）。1912 年毕业于东京帝国大学工科大学探矿学科，后进入中国东北任职于满铁，在抚顺煤矿矿务课课工作。1918 年任抚顺煤矿大山采煤所所长。1920 年兼任鞍山制

图 1-65　久保孚

铁所工作。后任抚顺煤矿矿务课课长、抚顺矿山学校校长、技术委员会临时委员等。1925 年任参事。1927 年任抚顺煤矿次长。1932 年 3 月向东京帝大提出《在抚顺煤矿发展丽沙充填采掘法》论文，获工学博士学位。同年 12 月任抚顺煤矿矿长。其间在美国、英国、德国游历。1935 年享受理事待遇。1937 年 6 月至 1941 年 6 月任满铁理事。其间，抚顺煤矿派大量人员侵入中国山西大同煤矿，久保孚制订并提出大同煤矿的所谓"开发计划"。积极参加九一八事变侵略活动。

伊泽道雄

图 1-66　伊泽道雄

　　1888 年 9 月出生于日本东京市芝区爱宕下町，为东京府人伊泽道一的次子，1917 年 3 月分家自立门户（见图 1-66）。1912 年毕业于东京帝国大学法科大学经济学部，当年 7 月任铁道院书记员。1913 年 8 月任久留米站助理，1915 年 7 月任铁道院副参事，1916 年 5 月任运输课货物货车主任，1921 年 10 月任国际联盟交通专门委员会顾问，1923 年任铁道部参事兼名古屋铁道局运输课课长，1926 年 3 月任铁道省书记官。1927 年 3 月入满铁，历任铁道部涉外课课长、货物课课长、上海事务所所长、伪铁路总局次长兼运输处处长、经济调查会临时委员、铁路学院院长。1936 年 1 月任东京支社社长兼经济调查委员会委员。此前，1919 年、1920 年和 1925 年曾前往西伯利亚、美国和苏联留学或长期考察。1938 年至 1942 年任满铁理事。1940 年任伪华北事务局残务整理委员会委员长。1942 年任企画委员会委员、华北开发会社顾问兼伪调查局局长。同年任华北综合调查研究所副理事长。

平山复二郎

曾任铁道院技师、日本热海建设事务所所长、日本仙台铁道局局长。1937 年任日本铁道省建设局局长。1938 年 8 月至 1942 年 8 月任满铁理事。

诸子一到

士族出身。1891 年 4 月生于日本京都市堺町三条，是原京都帝国大学医学部教授兼大学外科部部长、外科医学专家诸子止戈之助博士的长子。1914 年毕业于京都帝国大学工科大学机械科后即进入满铁。1919 年出洋留学欧洲两年。1914 年京都帝大毕业入满铁，历任大连车辆系从业员养成所讲师、大连运输事务所运转长、"南满工专"讲师、伪铁道部大连铁道事务所所长、伪铁道部输送课课长等。1936 年 10 月任满铁参事、伪铁道总局输送局局长。1938 年 10 月至 1942 年 10 月、1945 年 3 月至 1945 年 8 月两度出任满铁理事。

大村卓一 （理事附）

图1-67　大村卓一

1896年札幌农校工科毕业（见图1-67）。后在北海道煤矿铁道会社就职。1898年任保线事务所所长。1902年赴欧美及西伯利亚考察铁路事业。后任北海道管理局技术课课长和局长。1918年后，即日本帝国主义武装干涉苏联革命时期，任西伯利亚铁路监理官常驻哈尔滨。1920年，任中国山东铁道移让协定日方委员、外务省顾问、中国政府顾问、胶济铁路车务处长等职。1925年后，历任朝鲜总督府铁道局局长、关东局监理部部长、满铁监理官等。1936年任满铁副总裁，1937年兼满铁铁道总局局长，1939年3月至1943年7月任满铁总裁。因与军部势力不睦愤而辞职，后曾担任伪满"大陆科学院"院长。

满铁至大村卓一担任总裁之时，已经完全沦为关东军的附庸，此时的满铁根据军部的要求已经逐渐转变为一个纯粹的经济机构。

据1935年陆军大臣林铣十郎对满铁总裁松冈洋右说：

九一八事变以来，满铁同军方合作，努力执行国策的功绩，本人实在感谢不已；同时，对这方面，有待于满铁进一步协助的事还很多。军方承担指导满洲国的重任，只有依赖满铁的全面协助，才能取得更好的成绩……自昭和八年末所谓满铁改组问题发生之后，关东军与满铁的关系，多少有欠圆满和紧密的地方……以往的满铁会社，对于满洲，虽然有按照国策实行政治活动的使命，但是在现在来说，满洲国已经建立，只能是在关东军指导下来执行国策。所以关于满洲的问题，满铁的使命主要的只是限于经济方面，这是理所当然的……在此以前，满铁是作为执行对满国策的机关，曾把手广泛地伸到具有国策性质的事业里去，但至最近，我们对满国策，主要的不仅可以通过满洲国政府来执行，而且帝国国民，在对满发展方面，也大体和在国内相同，是自由的……在这种情况下，如果满铁继续以与事变前完全相同的指导精神担当满洲的事业，起怕就会妨碍满洲国的国策及行政的实行，并阻塞国内企业家的进路……①

上述虽然在当时只是劝说，但到了大村卓一担任满铁总裁的时代，日本帝国已经逐渐被军国主义分子掌控，满铁已经逐渐建立起战时准备体制。

此时，日本关东军将中国东北作为北进与苏联作战的战争基地，自然满铁也被作为战争动员的一部分。1939年4月，日本参谋本部明确向满铁提出应确立"满洲国有铁路的军事管理权"："对于在国防上有最重要关系的满洲国有铁路，一定要确立军事管理权，使铁路处于对苏作战的准备状态。以便一旦有事，使其顺利地执行作战任务。希满铁亦谅解本部方针之所在，向打开即将到来的难局迈进。"② 在这份档案中还要求满铁着力培养俄语翻译人员，并要求满铁对此"慎勿向外泄露"。

1941年太平洋战争爆发以来，在大村卓一的带领下满铁积极适应战时体制，提出"应当尽多地供应日本哪怕是一吨煤和一片铁，同时还必须力求减轻日本的负担，自力更生地推进开发事业"，因为此时满铁的

---

① 《现代史资料8·日中战争》第785—786页。转引自苏崇民主编《满铁档案资料汇编》第一卷，社会科学文献出版社2011年版，第579—580页。

② 抚顺矿务局日伪档案，收入苏崇民主编《满铁档案资料汇编》第一卷，社会科学文献出版社2011年版，第714页。

"使命在于一方面为满洲国的健全发展作出贡献，另一方面加强对北方（指苏联）的防御。当前国际形势日趋复杂，北边不容偷安一日，因此，切勿为一时现象所迷惑，务须充分做好准备，加强从业员的培训工作，以应付万一"。①

为此，木村卓一对满铁进行了一定的机构改革，第一，整顿了满铁的组织，将一部分中枢机构迁至长春；第二，采用专人负责制度，由满铁理事分别兼任各部、局的领导，以便贯彻执行。在上述两项方针的指导下，具体进行了以下 14 点改革：

1. 为统一和加强计划管理能力，在新京新设企划局掌管新兴事业计划及基本计划，撤销企划委员会、输送委员会以及新京支社企划室。同时扩大和加强原来由防卫班掌管的保卫关系业务机构，设置防卫部，属企划局管理。

2. 合并原来直属课及人事局掌管的一般性综合业务及人事人员关系业务，归总务局管理；原由调查局掌管的交通关系调查业务，设置属于总务局管理的调查室掌管。

3. 合并原来经理局（部）及资材局（部）掌管的资金、预决算以及资材关系业务，归经理局管理，同时兼营大连及奉天的中央仓库。

4. 合并原来营业局、输送局、自动车局及水运局水运课掌管的铁道、港湾、汽车及江运的经营，以及车辆及船舶的运用关系业务，归运输局管理，以期使涉及全部交通经营的综合运用能圆满地进行。同时，鉴于水运（包括港口、码头的经营及其计划的拟定）及汽车关系业务的特殊性，分别组成水运部及自动车部，属于运输局管理。

5. 合并原来工务局、建设局及水运局筑港课掌管的铁道、港湾及其附属设施的建设、改良及保养关系业务，归施设局管理；并且合并原来建设局计划课及林业事务所分别掌管的枕木及其他木材的

---

① 第一回铁道局长会议上大村卓一的发言，收入苏崇民主编《满铁档案资料汇编》第一卷，社会科学文献出版社 2011 年版，第 714 页。

采伐关系业务，设立林务课，同时担任造林的实施。

6. 附属于交通经营的殖产、土地及开拓关系业务，由于其性质关系以作为外局运用为妥当，同调查局及抚顺炭矿并列，作为总裁直辖的部所。

7. 工作局及监察制度大体依旧，但在监察制度方面，除事后监察外，使之多方关照各种业务指导和培养，充实其阵容。

8. 合并原来调查局统计课及经理局会计课掌管的统计及审查清算业务，组成审查统计事务所，至正在准备的铁道成本调查实施之时，一并执行其业务。

9. 新京支社只掌管新京建筑物的管理及其他新京地区的一般业务，原来保留的企划室、业务局、输送局及调查局撤销。

10. 东京支社设业务室除担任日常联系交涉业务的总括外，合并业务课及铁道课的业务。在改变为参与、副参与制的同时，关于庶务课、经理课及资材课，其课长由业务室参与兼职，废除系制，设副长数名，以少而精为原则。

11. 调查部改称调查局，设于新京。

12. 关于铁道工厂，除大连铁道工厂及润滑油工厂外，分别划归当地铁道局管理，哈尔滨造船所划归北满江运局管理。

13. 旅馆、食堂营业分别移交当地铁道局。

14. 各铁道局合并营业部及输送部为运输部，设置审查统计所。①

此时满铁除业务外，经济产业调查同样为日本政府重视。日本外务部门曾充分利用满铁经济调查的优长，加强对东南亚的各项调查。如日本驻泰国大使于1941年12月初通过日本驻满特命全权大使梅津美治郎，向大村卓一总裁致函，要求满铁派出调查人员对泰国进行经济调查，满铁方面派出以落合健二为首的六名调查员进行了为期6个月的调查。②

① 抚顺矿务局日伪档案，收入苏崇民主编《满铁档案资料汇编》第一卷，社会科学文献出版社2011年版，第738—739页。
② 满铁档案甲种，收入苏崇民主编《满铁档案资料汇编》第一卷，社会科学文献出版社2011年版，第739—740页。

可见此时，满铁已经彻底蜕变为日本侵略战争服务的战争工具。

1942 年夏，日本军部实权派人物、时任首相的东条英机希望自己的妹夫佐藤鼎成为新任满铁理事。对此，大村卓一表示反对，要求山崎元幹向东京及佐藤鼎本人解释满铁方面的意见。东条坚决不让步，并为此动员了关东军方面的河本大作和甘粕正彦出面与满铁交涉，大村卓一以辞职相抗。为平息事态，关东军总司令梅津美治郎提出增加理事人数的折中方案，暂时稳定了满铁和日本军方的对立情绪，但这也为一年后大村卓一辞去满铁总裁埋下了伏笔。

附理事：

大村卓一在任期间（1939 年 3 月 24 日—1943 年 7 月 14 日）的满铁领导层

　　副总裁：佐佐木谦一郎（　—1942 年 3 月 30 日）

　　　　　　佐藤应次郎（1939 年 3 月 24 日—　）

　　　　　　山崎元幹（1942 年 4 月 20 日—　）

　　理　事：中西敏宪（　—1940 年 10 月 4 日）

　　　　　　武部治右卫门（　—1940 年 11 月 20 日）

　　　　　　久保孚（　—1941 年 6 月 1 日）

　　　　　　伊泽道雄（　—1942 年 1 月 21 日）

　　　　　　平岛敏夫（　—1942 年 1 月 21 日）

　　　　　　平山复二郎（　—1942 年 8 月 19 日）

　　　　　　诸子一到（　—1942 年 10 月 9 日）

　　　　　　大垣研（1939 年 5 月 10 日—1943 年 5 月 9 日）

　　　　　　冈田卓雄（1940 年 10 月 19 日—　）

　　　　　　御影池辰雄（1940 年 12 月 2 日—　）

　　　　　　入江昂（1941 年 6 月 19 日—　）

　　　　　　足立长三（1942 年 2 月 10 日—　）

　　　　　　佐藤鼎（1942 年 8 月 17 日—　）

　　　　　　铃木长明（1942 年 8 月 31 日—　）

　　　　　　古山胜夫（1942 年 8 月 31 日—　）

渡边猪之助（1942 年 10 月 19 日——　）
宫本慎平（1943 年 5 月 18 日——　）

佐藤应次郎

1881 年 10 月出生于山形县
四置赐郡长井町（见图 1-68）。
自第一高等学校毕业后，入东京
帝国大学土木工学科就学，1907
年 7 月毕业。后赴中国东北入职
满铁，任运输部建设课勤务，
1909 年参加安奉铁路"改筑"
工程。1913 年 1 月任安东保线
系主任，1915 年任陆军省顾问，
担任中国山东铁道青岛保线事务
所所长。其后受陆军命令至山
东、河南、山西地区延长线踏
查。1917 年 4 月任鞍山工务事

图 1-68　佐藤应次郎

务所所长，掌管鞍山制铁所建设。1920 年 3 月受命至欧美考察一年。
1922 年任交通课代理课课长，负责四洮线铁路建设。1923 年 4 月任抚顺
煤矿土木课课长。1927 年 5 月任古城子采煤所所长。1931 年任满铁铁道
部次长，同年任关东军顾问。1933 年任伪铁道建设局局长。1935 年任
满铁理事。1936 年任伪铁道总局次长。1939 年 3 月至 1944 年 3 月任满
铁副总裁兼伪铁道总局局长。

大垣研

1888 年 8 月 24 日生于兵库县有马郡有野村。大垣清左卫门次子。
1912 年神户高等学校毕业后进入满铁工作，历任于抚顺煤矿、山东铁

道、鞍山制铁所，1923年4月任抚顺煤矿用度课课长。1926年4月任经理课课长。1930年6月任煤矿部庶务课课长。1931年8月任经理部主计课课长等。1932年12月任抚顺煤矿次长。1934年8月为关于抚顺煤矿合理的经营研究赴欧美留学，考察煤矿经营合理化问题。1935年5月归任。1936年10月任满铁参事、经理部部长。1939年5月至1943年5月任满铁理事。抚顺煤矿矿长。1942年12月期满退社，后又任伪满洲人造石油理事长。

冈田卓雄

1920年东京帝大毕业后入满铁，先后在满铁本社文书课、社长室能率系工作（见图1-69）。1930年任参事，此后历任总务部文书课课长、地方部庶务课课长、奉天事务所地方课课长、经调会第五部主任、东京支社业务课课长等。1936年1月任东京支社次长兼业务课长。1940年10月至1944年10月任满铁理事。1942年曾任山东矿业会社及东洋氮肥会社董事。

图1-69　冈田卓雄

御影池辰雄

1917年东京帝大毕业（见图1-70）。曾任滋贺县警视、教育课课长，广岛县书记官、学务部部长。1929年起历任关东厅事务官、伪内务局学务课课长、伪内务局文书课课长、伪官房人事课课长、伪专卖局局长。1933年任伪大连民政署署长。1934年任伪关东局事务官、警务课课长。1936年6月任"关东州厅"长官。1940年12月至1944年12月任满铁理事。此前，1937年10月任伪满内务局长官，1939年9月任伪东安省省长。

图 1-70　御影池辰雄

入江昂

1920年任大藏省书记官，后任主计课课长、预算课课长。1935年起历任大臣官房文书课课长、银行检查官、银行局检查课课长。1940年起任日本银行、横滨正金银行监理官。1941年6月至1945年6月任满铁理事。

足立长三

1917年东京帝大毕业，1921年入满铁，先后在社长室、奉天站、社长室文书课工作（见图1-71）。1925年赴欧美留学后，先后在北京公所和四洮路工作。1930 年任参事。1937 年任伪牡丹江铁道局局长。1942 年任伪铁道总局营业局局长。1942 年 2 月至 1945 年 3 月任满铁理事。

图 1-71　足立长三　　　　　　图 1-72　佐藤鼎

佐藤鼎

1929 年起历任铁道院铁道局技师、门司铁道局改良课课长等职（见图 1-72）。1935 年起历任大阪铁道局工务课课长、改良事务所所长。1942 年任朝鲜鸭绿江水发电公司顾问，1942 年 8 月至 1945 年 8 月任满铁理事，是日本军部强权人物东条英机的妹夫。

铃木长明

1918 年东京帝大毕业后入满铁，历任工务局设计课职员、辽阳保线区长、奉天铁道事务所工务处处长、四洮铁路工务处处长、齐齐哈尔建设事务所所长、伪铁道建设局计划课课长、伪哈尔滨铁路局工务处长兼水运局工程处处长（见图 1-73）。1936 年任参事、伪铁道总局改良课课长。1942 年任伪铁道总局建设局局长。1942 年 8 月至 1945 年 8 月任满铁理事。

图 1-73　铃木长明

古山胜夫

1921 年东京帝大毕业后入满铁，先后在奉天地方事务所、奉天列车段、奉天站工作。1926 年任奉天站站长。1928 年调铁道部涉外课工作。九一八事变后任关东军事务顾问。1932 年任参事。1933 年调伪铁路总局派至奉山铁路。1934 年任伪奉山铁路局总务处处长。后任伪产业部交通课课长。1939 年任伪铁道总局企画委员会干事长。1940 年任东京支社社长。1942 年 8 月至 1945 年 8 月任满铁理事。

渡边猪之助

1887 年 12 月生于冈山县儿岛郡粒江村（见图 1-74）。其为冈山县村长林藤吉的次子，同县渡边小平治的女婿兼养子。1913 年毕业于京都

图 1-74　渡边猪之助

帝国大学理工科机械系，后进入神户制钢所担任技师。后服兵役至东京中野电信队担任一年志愿兵，1914 年复员后回到神户制钢所，1917 年 1 月辞职进入满铁。先后担任沙河口工场铰钣职场主任、客车职场、货车职场、裁缝职场、制材职场等主任，1924 年 2 月担任 8 个月出口美国的机关车制作监督，随后又回去担任主任，1925 年任参事，同年 7 月任职铁道部工作课港湾系主任，之后历任满铁铁道部技术研究所所长、理学试验所所长、液体燃料调查委员会委员、中央试验所机械研究科科长兼电气研究科科长、所长代理、煤炭液化委员会委员、大连铁道工厂厂长。1936 年 10 月任铁道研究所所长。1942 年 10 月至 1945 年 8 月任满铁理事。

宫本慎平

　　1921 年东京帝大毕业后入满铁，先后在抚顺煤矿矿务课、兴业部、社长室工作。1927 年回抚顺煤矿古城子采煤所工作。后曾为研究露天矿采掘运输方法，赴美、德考察。1931 年在抚顺煤矿采煤课露天掘系负责技术。1933 年 5 月任古城子采煤所副长。1934 年任古城子采煤所所长。1936 年 9 月任参事。1943 年 5 月至 1945 年 8 月任满铁理事。

小日山直登（理事附）

满铁第十六任总裁，曾任伪满洲国经济顾问、日本运输大臣，是首位满铁内部出身的满铁总裁（见图1-75）。

1886年4月出生于福岛县若松市坚三日町，士族出身，为会津藩士小日山犹太郎的长子，1908年毕业于东京帝国大学法科大学英法科。1912年11月入职满铁，累升任抚顺煤矿庶务部部长兼庶务课课长。1923年从满铁辞职，任国际运输株式会社专务董事，同时兼任大连汽船董事，大连株式取引所理事、大连商业会社所常任议员等。1927

图1-75　小日山直登

年9月受山本条太郎社长提拔任满铁理事。

1928年11月，"满洲青年联盟"成立后担任理事长。"满洲青年联盟"是一个右翼法西斯政治团体，其成立的目的是纠集日本在中国东北的右翼势力，支持并推动日本政府和军部武装侵占中国东北政策的实施。满铁卫生课课长、医学博士金井章次被选为顾问。从满铁本社到地方各级部门的头目，都带头参加了"满洲青年联盟"，并担任一定的领导职务。由于满铁课长、主任级干部的积极加入，这个组织就像一阵风似的很快在满铁附属地发展起来。不久，就在中国大连沙河口、旅顺、金州、瓦房店、熊岳城、大石桥、营口、鞍山、奉天、安东、本溪湖、抚顺、开原、吉林、四平街、公主岭、鸡冠山和长春等地建立了24个支部，盟员发展到5000多人。同时，还聘请了大连在乡军人会会长、"关东州"律师协会会长、"满洲"电业株式会社社长、大连商工会议所会头和大连船渠株式会社社长等大连各界的头面人物为该联盟顾问。

在小日山直登担任"满洲青年联盟"理事长期间，他积极参与各地发生的中日争端事件的"调查"工作，大造中国人违反"日中条约"规定、"排斥"日本人的舆论。在东北各地举办市民时局大会，向驻地日本人宣讲发生在东北各地"排日"事件的"原委"，以及张学良政权"回收主权"运动的"危害性"，煽动日本人为"实现理想的满洲"而献身等，不一而足。

1930年，小日山直登从满铁辞职，任"北满"金矿会社社长等职。1937年6月任昭和制钢所社长。同年任伪满洲重工业会社理事。1941年任满铁顾问。1943年7月至1945年4月任满铁总裁，是首位完全由满铁培养的满铁总裁。

在小日山直登出任总裁期间，所谓的"大东亚战争"败象显露，而满铁方面则拼尽全力为所谓的"大东亚战争"服务，对此小日山直登有着清晰的认识。早在小日山直登就任满铁总裁之初，参谋本部就曾向他透露"对美英的决战，根据判断将在今明两年进行"，希望满铁"在增强推进国家战力方面更加挺身合作"。[1]

他经常向满铁社员灌输类似的观念，仅1944年5月至8月，在档案中就可以找到如下发言：

> 我满铁会社发挥积40年培养起来的潜力，以报答国家的依托，是今天最为要紧之事业……满铁不仅对于自己的铁道，对于为了加强全满交通部门的输送，完成采煤、炼油事业及其他在增强战斗力

---

[1] 抚顺矿务局档案，收入苏崇民主编《满铁档案资料汇编》第一卷，社会科学文献出版社2011年版，第753页。

上所必要的事业，根据需要，就这些增加生产所必要的资材的上缴方面，有着欣然应许的决心。这样做，相信乃是满铁发挥威力之道，是对国家作出贡献之道。①（1944年5月12日）

在大东亚战争爆发以后，满洲国适应战局的发展，对于镇守北方和对日提供战时重要物资作出重大贡献，投入了国家的全部力量。同皇国决战体制相呼应，全面地改换了国内产业经济，朝着对日供应战时重要物资的强化和对日依存物资的自给自足化迈进。随着战时重要资源铁、煤、非铁金属的迅速增产和电力飞跃的开发，极力谋求扩大和发展轻金属和化学工业……正在稳步而顺利地进行。就这样对于我们的圣战作出了绝大的贡献，我和各位一样，感到非常高兴！②（1944年6月20日）

我社多年以来，就逐步地朝着加强战时体制迈进，现在则是要更以强烈的战斗意志坚决勇敢地向着消灭敌人一途冲击。战争形势的发展，确实是非常急剧的，政策的实施也必规是果敢的、机动的。不能够空泛地议论、迁延和研究，我们要团结一致，随着战争形势的要求，立即转变体制，克服皇国空前的危局，在必胜的信念下，庄严地为保卫皇同而奋勇前进！③（1944年8月12日）

从上述这种不计盈亏密切配合日本"战时体制"中，我们也可以清晰地发现满铁作为日本帝国的"国策会社"的真面目。1945年2月21日至22日，在小日山直登的主持下，满铁协同关东军与伪满洲国方面的首脑，召开了一次"总力会议"，对满铁实施总动员，会议旨在要防止"将要发生砸坏交通和生产技能的激烈空袭，因此应以保护铁路及重要生产设施的枢要机能并树立其修复对策为最紧急任务。在经营方面，最重点放在保证和发挥铁路运输力上，并着重发挥重要战

---

① 抚顺矿务局档案，收入苏崇民主编《满铁档案资料汇编》第一卷，社会科学文献出版社2011年版，第748页。

② 满铁档案，收入苏崇民主编《满铁档案资料汇编》第一卷，社会科学文献出版社2011年版，第751页。

③ 满铁档案，收入苏崇民主编《满铁档案资料汇编》第一卷，社会科学文献出版社2011年版，第753页。

争物资生产力"。① 实际上此时满铁会社已经意识到，日本可能会面对即将到来的失败，这一现实已经难以挽回。

1945 年 4 月，担任铃木贯太郎内阁的运输通信大臣，任期为 1945 年 4 月 9 日至 1945 年 5 月 19 日，同年 5 月递信院分离后任运输大臣。是日本第一任、第二任运输大臣，任期为 1945 年 5 月 19 日至 1945 年 10 月 19 日。在 1945 年 8 月 13 日的内阁会议中支持接受《波茨坦公告》。在终战诏书上以运输大臣职务署名。

小日山直登卸任满铁总裁后，军国日本距离失败只剩一步之遥，这在山崎元幹于 1945 年 7 月 21 日首次"总裁训示"中已经可以清晰地感受到：

> 我们的工作岗位就是战场，就是现在边生产运输、边作战，边作战、边生产运输的立场上……满铁会社的事业姿态，那就是绝对必顿以防卫日本即皇土和大陆的紧急措施为目的，集中会社的事业能力，同时，把全社经营的全部体制改换为战斗的经营体制……现在，不管是在肉体上，还是在精神上，一刻也不允许偷安，我们是日日月月在进行决战。我们必须实现明天比今天更多的，下月比本月更多的输送成绩。战而胜之一事，就是国民的最高道德。为了天皇陛下，为了国家，战斗到底，这就是在永久大义上的生活之道。②

山崎元幹的上述发言，实际上就是小日山直登的此前满铁经营方针，此时的满铁已经不可避免地紧随日本帝国走向覆亡。

小日山直登战后留任为东久迩内阁的运输大臣，敕选的贵族院议员、石炭厅长官。1946 年被开除公职，任会津会会员。

附理事：

小日山直登在任期间（1943 年 7 月 14 日—1945 年 4 月 13 日）的满

---

① 《昭和 20 年度满铁总力动员纲要》，收入苏崇民主编《满铁档案资料汇编》第一卷，社会科学文献出版社 2011 年版，第 780 页。

② 満鉄会编『満鉄最後の総裁山崎元幹』、満鉄会、1973 年、第 300—327 頁。

铁领导层

副总裁：佐藤应次郎（ —1944 年 3 月 23 日）

山崎元幹（ —1945 年 5 月 4 日）

平井喜久松（1944 年 3 月 25 日— ）

理　　事：冈田卓雄（ —1944 年 10 月 18 日）

御影池辰雄（ —1944 年 12 月 1 日）

足立长三（ —1945 年 3 月 20 日）

入江昂（留任）

佐藤鼎（留任）

铃木长明（留任）

古山胜夫（留任）

渡边猪之助（留任）

宫本慎平（留任）

有贺库吉（1944 年 10 月 19 日— ）

关口保（1944 年 12 月 2 日— ）

诸子一到（1945 年 3 月 20 日— ）

平井喜久松

曾任铁道院技师，工务局改良课课长、计划课课长、改良事务所所长，铁道省工务局局长。1940 年任伪华北交通会社顾问、伪建设部部长。1944 年 3 月至 1945 年 8 月任满铁副总裁。

有贺库吉

1896 年生，日本长野县人。1922 年东京帝大毕业后入满铁，先后任鞍山地方事务所地方系系长、奉天地方事务所地方系系长。后在地方部地方课工作期间，为研究殖民地土地制度、财政政策和土地经营，赴欧美国家及其殖民地留学一年半。后任辽阳地方事务所所长，满铁地方部庶务课课长、学务课课长。1935年任北平事务所所长、经调会委员，升参事。1937年任总裁室庶务课课长。1939年任伪铁道总局庶务课课长兼总裁室防卫班班长。1942年任总裁室人事课课长兼伪铁道总局人事局局长。1943年任满铁本社总务局次长、大连铁道学院院长。1944年10月任理事（1944年10月19日—1945年8月）兼东京支社社长、东亚经济调查局局长。

关口保

1923年东京帝大毕业。先后任内务部社会课课长、德岛县警察部保安课课长、青森县警察部保安课课长。1930年任地方事务官。1933年任伪满国务院总务厅秘书官。1934年任伪兴安总省总务处处长。1935年任蒙政部总务司司长。1937年任伪首都警察厅警察副总监。其间，曾任高等土地审定委员会委员、商租权整理委员会委员、民政振兴会议委员、协和会蒙政部分部长等。1944年12月至1945年8月任满铁理事。

山崎元幹

满铁末任总裁，是由满铁培养的满铁总裁。

1889 年 7 月生于福冈县系岛郡福吉村。他是福冈县山崎弥兵卫的第三子。1921 年 1 月分家自立。1916 年毕业于东京帝国大学法科大学，后来到中国东北进入满铁，任职于总务部交涉局第一课勤务。先后任职社长室外事课、文书课并担任抚顺煤矿庶务课课长。1927 年担任社长室文书课课长，其间赴欧美各国留学。1930 年任交涉部涉外课课长，1931 年任总务部部长，1932 年任理事兼经济调查会总务委员。1936 年任伪满洲电业株式会社理事长，1938 年和 1939 年任伪满洲电气化学工业株式会社理事长和理事会长。1942 年任满铁副总裁兼管调查部长事务。1945 年 5 月至 8 月任满铁最后一任总裁。其岳父是日本前农商务大臣、贵族院议员荒井贤太郎。

在山崎元幹担任满铁理事期间，曾致力于谋求满铁对关东军的相对独立。关东军为在东北建立一元化统治，于 1933 年 3 月提出《满铁改组方案》，其要点包括：

> 将满铁经济调查会并入特务部，成为关东军的经济参谋部；将满铁改组为控股会社，称作满洲产业开发株式会社；把满铁的企业及其直系或旁系会社中经营基本产业的会社，都作为满洲开发株式会社的子会社，并使之分别独立经营；经济参谋部不仅领导控股会社，而且直接领导各子会社。①

---

① 满铁经济调查会：《满洲工业开发方策の总括》，转引自苏崇民《满铁史》，中华书局 1990 年版，第 464 页。

此举遭到了满铁上下一致的反对与抵抗，担任理事的山崎元幹受满铁方面委派出面交涉此事。他站在满铁的立场上指责关东军的做法是"急于求成"，"过于自信，给满铁经营带来负面影响，致使政界、财界难以接受"。由于满铁的坚决抵制，改组计划终于流产，这在客观上减缓了日本在中国东北推行军事法西斯统治的进程。

1936年山崎元幹理事一职届满，辞去了满铁职务。此后曾任电业株式会社副理事长一职。1942年4月山崎重返满铁，出任副总裁一职。由于日本对华侵略的升级，作为日本的国策调查机关，政府对满铁调查部的要求和人员控制也随之升格。1941年10月发生了"满铁事件"，调查人员以"左翼力量"为罪名遭到大肆逮捕，山崎将此称为"进入了所谓苦恼的时代"。为此，由山崎主持在大连召开业务审议委员会，决定原伪调查部部长田中清次郎辞职，由山崎兼任伪调查部部长。鉴于当时伪调查部的处境，山崎要求属下不要萎靡不振、意志沮丧，要为伪调查部的更生尽力。同时山崎表示要对伪调查部进行诚心诚意的"自肃"。并为之制定了"部誓"，其内容为"我等贯彻调查报国之至诚，以大东亚建设之基石为己任，甘为会社使命之先驱"。并提出"调查报国"的口号。

1945年5月，由前任总裁小日山直登推荐，山崎元幹出任满铁第十七任总裁。他上台后忠实地执行了前任总裁关于满铁为战争服务的既定方针。同年8月9日，苏军向中国东北出兵对日军发动全面进攻。当日凌晨，刚上任3个月的山崎接到关东军司令部关于苏联参战的通知和竭尽全力协助战争的要求。山崎立即召开紧急会议，设立战斗指挥本部，指示"集中全力，努力确保交通运输"，并下达了"满铁社员人人死守岗位"的命令。当日午后，满铁已被迫进入完全的战时体制。

1945年8月15日，日本宣布无条件投降。

山崎元幹对全体满铁社员发出了"保持冷静、履行职务"的训令。8月17日山崎访问了关东军司令官山田乙三，提出今后要自己负责收拾满铁残局。

8月20日，山崎向满铁全体职员发出公告，表示他将要做到如下几点：

一、关东军体会天皇用心，令全军停止战斗。本职奉终结战争之诏敕，维持运输秩序。在满日人将挺身贡献于满洲之安宁保全。

二、关于铁道及生产设备的管理、社员的保护，本职自当负有全责，承担与苏军之交涉；各员留于现职，须努力确保运输及生产机能。

三、关于社员及家属的保护，与现地防卫军及各地将要设立的日本人保护机关协调，尽力完善。

四、苏军进驻时，遵奉御旨，力戒一切轻举妄动，容纳苏联希望。

五、对大东亚战争四年间各员之献身奋斗、日苏战争状态爆发后的勇敢奋斗，表示衷心感谢之意，并切望慰问皇军战殁将士及殉职社员之灵。[①]

同一天，山崎拜会了苏军司令官卡瓦洛夫大将，表示满铁愿同苏军合作，以维持治安，保护公共利益；并同时提出保证满铁人员及其家属的生命财产安全和发给薪金的要求。山崎的要求得到应允，满铁从业人员均留任现职执行苏军命令。

1945 年 9 月 22 日，中长铁路苏联代表加尔金中将至中国长春赴任，以中苏协定名义将铁路置于自己指挥之下，随后向山崎元幹宣布：

（一）以 9 月 22 日 11 时为时点，满铁法人资格消灭，失去管理权。

（二）满铁的管理者的地位被免除。

（三）满铁原管理者成为中长铁路的辅佐者，指挥日本人职工。

（四）原满铁社员作为中长铁路职工被雇佣。

（五）按中长铁路运营体制继承事务。[②]

这也就意味着解除满铁法人资格，剥夺其管理权，并解除全体理事

---

① 解学诗主编：《满铁档案资料汇编》第十四卷，社会科学文献出版社 2011 年版，第 526 页。

② 満鉄会編『満鉄最後の總裁山崎元幹』、満鉄会 1973 年、第 703 頁。

的职务。至此，作为一个侵略机构，满铁彻底消失了。

1945 年 11 月 9 日，苏方又向满铁理事团提出财产交接要求，并在给山崎的公文中使用了"满铁曾作为关东军的走狗从事工作，是所谓军事机关"的文字。山崎对此理解为：苏联的这种提法是要求满铁将全部财产向苏方而不是向中长铁路移交。因此满铁理事团在保留自己意见的前提下，将备忘录交给苏方。

1946 年 5 月 3 日，苏军发出了从中国东北完全撤军的公告，7 日，日本人撤退的第一艘船由中国葫芦岛发船返回日本。同年 10 月出现了山崎元幹应被作为战争罪犯起诉的呼声，然而却意外地遭到苏方加尔金中将的断然反对。国民党的中长铁路代表、理事长张公权等也表示反对。因此山崎得以逃脱。1947 年 8 月山崎及其手下的大多数满铁职员被解除留用，遣返回国。在离开中国葫芦岛港口之前，山崎还受到了国民党政府方面的破格礼遇。回到日本后，日本社会仍普遍认为山崎在战败后仍能将满铁组织起来（即"满铁会"），减少生命及财产损失是为日本立下的一大"功绩"。

由于山崎元幹长期在满铁高层供职，其回忆录《满铁最后的总裁：山崎元幹》一书成为后人了解满铁人事更迭、重要决策、内部斗争等内情的重要资料。

1947 年 10 月 25 日，山崎元幹回到家乡，1971 年病逝。[①]

附理事：

山崎元幹在任期间（1945 年 5 月 5 日—1945 年 8 月 15 日）的满铁领导层

　副总裁： 平井喜久松（1944 年 3 月 25 日—1945 年 8 月 15 日）

　　　　　平岛敏夫（1945 年 6 月 17 日—1945 年 8 月 15 日）

　理　事： 入江昂（　　—1945 年 6 月 18 日）

　　　　　佐藤鼎（　　—1945 年 8 月 15 日）

　　　　　铃木长明（　　—1945 年 8 月 15 日）

[①]　以上内容另见王胜利等主编《大连近百年史人物》，辽宁人民出版社 1999 年版，第 340—342 页。

古山胜夫（ 　—1945 年 8 月 15 日）

渡边猪之助（ 　—1945 年 8 月 15 日）

宫本慎平（ 　—1945 年 8 月 15 日）

有贺库吉（ 　—1945 年 8 月 15 日）

关口保（ 　—1945 年 8 月 15 日）

诸子一到（ 　—1945 年 8 月 15 日）

滨田幸雄（ 　—1945 年 8 月 15 日）

大藏公望（平岛敏夫附）

图 1-76　大藏公望

满铁理事，满铁技术官员，"满洲开发论"的积极鼓吹者（见图 1-76）。

1882 年 7 月生于日本东京市牛达区中町，是东京市陆军中将大藏平三的第三个儿子。其父亲平三是备中（冈山县西南部）茶屋町的平民大野意俊的次子，过继给横滨的大藏建安作养子，后加入军队，从骑兵科依次晋升到陆军中将，日俄战争后被授予男爵爵位。

大藏公望 1904 年毕业于东京帝国大学工科大学土木科。1904 年 9 月前往铁路技术先进的美国进行铁道研究，进入美国太平洋铁道公司从事铁道测线和建设的工作，积累了一些铁道建设实地经验。留美四年后，于 1908 年 4 月返回日本，随即进入铁道院，先后任助理、通信技师，后历任运转事务所主任、新桥运转事务所所长、中部铁道管理局货物挂长、运输局货物课课长等职。后又被调至神户铁道管理局运输课，任课长。1911 年 8 月他承袭了其父亲的男爵爵位。1919 年 7 月被聘进入满铁，任运输部次长，1921 年晋升为运输部部长。先后于 1921 年 12 月至 1927 年 9 月和 1929 年 10 月至 1931 年 7 月两次出任满铁理事。其间，他积极谋划和实际攫取中国多项路权。1927年辞掉理事职位后到欧美巡游。1938年任东亚研究所副总裁（总裁为近卫首相），此后曾任东亚交通公社总裁、调查研究动员本部总裁等职。

大藏公望在战后甚为活跃，曾任"满史会"会长，主持编纂《满洲开发四十年史》，声称"对日本开发满洲的功与罪……等待即将到来的重新评价机会"①，是"满洲开发论"的主要鼓吹者。《满洲开发四十年史》是"满史会"编著的一部总结日本侵略中国东北四十年历史的著作，该书是由大藏公望领衔，山口辰六郎、上野愿等70余名专家学者利用满铁相关档案资料撰写的一部有关中国东北近现代经济史的大部头作品。全书200余万字，分为上、下、补3卷10篇75章261节。上卷包括序论、东北历史概况、满铁交通、建没农业；下卷为矿业、工业、商业贸易及金融；补卷为日本在中国东北的行政设置、满铁附属地文教、卫生、移民、文物、建筑及中国人民的抗日斗争。另附《满洲关系主要统计文献目录》《总索引》《重要事件年表》等，是一部从满铁成立的1906年到灭亡的1945年共计40年日本对中国东北的殖民掠夺史，史料价值巨大，全书已被译成中文。②

日本对中国东北的经济侵略和掠夺始终是与军事侵略同时进行的。1931年12月8日，日本关东军制定了《开发满蒙方策案》，其要点是：

1. 要确保平战两时的军需资源；
2. 满蒙开发要为日本经济发展作出贡献；
3. 所需资本，除日本资本和土著资本外，还要利用外国资本；
4. 开发满蒙政策，要实行日满一体的经济计划……③

它明确规定了伪满洲国是日本的经济附庸国，是为日本的侵略战争

---

① ［日］满史会编著：《满洲开发四十年史》上卷，东北沦陷十四年史辽宁编写组译，1988年（内部发行），第1页。

② ［日］满史会编著：《满洲开发四十年史》上、下卷，东北沦陷十四年辽宁编写组译，1988年（内部发行）。

③ 满洲国史编纂刊行会编『满洲国史·总论』、满蒙同胞援护会1970—1971年、第380—382頁。

和殖民统治服务的。接着，日本关东军又制定了《满洲国经济建设纲要》，加强对伪满产业的统治，使中国东北不仅要变成日本输出资本、倾销商品、掠夺资源和劳动力的场所，而且还变成了它扩大侵略战争所需要的军事基地。此后，日本政府提出对中国东北的长期统治体系模式，形成了伪满洲国的"产业开发五年计划，开拓政策和北边振兴计划"的"三大国策"。其中，"产业开发五年计划"的核心就是掠夺资源，即"置重点于就地开发有事之际所必需的资源，并尽可能谋求国内的自给自足和供给日本的不足资源"。①

应该认识到，第二次世界大战后日本对侵略战争问题的清算是不彻底的。随着冷战开始后美国对日政策的转变，一些甲级战犯嫌疑人（如岸信介）出任政府高官甚至首相，一些保守主义分子长期占据着日本政坛，形成了所谓的"五五体制"。在当时的社会上存在着大量从"满洲国"返回日本的军政商界人士，这些人对伪满洲国有着强烈的怀旧感，形成了所谓的"满洲情结"。在这种意识的影响下，有着相关"满洲经历"者组成了一些机构，他们力图把"满洲国"描绘成人间的天堂，而这又与秉持"自由主义史观"的新右翼分子一拍即合，但后者的意图则更加明显。他们先是歪曲历史、抹杀事实，说："迄至九一八事变前，辽阔的满蒙资源尚不曾为人知，甚至清朝与中国军阀未曾开发。"然后，千方百计、连篇累牍地加以美化，说日本给中国东北"这一落后地区带来了现代文化"，甚至说：它是"以现代殖民地活动方式经营满洲"，"在九一八事变后的十五年，日本全力以赴的殖民地活动，使满洲实现了全面的现代化工业"；"将日本的技术引进到这一新天地，使之旧貌变新颜，建设起一个新时代的国家"。更有甚者，竟然说日本人"付出巨大精力建立起来的这些设施和装备留在满洲"，托这份"遗产"的福，东北"变成了新中国重工业的中心，今天它作为中国实现工业化的基础，正发挥着重要的作用"，"还将会给新中国的未来带来很大的希望"。显而易见，这种有意混淆"侵略"和"开发"的论调在日本迎合了新老右翼双方的胃口，甚至一度甚嚣尘上，阿附者甚众。

---

① 陈本善主编：《日本侵略中国东北史》，吉林大学出版社 1989 年版，第 470 页。

在所谓"满洲开发论"中，日本的移民侵略也被美化为"开拓"。当时日本虽然已是一个工业化国家，但由于先天地理条件的限制，在农业上仍是寄生地主土地所有制，这种土地关系根本无法实行资本主义大农业经营。也就是说，它自身都没有"现代化"，也就不可能把"现代化"带到中国东北来。正因为如此，日本移民侵入东北之后，多数很快就变成了寄生地主，通过贱买、豪夺等方式完成土地积累，中国农民不仅受其经济剥削和掠夺，而且更深受其压迫和奴役。

1939 年，日本农民作家岛木健作在考察了"北满"一些"开拓地"之后说："我们走过的开拓田，不使用满人耕种的一个也没有"，"开拓民所采取的农耕方式，仍是原有的满洲式农法"。《满洲开发四十年史》的编著者们也不得不承认："岛木健作的观察，既不是夸张也不是说谎。"所以，把侵略说成"开发"，把掠夺说成"开拓"，甚至说什么"现代化"，纯系无稽之谈。正如一位日本评论家所说："一个人张扬自己的隐私、兜售自己的劣迹，是无耻的。而一个民族隐瞒自己的隐私、掩盖自己的劣迹，这不仅仅是无耻了。"[①]

通过以上剖析，可以看出，老军国主义分子对中国东北发动侵略战争、实行殖民统治的"理论"与当代右翼分子歪曲历史、美化侵略、否认战争责任的谬论，在炮制和运用的方式、方法、手段乃至步骤上是同出一炉、一脉相承的。然而，还应该强调指出的是当代日本政府及右翼分子的言行，绝不仅仅是歪曲历史，美化侵略、否认战争责任，而是包藏着巨大的祸心，潜藏着巨大的危险，对亚洲乃至世界的和平与发展构成严重挑战和威胁。一位日本学者对近年来日本社会十分猖獗的"自由主义史观"做了深入的研究后指出："自由主义史观正在成为推动政治社会向强硬的民族主义倾向变革的一大势力。所以当前仅仅从历史学、教育学的角度对'自由主义史观'进行考察已经不够了。另外，把'自由主义史观'看作某一时性的思潮也是不准确的。对于'自由主义史观'这一现象应当从政治运动论的角度加以认识。"因此，中国人民、

---

① 辛培林：《日本侵占中国东北的"理论"与当代右翼歪曲历史的谬论之剖析》，收入中国社会科学院中日历史研究中心编《九一八事变与近代中日关系——九一八事变七十周年国际学术讨论会论文集》，社会科学文献出版社 2004 年版，第 50 页。

日本人民和世界各国人民对日本的历史修正主义逆流必须提高警惕，严肃批判，绝不可掉以轻心，任其泛滥。

"大东亚战争史观"是指战争时期日本的军国主义战争指导者们所宣扬的战争观，基本点如下：①

（1）东亚各国需要联合起来抵制西方列强的扩张，而文明开化的日本理所当然地应成为东亚的"盟主"。从这一意义上，日本不仅要保卫本土生命线，还要保卫中国东北甚至中国、朝鲜等日本的利益线。（2）东亚各国的反日活动破坏了日本成为"盟主"的目标，日本理所当然地应予以镇压，包括占领。（3）20世纪起日本进行的战争是为了保护条约所给予的权利而被迫进行"自卫"：日俄战争是针对俄国在东亚的扩张的反应；发动九一八事变建立"满洲国"是为阻止苏联的"共产主义在东亚的传播"；从袭击珍珠港开始的太平洋战争则是针对欧美殖民侵略的"代表"亚洲人民利益的"自卫"。（4）日本的"自卫"战争也是代表亚洲的利益与西方列强进行的抗争，目的是"解放亚洲"，在亚洲建立"共存共荣的新秩序"，取代欧美的殖民地统治而建立"大东亚新秩序"的战争，即"大东亚战争"。

无论使用多么华丽的辞藻，"大东亚战争"都已经被历史事实证明是走上军国主义道路的日本掩盖其对外扩张的遁词，所以在战后初期随着对东条英机等日本战争罪犯的审判，"大东亚战争"这一概念也受到严厉的批判，日本的学术界一般不再使用"大东亚战争"这一名称概括那一阶段的历史。那一时期，即使有人在心中仍然坚持"大东亚战争史观"，但在用语上也不得不有所收敛。

冷战开始后，这种情况开始发生变化。1953年，时任吉田茂内阁文部省大臣的冈野清豪在国会回答质询时妄称："我不准备评价大东亚战争的善恶，但是日本以世界各国为对手打了四年仗这一事实本身就足以

---

① 满洲国史编纂刊行会编『満洲國史・総論』、満蒙同胞援護会1970—1971年、第93頁。

证明日本人的优秀。"20 世纪 60 年代初，随着日本经济的恢复和发展，否认战争责任的舆论更加强烈。对日本战时外交起过重要作用的神川彦松在《通向太平洋战争之路》中公开说："只强调战争责任，会把日本人都培养成只有劣等感的民族，因此必须修改对战争的评价。"1964 年，日本作家林房雄明确提出"大东亚战争肯定论"，重新提出把"大东亚战争"定位在"自卫战争""亚洲民族解放战争"的性质上，掀起了战后为侵略战争历史翻案的一次浪潮。那些人不仅原封不动地使用"大东亚战争"的概念，而且坚决不承认"战败"，而使用"终战"一词表示战争的结束。自民党右翼系统的各种组织，如"光明的日本国会议员联盟""保卫日本国民会议""历史研究委员会"等都是"大东亚战争肯定论"的支持者，而"历史研究委员会"编写的《大东亚战争的总结》正是这一论调的集大成者。

历史事实证明：日本帝国主义侵占中国东北，根本不是为了"满洲的近代化"，更谈不上"对亚洲的复兴作出了巨大贡献"。其根本目的是变中国东北经济为日本经济的附庸，把中国东北建成其进一步扩大侵略战争的兵站基地，变中国东北人民为亡国奴。而日本右翼势力颠倒黑白，大肆渲染的经济上的"成就"，无非是为日本帝国主义侵略中国东北翻案而已。但这个案是翻不了的。日本虽然在中国东北搞了一些近代工业，在客观上促进了东北经济的某种"发展"，但这种"发展"是畸形的，完全是日本为了侵略和掠夺而进行的；这种"发展"是建立在东北人民斑斑血泪和累累白骨之上的；他们留给中国东北人民的并不是经济上的"成就"，而是深深的罪恶；他们留给新中国的并不是什么"一大动力"，而是一片废墟。

平岛敏夫

平岛敏夫是鼓吹"满洲开发论"的积极倡导者，曾任满铁副总裁（见图 1-77）。

原籍为宫崎县儿汤郡商锅町，曾任满铁参事、满铁地方部地方课课

图 1-77 平岛敏夫

长、满铁副总裁、众议院议员
（1期）、自由民主党参议院议员
（3期）。大东文化大学第二任校
长。生于 1891 年 11 月，1918 年
毕业于东京帝国大学法科大学英
法科，并通过了高等文官考试。
1919 年任长崎县理事官。1920
年出任明治神宫造营局书记官。
随后转任到神社局工作，任内苑
课长，1922 年主动辞任，同年
川村竹治就任满铁社长赴中国东
北任职时，就任秘书与其随行。
1923 年出任满铁参事，同年 11
月开始了为期两年的欧美留学，回归后，在社长室人事课工作。1926 年
3 月转任到地方部工作，任课长一职。他曾在内务属工作，曾任长崎县
理事官、满铁秘书、满铁参事、台湾总都督府秘书官兼事务官、律师、
司法大臣秘书官等职务。1928 年任台湾总督府秘书官兼事务官。1929
年执业律师。后到满铁任社长室秘书官、地方课课长。1936 年起历任伪
满协和会中央事务局次长，伪满锦州省次长等。1938 年至 1942 年任满
铁理事，其间曾兼任满铁长春支社社长，积极策划和推行对苏调查、谍
报和谋略活动。1945 年 6 月至 1945 年 8 月任满铁副总裁。

　　1945 年日本战败后被开除公职、公职追放解除后重返政界。1947
年任"满蒙"同胞援护会长，后参加自民党，1956 年第 4 回参议院议
员，连任三期，在任期间历任运输、预算和外务的各委员长。还曾兼任
电源开发理事，负责佐久间水库的补偿等社会工作。1958 年至 1962 年，
任大东文化大学校长。1974 年退休，1982 年去世。

白鸟库吉

近代日本"东洋学"的奠基人之一，满铁"满鲜"历史地理调查部的首任负责人，站在日本帝国主义立场对中国东北历史地理进行调查、研究（见图1-78）。

1865年2月4日，白鸟库吉出生在上总国长柄郡长谷县村（现千叶县茂原市长谷町）的一个农民家庭。其父亲嘉一郎经常往返于家乡与江户，是比较开明的农民。白鸟库吉最初曾在邻村的寺子屋（江户时期的学校，初级私塾）学习，9岁时进入小学学习，后转入曾我町（现千叶县曾我町）小学。

图1-78　白鸟库吉

15岁进县立千叶中学。当时那珂通世为该校的校长，次年旅欧归来的三宅米吉进入该校担任英语和物理、化学科目的教师，任职一年，白鸟库吉曾随三宅学习英语。白鸟库吉与那珂通世、三宅米吉的交往开始于此时。

1882年7月白鸟以优等生身份从中学毕业，1887年9月，作为首届学生进入东京帝国大学文科大学的史学科学习。大学期间，担任史学、地理学讲座的是坪井九马三和德国教授路德维希·里斯，白鸟库吉跟他们主要学习世界历史和西方的史学理论。路德维希·里斯（Ludwig Riess，1861—1928），德国史学家兰克的再传弟子，他积极传播兰克客观主义史学的研究方法，同时帮助日本建立史学学科。兰克的客观主义史学不但带给日本考证的研究方法，对后来以白鸟库吉为首的史学家创建日本东洋史学研究领域研究产生影响。

1890 年 7 月，白鸟库吉从东京帝国大学文科大学的史学科毕业，同年 8 月成为学习院教授，并担任历史地理课课长。当时，学习院院长三浦梧楼和西村茂树、谷千城等国粹主义者都是陆羯南主编的报纸《日本》的重要撰稿人，关系十分密切。学习院历史科的教授由白鸟和市村赞次郎二人担任，市村教授"支那史"课，白鸟教授西洋史和东洋各国历史。1901 年，白鸟被学习院派往欧洲留学。他由海路前往法国，经马赛前往德国进入柏林大学，后到布达佩斯学习土耳其和东洋各民族历史，并和匈牙利的东洋学者进行了交流。[①] 1902 年，出席了在汉堡召开的第十三界国际东洋学会，并发表论文。1903 年 10 月经由西伯利亚回到日本。1904 年 8 月，白鸟兼任了东京帝国大学文科大学史学科助教授，同年就任东京帝国大学副教授。

1905 年春在朴茨茅斯开始议和会议时，白鸟在学校山上御店召集对亚洲有兴趣的七八十名学者组织成立了亚细亚学会，呼吁"对东洋各方面要进行大力活动，必须以在学术研究上取得成果为基础"[②]。1907 年"台湾协会"与"亚细亚学会"合并改为"东洋协会"，并在协会内部设立了调查部，由原亚细亚协会的白鸟库吉负责此事。调查部成立后，白鸟通过时任文部省次官泽柳政太郎的介绍，在满铁总裁后藤新平的支持下，在南满洲铁道株式会社东京支社内设立"满鲜历史地理调查部"，1908 年 1 月设立，白鸟库吉担任调查部主任。直到 1914 年 1 月，因调查部不适于以营利为目的的满铁宗旨为理由被停止，调查部整体迁至东京帝国大学文学部下属。[③] 同时白鸟库吉也离开了调查部成为当时的皇

---

① 白鳥庫吉『白鳥庫吉全集 10』、岩波書店、1969—1971 年、4 頁。

② 白鳥庫吉『白鳥庫吉全集 9』、岩波書店、1969—1971 年、324 頁。

③ 关于满铁调查部的具体设立过程及其成果参见解学诗《评满铁调查部》，人民出版社 2015 年版，第 111—117 页。

太子（即后来的昭和天皇）的"私人教师"，讲授国史、东洋史和西洋史，直到 1921 年。

1922 年，受东京帝大的安排，白鸟库吉二度出访欧美各国，经美国前往欧洲，在巴黎参加亚细亚学会创立百年的庆祝活动，接受法国政府授予的文化功劳纪念勋章。1923 年，东洋文库设立，白鸟为理事兼研究部部长。从 1904 年兼任东京帝国大学助教授到 1925 年从东京大学退职成为名誉教授，白鸟始终在从事教学研究，即使在退休后也并未放松，直到 1942 年 3 月 3 日去世为止。[①]

其著述又可以根据时间分为以下几个阶段：

1894 年到 1897 年为其研究的第一阶段，这一时期白鸟主要研究朝鲜史。

成果主要有：《檀君考》《朝鲜古传说考》（1894），《朝鲜古代各国名称考》《朝鲜古代地名考》（1895），《朝鲜古代王号考》《朝鲜古代官名考》《高句丽名称考》《弱水考》（1896），《吏读、谚文》《日本书纪中所见韩语的解释》（1897）等。这段时间白鸟担任学习院教授，讲授西洋史和东洋各国历史，但是当时日本的历史科只有西洋史而没有东洋史，这就迫使白鸟出于教课的需要而研究朝鲜史。因此当时就有学者指出，白鸟的朝鲜史研究与"不是以朝鲜本身为对象的，其特点是以直接或间接地与日本的关系为轴心展开论述"[②]。

1897 年到 1904 年，白鸟仍任学习院教授兼任东京帝国大学文科大学副教授，这是其研究生涯的第二阶段，主要的研究对象是蒙古史和西域史。

随着朝鲜史研究的深入，白鸟深切感受到"北方各民族在民族、政治、文化上相互间的紧密联系，一个民族的历史必须从和其周围民族的历史关系上方能理解"[③]。此外，白鸟认为："东洋的事要由东洋人研究，是方便妥当的，但被西洋学者抢先一步，东洋学领域就像政治界那样被

---

① 关于白鸟库吉的生平，另可参见津田左右吉「白鳥博士小伝」、『東洋学報』29（3·4）329—330，1944—04；白鳥芳郎「白鳥庫吉博士略年譜」、『東方学』（44），179—182，1972—07。

② ［日］五井直弘：《中国古代史论稿》，李德龙译，北京大学出版社 2001 年版。

③ 津田左右吉「白鳥博士小伝」、『東洋学報』29（3·4）355，1944—04。

侵略的感觉，这是不堪设想的。"① 白鸟在这一期间将研究领域扩大到亚洲北部和西域地区，成果主要有：《匈奴属于何族》《厥特勒碑铭考》（1897），《契丹女真西夏文字考》（1898），《关于靠中国北部的古民族的种类》《乌孙考》《关于匈奴及其东胡民族的语言》（1900），《戎狄给汉民族的影响》（1902），《关于大秦与拂菻国》《月氏国的兴亡》（1904）等。

白鸟从1904年任学习院教授兼任东京帝国大学文科大学副教授到1925年从东京帝大退休为其研究生涯的第三阶段。这一时期白鸟的研究已经领域较广，跨度也较大。

此时的白鸟无论在学术研究方面还是社会地位方面都已经被日本社会所普遍认同，也取得颇多成果。主要表现在：1904年至1911年，白鸟的研究主要集中在中国史研究尤其是中国的东北及蒙古地区。1908年成立"满铁地理历史调查部"后，白鸟库吉为主任，先后会集了箭内亘、津田左右吉、池内宏、和田清、稻叶岩吉等一批日本顶尖学者，开展对朝鲜半岛和中国东北地区的史地调查。在此期间他提出了著名的"尧舜禹抹杀论"和"中国停滞说"。因这一段时间东北亚的地缘政治格局发生了巨大的变化：俄国渐渐退出中国东北，日朝合并，清帝退位，中国南方的革命党人"排满"等，白鸟在这期间对时局也发表了诸多见解，1904年发表《我国强胜的历史原因》《俄国国民和亚洲民族的关系》《朝鲜对于日本的历史性政策》；1905年发表《满洲的过去和将来》《对亚洲的研究是战后的一大事业》《不要因战争捷报而骄傲》；1906年发表《满洲问题和中国的将来》；1909年发表《支那古传说研究》；1911年发表《论支那历代的人种问题及这次大革命的真正原因》；1913年发表《支那的国体和中华民国的现状》等。

1911后白鸟又将注意力集中到西域史地研究，主要成果有：1911年发表《西域史上的新研究》《康居考》；1912年到1913年连续发表了《大月氏考》；1916年后，又陆续发表了《大宛国考》《塞外民族考》《粟特国考》《条支国考》《大秦传中所见的支那思想》《大秦传中所见

---

① 白鳥庫吉『白鳥庫吉全集8』、岩波書店、1969—1971年、第3頁。

的西域地理》等。①

1925 年以后至其 1942 年去世，是白鸟研究的最后阶段，在这期间主要从事东洋文库工作并对以前的研究成果加以整理。1941 年《西域史研究》上册（下册直到白鸟去世后才出版）和《音译元朝秘史》等出版。②

19 世纪末 20 世纪初，日本明治维新后逐渐走上对外殖民扩张的道路。1905 年，日俄战争结束，俄国将从中国长春以南的中东铁路割让给日本，并照会清政府将长春以南俄国的既得权益让渡给日本。日本政府先后在"南满"成立了"南满洲铁道株式会社"等殖民机构。这样，中国的东北地区即日本人眼中的"满洲"地区，逐渐开放在日本社会面前。

20 世纪前半叶，在日本社会占统治地位的"满洲认知"已经形成："第一，'满洲'对日本具有根本性的利益；第二，日本在'满洲'具有特殊的政治、经济权利……'满洲日本殖民化'，是'满洲观念'的近期目标；'满洲日本领土化'，是'满洲观念'的远期目标。"③ 用白鸟库吉的话说就是：

> 经过两次大战，我国在东洋的地位渐趋提高，其责任日益重大。值此之际，从长远考虑，乃为完成战后之经营，树立国家百年之大计。关于东洋事物，学术上的调查、研究之事尚有不足，对亚洲学界计划实施之事业虽然颇多，但以往研究拘于最近战争及爆发之原因。今后我国尽力经营之任务在于满洲地方的研究。此最为迫切、紧要。此研究在任何方面来说，在于探究历史由来，追根溯源，了解事物真相。世间至今没有看到对满洲进行研究的历史资料，不但在我国，即使在中国和欧洲也未曾听说满洲历史这一说

---

① 上述白鸟库吉的著作据東洋学報編集委員会「白鳥博士著作目録」、『東洋学報』29（3・4），391—406，1944—04 整理。

② 白鸟库吉的主要观点参见李孝迁编校《近代中国域外汉学评论萃编》，上海古籍出版社 2014 年版，第 378—385 页。

③ 严绍璗：《日本中国学史》，江西人民出版社 1991 年版，第 557 页。

法。这不仅是学界的一大憾事，对我国家在此经营上来说也是一大缺憾。可以说，满洲史的研究，真正意义上满洲历史的编纂是眼下最为迫切之任务。①

在上述理念的指导下，白鸟库吉向满铁总裁后藤新平建议创立满铁"调查部"。之所以设立该机关"一则出于经营满铁的实际需要，一则出于纯粹学术的见地"。② 从中看出白鸟"满洲"研究的动机：

> 满洲、朝鲜等是与我国有密切关系的地方，我国国民中没有不知道的。但我国国民也都知道对于有如此密切关系的满朝来说，我们了解甚少。朝鲜与我国历史从始至终都有密切联系，不断给我国的利害消长带来巨大影响，但是我国国民却对朝鲜几乎不了解，直到近来，在朝设置统监府，实行合并以来才多少了解了一些。然而，合并以后，还没有从根本上对朝鲜进行调查，得到精确的知识。更何况朝鲜北边的满洲，我国对此更是知识浅薄，或者可以说一无所知。然而，满洲之地对于关乎日本命运的重要性绝不亚于朝鲜。因为朝鲜意味着我国是否能够维持势力，而满洲则决定我国的策划是否得当。更进一步也可以说，能否维持东洋的和平关键在于满洲问题，对于具有如此重大关系的满洲，我国人的知识却如此浅薄，这十分令我担忧。③

1908 年，后藤新平采纳白鸟库吉建议，在满铁内设立调查部，由白鸟库吉担任主任。

白鸟库吉与欧洲学者竞争东洋史研究高地的心理也是其致力于相关领域研究的重要动因。在谈到欧洲学者的东洋史研究，白鸟评价：欧洲学者努力于钻研东方学方面，已有多年，无论是涉及的内容还是研究的领域，学术上的研究功绩令人惊叹。虽然欧洲学者的研究领域广泛，但

① 白鳥庫吉『白鳥庫吉全集 9』、岩波書店、1969—1971 年、第 324 頁。
② 白鳥庫吉『白鳥庫吉全集 10』、岩波書店、1969—1971 年、第 449 頁。
③ 白鳥庫吉『白鳥庫吉全集 10』、岩波書店、1969—1971 年、第 146 頁。

是"满洲、朝鲜，因其地处僻远，是欧洲学者研究的薄弱之处"。所以"既然满洲、朝鲜对我国学界开放，我们欲研究我国国民地理和文化关系，勿失此良机"。① 由此可见，白鸟库吉追赶欧洲学者、填补学术空白的个人愿望与日本政府的对外殖民政治不谋而合。20世纪初日本的国家需求与白鸟库吉的个人追求相互呼应，这是白鸟"满洲认知"的基础。

关于"满洲"的研究，主要是历史和民族问题。白鸟库吉曾详细考证了东北亚诸民族的种族源流问题，包括肃慎、靺鞨、勿吉、挹娄、高句丽、扶余、濊貊等。白鸟库吉认为，肃慎、靺鞨、勿吉、挹娄属于通古斯种族；高句丽、扶余、濊貊属于通古斯和蒙古的混种。还对唐代的流鬼国进行考定，他认为唐代的流鬼国就是现在的库页岛，并且实地考察并确定了宁古塔南边的"东京城"就是渤海的上京龙泉府，还考定了阿勒楚喀南边的白城就是金上京——会宁府。

对于白鸟库吉的研究方法，稍晚的日本学者和田清曾给予评价："白鸟博士研究法的特色，总说一句，在于纯粹西洋方法的采用。从来日本学者多半免不了受汉学的影响，不能摆脱中国式思想方法的重压。但白鸟博士却能运用西洋最近的科学方法，以全然崭新的眼光去为旧问题寻找新解释。"② 这个评价虽不免溢美，但较为准确地概括出白鸟史学的特色。

而实际上白鸟的"满洲"研究不仅是纯粹的学术研究，同时还提出了对时局的意见和对策。特别是针对"满洲"特殊的地理位置，为了配合"大陆政策"，白鸟库吉在20世纪初还提出了"满洲中立论"，是此后日本政府扶植成立伪满洲国的重要参考。

所谓"满洲中立论"指的是将"满洲地区"作为一个受日本控制的"中立地带"的系统性理论。在日朝合并前后，他的对立面是所谓的"满鲜交换论"，即通过承认俄国或清政府在中国东北的优势地位，来换取日本在朝鲜半岛的优势地位。在这一时期，"满洲中立论"相对于"满鲜交换论"更富侵略性，在对外表现上是激进的。但到日朝合并后

---

① 王古鲁：《最近日人研究中国学术之一斑》，日本研究会1936年版，第232页。

② ［日］和田清：《明治以后日本学者研究满蒙史的成绩》，李孝迁编校《近代中国域外汉学评论萃编》，上海古籍出版社2014年版，第271页。

直至九一八事变之前，随着日本"大陆政策"的持续推进，"满洲中立论"的对立面渐渐地变为"日满合邦论"，后者强调日本应该像吞并朝鲜一样吞并中国东北地区。在这一时期"满洲中立论"反而略显保守，它更倾向于通过扶植傀儡政权的形式（而不是直接统治）使日本享有在这一地区的权益。后来的事实说明，日本政府在朝鲜半岛上选择了更为激进的"合邦论"，而在中国东北则选择了"中立论"。

事实表明，日本在朝鲜半岛确实经历了由"中立论"向"合并论"的政策转换，虽然日本没有在伪满洲国明确提出"合并论"，但日本对伪满洲国政治、经济、军事的全面控制却是不争的事实。而且有迹象表明，随着战争的进行，日本确实有加强对伪满洲国的控制力的行为，这表明"日满合并"极有可能也是伪满洲国的最终目的。

稻叶岩吉

稻叶岩吉（1876 年—1940 年），号君山，日本新潟县村上市人，曾供职于满铁"满鲜"调查部，师从白鸟库吉，是日本近代著名的东洋史学者，主攻中国的清史、东北史和朝鲜史（见图 1-79）。

父亲是村上藩士小林正行，后从母姓稻叶。1897 年入东京一桥外国语学校学习汉语。1898 年通过同乡介绍拜访了时为记者的内藤湖南，执弟子礼。1900—1902 年在东亚同文会的资助下赴中国留学，精通汉语、朝鲜语和满语。留学结束后主要在大阪商船会汉口支店工作，长期活动于

图 1-79　稻叶岩吉

中国长江流域。1904 年日俄战争期间，在第一师团司令部阪井重季幕下担任日本陆军翻译，其间考察了清永陵和清朝的发源地，此后从事清史研究。1906 年回国后，曾随内藤湖南赴中国东北考察，受到内藤的赏识。

1908 年 1 月，满铁东京支社设立了"满鲜历史地理调查部"①，由白鸟库吉担任主任。满铁调查部成立不久，稻叶岩吉与松井等、箭内亘3 人受邀加入协助从事"满洲朝鲜历史地理调查"工作，正式开始了"满鲜史"研究生涯。不久池内宏、津田左右吉等相继加入这一团队。直到 1914 年 1 月该部门因经费不足被东京帝国大学文学大学接管，孕育出后来的"东京学派"。但稻叶岩吉并未随团进入东京大学继续研究，在1915 年至 1922 年先后受聘于日本陆军大学、参谋本部、山口高等商业学校等机构，主要讲授中国历史和形势，形成了其特定的"满鲜史观"。②

1922 年，稻叶岩吉转任朝鲜总督府"朝鲜史编纂委员会"委员、干事，自 1925 年开始以"修史官"的身份负责《朝鲜史》的编纂。1932 年，他凭借对"光海君"（1608 年至 1623 年在位的朝鲜国王）的研究获得京都帝国大学文学博士学位。1938 年，伪满"建国大学"成立，受邀为特聘教授，两年后在伪满首都"新京"（今长春）去世。

1902 年稻叶岩吉赴北京留学期间，撰写了《北方支那》（与古泽北冥合著，丸善出版），实际上只是游记性质，谈不上学术著作。此后他的主要著作有：1913 年在满铁调查部期间参与撰写的《满洲历史地理》③；1914 年出版的《清朝全史》④，此时稻叶的研究兴趣主要在清中前期历史中。可以说 1909—1914 年在满铁调查部供职期间的研究经历是稻叶学术思想与理论的形成期，这受赐于白鸟库吉的学术训练。

1915 年离开满铁以后，同年出版了《满洲发达史》⑤；1916 年出版《近世支那十讲》（金尾文渊堂）、《支那帝政论》（奉公会出版）；1918

① 当时并没有准确的称呼，有时称为"满铁历史调查室"，有时又称为"满鲜历史地理调查室"，还有其他的称谓。在 1919 年出版的《南满洲铁道株式会社十年史》中将从事"满鲜"历史地理调查这一工作的主体部门称为"满鲜历史地理调查部"（第 908 页）。

② 稻叶岩吉『予が満鮮史研究過程』、收入稲葉博士還暦記念会編『稲葉博士還暦記念満鮮史論叢』、稲葉博士還暦記念会、1938 年、第 1—28 頁。

③ 箭内亘、稲葉岩吉、松井等撰、白鳥庫吉監修『満洲歴史地理・南満洲鉄道』、丸善、1913 年。

④ 此书在 1914 年 4 月由早稻田大学出版部出版，同年 12 月中华书局就出版了但焘译订，姚汉章、张相纂校的中译本，此后萧一山等清史大家都曾深受此书影响。

⑤ 此书于 1915 年 5 月由大阪屋号出版部出版，1924 年日本评论社增订再版，1935 年重印。重印本于 1941 年由杨成能译成中文，同名著作（后改称《东北开发史》）由奉天萃文斋书店发行。

年，在日本参谋本部出版讲义《支那政治史纲领》（早稻田大学出版部）；1920 年出版《近代支那史》（大阪屋号书店）；1921 年出版《最新支那史讲话》（日本评论社出版部）、《太平洋会议与支那》（世界思潮研究会）、《对支一家言》（日本评论社出版部）、《支那自治的未来》（世界思潮研究会）；1922 年出版《支那社会史研究》（大镫阁）；其研究兴趣逐渐转向中国清末的政治社会史。

随着稻叶进入朝鲜史编纂委员会任职，其研究重点逐渐从中国东北转向了朝鲜半岛，1923 年出版《朝鲜姓氏的由来》（岩松堂）；1925 年出版《朝鲜文化史研究》（雄山阁）；此后他一直致力于编纂《朝鲜史》，其间零星在《朝鲜》和《青丘学丛》上发表十数篇论文；直到 1933 年才出版其博士学位论文《光海君时代的满鲜关系》（大阪屋号书店）；1934 年出版《日（本高）丽关系》（岩波书店）；1935 年出版《朝鲜·满洲史》（与矢野仁一合著，平凡社）；1936 年出版《前满洲的开国与日本》（熊平商店出版）；1938 年出版《支那近世史讲话》（日本评论社）。这一期间稻叶的学术逐渐成熟，他系统论述了"满鲜不可分""日朝同祖论"等学术观点。

同年，稻叶进入伪满"建国大学"，其学术重点又转回中国东北史。1939 年出版《新东亚建设与史观》（千仓书房）、《后藤新平伯与满铁历史调查部》（南满洲铁道株式会社铁道总局广报课）；1940 年出版《满洲国史通论》（日本评论社），同年去世。

当时人们就评价稻叶岩吉"并不仅仅是一个书斋里的学究……而是时刻关心时事，立志于以历史的视角来观察现实中的问题"①。据稻叶自己晚年回忆，其研究是一贯"紧密结合时代要求"的。从其著述的主题中我们就可以看出，他的学术主张时刻都在为侵略张本，他所说的"时代要求"实际上就是协助推行扩张政策。

稻叶岩吉的研究领域为"满鲜史"。"鲜"自然是指朝鲜半岛，而"满"则与通常意义上指的中国东北地域不尽相同，据稻叶所述是"相当于满洲国统治的所有领土和苏联远东黑龙江流域的广袤地域"。② 实际

---

① 渡辺幾治郎『歴史を作る人』、東洋経済新報社、1939 年、第 70 頁。
② 稻葉君山『後藤新平伯と「満洲歴史調査部」』、南満洲鉄道株式會社鉄道總局広報課、1939 年、第 12 頁。

上所谓的"满鲜史"与"满蒙史"一样，都是日本在对外扩张过程中为了强调此概念其内部的一致性和对外（即"中国本部"）的差异性而创造的特定词汇，这一词汇本身就容易与日本的侵略扩张行为（如"满朝经营"）联系在一起，在战后被批判为"殖民主义史观"。①

在日俄战争结束后不久，稻叶岩吉基于地理形势分析判断，初步形成了"辽东半岛和朝鲜半岛统一经营"的理念，并且将这种理念的历史根据指向了曾支配这两个半岛的高句丽政权。他高度评价高句丽与隋唐之间的对抗，认为高句丽是"满鲜民族"的共同祖先。这显然与日俄战后日本谋求占领这两个半岛的"大陆政策"遥相呼应。就在同一时期，白鸟库吉也发表了《韩半岛的保障》，提出同样的主张。顺带指出的是，早在1907年稻叶就从历史和地理角度指出中国长春的战略地位，此时距东清铁路设长春站仅一年，这一观点此后被日本政府采纳。②

在稻叶的"满鲜史"研究中的"满"实际上是包含"满蒙"二者的，换言之"满鲜不可分"的前提是"满蒙不分"。他根据对清初历史的研究，将中国北方划分为"满""蒙""汉"三支力量，认为汉族"离间满蒙"成功则中原王朝兴起，而"满蒙联合"则北方王朝入主，而清灭以后"满蒙"便开始衰落。"从历史上看，蒙古方面若有强大的部族兴起，其首先一定会先攻略满洲；另一方面若满洲有雄强的部族兴起，其同样会先吞并蒙古"③，而只有二者联合起来与中原的汉族相抗衡，才能避免"满蒙衰亡"之命运。因此他特别渲染了中原王朝与北方少数民族的矛盾，从这个意义上说，稻叶的"满鲜不可分"实际上包括"蒙满鲜不可分"，显然这个"不可分"的指向是中原的汉族政权（稻叶称为"支那"）。

1922年在《满鲜不可分的历史考察》④一文中，其已经形成了"满

---

① 旗田巍『日本の東洋史家の朝鮮観・「満鮮史の虚像」——朝鮮史のひろば』、収入『朝鮮研究』第34卷（1964年）、第73—79頁。

② 井上直樹『帝国日本と〈満鮮史〉：大陸政策と朝鮮・満州認識』、塙書房、2013年、第84—88頁。

③ 稲葉岩吉『満洲発達史』、日本評論社、1939年、第3頁。

④ 稲葉君山『満鮮不可分の史的考察』、収入文集『支那社会史研究』、大鐙閣、1922年、第299頁。

鲜不可分论"的基本框架。他从民族、经济和历史三方面进行论证，
"满鲜"民族（高句丽、渤海和女真）族源一致，均属"满洲系民族"；
经济（主要是人参贸易）关系密切；而历史上李朝兴于图们江北岸，而
爱新觉罗则兴起于会宁一带，均表明二者间关系密切，最后他还以延边
地区移住的大量朝鲜人为例，说明"去除满朝界限的必要性"，并呼吁
日本政府"协助朝鲜人向满洲移民"。1927 年，稻叶岩吉发表的《朝鲜
的领土问题、民族问题及鲜满文化关系——鲜满关系史之一节》①中进
一步提出了"鲜满一家宗"，并且将"檀君"作为高句丽、百济和新罗
的共祖，希望朝鲜学者"放弃传统的新罗本位的历史观，恢复到三国一
体的本来状态"，同时呼吁日本学界进一步加强对"满洲方面史实的考
察"，帮助朝鲜人"纠正"传统思想的谬误。在这样的历史认识支配下，
稻叶提出"广义上朝鲜民族的活动范围，包括了朝鲜半岛和高句丽拥有
的满洲地区"，这一点被后来韩国的民族主义史学所继承。

随着伪满的建立，稻叶响应政府"满鲜一如"的号召，积极从历史
上论证"满鲜不可分"，进而通过历史上渤海与日本的关系提出"日满
不分"。除稻叶外，考古学者藤田亮策从文化传播角度论证，语言学者
河野六郎从语源角度论证，显然都是在对当时的侵略行为提供合法性的
学术"辩护"。稻叶提出的与"满鲜不可分论"相匹配的还有"朝鲜发
展停滞说"，大旨为因中国的性理学和朱子家礼在朝鲜的展开，朝鲜社
会的发展陷入停滞，需要由先进的日本带领其通过"去中国化"来实现
进步。这完全是为了附会当时日本大陆政策的需要而"重构出来的历
史"②。

稻叶岩吉的"中国观"主要体现在其 1921 年撰写的《对支一家言》
和 1940 年撰写的《满洲国史通论》中。他的"中国观"实际上包括稻
叶语境下的"支那观"（仅针对中原王朝）和"满蒙观"（指中国东北）
两部分，他特别突出二者的离心倾向。其晚年的"满蒙观"虽与中年的

① 稻葉岩吉『朝鮮の領土問題民族問題及び鮮清文化関係に就て—鮮満関係史の一
節—』，收入『朝鮮』第 148 卷（1927 年）、第 6—17 頁。
② 정상우：《稻葉岩吉의'滿鮮史'체계와'朝鮮'의재구성》，收入《역사교육》第
116 卷（2010 年），第 1—31 页。

"满鲜观"略有区别:"满鲜观"主要是通过檀君神话将高句丽、百济、新罗结合在一起,有将"中国东北纳入朝鲜史叙述"的倾向,它主要形成于伪满成立以前,因为当时日本只侵占到朝鲜半岛;而"满蒙观"用稻叶的话讲叫"满洲国前史",它突出中国东北地区民族和历史的一体性,实际上是为伪满洲国傀儡政权的建立找历史依据。

稻叶岩吉的"中国观"总结起来有以下五点:

(1)积极的"满蒙支配论"

积极的"满鲜支配论"是相对于消极的"满鲜经营论"而言的。在日俄战争前后,日本政府内部"满洲经营"的具体步骤和进度存在分歧。此时陆军主张"满蒙支配论",而元老主张"满蒙经营论"。伊藤博文等元老注重与列强的协调,主张逐步稳妥地推进"大陆政策",暂时推行"门户开放"以避免和欧美撕破脸;而儿玉源太郎等激进派军人则不顾列强的反对,主张独占中国东北的利权,拒不实行"门户开放"政策。[①]

此时的稻叶岩吉与日本军方一样,他从"满鲜不可分"的角度强调日本既然占有了朝鲜半岛,与之关系紧密的"满洲"也应该积极争取,当时白鸟库吉等一批"满蒙"学者均持类似观点,但最终并未被日本政府采纳。

(2)中国衰亡论

在1920年前后,稻叶目睹列强瓜分中国的现状,断定中国必亡。他从中国内部社会生活的停滞、政治欲的缺乏、武力解决的艰难和南北方妥协的失败等几个角度论证,进而提出"有两种亡国方式:一种是为大亚细亚主义而牺牲;另一种是被(除日本外的)列强所吞并,开放全部领土变成世界的一大贸易场。朝鲜选择了前者,而比利时则选择了后者"[②],让中国政府在"临终前留下遗言"以做好"亡国的准备"。

需要说明的是在当时的日本学界,持类似观点的人数并不算少。但稻叶论证的特色有三:一是强调民族离心的倾向,并不单纯从历史角度立论;二是强调除被日本控制外,中国没有其他更好的选择;三是这种

---

① 郑毅、赵文铎、李少鹏等:《间岛问题与中日交涉》,吉林人民出版社 2016 年版,第 80—89 页。

② 稻葉岩吉『対支一家言』、日本評論社出版部、1921 年、第 166 頁。

思想与十多年后风行一时的"大亚细亚主义"一脉相承。

（3）中国革命无用论和帝制恢复论

当时中国人也意识到国家危亡的迫近，试图用革命的方式来挽救国家。到 20 世纪 20 年代，许多人以革命之名行倾轧之实，加之列强环伺，内忧外患，因此稻叶岩吉并不看好中国的革命。他对孙中山的"三民主义"提出严厉批判，认为当时中国的民族分裂倾向严重，向心力不足；百姓愚昧无知，民权不张；而民生凋敝，发展经济不免导致"共匪"泛滥，"三民"均不可行，中国应该仿效日本实行"复古的维新"。① 具体指的就是"在我皇国（指日本）的绝对援助下，由满洲国当前的皇帝，也就是作为前清皇室直系的宣统皇帝在华北地区慨然复位"②，他认为无论从历史传统（天命论、禅让说）还是从法理（基于《清帝退位诏书》）上都合情合理。

如果我们将稻叶岩吉上述观点的形成年代和日本采取的对华政策进行比较，就会发现以稻叶岩吉为代表的日本知识分子往往比日本政府更加激进。日俄战争前，内藤湖南叫嚣与俄开战；在日俄战争结束初期，白鸟库吉强调"积极的满蒙支配"；七七事变后稻叶岩吉甚至提出"溥仪北京复位"的设想。虽然有时日本政府并未采纳其相关的提议，但从其个人的发展经历看，他们往往很快就被政府委以"重任"。这种恶性循环式的"互动"直接导致了在太平洋战争前后日本知识界整体的迷醉和狂妄，而"知识人"所应承担的战争责任在今天依然是应该被反思的。③

（4）异族统治进步论

七七事变后，稻叶岩吉开始提出中国历史上的进步时代都是在"外族"统治下的时代，外族的统治是中国的"防腐剂"。一方面，强盛的汉唐时期是由于有强盛的匈奴和突厥等外族的存在；另一方面，他通过

---

① 稲葉岩吉『新東亜建設と史観』、千倉書房、1938 年、第 27 頁。
② 稲葉岩吉『新東亜建設と史観』、千倉書房、1938 年、第 13 頁。
③ 战后日本一直有相关的反思，如：鶴見俊輔. 知識人の戦争責任. 中央公論 71 (1)，57—63，1956—01. 赤沢史朗. 知識人の戦争責任論——大熊信行と中野好夫. 歴史学研究 (507)，p62-68，1982-08. 安川寿之輔. 知識人の戦争責任——戦争責任を放置した戦後民主主義——再び戦争への道を歩む日本. 情況第二期 9 (11)，136—142，1998—12，等。但主流仍是反思政界、军界人物的战争责任。

对历史的梳理认为，中国历史的极盛时期是清康熙时期，其强盛正是由外族统治造成的，而随着清中期以后绿营的兴起、汉族家族制度的普及和满清贵族的汉化，清朝逐步开始衰亡。[①] 这种"清朝汉化衰亡论"与上述的"朝鲜社会停滞论"都将近代中国和朝鲜社会停滞的原因归于"汉化"（尤其是对性理学的受容），是此后东亚社会普遍出现的"去中国化思潮"之滥觞。其从"民族"的视角研究元史和清史，至今在国际上都有一定的影响。

显然"异族统治进步论"是为七七事变后的日本侵华量身定做的，当时竟被认为有"重大启发性价值"[②]，其政治宣传的色彩要重于历史研究色彩。但这种说法引起日本学界的高度重视，此后出现了大量相关研究本质上都是为日本企图长期侵占中国提供的参考咨询。[③]

（5）"满洲"独立发展论

日本学界很早就倾向于论证"满洲"独立发展、强化中国东北与中原王朝的离心倾向，这一点在伪满洲国政权建立后尤其明显。当时日本学者通常认为"历史上建国于满洲者甚多，若渤海，若辽、金、清，均以独立之国家与中国本部抗衡；以强劲之民族，与中国民族相折冲；以卓著之文化，与中国文化相交换"[④]。稻叶岩吉在其早年的《满洲发达史》中就持类似观点，晚年撰写的《满洲国史通论》中更明确表明"今天满洲国境内的诸古民族虽多多少少有些差别，但大体仍属同一民族，与中原的汉族判然相别"[⑤]，以强调中国东北在历史上是"独立发展"的。稻叶等日本学者的相关的研究给中国学界以巨大刺激，直接促成了傅斯年、顾颉刚、金毓黻等学者对东北史的开拓性研究，这里就不赘述了。[⑥]

---

① 稻葉岩吉『新東亜建設と史観』、千倉書房、1938 年、第 157—159 頁。

② 渡辺幾治郎『歴史を作る人』、東洋経済新報社、1939 年、第 70 頁。

③ 東亞研究所編『異民族の支那統治史』、大日本雄辯會講談社、1944 年。

④ "满洲国"文教部：《高级小学校国史教科书》，"满洲国"文教部，1934 年，第 1 页。

⑤ 稻葉岩吉『満洲国史通論』、日本評論社、1940 年、第 20 頁。

⑥ 本节参见郑毅、李少鹏《近代日本知识人的满蒙史观研究——以稻叶岩吉的"东亚史观"为中心》，《北华大学学报》（社会科学版）2017 年第 3 期。

下　编
满铁人物合传

满铁作为"日本国策会社"代行机关，其高层管理机构的人员产生与构成有别于一般法人会社，按照1905年6月7日颁布的《关于设立满铁的敕令》（敕令第142号）第7条规定，"会社置总裁1人，副总裁1人，理事4人以上，监事3—5人"。第8条："总裁代表会社总理其业务。副总裁在总裁有事故时代理其职务，总裁出缺时，执行其职务。副总裁及理事辅助总裁分掌会社业务。监事监察会社之业务。"第9条："总裁、副总裁经敕裁由政府任命之，其任期为5年。理事由有50股以上之股东中选出，由政府任命，其任期为4年。监事由股东大会从股东中选任，其任期为3年。"这是满铁作为一个强力"日本国策会社"的最高核心领导层产生的法律依据和权责规定。

满铁是一个由各种部、局、课等行政机构组成的庞大殖民经营帝国，其职员人数十分庞大，在1945年日本战败前的满铁有职员工人近40万人，其中日本籍职工近14万人，仅日本职员和准职员就有6万余人。满铁随着日本对中国东北、华北地区的侵略活动而逐渐扩张其经营范围，几乎渗透、控制、垄断了经济、政治、军事、文教、医疗等各个领域。在经济领域几乎无所不及，包含以铁路为主的各种交通运输业，以抚顺煤矿为主的各种工矿业，农牧林业、商业、旅游业、金融业等。从覆盖的地域范围而言，几乎涉足了整个中国东北、华北、华中以及华南等地。以满铁调查部为依托的派出机构甚至在美国、欧洲都设有分支调查机构。

日本学者冈部牧夫曾断言："日本人同'满洲'的关系，是贯穿整个日本现代史的最大的国民体验之一。仅在日本的权益铁路的南满洲铁路（满铁）的从业人员，大致也超过10万人。"满铁为了充实庞大铁路帝国的各种机构，在日本国内各大学中招募大学毕业生成为满铁社员。根据曾在满铁调查部任职20余年的伊藤武雄回忆，满铁成立之初在日本各大学的社员招募程序比较简单，虽说有应募和考试一说，但大多数情况下是提交学生的成绩证明书，并没有什么复杂难度的笔试环节，简单的面试之后就直接录用了。但当满铁的运行逐步成型之后，尤其是

1925 年以后进入满铁的门槛陡然提高了很多，不仅有严格的笔试环节，而且面试过程也极为严苛，即使是东京帝国大学毕业生也有被拒绝录用的情况。依据伊藤武雄的回忆和记述，1920 年以后满铁职员录用以大学毕业生为主，显示出满铁作为一个"公司"在日本社会中的显赫社会地位。满铁的事务系统中的所谓干部候补社员则主要是从日本的高等商业学校、同文书院等院校毕业生中录用。高等商科学校中非常有名的神户高商、东京高商（一桥大学前身）成为主要录用对象。

根据《南满洲铁道（株）三十年略史》《南满洲铁道株式会社第一次十年史》《南满洲铁道株式会社第二次十年史》等资料书的记述，满铁成立之后曾对其内部的管理体制先后进行过 11 次职制改革，从最初的所谓部制度开始，历经合议制、部局制、部长制、理事部长制、社员部长制等诸多管理体制的变化。每次内部管理体制的变动都是出于如何适应配合日本在中国东北的整体殖民统治需要而做出相应的调整。

后藤新平就任首任满铁总裁后，为扩大满铁在日本社会中的影响力，在筹选首届满铁理事人选过程中调动了各种政治资源，组建了一个社会知名度很高的理事会。日本政界的栃木县知事久保田政周、秋田县知事清野长太郎，日本金融界的日本银行久保田胜美、兴业银行的野野村金五郎，实业界的三井物产大塚信太郎、田中清次郎，科技界的铁道技师国泽新兵卫，学术界的京都帝国大学冈松参太郎等人成为满铁首届理事会成员。满铁从 1924 年起废止了原来的职员、佣人、雇员等职位差别化制度，统一实行职员制，后又增设了参事制，从高级别职员中选任参事。可见满铁除上编所列以社长、理事为代表的主要人物外，还有大量中层干部及关联人物，可谓满铁的"中坚力量"，对于这些人物，中外学界尚未见有专门的资料出版。

本编参照了日本编撰的《满洲绅士缙商录》（1927 年）、《满蒙日本人绅士录》（1929 年）、《满洲绅士录》（1937 年初版，1940 年三版，1943 年四版）、《满华职员录》（1942 年）等资料，这些内容都已收入皓星社出版的《日本人物情报大系》（1999 年影印版）中。这些资料由郑毅、李少鹏摘选，由北华大学东亚中心的硕士研究生郑成志、于铭扬、魏仕俊、谭泳新、赵培文、赵恒、王瑞麟以及外语学院日语系的史雨、陈旭同学组成翻译整理小组，进行初步文字处理，最终由郑毅统稿而成。

另有一些资料参照了吉林省社会科学院编撰的《满铁档案资料汇编》第十五卷"文献补遗与满铁年表"（社会科学文献出版社 2011 年版）中"满铁上层人员简历"的相应内容。本书从某种程度上讲，正是对这些简历的扩充。

本编人物采用"合传"的形式，因日本企业普遍存在"年功序列制"，每节人物按照出生年先后排列。

需要说明的是，本编已将目前能够从相关文献、档案资料中发掘出来的满铁中层以上的人物尽力囊括，因满铁规模极大、人员构成复杂，必定会有所遗漏，我们也将随时注意收集，俟再版时一并补入。

满铁监事合传

满铁自成立之初，理事之外，本设有监事一项，历来由四大财阀系统所担任。设立监事会是满铁伪装成为近代股份公司的必要手段，而监事会实际上在满铁的运营过程中并没有发挥太大的作用。在野村龙太郎担任满铁社长期间发生的满铁收购搭连煤矿事件中，监事会全程参与但并没有发现其中的蹊跷之处，这引起了社会各界对监事是否履行职责的质疑。时任监事的小山健三曾对此进行狡辩。为回应社会的质疑，在满铁股东大会上曾规定：

一、董事会或理事会讨论任何重大问题，涉及对财产有严重影响时；

二、或对利益有严重影响时；

三、或发行大量社债时；

四、或决定股东缴纳股份时；

五、对主要股东有利害关系时。

理事拟就上述各项进行决议时，在进行前，务请向监事提出报告。①

即使上述规定取得了大会的通过，满铁的监事会始终没能发挥相应的作用，这是满铁作为"日本国策会社"的性质所决定的。

因监事本身并没有深入参与满铁事业，在满铁文献中涉及监事的内

---

① 《监事会行会报告事项》，满铁档案甲种，转引自苏崇民主编《满铁档案资料汇编》第二卷，社会科学文献出版社2011年版，第176页。

容并不多，诸监事主要是在日本财界有较大影响力的人物。本节监事的小传主要参照了吉林省社会科学院编撰的《满铁档案资料汇编》第十五卷"文献补遗与满铁年表"（社会科学文献出版社 2011 年版）中"满铁上层人员简历"的相应内容，另查阅其他资料对其生平进行了一定的补充。

马越恭平

图 2-1　马越恭平

1844 年 11 月 21 日出生，日本实业家，被称为"日本啤酒之王"（见图 2-1）。曾任三井物产会社横滨支店店长、大日本麦酒会计社社长，曾在众议院担任议员，在贵族院担任敕选议员。与东京火灾保险、东京帽子等多个会社有较深关系。还从事着与中国铁道有关的工作，曾任中国铁道董事、丰川铁道董事会会长、井原笠冈轻便铁道社社长、金刚山电气铁道社社长等职务。1906 年 11 月 26 日至 1933 年 4 月 20 日任满铁监事。

佐佐木勇之助

1854 年生，东京人（见图 2-2）。1874 年入第一银行，从事簿记业务，受前行长认可，1896 年被提拔为董事及总负责人，沿袭子爵涩泽荣一任行长。此外，兼任储蓄银行、朝鲜兴业银行等各银行会社董事。1917 年 6 月 16 日至 1921 年 5 月 13 日任满铁监事。曾参与日俄战争。后任东京银行某会所会长。

图 2-2　佐佐木勇之助

图 2-3　河上谨一

河上谨一

　　1856 年 3 月 23 日出生，战前曾是外交官、实业家（见图 2-3）。曾任农商务省与文部省的书记官、东京商业学校校长、外务省通商局局长、上海和纽约等地领事、日本银行理事、住友本店理事、满铁理事以及日本兴业银行、大阪织物、九州制钢和住友银行等社董事等职务。出生于周防国玖珂郡岩国，是岩国藩士河上毅的长子。1865 年开始在藩校养老馆学习，随后在 1878 年 6 月，毕业于东京大学法科大学，是日本第一位法学学士。1879 年 5 月，被文部省送往英国留学，于 10 月进入伦敦大学学院。到 2 月为止，跟随威廉姆·斯坦利·杰文斯学习经济学，跟随班德学习宪法，在 1880 年转学到伦敦国王学院，跟随莱昂内·利瓦伊学习了商法、公司、银行、汇率等。1899 年入住友银行总店任理事、监事等。1906 年 11 月 26 日至 1925 年 4 月 28 日任满铁监事。

岩下清周

图 2-4　岩下清周

1857 年 6 月 19 日出生，日本实业家（见图 2-4）。曾作为银行家进行了对风险企业的积极融资。儿子是天主教的哲学家岩下壮一，清周本人也是圣公会所属的基督教徒。他是长野县长野市松代町的松代藩士岩下佐源太的次子，但是出生后不久由于父亲去世，便成了其叔父岩下章五郎的养子。在松代藩兵制士官学校毕业后，在庆应义塾、商法讲习所（现一桥大学）中途退学，毕业于三菱商业学校（之后改名为明治义塾）。1878 年入三井物产会社为职员，1891 年为三井银行负责人之一。1897 年任北滨银行总董事。1907 年任众议院议员。1906 年 11 月 26 日至 1915 年 6 月 4 日任满铁监事。1913 年曾因贪污入狱。

小山健三

1858 年 7 月 23 日出生，从明治时代到大正时代的日本官僚，教育者，实业家（见图 2-5）。前半生主要从事教育工作，是近代日本教育事业的管理者，曾担任东京高等商业学校（现一桥大学）校长等。后半生，就任第三十四银行（后改名为三和银行，现三菱 UFJ 银行）第二任行长。曾任贵族院议员、文部省次官。后任第三十四银行经理。系关西财界知名人物。1915 年 11 月 26 日至 1923 年 12 月 22 日任满铁监事。

图 2-5　小山健三

图 2-6　中桥德五郎

中桥德五郎

1861 年 10 月 13 日出生，日本的政治家、实业家、官僚（见图 2-6）。曾任大阪商船社社长、众议院议员、内务大臣、商工大臣、文部大臣、递信省参事官、监查局局长、铁道局局长、日本窒素和宇治川电气会社董事等。旧姓齐藤，号狸庵。出生于石川县金泽市，是加贺藩士齐藤宗一的第五个儿子。从金泽专门学校文学部毕业，随后在 1886 年毕业于东京帝国大学法科大学。1887 年转至农商务省工作，任参事官一职。1889 年至 1912 年任众议员、政友会总务，并于同年到欧美考察。回到日本后，历任众议院书记官、递信省参事官、递信省监察局局长、铁道局局长等职务。1898 年，受岳父大阪商船社长田中市兵卫的委托，就任其社社长一职，因此离开了官界，借此进入实业界。作为大阪商船社社长时期，通过扩大台湾航线来挽回业务。于 1914 年辞职。除了大阪商船之外，还担任了日本窒素、宇治川电气等公司的要务，在熊本县水俣町建设了氮肥工厂（该工厂是昭和初期业绩增长的所谓新兴财阀日氮联合的中心企业，后来造成水俣病）。和涩泽荣一等创办日清汽船并就任董事。在 1901 年被推选为大阪市议员，同时也担任了议长一职。1902 年在大阪参加了众议院议员的候选人选举，曾当选 7 次。1914 加入立宪政友会，在原内阁（1918 年 9 月至 1921 年 11 月）和高桥内阁（1921 年 1 月至 1922 年 6 月）任文部大臣；在田中内阁（1927 年 4 月至 1929 年 7 月）任商工大臣；在犬养内阁（1931 年 12 月至 1932 年 5 月）任内务大臣。1906 年 11 月 26 日至 1916 年 12 月 13 日任满铁监事。

永田仁助

1863 年 3 月 22 日出生，明治、大正时期的实业家，浪速银行行长，贵族院议员，曾任日本邮船、日本染料制造、南海铁道、大阪电气轨道、东洋棉花、新东阪铁道等会社董事（见图 2-7）。1924 年 6 月 21 日至 1927 年 3 月 10 日任满铁监事。

图 2-7　永田仁助

大桥新太郎

1863 年 9 月 11 日出生，新潟县长冈市人（见图 2-8）。从明治时代到昭和时代的实业家、政治家。与父亲大桥佐平一起创办了博文馆，是明治、大正时代的出版界的重要人物，构筑了从印刷到销售的出版联合会。此外，除被选为众议院议员和贵族院议员之外，还担任了日本工业俱乐部会长。曾任东京商工会议所顾问，大桥本店经理，朝鲜兴业、台湾电化、朝鲜无烟煤、"南满"矿业、三井信托、第一生命保险等社董事，三井银行监查官，日本石油、东北振兴化学会社顾问。1902 年任众议院议员，1916 年任贵族院议员。1912 年 11 月 26 日至 1944 年 5 月 5 日任满铁监事。

图 2-8　大桥新太郎

汤川宽吉

1868 年出生，和歌山县的新宫市人，是一名藩医的长子（见图 2-9）。家人希望他继承父亲的事业成为一名医生，但他坚持自己的意愿，转学到新设立德国法系的法科大学。毕业后进入通信省工作。① 曾任日本递信省书记官、台湾电信建设部事务官、东京邮便电话电信学校校长、外务省参事官。1925 年至 1931 年任住友银行本店总经理兼总董事、

---

① 资料来自 2018 年 5 月 6 日，住友电工官网（http://global-sei.cn/newsletter/2010/10/9a.html）。

图 2-9　汤川宽吉

住友制钢所董事、住友电线制造所监查人。为了让包覆电线、通信和电气电缆的制造走上正轨，汤川于 1911 年从住友厂中将电线业务独立出来，开设了住友电线制造所。同年秋天，他在日本完成了纸绝缘铅包电力电缆的初次实用化，该技术被用于京都市内的高压地下电缆。同时，汤川继续推进相关研究。最终完成了包覆电线、通信和电气电缆的日本国产化。[1] 1927 年 6 月 20 日至 1931 年 8 月 23 日任满铁监事。

原富太郎

1868 年 10 月 8 日出生，日本实业家，号三溪，岐阜县岐阜市人。从事生丝贸易，曾任第二银行、横滨兴信银行经理，三井银行、第七十四银行、横滨火灾海上保险、日本蚕丝等会社董事，横滨生命保险、朝鲜生丝各会社监查官。1915 年，任日本帝国蚕丝社社长，1920 年成为横滨兴信银行（现在的横滨银行）的行长。1923 年关东大地震后，他担任了横滨市复兴会、横滨贸易复兴会的会长。[2] 1925 年 6 月 20 日至 1933 年 12 月 4 日任满铁监事。

---

① 资料来自 2018 年 5 月 6 日，日本住友电工官网（http://global-sei.cn/id/2017/10/dna/file001.html）。

② 参考自 2018 年 5 月 5 日，日文维基百科（https://ja.wikipedia.org/wiki/%E5%8E%9F%E5%AF%8C%E5%A4%AA%E9%83%8E）。

安宅弥吉

1873 年 4 月 25 日出生，石川县金泽市人，日本实业家（见图 2-10）。安宅产业和甲南女子学院创始人。大阪商工会议所会长。1895 年于东京高等商业学校毕业，从事对外贸易。1919 年创办安宅商会，任社长。曾任大藏省汇兑局参事、商工省贸易局及日本商工会议所顾问、大阪商船及朝鲜无烟煤等社董事。1939 年当选众议员（属住友财阀）。1936 年 12 月至 1945 年 8 月任满铁监事。

图 2-10　安宅弥吉

小仓正恒

1875 年 3 月 22 日出生，是金泽藩士审判官小仓正路的长子，石川县金泽市人，是第六代住友总理事（见图 2-11）。曾任贵族院议员、住友本社代表总理事以及住友建筑、住友仓库、住友生命保险、住友电气工业、住友机械制作、住友化学工业、住友铝制品、扶桑火灾保险、日本板硝子、静狩金山、大阪北港、新大阪宾馆、日本电气各会社的会长，住友银行、住友大厦、住友信托、住友金属工业、

图 2-11　小仓正恒

伪满洲住友金属工业、大阪商船、藤仓电线、东亚兴业、日本电信电话工事、国际通信各会社董事,满铁、"北支那开发"、日本发送电各社监事,日本制铁会监事、九州送电会社顾问等职务。曾担任第二次近卫内阁(1940年至1941年)的国务大臣、第三次近卫内阁(1941)的大藏大臣,号为简斋。东京帝大毕业后,通过了文官高等考试,曾任内务省事务官、山口县参事官。1899年入住友财团,历任住友总社董事、代表理事,兼任住友系诸会社董事。1933年任贵族院议员。先后任战时金融金库总裁、东亚经济恳谈会会长、汪伪政府最高经济顾问等职。1932年6月20日至1941年4月2日任满铁监事。作为住友财团代表,积极支持侵略战争,参与重要战时决策。第二次世界大战后曾被整肃。

三浦碌郎

图2-12　三浦碌郎

曾任伪满洲拓殖株式会社监事(见图2-12)。1882年9月23日生于东京市。1908年毕业于东京帝国大学法科大学德法科。1909年2月任警视厅警务部第一部警务科职员,永代桥警察署署长。1913年6月起历任警视厅警视,深川扇桥、四谷各警察署署长,熊本县宇土郡郡长。1919年6月任台湾总督府警视兼台湾总督府警务官。1920年9月任台湾总督府事务官。1924年12月任高雄州知事。1926年10月任台中州知事。1927年7月任台北州知事。1930年5月任关东厅内务局局长。1932年8月任伪吉林省公署理事官,伪总务厅长。1935年8月赴欧美考察,后为伪满国务院总务厅顾问。

原邦造

1883 年 6 月出生，是原六郎的养子，大阪人（见图 2-13）。曾任日本贸易协会理事，高砂企业、协和铁业、高砂铁工等各社会长，复兴建筑助成、三井银行、三井生命保险、东武铁道、日兴证券、东京瓦斯、热带产业、海外兴业、日本土地山林、横滨仓库、王子制纸、日本铝制品、日本航空、大北火灾海上运输等各会社董事等职务。1907 年京都帝大毕业后供职于满铁。后任爱国人寿保险会社总经理、三井银行及三井人寿保险会社董事。1940 年兼任京都高速交通

图 2-13 原邦造

营团总裁、日本航空运输及大日本航空会社负责人。系三井财团负责人中的"元老派"，是财阀中的反共派人物。1933 年 12 月 28 日至 1945 年 8 月任满铁监事。1945 年后担任了电源开发第一代总裁、日本航空会会长、日本银行政策委员等。

冈田信

1885 年 3 月生于滋贺县人。日本大正、昭和时代的大藏省官僚、银行家。作为大藏省官僚，主要负责特殊银行、殖民地金融。1919 年任大藏省书记官。1925 年任东洋拓殖会社理事。1932 年任台湾总督府财务

局局长。1936年任北海道拓殖银行经理。1941年任伪满洲兴业银行总裁。1941年6月至1945年8月任满铁监事。1941年2月，就任第二任伪满洲兴业银行的总裁。

古田俊之助

1886年10月出生，京都人（见图2-14）。曾任伪满洲住友铜管专务董事。1910年东京帝大毕业后入住友公司，历任住友金属工业会社总董事等职。1938年任住友本社总理事，住友矿业、住友电气工业、住友化学工业、住友机械工业、住友生命保险等社董事或董事会长，以及日本制铁、华北开发各社监事。1941年6月20日至1945年8月任满铁监事。

图2-14　古田俊之助

河上弘一

1886年6月14日出生，日本山口县人，河上肇的表弟。1911年从东京帝大毕业。后入职日本兴业银行历任经理、副总裁，1940年任第八代总裁。1944年6月任满铁监事，直至日本战败。1950年任日本输出入银行总裁，兼任诸多银行实业团体要职。

泷兵右卫门

名古屋银行（东海银行前身）发起人之一，并任首任行长（见图 2-15）。1906 年 11 月 26 日至 1912 年 11 月 25 日任满铁监事。

森广藏

1897 年从东京高等商业学校毕业，后入横滨正金银行，1923 年任常务董事（见图 2-16）。同年任台湾银行副经理、经理。1927 年后转入安田银行，任副经理，兼任安田信托等社董事。1933 年 12 月 28 日至 1944 年 1 月 12 日任满铁监事。

图 2-15 泷兵右卫门

图 2-16 森广藏

满铁参事合传

平泽仪平

满铁参事、社长室技术委员会主任。1874 年 11 月生于新潟县北鱼沼郡川井村，是新潟县农民、商人平泽吉多郎的长子，1924 年 11 月继任为家主。1899 年毕业于东京工学院，后进入通信省通信局工务课工作。1900 年 3 月寄宿在工学博士大泽三之助家随其学习了七年的建筑学。1906 年满铁创立之初加入，从事大连及大石桥以南的城市规划、改建整理工作。1909 年以来历任长春临时工事系主任、长春保线系主任，又任职于东清铁道吉长铁道联络社等，在长春城市建设事务所、满铁本社建筑课、大连工务及大连建筑事务所、大连医院新筑工事务所等工作，1928 年 1 月担任满铁参事及社长室技术委员会委员。兼任伪满洲建筑协会理事、大连园艺会干事。

佐田弘治郎

满铁参事、庶务部调查课课长。1875 年 12 月生于东京市曲町区元卫町，是大阪府菊池角兵卫的次子，后来过继给佐田清治做养子。1903 年毕业于学习院大学，1903 年 9 月至 1904 年 5 月在东京帝大英语科学习，与此同时，又在其他学校学习汉语、西班牙语和德语等语言。1905 年 12 月，进入三井银行，主要从事涉外工作。1913 年任三井银行首任外国课课长。1915 年转调至神户支店调查系，出任系长一职。1917 年担任神户支店调查课经济系主任。1918 年 10 月跟随日本当时商界巨头团琢磨以及米山梅吉视察中国东北及中国中部的金融事务，同时进行中国经济界调查。1921 年 7 月进入满铁，来到中国东北，在社长室工作。1922 年任满铁参事，随后任社员惩戒委员会委员、表彰委员等职务。1923 年 4 月转任庶务部调查课课长。受满铁委派，曾于 1926 年 10 月到 1927 年 9 月赴欧美各国考察。

木部守一

曾任满铁庶务部部长、参事。1877 年 1 月生于小仓市锻冶町，是福冈县木部茂的长子。1902 年从学习院毕业，1904 年任领事馆候补，随后历任外务书记官、大使馆书记官、领事、总领事等，1916 年辞去官职，随后进入古河合名会社任职五年，1921 年转入满铁，任东京支社社长，1923 年任东京支社庶务部部长。

元木照五郎

满铁社员消费组合总主事。1878 年 12 月出生于日本德岛县板野郡川村，是德岛县农民元木嘉平的长子，1910 年 4 月继承家业。1898 年入职铁道作业局，历任铁道书记、助理、站长等职务。1905 年 6 月以铁道书记的身份从军，跟随临时军用铁道监部，后在野战铁道提理部任职，后提理部划归满铁。1907 年 4 月转入满铁工作。1919 年调任满铁消费组合总主事，后任满铁参事。1924 年消费组合从满铁分拆独立之后仍任总主事。

和田九市

满铁参事、社长室监事、满铁会社铁道部大连铁道事务所所长。

1878 年 2 月生于熊本县八代郡文政村，是熊本县人和田作次郎的第三子。1900 年入学京都帝国大学理工科。1903 年 7 月毕业于机械科。后直接入职递信省铁道作业局，在神户工场从事实地修业工作。1904 年 11 月递信省铁道工程师，12 月加入东京湾要塞炮兵联队，开始了为期一年的志愿兵役。1905 年 11 月复员，回到递信省铁道省铁道厅，在新桥工厂工作，跟随野战铁道提理部第一工场班来到中国大连。1907 年 1 月任铁道工程师一职，开始从事与铁道建设有关的工作，同年 4 月，提理部划归满铁。1907 年 4 月转入满铁，在公主岭分工厂工作。1908 年 12 月任公主岭车辆系主任。1912 年 2 月任车辆系主任兼公主岭站主任。1913 年 12 月开始到欧美各国考察，后历任车辆系主任、山东铁道队备员，在运输部运转课工作。1919 年 9 月任大管运转课课长。1920 年 7 月任大连运输事务所所长。1923 年就任满铁会社铁道部大连铁道事务所所长。

贝濑谨吾

满铁参事、满铁审查员技术审查委员长。1878 年 3 月生于东京下谷町，原是岛野严吾的第三子，1890 年作为养子过继给贝濑家。1901 年毕业于东京帝国大学机械工学科，之后作为铁道技工进入铁道作业局神户工厂工作。1904 年升任铁道技师。1904 年 5 月，在日俄战争之际任野战铁道提理部运输班车辆长，乘坐佐渡丸赴中国东北，其间还曾受到俄国军舰的袭击。到达中国后，他最初管理锦州的轻便铁道，日俄战后开始从事"南满"铁道的建设。1906 年任俄国铁道交接委员随团赴俄。1907 年成为满铁技师，在运输部驾驶课工作。担任过操作员培养所主事、运输部驾驶课课长、军事运输委员会委员、大连管理局驾驶课课长、大连管理局港口事务所所长、兴业部部长等职务。1911 年转任运输部运转课课长。1920 年转任社长室勤务，并至欧美考察海外铁道状况。1922 年 1 月任埠头事务所所长，次年升任兴业部部长，任职半年后于1924 年 4 月转任技术审查委员长和技术研究所所长。1927 年 10 月享受部长待遇。1924 年任审查员、技术委员长，兼任技术科研所所长。1924

年到 1927 年任大连市名誉议员，名誉副主席。此后也担任过社团法人、伪满洲技术协会伪满洲粉刷业研究会会长、伪满洲生产效率研究会副会长、机械学院评议员、燃料协会常任议员、学术研究会议工学研究员、大连海事协会评议员、日本生产效率联合会顾问、伪满洲体育协会常务理事、大连日本桥小学家委会干事等职务。1908 年赴欧洲考察铁路建设情况，1920 年考察中国铁路，1921 年曾访问欧美各国。

佐藤俊久

满铁铁道部次长、参事。1878 年 7 月出生于冈山市二道町，是冈山市佐藤英久的次子，1903 年 9 月继承家业。1906 年毕业于东京帝国大学工科大学土木工学科，后来到中国武昌，任粤汉铁路总局技师。1909 年入职满铁，任工务课课员。1910 年 1 月转至安奉线改筑工事第二派出所任职。1912 年 4 月任大石桥保线系主任。1916 年 5 月从满铁离职，派遣至四郑铁路局，任工务司勤务。1919 年 4 月回满铁，任大连保线系主任。1920 年 1 月转至满铁工务课任职，1922 年 3 月至欧美各地考察。1923 年 4 月任安东铁道事务所所长。1925 年 1 月任奉天铁道事务所所长。1927 年 4 月升任满铁铁道部工务课课长，1928 年 2 月任满铁铁道部次长。

川上又治

满铁参事、奉天地方事务所经理系系长，1879 年 12 月出生于栃木县大田原町。出生不久就过继给同县的川上保太郎家。1899 年于县立宇都宫中学毕业后，进入大藏省税务局，成了税务监督局技术员。1904 年 8 月被栃木县派遣至上海东亚同文书院留学。1907 年，同文书院商务科毕业后进入满铁工作。历任会计课、奉天公所勤务、临时防疫部书记，先后在大连事务所、营口、奉天地方事务所等任职。1925 年 8 月成为满铁参事，是奉天事务所经理系系长。

盐谷利济

满铁参事、社长室业务课长次席。1879年2月生于新潟县高田市下寺町，是新潟县盐谷利情的长子。1900年毕业于铁道学校，1907年3月进入满铁，随后进入中国东北，历任运输课审查系主任、吉长铁道营业课课长、满铁运输部货物系主任、哈尔滨事务所运输课长、监察员等。在此期间在中国和欧美等地考察。

羽田公司

满铁参事、大连铁道事务所所长。1879年4月生于茨城县古河町，为茨城县银行业者羽田米次郎的长子，1898年5月继承家业。1900年6月任日本铁道株式会社宇都宫站助理，1906年因铁道国有变为官员。历任大崎、福岛、滨松、汐留各站站长以及营业课课员、营业运转巡视员、运输事务长、铁道局货物配车挂长等职务。1920年6月入职满铁并来到中国东北，同年7月任长春运输事务所所长。又任长春铁道事务所所长、埠头事务所所长，后调任大连铁道事务所所长。曾到中国的北方和南方探察。

福田稔

满铁参事。1879年8月生于京都市上京区，是京都府官吏福田将喜的长子，1909年继承家业。1905年毕业于京都帝国大学土木工学科，后赴美国游学，1909年回国后来到中国东北并进入满铁，两年后担任奉天保线主任，先后担任本溪湖、奉天、大连各保线主任，还曾担任大连工务所所长。1923 年任职土木课课长，1925 年担任审查员，1927 年监察员，其间大约一年时间再次赴欧美考察。兼任大连基督教青年会理事长。

平野正朝

满铁参事、学务课课长。1880 年 12 月生于茨城县真壁郡下妻町，是东京市仓田正光的次子，1896 年 7 月过继给平野鹿之助为养子，1917年 4 月继承家业。1907 年毕业于京都帝国大学法科大学法律专业，后进入满铁，先后在调查部、奉天医大、地方事务所工作，1924 年赴欧美考察一年。后担任"南满教育会"干事。

青木菊治郎

满铁参事、地方部建筑课课长。1880 年 3 月生于宫崎县宫崎郡广濑村，是滋贺县市田良兵卫的第五子，1924 年过继给宫崎县青木宣纯做养子，后继承其家业。其养父青木宣纯是陆军中将，曾任旅顺要塞司令官。1906 年毕业于东京帝国大学工学部建筑科，主修的是土木建筑工学，毕业后来到中国东北。1907 年 3 月入职满铁，开始从事寒地建筑的土木事业工作。1908 年任建筑课工程师，参与了大连及其他的城市规划设计，对中国东北各城市的城市建筑有一定贡献。1918 年被关东厅建筑技术者鉴定委员会认定为大连市建筑规则第一级主任技术人。1920 年 3月任工务事务所顾问，同年 5 月辞职。1921 年被推举为"满洲建筑协会"评议员。在 1919 年至 1920 年辞职期间，独立经营建筑事务所，并与小野木孝及横井谦介一同创立共同建筑事务所。1925 年 12 月再次回到满铁，先后任地方部建筑课课长、满铁参事。

福井敬藏

满铁参事，哈尔滨事务所运输系主任。1880 年 7 月生于东京市芝区西久保广东町，是东京府士族福井敬四郎的长子，1898 年继承家业。1907 年毕业于东京外国语学校俄语专业，1907 年 11 月入职满铁，进入中国东北，在运输部工作。1909 年任职于东支铁道和联络运转及营业课审查系。1917 年 3 月担任哈尔滨公所运输营业事务主任，1921 年哈尔滨运输营业所成立，其转任至东支铁道交涉事务所。1923 年 6 月组织变更，成立哈尔滨事务所，他担任运输课运输系主任。1927 年 12 月担任参事，1919 年至 1927 年 2 月作为日本铁道代表及满铁代表，在西伯利亚各地沿海各州以及中国南方地区考察。

船田要之助

满铁参事、沙河口工场场长。1880 年 8 月生于爱媛县温泉郡阪本，是爱媛县人船田健一郎的长子。1906 年 7 月毕业于东京帝国大学机械科，同年 8 月跟随野战铁道队来到中国东北。1907 年 4 月进入满铁运输课工作。在大石桥、公主岭、安东等地任职。1911 年 11 月升任大连车辆系主任。后历任汽车课课长、运输课课长、工场场长、沙河口工场第一作业课课长、监理课课长的职务。1927 年升任沙河口工场场长。曾于1918 年 7 月受命到英国、美国考察一年。

杉浦熊男

满铁参事、大连铁道事务所运转长。于 1881 年 3 月出生于大阪府西成郡鹭州村，是大阪府人杉浦定贯的长子，1907 年 7 月继承家业。1902

年毕业于大阪高等工业学校机械科，当年 8 月进入铁道作业局神户工场工作。1904 年被任命为铁道技师。1917 年 7 月被任命为朝鲜总督府铁道技师的同时入职满铁。1918 年 8 月调至满铁铁道部运转课工作。1923 年 8 月被任为铁道部运转课参事，1925 年依照参事制被定为满铁参事。1927 年就任大连铁道事务所运转长一职。曾于 1926 年 6 月为进行检车区的组织、客货车构造等相关研究到欧美考察 8 个月。

和田留藏

满铁大连铁道事务所职员，冈菔株式会社董事兼技师长。1881 年 4 月生于千叶县君津郡久留里町，为千叶县农民和田义照的第四子，1923 年分家成为户主。1899 年从工手学校土木科毕业后，即被铁道作业局雇用。后又调至递信省铁道局，负责铁道线路预定线的测量工作。1905 年 4 月日俄战争时期，他以临时铁道大队附的身份，负责安奉线的联络工作。1905 年 7 月担任临时军用铁道监部附。1906 年 9 月调任野战铁道提理部附。1907 年 4 月起随提理部并入满铁工作。1929 年被任命为参事，当年被任命为技师长，进入冈菔株式会社任各个工区现场监督，1940 年 4 月株式会社改组，兼任董事。

冈村金藏

满铁参事、抚顺煤矿调查员。1881 年 7 月出生于京都市。1906 年 3 月毕业于京都帝国大学工科大学。1910 年起任制铁所技师。1913 年起任京都市技师，当年 5 月进入满铁，任抚顺煤矿机械科勤务，后调任抚顺煤矿调查员。曾于 1919 年、1924 年先后以发电所设备调查、油母页岩工业调查为目的到欧美考察。

清冈己九思

满铁参事、大连筑港长。1881 年 9 月生于高知县田野町，是高知县农民清冈茂八的长子，1916 年 2 月继承家业。1906 年毕业于第五高等学校工学部土木工学科特待生，毕业后进入九州铁道株式会社，担任工程师。1908 年 7 月辞职，随后进入中国东北，任关东都督府担任工程师，在民政部土木科工作。1914 年离职，从事朝鲜铁道建设事业。1916 年 11 月进入满铁，在大连筑港事务所工作，随后担任埠头事务所工务课土木系主任、筑港系主任。1927 年 5 月职务变更，转任埠头事务所工务课课长，同年 11 月任大连筑港长等，还担任其他城市的下水设施、王家店水源地施设设计及工事主任，负责设计堰堤和储水池。

吉原大藏

曾任满铁参事，伪哈尔滨地方事务所所长。1882 年 2 月生于大分县高田町，是大分县吉原镇策的第三子。1905 年毕业于上海东亚同文书院，后进入外务省工作，历任外务通译生、外务书记生、副领事等职务。1922 年担任日本驻中国各地领事。1926 年 1 月辞职。随后又复职于外务省，继续工作。后任奉天总领事馆领事，之后转任满铁社员，任伪吉林派出所所长。

牛岛蒸

满铁参事、大连铁道事务所次长、大仓土木会社技师长、共立土地建筑和伪满洲农事会社的董事长、伪满洲土木建筑业协会副会长。1882 年 3 月 22 日生于福井县大野郡大野町，为福井县深美织人的儿子，叔父牛岛安之丞的养子，1921 年 9 月继承家业。1906 年东京帝国大学工科大学毕业后进入满铁，随后担任连山关、安东保线系主任、铁道部线路课长次席、铁道部保线课课长、大连铁道事务所所长、社长室技术委员会委员等职，兼任大连铁道事务所次长。其间为铁道建设及保修业务，于 1923 年在欧美考察旅行。还曾担任大连市参事会员。

筑岛信司

满铁会社地方部部长。1882 年 6 月出生于广岛市江波町，为广岛县酱油酿造业者筑岛喜一的长子。1906 年 5 月继承家业。于 1911 年东京帝国大学法律学科毕业之后入职满铁，任运输课勤务，同年 11 月任铁岭站助理，在现场修习课业。1913 年转任铁岭站的货物主任，同年 9 月升任开原站站长，在同站工作五年后于 1917 年受满铁本社的命令考察欧美 6 个月，回国后于 1918 年 1 月任大连管理局勤务。次年任总务部交通课次长，其后又任大连管理局营业课课长，旅客课课长。1923 年职制调整之际任铁道部旅客课课长。次年任社长室文书课课长，1926 年 3 月地方部大调整时被提拔为地方部部长。

增田直次

满铁参事、鞍山制铁所用度系主任。1883 年 11 月生于小仓市堺町，是福冈县增田勇三郎的长子，1914 年 6 月继承家业。1901 年 9 月任职于九州铁道部。1904 年 11 月就任野战铁道提理部员，随之进入中国东北。1907 年 4 月开始担任鞍山制铁所用度系主任，1927 年在欧美考察。

增勇茂重郎

满铁社长室监察员，满铁参事。1883 年 11 月出生于埼玉县北足立郡指扇村，是埼玉县农民增永长次郎的第四子。1909 年毕业于东京帝国大学工科大学采矿冶金学科，其后直接入职满铁，起初任抚顺煤矿坑务课技术员。1912 年 8 月任烟台支坑主任，1917 年 1 月任杨柏堡坑主任，1918 年 6 月任杨柏堡坑采煤所所长，1920 年 6 月任东乡采煤所所长，1925 年 2 月任老虎台采煤所所长，同年 8 月任参事。1927 年 10 月任满铁社长室审查员，11 月任监察员。1928 年 8 月任监察员。在 1926 年曾在中国南部考察旅行。

伊东直

满铁参事、抚顺煤矿调查员。1883 年 12 月出生于福井市江户下町，是福井县人伊藤益兴的长子。1907 年毕业于东京帝国大学工科大学采矿冶金学科，8 月进入北海道煤矿汽船会社旗下的夕张煤矿任技师。1912 年 9 月辞职，来到中国东北进入满铁，任抚顺煤矿大山坑主任，后调至调查员室。曾于 1921 年 5 月至 1922 年 10 月为进行采煤法的研究受命到欧美各国考察。曾任日本在乡军人会抚顺分会会长。

田村羊三

满铁参事、兴业部部长，1883 年 3 月出生于东京市本乡区驹込曙町，是田村讷的长子，1905 年 11 月继承家业。1907 年 7 月从东京高等商业学校毕业后就进入了满铁工作。先后任职于运输部港务课大栈桥事务所、埠头事务所。1910 年 1 月至英国留学，1911 年去欧洲各国游学，同年 12 月结束游学。1916 年 1 月在长春交易所信托公司成立的同时担任其专职董事。1918 年 1 月成为大连铁道管理局庶务课课长，1919 年 7 月经任运输部庶务课课长兼营业课课长。1920 年 6 月为创立纽约事务所前往美国，并成为事务所所长。1923 年 3 月归国，担任审查一员，同年 11 月经任社会课课长后，1925 年 12 月就任兴业部部长，兼任大连汽船公司董事一职。在此期间曾游历中国各地。

平秋宽

曾任满铁鞍山制铁所所长，1883 年 5 月生于福井县丹生郡朝日村，是福井县农民千秋矶之助的第三子，是平秋贞之的养子。1907 年毕业于京都帝国大学法科大学，1907 年 12 月进入满铁，历任奉天站助理、长春站货物主任、开原站站长、长春站站长、满铁本社运输部旅客系主任、山东铁道营业课课长、满铁货物课课长、庶务课长以及审查员，随后担任鞍山制铁所次长和所长。1913 年至 1915 年在欧美留学两年。

永尾龙三

满铁参事、营口地方事务所所长。1883 年 5 月生于下关市西的细口町，父亲名叫永尾又右卫门，龙三是永尾家第三子。1905 年永尾龙三毕业于东亚同文书院。毕业后受到儿玉将军的推荐，前往师范学堂任教，同年 4 月赴任。1910 年入满铁抚顺煤矿，在常务课工作，1914 年 3 月任"南满工业学校"教员。1918 年转入铁道部调查课工作，1922 年代理兴业部常务课课长。1923 年 4 月专职就任满铁参事。1926 年进入社长室工作。1928 年 11 月转任营口地方事务所所长。永尾龙三还曾兼任营口铁道电气公司董事、营口神社委员会委员长、营口商业会议所特别议员、红十字地方委员等名誉职位。

横山正男

满铁参事、"南满洲旅馆株式会社"专务董事、铁道部旅馆经理，1883 年 8 月 7 日生于鹤冈市马场町，是山形县律师横山知正的长子。

1909 年毕业于京都帝大法科，毕业后加入大阪商船株式会社。1911 年 1 月辞去职务，转入满铁工作，担任大连大和酒店经理一职，此后一直从事大和酒店的经营工作。直到 1928 年 1 月由于大和酒店与满铁组织结构分离，辞去了满铁的职务，就任 "南满旅馆株式会社" 专务董事。在此期间，在 1918 年为了考察旅馆业而到美国。

杉广三郎

满铁参事、伪铁道总局输送委员会委员长兼铁道学院院长事务经理兼技术委员会委员、伪铁道总局设备委员会委员长、伪华北交通理事与企画委员会委员。1883 年 12 月 16 日生于东京，1907 年毕业于东京帝国大学工科大学土木工学科。曾在铁道院任职，1910 年任铁道院技师，1914 年在海外留学，曾历任冈山建设事务所所长、国府津改良工事事务所所长、铁道省工务局计划课课长等职。1929 年任东京地下铁道会社计划部部长，后升任至伪铁路总局次长及工务处处长。1936 年 2 月任铁道学院院长事务经理，9 月任伪总务处处长事务经理兼任工务处工务课课长事务经理并兼任参事。1939 年 4 月任伪华北交通理事。

铃木二郎

满铁参事、奉天铁道事务所所长。1884 年 11 月生于茨城县水户市，是茨城县铃木良时的次子，1916 年 3 月继承家业。在 1908 年毕业于东京帝国大学工科大学，同年 8 月入社满铁，在大连机关库工作，同年 12 月转至满铁运输课工作。1909 年 5 月兼任调查课工作。1910 年 3 月任瓦房店车辆系主任、1911 年 3 月任辽阳车辆系主任，11 月任大石桥车辆系主任。1917 年 2 月任大连车辆系主任，1919 年 4 月转至运输部运转课工作，1922 年 4 月任铁道部运转课课长。1927 年 4 月任长春事务所所长，11 月转任奉天铁道事务所所长，兼任溪城铁路理事。1920 年 5

月 29 日开始为考察铁道事业而到欧美各国，1921 年任运转课课长代理一职。

永雄策郎

满铁参事、审查员。1884 年 1 月生于京都府竹冶郡的下宇川村，父亲名叫永雄文右卫门。策郎是永雄家的第三子。1911 年永雄策郎毕业于东京大学政治系。1913 年进入东京经济杂志社工作，担任编辑。1915 年 11 月进入满铁东亚经济调查局，随调查局前往大连工作。1919 年升任主事兼任资料课课长。1922 年任社长室管理，1923 年 4 月转任参事。1924 年 7 月转任东亚经济调查局参事。1926 年 7 月调任为审查员。1922 年 5 月至次年 8 月永雄策郎赴欧美考察学习。

米冈昌策

满铁参事，1884 年 2 月出生于新潟县北鱼沼郡小千谷町。父亲是新潟县绸缎商人米冈权太郎，他是家中第三子。1908 年于大阪高等工业学校毕业后 8 月进入满铁，一直在沙河口工厂工作。1924 年正月为考察车机的制作和研究修理方法至欧美。1925 年 8 月成为参事。1927 年 4 月任职为埠头事务所工务课课长代理，10 月成为临时经济调查委员会委员。

井上致也

金福铁路公司监察员，井上贸易商会主，从事日德贸易，满铁会社铁道部旅客课课长。1885 年 4 月 21 日出生于石川县金泽市梅枝町。1911 年毕业于东京帝国大学法科大学，专攻德国法律。大学毕业后被朝鲜总督府选聘为铁道局书记，1912 年 6 月任南大门站站长，也开始了铁道事务的现场修习。1912 年 11 月通过了高等文官考试，12 月被分配到朝鲜总督府任候补，后被分配到学业课任勤务，次年 9 月任铁道从事员教习所教官。同年春任铁道局副参事。1914 年转至汽车课任职，在平壤工作，1916 年升职。1917 年 7 月，朝鲜铁道由满铁委任经营，井上相当于入职满铁。1919 年 5 月为考察海外铁道状况，到欧美各国调查 10 个月。同年 7 月升职，其后脱离政界投身于实业。1920 年 8 月回国后在满铁本社工作，1922 年 1 月转至东京支社的运营课课长兼庶务课课长。1923 年转任安东铁道事务所所长兼地方区长。1925 年 4 月任安东地方事务所所长，同年 7 月任本社旅客课课长。1926 年秋在莫斯科召开的"满俄运输会议"中担任满铁方面委员，列席会议。1927 年 9 月出席在柏林召开的欧亚联络会议。后离开满铁，于 1936 年 5 月任金福铁路公司监察员，井上贸易商会主，1939 年 1 月停业。

滨田信哉

满铁参事、监察员。1884 年 6 月出生于鹿儿岛县揖宿郡指宿村，为鹿儿岛县人滨田惠三的长子。1916 年 11 月继承家业，1908 年毕业于神户高等商业学校后进入东京高等商业学校专攻部就读。1920 年毕业，同年 8 月来到中国东北进入满铁工作，任社长室监察员。1921 年为进行铁道与港湾矿山的会计制度研究而到欧美留学两年。

里村英夫

满铁参事，总裁室福祉课住宅系主任，社员会评议员，伏见台社员俱乐部干事长，都山流大连干部会干事长。1884 年 8 月生于佐贺县。1907 年起先后在佐贺县及京都市、安东县等处任职。1911 年毕业于京都法政大学法科专门部，1917 年 7 月受朝鲜总督府推荐往赴山东铁道管理部任职员，后任铁道部文书课职员，1922 年 6 月任主事课庶务系主任。1923 年 5 月入职满铁，任庶务部社会课职员，1926 年 4 月任安东地方事务所社会主事，1927 年 4 月任本溪湖地方事务所庶务系系长，又任社长室人事课、总裁室人事课、总务部人事课职员。1934 年 2 月任住宅系主任，住宅研究委员会干事，社员社宅审查委员会干事，5 月任参事。1936 年 10 月任总裁室福祉课住宅系主任，1939 年 6 月任伪人事局调查员兼同局厚生课职员。

向坊盛一郎

曾任满铁会社兴业部商工课课长、"南满洲电器株式会社南满瓦斯会社"董事。1884 年 8 月生于福冈县远贺郡上津役村。父亲是当地农民向坊次八，他是家中次子，于 1925 年 5 月分家。后在该地同乡的东筑中学入学，其后升至神户高商，1907 年毕业后直接入职满铁，作为书记员前往大连总务部会计课任职。后来相继就任经理部会计课课长、主计课课长、兴业部工商课课长等职。1906 年 4 月任调查课兼务。1917 年曾受命赴欧美考察 10 个月，计划先赴美国后赴欧洲，因为时处第一次世界大战，德国在大西洋进行无限制潜艇战，美国与欧洲联系遂绝，其只在美国考察当地的经济状况和会计组织至年末。1918 年 1 月升任会计课课长，1920 年 3 月转任主计课课长，1922 年 1 月任满铁会社兴业部商工课课长，后又兼任"南满洲电器株式会社南满瓦斯会社"董事。同时也兼任"南满电气""南满煤气"和营口水电等公司监察员等职务。

木村正道

曾任满铁参事。1885 年 10 月生于东京市四谷区盐町，为东京府木村繁次郎的次子，1918 年 2 月继任为家主。1914 年毕业于东京高等商业学校，后进入满铁，任职于总务部事务局调查课，1919 年 1 月任夜学部讲师见习顾问，1922 年 1 月转职于社长室调查科，1924 年 4 月到 1926

年 7 月在欧美进行经济研究及铁道统计事务调查研究，1928 年 8 月任参事。

白滨多次郎

曾任满铁参事、经理部会计课课长、陆军三等会计。1885 年 12 月生于鹿儿岛县出水郡三笠村，是鹿儿岛县农民白滨权右卫门的次子，1923 年分家。毕业于鹿儿岛县立川内中学，随后在 1908 年毕业于神户高等商业学校，同年 5 月入社满铁，因此来到中国东北，任抚顺煤矿的会计课书记一职。同年 12 月入伍，在久留米步兵第四十八联队任在乡陆军会计少尉一职。1910 年 4 月退伍，复归满铁。7 月转至抚顺煤矿用度课工作。1918 年 6 月任抚顺煤矿用度课课长，1920 年 3 月任满铁商事部购买课课长，1922 年 1 月任经理部用度课课长，1923 年 5 月开始为了考察一年间的商业情况及工场等目的而旅行欧美各国。1924 年 5 月升任经理部会计课课长。后曾出任"南满洲瓦斯会社""盛京时报社""满鲜土木会社"等会社的董事，"南满洲电气会社"、"满洲日报社"、原山海水浴会社等会社的监察官，大连商工会议所议员、大连商工会议所工业部会副委员长、大连市公会堂建设调查临时委员、满铁社友会评议员等职务。

高宫元三郎

曾任满铁参事、大连工务事务所所长。1885 年 3 月生于福冈市西坚粕町，是福冈高宫仁吉的第三子。1913 年毕业于东京帝国大学工科大学建筑科，毕业后到名古屋市的志水建筑业店进行实地研究考察。1916 年 7 月被派到青岛军政署工作，因而来到中国。1920 年 1 月，被任命为青岛守备军民政部工程师兼铁道工程师。1923 年 3 月，转任至满铁工作，同年 6 月，任满铁参事，还在大连工务出差所任所长一职。1925 年 6 月升任工务事务所所长。

古仁所丰

曾任满铁参事、社长室勤务，1885 年 4 月出生于茨城县新治郡上大津村，是茨城县农民古仁所仁兵卫的次子，1917 年分家。1910 年 4 月毕业于东京帝国大学政治科，毕业后直接加入日本银行，先后在日本银行计算局、调查局、秘书役、营业局多个部门任职。1916 年 1 月受命任海外业务监督员至美国一年、英国三年，之后在欧洲大陆旅行约一年，1920 年年末返回日本。次年 2 月从日本银行辞职，赴中国东北入职满铁，任经理部会计课课长。1922 年 4 月任参事兼调查课课长，1923 年 4 月任东京分部经理课课长兼庶务课课长兼"鲜满"案内所所长，1924 年 7 月任满铁经理部部长，1926 年任北京公所所长。1928 年 6 月任社长室参事。

酒井清兵卫

曾任满铁参事、铁道部庶务课课长。1885 年 4 月生于岐阜县稻气郡黑野村，是岐阜县农民白木文六的次子，同县酒井唯一的养子，1913 年 8 月继任为家主。1908 年毕业于东京外国语学校满语科，后进入中国东北任职于满铁，历任"南满洲旅馆株式会社"董事、伪满洲船渠株式会社监察员、福昌华工株式会社董事、东亚土木株式会社董事，曾在欧美旅行考察研究铁道拖设物。

广崎浩一

曾任满铁参事、地方部卫生课医务系主任，1885 年 6 月生于大分县宇佐郡丰川村，为大分县官吏广崎卫的长子，1912 年 12 月继任为家主。1908 年毕业于神户高等商业学校后，于 1918 年 10 月来到中国东北，供职于满铁，先后任职于经理部、地方部卫生课等。曾赴欧美留学进行医院经营事务的研究，后担任卫生课勤绩参事。

岩田熊次郎

满铁铁道部庶务课课长，大连市会议员。1885 年 8 月 4 日出生于京都佛光寺附近，石岩田清次郎的第三子，家中经营和服生意。1908 年 4 月毕业于神户高商，其后在广岛商业学校任教一年。1909 年入职满铁就职于运输课，后至长春站工作。其后又在大连半年，在沈阳两年，其后又回到大连站，后至青岛和济南公所。后升任铁道部庶务课课长。1923 年 1 月受满铁之命为考察第一次世界大战后的欧美诸国而出访，1924 年回到满铁，升任经理课课长。1924 年秋天被选为大连市会议员。1926 年 8 月任参事，11 月任满铁铁道部庶务课课长。

清水贤雄

满铁参事、铁道部工务课课长。1886 年 10 月生于岐阜县安八郡和合村，为岐阜县清水恒三郎的养子，1908 年 12 月继任为家主。1911 年京都帝国大学工科大学毕业后进入满铁，随后供职于工务课及大石桥保线系以及担任抚顺保线员、辽阳保线系主任、吉长铁道派遣工务主任、大连铁道事务所长代理等，1924 年在欧美进行一年的考察访问，后进入铁道部计划课工作，担任沈阳铁道事务所所长、大连铁道事务所次长。1918 年至 1919 年参与出兵西伯利亚。

龟井宝一

曾任满铁地方部卫生课参事、大连市会议员，1886 年 12 月出生。中学毕业后被县里选拔推送至东亚同文书院，1907 年毕业于东亚同文书院商务科，同年 9 月被大阪才贺电气商会所招聘，至营口工作。次年 4 月入职满铁，在运输课电气系工作约两年，1910 年转至沈阳工作，1916 年 3 月赴长春管理电灯设备的事务。1921 年 5 月升任电气作业所次长，1922 年 1 月任代理所长，1923 年 4 月任参事。其后大连市的新市制颁布，其作为满铁方面的代表被选为市会议员。其后电气作业所从满铁分离成为一个独立的会社，1926 年 5 月其转至地方部卫生科工作。

木村通

满铁参事、社长室人事课课长、满铁拓殖理事、伪满洲土地开发各株式会社理事、伪满洲畜产株式会社监察官。1886 年 12 月生于茨城县真壁郡下妻町，是茨城县农民藤仓治三郎的第五子，后被过继给茨城县木村牧作养子，并于 1918 年 1 月继承家业。1910 年 7 月毕业于东京帝国大学法科大学，主修德法，毕业后直接进入递信局，任通信局书记一职，同年 11 月通过高等文官考试。1911 年就任递信管理局事务官，随后任金泽递信管理局总务部部长，1913 年 6 月由通信副事务官转任至名古屋邮局第一课课长。1914 年 8 月正处于日德战争，跟随日本第二舰队封锁了胶州湾并受命任随野战邮政监察而到达青岛，同年 11 月，在青岛陷落后，留守于青岛守备军通信部。1915 年 4 月返回日本并在递信省通信局工作，任递信局事务官一职，不久后转任经理课课长一职，同年 7 月任台湾总都督府秘书官兼参事官。1918 年 6 月辞职，任山下合名会社的调查系主任，并于 1919 年 8 月任参事一职兼任庶务系系长。1920 年 12 月退社。1921 年 12 月入职满铁，在社长室工作，1922 年 3 月任参事，后又任社员共济审查会委员。1923 年 4 月就任兴业部庶务课课长，1924 年 8 月为了产业助成法的研究到美国以及加拿大。1926 年 3 月任社长室文书课课长，1927 年 10 月转任人事课课长一职，随后任殖产部部长一职。在此期间，于 1925 年去欧美各国旅行。1932 年辞任，1936 年 9 月以两千万资本金设立"鲜满拓殖会社"，随后，又以一千五百万资本金设立了"鲜满拓殖会社"的事业会社——"鲜满拓殖股份有限公司"，并就任两个公司的理事一职，被选任为"鲜满拓殖公司"长春本社驻在理事。

小须田常三郎

满铁铁道部附参事。1886 年 1 月出生于群马县北甘乐郡磐户村，是群马县农民小须贺武吉的第三子，1914 年 6 月分家自立。1910 年毕业于东京高等商业学校，其后入职满铁，历任运输课勤务、铁岭站助理、大连站助理兼列车车长、长春站货物主任等职，1915 年 4 月任山东铁道管理部埠头荷扱主任，1917 年 4 月任济南站站长，1918 年 6 月任青岛守备军民政部铁道事务官。1919 年回到满铁，任铁道部贩卖课课长兼铁道部秘书系系长，历任大连铁道事务所营业课课长、奉天铁道事务所庶务课课长。1924 年 3 月由大连铁道事务所转任参事。其后又至沙河口任会计课课长兼庶务课课长。1929 年为考察工场经营法出洋。

新井信次

满铁参事。1886 年 1 月出生于东京市牛込区新小川町，是东京府医师新井八郎的次子。1905 年毕业于东京外国语学校中文科，1909 年入职外务省，历任奉天总领事馆、安东领事馆、间岛领事馆、安东领事馆、天津总领事馆、间岛总领事馆珲春分馆主任。1922 年入职满铁，任东京分社代理庶务课课长，1923 年 12 月赴中国东北任参事。

山领贞二

满铁参事、京奉铁路局技师、满铁京奉派遣员，1886 年 4 月出生于佐贺县小城郡小城町，为佐贺县医师山岭诚斋的次子，1923 年 1 月分家。1909 年毕业于熊本高工土木科，后来到中国东北进入满铁，在工务课供职。历任奉天保线手、工事系主任的职位，在此期间完成了苏家屯—奉天复线工事和浑河铁桥工程。1923 年被聘为京奉铁路管理局技师长。曾为进行铁路的建设工事和信号的相关研究在欧美各国留学两年。

足立直太郎

满铁参事、洮南铁路局顾问。1886 年 6 月生于爱知县一宫市西本町，是爱知县足立笹次郎的长子，于 1905 年 6 月继承家业。县立中学毕业后，在 1907 年毕业于上海东亚同文书院政治科，同一年入职满铁，在运输部营业课工作，并任见习列车员。1908 年，任列车长一职，随后转至营口站工作，同年 11 月转至大连站工作，并于 1910 年出任大连站助理一职。1912 年兼任大连站列车长一职。1917 年任瓦房店站站长一职。1918 年开始在运输线业各个职位上工作，处理各类运输事务，并被提拔至抚顺站站长。随后任铁道部系主任、奉天运输事务所庶务课课长和埠头事务所庶务课课长等职务。在此期间，1923 年至 1924 年为考察停车场设施而被派遣到欧美。1925 年任课长代理，1926 年转任埠头事务所庶务课课长。

佐藤周吉

满铁参事、白城子建设事务所所长、伪满洲劳务兴国会常务理事。

1886 年 7 月生于福岛县相马郡八幡村。毕业于北海道帝国大学土木工学科。1908 年 8 月赴朝鲜平壤铁道派出所就职，历任新义州、清津等铁道建设事务所的职务。1917 年从朝鲜铁道局转任满铁顾问，1922 年赴俄国远东地区考察，1925 年离开满铁，1927 年到 1928 年赴印度、欧洲、南北美洲旅行并从事各地特殊铁道研究。九一八事变后，曾参与解决吉会铁道的铺设技术问题，1932 年 9 月任关东军交通监督部工务课课长，1936 年 6 月任伪铁道总局建设局白城子事务所所长，后历任伪齐齐哈尔铁道建设事务所所长、伪铁道总局监察等职，1941 年 6 月任伪满洲劳务兴国会常务理事。

山内胜雄

满铁参事，满铁关系会社专任监察员，1886 年 8 月生于福冈县糟屋郡，是福冈县农民山内半三郎的长子，1924 年 2 月继任为家主。1908 年毕业于山口高等商业学校。翌年 6 月进入中国东北任职于满铁，在埠头事务所担任管理，随后历任运输部营业课长次席、货物课长代理、哈尔滨事务所调查课课长等。1925 年 5 月担任满铁关系会社专任监察员以及满铁关系十七会社监察员。其间在欧美留学两年研究铁道营业，1920 年毕业于美国纽约市哥伦比亚大学商科，获得硕士学位。

小仓铎二

满铁参事、社会课课长。于 1887 年出生于神奈川县小田原町，是神奈川县小仓嘉尚的次子，1912 年分家。1912 年 7 月毕业于东京帝大政治科，同年 11 月通过了高等文官考试，12 月加入满铁，历任地方课、瓦房店地方事务所所长、安东地方事务所所长，1915 年担任瓦房店经理系主任，在职期满后任瓦房店电灯株式会社董事、社长。1917 年调至安东地方事务所，1918 年辞去满铁领事一职，出任铁岭领事馆勤务。1921 年复归满铁,任职外事课课长、人事课课长。1922 年任社长室人事课课长兼社会课课长。1923 年,为了研究殖民地经营,赴欧洲考察。1925 年出任审查员一职,后就任满铁社会课课长。

内丸勇

满铁参事、临时经济调查会委员,1887 年 2 月 7 日出生于福冈县筑上郡沓川村,是福冈县内丸民平的次子。在乡里的学校毕业后来到东京,就读于东京高等商业学校,1910 年毕业后入职满铁,同年 8 月来到大连,在满铁会计课工作。1911 年转至埠头事务所工作,任调查系主任。随后转任临时经济调查委员会第一部委员。1920 年 9 月任陆运课课长,1921 年任海运课课长。1923 年开始了为期 8 个月的欧美考察,1924 年回到日本,后任庶务课课长代理,1925 年任庶务课课长,一度兼任代理所长。

田所耕耘

满铁审查员、参事。1887 年 3 月出生于和歌山县西牟娄郡田边町,父亲为和歌山县田所弓彦,其为家中长子。1908 年毕业于东京高等商业学校,毕业后继续攻读本校的专攻部。后在群马县立工业学校担任教师一职。1912 年 12 月来到中国东北,进入满铁会计课工作。1915 年进入总务部事务调查课。1918 年 1 月转任至监察课,同年 5 月兼任会计课次长。1919 年进入社长室人事课。1920 年成为经理部会计课课长。1923 年成为监察员,1925 年成为参事。1927 年 11 月担任审查一职。

林显藏

满铁参事,伪满洲映画协会理事,伪满洲音盘配给社社长,总裁室庶务课课长，消费组合总代，满铁社长室文书课秘书系主任，1887年出生于滋贺县彦根町。滋贺县官吏小山久次郎次子。后为外祖父林正太郎的养子。1889年3月继承家业。1904年于京都法政学校法律系毕业后，入东京音乐学校学习。1913年修完本科及研究生课程，1918年进入满铁工作，任职于地方部兼人事课、文书科兼地方课。1922年转至社长室勤务，1930年6月任参事，又为总务部庶务课秘书系主任、庶务课课长兼秘书系主任，1936年10月任总裁室勤务，1937年8月任伪满洲映画协会理事。

田边利男

吉敦铁道技师长、参事。1887年7月出生于兵库县假屋町，是兵库县田边理三郎的长子，1928年10月继承家业。1911年从东京帝大工科大学毕业后就进入了满铁成为安东保线人员。1915年成为熊岳城保线系主任，1916年成为四郑铁道建设第二段长。1918年成为长春保线系主任。1921年成为线路课课员。1923年成为长春铁道事务所参事所长代理。1926年为建设吉敦铁路作为技师长。1920年1月为考察铁道业务赴欧洲考察。

小川逸郎

满铁参事、兴业部贩卖课课长，1887年7月出生于三重县名贺郡名张町，是三重县小川松太郎的长子，1919年2月继承家业。1909年东京外国语学校毕业后，1910年3月入职满铁，先后担任庶务课、矿业课勤务。1912年3月任职于安东矿业课派出所、哈尔滨矿业派出所、大连矿业派出所。1918年任满铁兴业课地卖主任。1922年10月任贩卖课次席。1923年3月任贩卖课课长。后还担任了大连汽船株式会社监察员，福昌华工株式会社董事，"南满矿业株式会社"董事的职务。

右近又雄

满铁参事、社长室业务课第二部主查。1887 年 12 月生于佐贺县小城郡小城町。是当地企业家右近生行的次子。1910 年毕业于长崎高等商业学校，同年 6 月毕业后进入日本氮气化肥公司水俣工厂，担任用度及仓库股长。1911 年 8 月赴南洋实习。次年 4 月进入电气化学工业公司北海道小牧工厂工作，兼任常务课课长和用度主任。1916 年 3 月升任公司常务理事。1921 年 9 月进入满铁工作，任本部地方部勤务课工商主任，后历任兴业部工商课商务股主任、东京分社常务课常务主任等职。1926 年升任满铁参事，1927 年 12 月任本社业务课第二部主查。

植木茂

满铁参事、地方部建筑课。1888 年 12 月植木茂生于广岛市大手町，是植木悆的次子。由于次子没有继承家业的权利，故在 1926 年植木茂分家自立。1914 年他毕业于东京帝国大学建筑系。随后作为陆军雇员前往青岛、山东铁道任职。1918 年他又被派遣至满铁，来到中国东北。在满铁工作九年后又被派往朝鲜铁路工作。1925 年日本进行了铁路国营化改革，改革之后，植木茂担任过一段时间的铁路技师。但这次的工作时间十分短暂，一个多月后他又被调回满铁工作。之后，植木茂又经历了调任，这次他被安排在满铁地方部建筑课任副职。植木茂曾经赴欧美考察各行各业运行情况。

小仓宣义

满铁参事、社长室业务课勤务。1888 年 4 月生于东京市麻布区笄町，是东京田中与三右卫门的儿子，后被过继给他母亲小泽家作为养子，1914 年继承了家业。1911 年毕业于东京高等商业学校，随后加入满铁，历任埠头事务所货物系、埠头事务所庶务系主任、埠头事务所庶务课课长副职、埠头事务所陆运课副职、埠头事务所陆运课课长等职，十几年来一直在埠头事务所工作。1924 年 4 月被满铁派遣到欧美留学两年。回归满铁后任鞍山制铁所庶务课课长，在 1927 年转任满铁社长室业务课勤务。

大桥赖三

满铁参事、抚顺大官屯发电所所长。于 1889 年 11 月出生于栃木县下都贺郡赤津村，为栃木县人大桥谨吾的第三子。1910 年毕业于东京高等工业学校，毕业后即来到中国东北，进入满铁工作。1920 年至 1922 年 5 月到欧美留学 3 年，曾兼任抚顺区地方委员。

工藤雄助

曾任满铁参事、兴业部庶务课课长、安东造纸董事长、奉天纺纱厂常驻监察人，1889 年 1 月生于东京市牛込区市谷田町，是北海道石狩町渔民工藤重作的第三子，1923 年 8 月分家独立。1913 年毕业于东京帝国大学德法科，同年通过高等文官考试，并于 12 月进入满铁地方部工作，来到了中国东北。1916 年 6 月开始担任大石桥地方事务所所长兼任大石桥电灯会社社长，为期一年半，先后在监查课、人事课工作了两年，1918 年出任理事长室监察员一职，1919 年兼任人事课工作。1920 年奉满铁命令，去德国留学两年研究劳动问题，1923 年回国并任庶务部社会课参事，1925 年进入社会课工作。1926 年 3 月任兴业部庶务课课长，在此期间，在中国中部地区考察劳动情况，同年开始兼任东洋煤矿株式会社董事、复州矿业株式会社监察员职务。1929 年 3 月在东亚经济调查局工作，11 月辞职。1933 年 4 月任伪奉天省公署实业厅顾问，从事伪满国营投资事业管理工作，兼及其他工商事务，10 月兼任锦县电气公司董事，1934 年就任监察人。1935 年 1 月辞职，另任奉天纺纱厂常驻监察人一职，7 月任六合成造纸厂监察人一职。1936 年由于与王子制纸合并而辞任，并于同年设立了安东造纸股份有限公司，9 月出任董事长，同年出任锦县电气公司解散清算人。

寒河江坚吾

　　满铁参事、社长室情报课课长，1889 年 1 月出生于东京市小石川区林町，是山形县农民寒河江又七的第四子，于 1917 年分家自立。1913 年毕业于早稻田大学专门部政治经济科。同年在东京创建的宪政新闻报社任政治部记者勤务。1914 年入帝国通信社，1915 年入万朝信报社，1920 年入东京日日新闻社。1927 年 9 月结束政治部记者生涯。在满铁新任的山本社长上任之际，经正副社长斡旋，赴中国东北入职满铁，任社长室情报课课长。

花井修治

　　满铁参事。1889 年 1 月生于爱知县渥美郡泉村。父亲是当地农民花井卯八，他是家中次子。毕业于爱知县立第四中学。1909 年 3 月进入满铁，曾在安东县事务所、长春地方事务所任职，历任本溪地方事务所所长、鞍山地方事务所所长、长春地方事务所所长等职。1927 年 6 月出任参事，同年 11 月调任到满铁本社社长室，担任社长室业务课三部主查。

市川健吉

　　满铁参事，伪铁道总局经理局局长兼运送委员会副委员长，满铁地方部庶务课课长，1888 年 4 月 1 日出生于茨城县新治郡石冈町。他是茨城县鸭志田源助的第五子，后过继给市川兴太郎做养子，并于 1919 年 12 月继承家业。1911 年毕业于东京高等商业学校，毕业后进入满铁会计课工作。1920 年因其善于算盘，移至主计课。1921 年任主计课次席，作为重要后备干部同年 6 月受命至海外留学，1923 年 12 月返回满铁，任主计课课长代理及参事。1924 年转任主计课课长，负责满铁庞大的预算编成与计数工作。1926 年 3 月转至地方部任庶务部部长，1936 年任伪铁道总局经理局局长兼运送委员会副委员长，1938 年 9 月任首席监察员兼伪铁道总局首席监察。

下津春五郎

满铁参事、奉天铁道事务所庶务长。1889 年 4 月生于京都府龟冈町，为京都府下津直路的第五子，1913 年分家独立。1911 年毕业于山口高等商业学校，1914 年 1 月进入满铁从事铁道关系业务工作，1923 年 12 月至 1926 年 9 月供职于纽约事务所（1925 年任纽约事务所所长代理），1927 年 2 月回到满铁，进入铁道部工作。从纽约回国途中曾在欧洲考察。

渡边宽一

满铁参事。1889 年 5 月生于埼玉县熊谷町，父亲是当地农民渡边安五郎。1914 年毕业于东京帝国大学工科大学电气学科，同年 8 月进入满铁作为抚顺煤矿机械课课员，在东乡矿工作，1916 年进入机械工厂工作。1919 年 1 月，担任工业课电铁股主任，1921 年 3 月兼任运输课运输股股长，1923 年 4 月兼任矿务课探沙股主任，1925 年升任运输课课长，后转任抚顺煤矿运输事务所所长。曾于 1925 年 11 月赴欧美考察一年，研究电力挖掘机和油母页岩粉碎机的制造，是满铁采矿业的技术骨干之一。

山冈信夫

满铁铁道部电气课课长，参事。1889 年 7 月生于大阪府岸和田市，为大阪府人山冈邦三郎的次子。1913 年毕业于东京帝国大学工科大学电气工学科之后，来到中国东北进入满铁工作，任抚顺煤矿机械课勤务。后又调任调查系主任，逐级升职到参事。1927 年 4 月被任命为铁道部电气课课长，在此期间曾到欧美各国进行电气事业考察。

石井成一

满铁参事、庶务部庶务课课长。1889 年 8 月生于香川县多度津町，是香川县石井久太郎长子。1914 年毕业于东京帝国大学经济科，随即进入东京大学统计室统计学研究，1915 年入职东京市经济调查局，同年 9 月进入满铁东亚经济调查局。1919 年留学欧美两年，1920 年为东京支社庶务课长次席。1922 年初春任代理课长，1924 年春再度受命到欧美考察海外情况，回国后任长春地方事务所所长。1924 年任职于大连本社社长事务所兼任长春铁道事务所议员。1925 年任事务所所长，1926 年担任满铁参事。1930 年任交涉部资料课课长。1932 年任北平事务所所长。1933 年至 1935 年任上海事务所所长。1936 年退社。后任伪上海特别市政府主席顾问。主要著作有《法兰西制铁业》等。

吉富金一

满铁参事，大连铁道事务所庶务长，1889 年 9 月出生于长崎县长崎市。1911 年从神户高等商业学校毕业后就来到中国东北，在满铁埠头事务所工作。1920 年成为海运课课长次席。1923 年成为海运课课长。

1926 年任陆运课课长。此间为研究调查有关港湾经营的事项赴欧美。后任福昌华工公司董事。

鹿野千代槌

满铁参事、经理部用度事务所采购科科长。1889 年 9 月出生于岛根县鹿足郡津和野町，是鸟取县商人鹿野寿太的次子。1915 年毕业于东京帝国大学法科大学，毕业之后入职大阪奥田合名会社，从事金融贸易业。1917 年转至久原矿业会社，从事采矿买矿工作。1918 年又入职东京渡边商事会社，从事贸易工作。1920 年 3 月入职满铁，任纽约事务所勤务，曾到中欧各国考察。回到满铁后任商事部采购科职员。

大岩峰吉

满铁参事、社长室人事课庶务系主任。1890 年 5 月出生于东京府荏原郡大井町，是东京府大岩传之助的长子。1910 年毕业于东京外国语学校英语科，1914 年毕业于日本中央大学经济学科，同年 10 月开始就职于外务省的大臣官房文书课、通商局第二课、电信课等任勤务。1918 年任外务书记，在海参崴期间兼职于浦盐（即海参崴）派遣军政务部。1919 年出任西伯利亚经济援助委员会调查课勤务，同年 11 月任外务省通商局第三课勤务，同时通过了高等试验外交科笔试考试。1921 年辞官后，入职满铁，任社长室文书课勤务，1925 年 8 月后先后任参事、奉天地方事务所所长代理、公主岭地方事务所所长等职。1927 年 11 月就任人事系主任、育成学校主任兼任讲师等职务。

长广隆三

满铁参事，前社员消费组合总代，满铁经理部主计课总决算系主任。1890 年 11 月生于山口县美浓郡赤乡村，是山口县制丝业者长广喜太郎的长子，1922 年 3 月主持家业。1907 年 1 月到中国东北，1910 年毕业于满铁育成学校，其后入职满铁。1914 年 5 月任计理部会计课勤务，1920 年 3 月任满铁经理部主计课总决算系主任。1930 年 9 月任参事，1938 年 7 月任总裁室秘书工作。

冈雄一郎

满铁参事、抚顺煤矿调查员室勤务。1891 年 5 月出生于小仓市，为福冈县人冈贤太郎的长子。1913 年毕业于旅顺工科学堂，同年 12 月进入满铁工作，任抚顺煤矿调查员室勤务。在满铁工作期间于 1924 年 2 月至 1926 年 8 月受命到德国、美国留学三年。

中野忠夫

满铁参事、抚顺煤矿庶务课课长。1892 年 10 月生于新潟县柏崎町。1918 年毕业于东京帝国大学法科大学政治科，同年进入满铁工作，逐级晋升至抚顺煤矿庶务课课长。在满铁工作期间自 1921 年 12 月至 1924 年 1 月为研究城市公共设施而赴欧美留学。

胁坂市朗

满铁参事、伪铁道总局第二经理课勤务、工务委员会干事，伪经理局会计课勤务，东边道开发株式会社经理部用度课课长兼二道江建设局用度事务所所长。1892 年 8 月出生于滋贺县东浅井郡小谷村，是滋贺县人山田市郎平的次子。因其外祖父胁坂家绝嗣，继承胁坂家家业。1914 年毕业于滋贺县师范学校，后回到家乡做了四年的小学教员。1918 年 3

月来到中国东北，任满铁小学校教员。1920年进入哈尔滨日俄协会学校就读。1923年毕业后进入哈尔滨事务所庶务课，后调至哈尔滨公所本社会计课任职。1928年5月起调至辽阳地方事务所经理系任系长。后调至哈尔滨事务所庶务课和吉长、吉敦伪铁路建设局，任奉天事务所庶务课经理系系长、奉天地方事务所经理系系长。1936年11月就任伪铁道总局第二经理课勤务、工务委员会干事。曾任社员会奉天联合会会计部部长。1939年7月加入东边道开发株式会社。

落合兼行

满铁参事，伪产业部调查员，大连都市交通株式会社监察员，伪满洲电气协会理事。1891年11月生于宫崎县宫崎郡清武村。1915年毕业于旅顺工科学堂电气工学科，12月入职满铁，任工场职员、沙河场工场电气系电器职场主任。后在美国留学两年，归来先后任技术研究所兼满铁铁道部机械课技术委员会临时委员，满铁铁道部工作课同电气课、铁道部保安课电力系主任，工业标准规格调查委员会委员，满铁铁道部电气课计划部附审查员，煤炭液化委员会委员等职。1936年9月任参事，10月任伪产业部调查员。

古贺董

满铁参事，总裁室人事课人事系主任，社员奖惩委员会干事，社员会相谈部部长。1891年12月生于佐贺市大字西田代町。毕业于日本中央大学法律科专业部，曾任职于佐贺地方裁判所，后入明治大学学习，毕业后入职大审院检事局。1917年2月来到中国东北，12月入职满铁，任抚顺煤矿职员。1918年2月供职于沙河口工场，9月转职工场庶务课，1920年10月任职于社长室人事课，1927年任教习所讲师，1929年6月任职于总裁室人事课，1930年6月任职于总务部人事课，1931年10

月兼任育成学校讲师兼人事系主任，1932 年 6 月兼育成学校主干，1933 年 10 月任职于伪铁路总局，1935 年 7 月任参事兼调查系主任，1936 年 11 月解除兼任，1940 年 5 月任伪奉天铁道局总务科科长。

星野龙男

满铁参事，总裁室监察员兼总裁室监理课职员，昭和制钢所、日本精蜡、抚顺市场、大连窑业、大连油脂工业各株式会社监察员，伪满洲林业株式会社监事，奉天工业土地股份有限公司监察人，伪满洲特产中央会参事。1892 年 1 月生于仙台市。1910 年 8 月任职于仙台税务监督局。后作为地方公推留学生赴华学习，1914 年毕业于东亚同文书院商务科，9 月入职满铁。历任抚顺炭坑坑务课庶务课、兴业部商工课、殖产部商工课职员。1930 年 9 月任参事，历任伪地方部商工课产业系主任、关东军司令部顾问、伪地方部商工课课长。1936 年 3 月任总裁室监察员兼总裁室监理课职员，1942 年 5 月任大连医院理事。

中野常春

满铁参事，长春医院庶务长，满铁抚顺医院庶务长，满铁开原地方事务所经理系系长。1892 年 12 月出生于爱媛县伊豫郡北伊豫村，是爱媛县农民中野丑太郎的第三子。1916 年毕业于东洋协会专门学校后进入满铁工作，先后在技术部、四平街保线系、长春工务事务所、长春地方事务所、地方部庶务课等处担任勤务。1925 年 4 月调任至开原地方事务所经理系任系长，1937 年 4 月任满铁抚顺医院庶务长，1939 年 4 月任长春医院庶务长，1943 年 2 月任参事。

伊藤太郎

满铁参事，铁道部涉外课第一系主任。1893 年 3 月生于爱知县渥美郡泉村，为爱知县人伊藤舆一的长子。1907 年 3 月继承家业。1918 年毕业于东京帝国大学法科，1919 年进入满铁工作，担任东亚经济调查局勤务。1921 年调任到铁道部货物课。1924 年 3 月再次被调回货物课，同年 6 月受命到夏威夷，出席环太平洋会议。1924 年 8 月为进行铁路货物业务研究被派到欧美，在英国、西班牙、德国、意大利等国留学两年，出席了一些铁道会议。1927 年 9 月回国，被任命为铁道部涉外课第一系主任。1928 年 10 月任满铁参事。

芳贺千代太

满铁参事。1893 年 4 月出生于福岛县石城郡磐崎村，是芳贺丰次郎的第三子。1913 年于旅顺工科学堂机械工程科毕业，同年 12 月进入满铁驾驶课任职。后来先后担任大连机关区主任助理、吉长铁路管理局长春工厂厂长，后回到满铁总部驾驶课任职。此后也担任过长春铁道事务所驾驶长等职务。1926 年 1 月起，连续两年赴欧美留学，专研铁路动力，尤其专注研究铁路电气化。1928 年学成返回，继续在满铁铁道部任职，同年 8 月升任满铁参事。

狄原策藏

满铁沙河口工厂制罐铆锭车间主任，1896 年 10 月出生于秋田县仙北郡角馆町。父亲为秋田县官吏狄原正记，他是家中的长子。1907 年 6 月跟随父亲来到中国东北，作为旅顺中学第一届毕业生毕业，又于 1917

年从旅顺工科学堂机械工学科毕业，后直接进入满铁下属鞍山制铁所工作。在鞍山制铁所工作期间，他致力于贫矿处理法的研究。他还参与发明了鞍山式还原焙烧炉。1925 年 12 月转至沙河口工厂，1927 年 4 月成为沙河口工厂制罐铰铆车间主任。

加藤郁哉

满铁铁道部营业课课员，伪铁道总局旅客课勤务，伪满洲国观光委员会委员，旅行伪满洲支部干事、满铁参事、伪锦州铁道局总务课副课长，财团法人东亚旅行社旅行部部长。1898 年 5 月 2 日出生于东京牛込若松町，为东京市人加藤泰次郎的长子。1921 年毕业于东京外国语学校俄语部，同年 6 月进入满铁工作，供职于长春站长春列车区铁道部经理课，1921 年 12 月以志愿兵身份进入近卫步兵第一联队服一年兵役。1923 年 1 月回到长春站货物方任职，后任长春列车区车长。后调至满铁铁道部经理课联络审查系，又调至哈尔滨任营业课宣传系主任、旅客课宣传系主任。1925 年调至乌苏里铁道，后调回哈尔滨共同事务所。1927 年回到本社的营业课旅客系任职，负责"满蒙"介绍的事务。1936 年 9 月被任命为副参事，同时就任伪铁道总局旅客课勤务。1942 年 12 月从东亚旅行社本社辞职。

中村谦介

满铁会社临时铁道建设事务所所长。1875 年 7 月出生于周防嘉川村。1900 年毕业于东京帝国大学工科大学。大学毕业后直接入职铁道院，任铁道技手。1904 年 6 月升任为铁道技师，日俄战争期间赴中国东北，任野战铁道提理部运转班保线长，参与满铁线路铺设。1907 年满铁创建后入职满铁，次年 9 月任公主岭建设事务所所长，专职负责建设保线工作。1912 年 12 月受满铁之命为考察各国铁道事务至欧美 9 个月。

第一次世界大战中日本攻占青岛后，又开始了山东铁道的经营工作。1917 年 10 月任山东铁道管理部工务课长兼青岛守备军民政部铁道技师，次年升任土木部部长。1922 年军民政部撤废，担任残务整理人员，处理完事务后回到满铁工作。1923 年 1 月派遣至四洮铁路局，负责四洮线建设，竣工后回到满铁本部工作。1925 年 8 月升任参事，同年 12 月任满铁会社临时铁道建设事务所长兼铁道部审查员。

桥口勇九郎

曾任长春交通股份有限公司董事长。1893 年 9 月 6 日生于东京市赤坂区青山南町。1921 年毕业于东京帝国大学经济学部，后入职满铁，任总务部调查科职员，后升任参事并兼代理课长。1931 年九一八事变后任伪满吉林省公署顾问，1932 年 3 月任伪长春特别市公署理事官及总务处处长。1935 年 7 月长春交通股份有限公司成立，为专务董事，后任长春交通股份有限公司董事长。1941 年 3 月后任吉林交通专务。

野村富喜

满铁参事，伪奉北交通代表，伪大连都市交通参与，伪图们江铁路监事所所长，图们商工会议所顾问，社员会评议员，满铁营口站货物取扱所货物主任。1894 年 2 月出生于鹤冈市纸漉町，是山形县官吏野村富太郎的长子，1914 年 1 月继承家业。1915 年 3 月从山形庄内中学毕业后，到乡里的新闻社工作。1916 年到日本中央大学就读。1920 年毕业后来到中国东北，入职满铁，任营口站货物取扱所货物管理员。1923 年 7 月任奉天列车区的车辆管理员。1924 年 8 月任营口站货物助理。1927 年 10 月任营口地方委员，1928 年 10 月任营口站货物主任，1931 年 8 月任营口站站长，1933 年 11 月任长春铁道事务所营业长，1935 年 4 月任铁道部经理课审查系主任，1936 年 9 月任满铁副参事，伪图们江铁路监事所所长及营口地方委员，1938 年任伪奉北交通代表，1939 年 2 月任满铁参事。

八木闻一

满铁参事，历任经济调查委员会委员、伪产业部资料室主事事务经理、伪满洲资料馆长事务经理以及兼任伪满洲化学工业协议会、伪满洲劳务兴国会、伪满洲能率协会理事。1897 年 1 月生于东京市涩谷区。1918 年毕业于东京高等商业学校，进入久原矿业工作，后又进入久原商事会社，1920 年经营八木松永商店。后入职满铁，1931 年任满铁参事，后任满铁监察员，又任昭和制钢所理事、总务部部长，1933 年 6 月任伪满业理事调查部部长兼监察部部长，1935 年 6 月任满铁总务部部长，1936 年 10 月任参事，又任总务室监理课兼务，又为经济调查委员会委员兼务。1937 年 4 月任伪产业部资料室主事事务经理，伪满洲资料馆长事务经理各兼务。1939 年 6 月任伪满洲国企划委员会委员、协和会鞍山市本部副长。

渡边才二郎

满铁参事，总裁室庶务课经理系主任，社员会评议员，社员俱乐部干事。1895 年 9 月 5 日生于长崎县西彼杵郡茂木町。1919 年毕业于长崎高等商业学校，后入职满铁，任大连管理局保线课职员，8 月任职于技术部，1922 年 1 月任职于运输部，1923 年 4 月任职于铁道部，5 月任职于地方部庶务课，11 月任职于鞍山地方事务所，1924 年 3 月任同所经理系长兼鞍山地方区经理系主任，1925 年 4 月任辽阳地方事务所经理系系长，1926 年 4 月任大连公务事务所经理系系长，1927 年 6 月任职于东京支社临时建筑系，11 月任奉天地方事务所工务系主任，1930 年 6 月任奉天工事区事务所庶务长，1931 年 8 月任奉天事务所地方课主任，1932 年 12 月任中央试验所庶务系主任，1933 年 9 月任满铁总务部庶务课经理系主任，1935 年 7 月任满铁参事，1936 年 10 月任总裁室庶务课经理系主任，1940 年 4 月任伪满洲不动产株式会社常务董事经理部部长。

满铁中层领导合传

满铁在其经营历史中，有大量的中层机构，如历次职制中的处室主任、各派出机构的主要负责人等，这些中层领导有些人晋升为参事、理事，但也有大量人员最终并没有机会晋升至满铁管理层，而这些数量庞大的中层领导构成了满铁的"骨骼"，其中绝大多数人员是由基层人员晋升而来，可代表满铁各类人员的晋升路径。

本节将此类相关人员合为一帙，需要说明的是，有些两可的中层领导可能被列入其他节内。

古泽幸吉

伪哈尔滨市咨议会会员，哈尔滨交响乐协会顾问，哈尔滨日日新闻社董事社长，满铁哈尔滨事务所所长，日德协会会长，哈尔滨美术协会会长。1872 年 9 月生于北海道厚岸郡太田村，是北海道书法家古泽一常的长子，1890 年 5 月继承家业。1900 年毕业于东京外国语学校，日俄战争时被任命为陆军翻译，战后在外务省任职，先后创建了浦烟、哈尔滨、贝特尔作业所，并在这些地方任勤务。1920 年进入满铁，任哈尔滨公所所长，哈尔滨事务所所长，又任日本居留民会会长。1923 年任奉天瓦斯营业所所长，后来瓦斯营业所从满铁分拆出来，任奉天支店店长。1935 年 2 月任哈尔滨工业大学顾问，1936 年 11 月任哈尔滨日日新闻社董事社长。

子安甚平

满铁四平街机关区区长。1876 年 4 月出生于岐阜县安八郡三城村，是岐阜县农民子安彦八郎长子。1895 年 3 月继承家业。1904 年 9 月担任野战铁道提理部第三运转班机关士，因军事输送服务来到中国东北，之后入职满铁。先后担任机关库勤务、机关士取缔，曾在辽阳、铁岭车站的车辆系任职。1922 年 4 月升任机关区区长，随后担任长春公主岭机关区区长。1926 年 12 月转任新设四平街机关区区长，还担任过四平街地方委员会职员。

上野信孝

满铁铁道部经理课审查系主任。1878 年 2 月生于东京市芝区南佐久间町，是东京市律师上野孝悌的长子。1907 年毕业于东京外国语学校，毕业后入职满铁。1925 年 9 月至 1926 年 1 月到莫斯科出席欧亚铁路联络会议，又考察了法国。归任后继续供职于满铁，曾任满铁铁道部经理课审查系主任。

近藤堪助

满铁鸡冠山机关区区长，爱媛县新居郡中萩村人。生于 1880 年 7 月，是爱媛县农民近藤元吉的长子，1886 年 8 月继承家业。1898 年被任命为神户机关库机关夫，1903 年担任机关助手。在日俄战争期间就任于野战铁道第一运转班，1904 年 7 月来到中国东北担任青泥洼关库勤务，1905 年 10 月以机关士的身份进入满铁工作。1918 年 4 月担任机关士取缔与桥头机关区勤务，1919 年 11 月担任铁岭机关区勤务，1920 年 6 月被任命为技士、大石桥机关区勤务，1922年4月担任运转主任，瓦房店机关区勤务等。1925年8月被任命为鸡冠山机关区区长。他是在玄海滩佐渡丸遇难事件中的幸存人之一，九死一生到达下关海岸才得到救助，在此整装后出发，1904年7月5日在大连青泥洼湾登陆，随行携带的两台机车是日本较早运往中国东北的火车。曾担任瓦房店地方委员会议长。

矶谷新吉

满铁铁岭保线区区长，于1881年6月生于岐阜县惠那郡中津町，是岐阜县农民大友权左卫门的次子，后过继给矶谷铁次郎做养子。于1905年7月任野战铁道部部员，到中国东北后任昌图临时建设事务所及瓦房店站勤务，随后在满铁社创立时入社、后任四平街保线区保手、主任、区长，于1924年1月转任为铁岭保线区区长。在日本出兵西伯利亚时任地方委员副议长。

石桥房吉

满铁副参事，奉天工业常务董事，奉天用度事务所锦县支所所长，满铁用度事务所安东支所所长。1882年2月生于岛根县簸川郡今市町，是岛根县和服商人石桥岩吉的长子，石桥清三郎的养子。岛根县立第一中学毕业，1907年进入东京专修学校后退学，进入铁道院金泽出纳事务所、东京铁道管理局等任职。1914年入职铁道院担任书记。1917年进入满铁，担任用度课勤务。1926年1月担任经理部仓库课安东支库库长，1927年11月擢为安东支所所长，1936年10月任满铁副参事，奉天用度事务所锦县支所所长，1938年3月任待命参事，1942年10月任奉天工业常务董事。

凑重喜

　　白川洋行土木部技师长，满铁瓦房店保线区区长。1882 年 4 月出生于鹿儿岛县始良郡西国分村，是鹿儿岛人凑喜兵卫的第五子，1908 年 5 月分家自立。1902 年毕业于东京盐仓铁道学校，1905 年 8 月入临时军用铁道监部附陆军雇员来到中国东北，任下马塘班本部设计科勤务，其后又到野战铁道提理部任职，继而至满铁任职。1910 年从事安奉线改筑工作，其后又从事安东、大石桥保线工作。1919 年被任命为大连工务事务所保线路路长，其后又在满铁本部和奉天铁道事务所工作。1926 年暂时脱离满铁被派遣从事呼海铁道工作，工事结束后回到满铁本部任职。1927 年 4 月任满铁瓦房店保线区区长。

松浦开地良

　　满铁社会课共济系主任。1882 年 5 月出生于熊本县伊仓町，是熊本县松浦又次郎的次子。1911 年毕业于早稻田大学法科。1912 年 9 月赴中国东北任大连站货物方。1915 年 8 月至满铁庶务课。其后满铁职制改正后任满铁社会课共济系主任。其间改良满铁共济制度。1927 年 9 月为了研究共济制度赴欧美考察。在担任满铁社会课共济系主任的同时，还兼任大连樱花台幼儿园园长。

藻寄准次郎

　　满铁铁岭地方事务所所长，1883 年 10 月生于石川县珠洲郡上户村，石川县元代议员藻寄铁五郎之子。先后在石川县县立第一中学、金泽第四高中读书，1910 年毕业于东京帝国大学政治科，随后回到乡里从事经营桂岛煤矿，1922 年 7 月前往中国东北并进入满铁社长室工作，1927 年 11 月进入抚顺煤矿地方部工作。

兴津哲太郎

满铁长春列车区区长。1883 年 1 月生于埼玉县比企郡北吉见村，是埼玉县兴津吉久的长子。1903 年担任横滨邮政局通信书记，1905 年 10 月被铁道作业局临时雇用到军用铁道监部，后来到中国东北，担任野战铁道提理部安奉铁道班勤务。1907 年 4 月入职满铁，供职于沙河镇站电信系、鸡冠山兼凤凰城站、安东铁道事务所运转旅客系、安东站南大屯、郭家站、范家屯等地。1926 年 10 月担任长春列车区区长。

见坊田霭雄

满铁辽阳地方事务所所长。1883 年 1 月生于盛冈市，是岩手县见坊兼雄的长子，1888 年 10 月主持家业。1903 年毕业于岩手县盛冈中学，次年任岩手县书记，之后历任青森县北津轻郡长、福岛县相马郡长。1917 年 5 月赴中国东北，任满铁鞍山地方事务所勤务、营口地方事务所所长，后任满铁辽阳地方事务所所长，兼任伪满洲纺织会社董事。其间曾三次在中国南北部考察。

吉浦丰

满铁待命参事，伪铁道总局勤务（前奉天机关区区长），满铁铁岭机关区运转主任兼技术主任。1883 年 2 月 6 日出生于福冈市伊崎浦町，是福冈县僧侣吉浦良贺的长子。1905 年 8 月任野战铁道提理部雇员，随后到达中国东北。1907 年入职满铁后，任职于大连机关区，后转到奉天机关区工作。1933 年 3 月任奉天机关区区长，1935 年 7 月任技师，1937 年 4 月任待命参事。

松井丰治

"日满"仓库营业系主任，满铁大连铁道事务所营业长。1884 年 1 月出生于东京市小石川区武岛町，是东京市官吏松井政照的第三子，1913 年 5 月继承家业。1902 年毕业于私立铁道学校，同年 5 月任九州铁道株式会社雇员，1907 年 4 月至铁道厅就职，同年 7 月升任书记。1919 年 10 月从铁道院休职，到中国东北入职满铁，历任铁道部营业课配车系主任、奉天铁道事务所所长代理、大连铁道事务所营业长、"日满"仓库营业系主任等职。

青木留治良

满铁用度事务所奉天支所庶务系主任。1884 年 1 月生于滋贺县八幡町，是滋贺县农民青木忠四郎的第四子，于 1909 年分家。在 1904 年 12 月来到中国东北，在野战铁道提理部附属第一轨道班干部事务所工作。1907 年 4 月入职满铁，任金州保线区勤务，随后在满铁技术局、大连工务事务所、安东工务所和奉天铁道事务所等地工作，随后任经理部仓库课奉天系主任。1928 年 9 月任满铁用度事务所奉天支所庶务系主任。

金田纯一

大连运送常务董事，国际运输经理课长兼附业课勤务，满铁兴业部贩卖课运输系主任。1884 年 2 月生于福冈县筑上郡黑土村，是福冈县金田庄次郎的长子，1917 年 9 月继承家业。1908 年毕业于神户高等商业学校，毕业后在个人商店担任勤务 3 年。1911 年 5 月在朝鲜入职半官营半民营的大邱府庆尚农工银行，后该银行与朝鲜殖产银行合并。1919 年 8 月辞职，于 1920 年 2 月入职满铁，任贩卖课勘定系主任、庶务系主任。1925 年 11 月转任运输系主任。1928 年到华南地区考察。1929 年 10 月任参事，1930 年 6 月任贩卖部庶务课课长，1931 年 11 月任国际运输会社经理课课长，1937 年 3 月兼任附业课勤务，1942 年 6 月任大连运送常务董事。

二村光三

满铁人事课劳务系主任。1884 年 5 月出生于福岛县若松市寺町，福岛县会津藩士星勇之进第三子，过继给律师二村亮作为养子。在会津中学第二高等学校毕业后考入东京帝国大学。1909 年毕业于东京帝国大学法科大学政治科，7 月任海军主计。1921 年晋升为主计少尉，1925 年被编入预备役，在海军服役期间曾于 1912 年 3 月成为海军大学校选科学生，1914 年 7 月起担任海军经理学校教官兼监事。1917 年 12 月担任军舰"春日号"主计长，在第一次世界大战期间随军出兵中国山东。曾于 1919 年 3 月到 1921 年 10 月因研究劳动问题到英国、德国留学。退役后即进入满铁任职。曾到华中地区进行考察，亦担任大连市市议员。

三浦秀次

满铁四平街地方事务所所长。1884 年 5 月出生于东京市小石川区西江户川町，是石东京府三浦弥的第三子。1911 年毕业于拓殖大学，后入职东洋拓殖株式会社，1918 年 6 月转至满铁工作，任四平街地方事务所所长，有后备陆军三等主计的官衔。

奥山光茂

国际运输大连支店庶务系主任，满铁哈尔滨事务所庶务主任。1884年6月出生于鹿儿岛县大岛郡龟津村，是鹿儿岛县奥山奥祐的外甥。1907年从东京外国语学校俄语速成科毕业，1908年6月到中国东北，入职满铁，任庶务系勤务。后来转入学务系工作。1917年2月在哈尔滨公所开设之际，受命在哈尔滨公所工作，还担任了哈尔滨居留民会第三区区长的职务，时间长达十余年。1932年6月任国际运输大连支店庶务系主任。

伊藤宽市

满铁经理部主计课主任。1884年8月生于佐贺县藤津郡西嬉野村，是佐贺县农民伊藤奥八的长子。1916年8月继承家业，1903年10月从税务署员开始，历任于官厅、公署、会社。1914年11月到朝鲜，做了四年咸镜北道厅的勤务，1919年3月进入满铁。任经理部会计课财产系勤务，1927年11月因职制调整转入主计课。

古庄重一

满铁辽阳工场庶务主任。1884年9月出生于大分县东国东郡姬岛村，是大分县人古庄浅太的长子，1914年10月继承家业。1905年5月来到中国东北，进入大分水产会社任大连特派员。1906年9月进入野战铁道提理部。1907年4月进入满铁，在奉天、安东、辽阳、公主岭等地的机关库、车辆系任职，也做过物品系主任。1926年3月起任庶务系主任，兼任物品主任，兼任辽阳地方委员会副议长。

吉田元一

长谷川工务所支配人,满铁长春地方事务所土木系系长,1885 年 10 月生于佐贺县神埼町,是佐贺县农民吉田森吉的长子,1904 年继承家业。1916 年毕业于东京攻玉社工学校,后进入满铁工作,担任本溪湖保线系、公主岭土木系主任,长春水道工事系、满铁土木课的转勤。1926 年转任公主岭地方事务所工务系系长,长春地方事务所土木系系长。伪满洲国成立后转入地方,于 1932 年 7 月任伪长春特别市公署事务官工务处土木课课长,1934 年退官,任长谷川工务所支配人。

津矢田种藏

满铁副参事,总裁室庶务课庶务系主任,华北开发秘书役,兴中公司秘书役。于 1885 年 4 月生于三重县宇治山田市丰川町,是三重县人津矢田武二郎次子。1920 年 1 月继承家业,同年 4 月以官员身份来到中国东北,并加入满铁。后担任总裁室庶务课庶务系主任,1936 年 9 月任副参事。1940 年 1 月,任伪华北开发秘书役。

山田义路

满铁奉天铁道事务所奉天电气区区长,于 1885 年 4 月出生于东京市芝区田村町,东京市人山田忠的长子。1908 年 11 月毕业于通信官吏练习所技术科,后进入递信省,在宇都宫、北海道、南库页岛等地从事通信技术业务。1917 年 3 月来到中国东北并入职满铁,任伪技术局保线课电气系勤务,曾担任满铁奉天电气区区长。

小金丸贞市

满铁待命参事，伪铁道总局勤务，满铁用度事务所大连支所所长，1885 年 4 月生于长崎县—岐郡武生水町，是长崎县海产品商人小金丸卯作的次子，1908 年 2 月继承家业。1905 年 5 月来到中国东北，进入满铁工作，担任总务部土木课勤务，之后历任瓦房店保线系物品主任、运输部大连工务事务所物品主任、地方部庶务课用度系主任、经理部仓库课地方系主任等职，1927 年 11 月升任用度事务所大连支所所长。1937 年 4 月任待命参事。

杉小太郎

伪满大连商工会议所书记，经理课课长，伪满洲刀剑会常任理事，满铁哈尔滨事务所会计主任。1885 年 5 月出生于熊本市寺原町，是熊本县银行家杉直枝的次子。1899 年 2 月继承家业。1900 年，从熊本锦城学校毕业后到东京学习政治经济学。又在大阪和熊本的银行供职。在银行供职期间服了兵役，任陆军经理官。1917 年 9 月来到中国东北并进入满铁工作，先是任本社计理部勤务，后调任哈尔滨事务所会计主任。1937 年 5 月任伪大连商工会议所书记、经理课课长，1939 年 8 月任"关东州"工业土地经理课课长。

渡边信纲

满铁大石桥检车区助理，锦州检车段长，社员会评议员。1885 年 5 月 25 日出生于富山市诹访川原町，为富山县士族、商人渡边平的长子。1917 年 1 月继承家业。1905 年 7 月任铁道作业局勤务。1906 年 2 月跟随野战提理部车辆检查系到中国东北，任大石桥机关库勤务。1907 年 4 月满铁创立之初进入满铁任满铁运输部勤务。后又任大石桥车辆系、公主岭车辆系、大石桥机关区、大连检车区、大石桥分区、奉天检车区、大石桥分区等单位助理，从事技术工作。1917 年 6 月，四洮铁路的前身——四郑铁路铺设之际，他受满铁的命令被派遣负责四平街—郑家屯间的铁路开通事宜。1918 年 11 月回到满铁本部，在大石桥车辆系任职。1923 年 6 月起担任大石桥检车区助理。1927 年 3 月被任命为大石桥检车区助理，1931 年 8 月调至安东检车区，1933 年 12 月任大官屯检车区勤务，1934 年 6 月任锦县机务段检车副段长，1934 年 8 月就任锦州检车段长。1936 年，参与策划九一八事变。

由良龟太郎

伪鞍山市商工公会副会长，协和会鞍山市本部委员，满铁经理部次席。1885 年 12 月出生于京都府何鹿郡中筋村，是京都府由良刚藏的第三子。1917 年 12 月分家，另立门户。1909 年 7 月从东京中央大学英语专修科高等科毕业后，于 1910 年到中国东北，同年 8 月临时入职满铁会计课。1911 年任会计课勤务。1915 年 5 月任雇员。1918 年 6 月晋升为职员。1922 年 2 月任经理部次席。1927 年 8 月加入了欧美考察团，在欧美各国旅行四个月。1930 年任参事，1934 年 2 月任伪鞍山不动产信托专务，1939 年 8 月任伪鞍山市商工公会副会长。

富永熊雄

满铁会社经理部购买课课长。1886 年 10 月生于长崎县北松浦郡生月村，是长崎县官吏富永末一郎的长子，于 1917 年 4 月继承家业。1909 年毕业于长崎高商，毕业后直接进入川岛织物所任贩卖员。同年由于研究纺织产品销售和纺织技术到英国。1912 年 9 月回国，任输出部主任。

1913 年入职东京的三越吴服装店，在外国部工作。1917 年转任渡边商事会社，任大阪支店经理。1919 年 7 月就任东京本社的营业部部长一职。后进入满铁，1919 年 12 月起在满铁文书课工作，1922 年再次赴欧美，后回到满铁任用度课课长，随后任购买课课长。曾任南满洲电气株式会社及大连窑业株式会社董事。

久永重男

昭和制钢所总务部医院开设事务所经理系主任，满铁职员，满铁长春地方事务所社会主事。1886 年 10 月 13 日生于静冈市西草深町，为静冈县中学校教谕望月宗一的次子，入同县久永重远的户籍作养子。1913 年毕业于东京神学社专门部，后成为牧师并居住在朝鲜和中国东北，从事传道。1919 年 3 月进入满铁，先后在抚顺煤矿庶务课、满铁本社社会课、奉天地方事务所、瓦房店地方事务所担任社会主事，1928 年 12 月任长春地方事务所社会主事，又历任铁岭地方事务所庶务系系长兼社会主事地方部庶务课、鞍山医院庶务长。1937 年 4 月任地方部卫生课勤务，1939 年 4 月任昭和制钢所总务部医院开设事务所经理系主任。

竹村虎之助

满铁瓦房店地方事务所熊岳城派出所主任。1886 年 11 月出生于东京市浅草区芝崎町，是东京农民竹村强的第三子。1920 年从东京外国语学校汉语专业毕业后，于同年 11 月到达中国东北，任职于满铁地方部地方课。1924 年担任满铁辽阳地方事务所地方系主任。1925 年担任本溪湖地方事务所地方系系长以及庶务系系长。1927 年 4 月任营口地方事务所庶务系系长，11 月任满铁瓦房店地方事务所地方系系长。

山崎保之丞

伪满洲拓殖管理部土地课课长，满铁公所庶务情报系主任。1886 年 12 月 1 日出生于福冈县粕屋郡立花村，是福冈县山崎保的长子，1920 年 1 月继承家业。毕业于福冈县立商业学校，随后进入镇西高等会计学校、东亚语学校韩语课及汉语课学习，毕业后又进入东洋协会专门学校学习，之后担任镇西会计专业学校首席教师。1913 年受到日本驻华全权公使山座圆次郎的资助赴北京留学。在此期间担任奉天实业补习学校教授。1914 年 5 月辞职，进入满铁工作。先后担任交涉局第一课，郑家屯、奉天、洮南等地的满铁公所庶务课及经理课与涉外系主任。1926 年 10 月转任吉林公所。曾在蒙古地方创设"军人在乡会"并指导会员。1931 年 9 月在九一八事变时任奉天地方事务所情报事务委托，1932 年 1 月在满铁退职，2 月任东亚劝业株式会社企业课勤务，1934 年 1 月任陆军第十师团司令部顾问，1936 年 4 月任伪满洲拓殖管理部土地课课长。

大泽慎一

满铁社会课社宅管理系主任。1886 年 4 月出生于埼玉县比企郡小川町，是埼玉县大泽长太郎的长子。1905 年任立宪政友会本部书记、东京电灯会社水力部等勤务。1911 年辞职后从事电气事业。1914 年进入满铁工作，任地方课及检查课勤务、鞍山制铁所工场系主任，人事课慰藉系主任等职。1924 年转任社宅管理系主任。

松本贯一

伪满洲滑石事务董事，满铁社长室文书课经理系主任。1886 年 7 月出生于神奈川县三崎町，是神奈川县松本元一郎的长子。1907 年毕业于神奈川县师范学校。1910 年 6 月在神奈川县久里滨小学就职，1918 年 7 月任朝鲜公立小学校训导、京城（今首尔）勤务。同年 10 月赴中国东北，1919 年任关东州小学校训导、大连勤务，10 月任满铁文书课勤务，又历任文书科经理系主任、总务部庶务科经理系主任、监理课勤务。1935 年 7 月任参事，总务部监理课第四系主任，1937 年 4 月主动要求辞职，5 月起担任伪满洲滑石事务董事。

塚濑锦之助

满铁工务课管理系主任。1886 年 9 月出生于东京四谷南伊贺町，为东京市商人塚濑金太郎的长子。1906 年 2 月继承家业。1903 年在工手学校毕业后即进入递信省铁道局任勤务，1905 年跟随军属临时铁道大队到中国东北，1907 年进入满铁，历任于本社、瓦房店、苏家屯的各个保线区。1920 年再次调回本社任工务课管理系主任，后调任为近江町区区长。

入江正太郎

满铁会社人事课课长，伪满洲电业副社长，辽阳电灯监事，长春商工会议所特别议员，满铁社友会理事。1887 年生于东京市赤坂区青山高树町，是前大审院判事入江鹰之助的养子。1911 年毕业于东京帝国大学法科大学政治科，直接入职满铁。1913 年 10 月受命至英国留学两年。回国后于 1916 年 7 月任大石桥电灯会社社长，次年末任奉天市场株式会社董事等满铁子公司的重要职务。1918 年 7 月从满铁辞职，任驻辽阳领事，其后三年间从事外交官工作。1921 年 11 月再度回到满铁。1922 年担任外事科科长，1923 年 4 月任庶务课课长，其后转任人事课课长，享受部长待遇。1927 年 10 月任东京支社社长，1931 年任南满洲电气株式会社专务董事，1934 年任伪满洲电业副社长。

安藤俊雄

伪满洲建国大学教授，满铁副参事，本溪湖地方事务所连山关派出所主任，满铁铁道部电气科管理系主任。1887 年 2 月生于松本市白板町，是长野县安藤善寿的长子。1905 年毕业于铁道作业局运输部长野养成所，10 月因加入铁道提理部随部队来到中国东北，任苏家屯站售票员并在电信系工作，后在奉天站电信系工作。1907 年 4 月进入满铁，后历任大石桥见习列车员，桥头、安东、奉天的电信主任，满铁运输部运输课勤务，铁道部运输课通信系主任等职务。1926 年 4 月任满铁铁道部电气科管理系主任，1927 年 11 月任职于开原地方事务所，1932 年 10 月任铁岭地方事务所勤务兼开原地方事务所勤务，1933 年 4 月任地方部地方课勤务，1934 年 10 月任安东地方事务所勤务，1936 年 12 月任本溪湖地方事务所连山关派出所主任，1941 年 11 月任伪满洲国建国大学教授，1942 年任满铁副参事。

川崎亥之吉

满铁开原地方事务所所长。1887 年 8 月出生于茨城县那珂郡胜田村，是茨城县农民川崎巳之吉的第三子。1912 年于中央大学商科毕业后进入满铁工作。经任旅顺煤矿会计课勤务、会计课给兴系主任后，1919 年 3 月调职为东蒙古热河特别区域新邱煤矿庶务主任兼经理主任。1923 年 1 月回到满铁本部，历任经理部会计课审查系主任、地方部庶务课人事系主任，于 1927 年 11 月担任开原地方事务所所长。1923 年为考察华北产业，曾兼任日本帝国军人后援会开原分会委员长、伪满洲结核预防会开原分会副部长。

岸善次

满铁地方部庶务课工务系主任。1888 年 10 月出生于群马县多野郡小野村，是群马县岸佐重的第五子。1906 年 9 月任野战铁道提理部雇员，来到中国东北，进入满铁育成学校学习。1909 年满铁育成学校毕业后，正式成为满铁子公司职员。1909 年 4 月，任大连工务事务所庶务系主任。1927 年 11 月，转任为地方部庶务课工务系主任。1928 年 1 月，入职满铁，任工务委员会设置，兼任工务委员会干事。

西田猪之辅

满铁大连铁道事务所经理长。1888 年 1 月生于三重县阿山郡新居町，是三重县的银行家西田专次郎的次子，于 1923 年 10 月继承家业。1910 年春，毕业于长崎高商，先后就任递信省的邮政贮金局书记、农商务属、保险事务官、战时保险官等职务。其间曾入伍步兵第三十八联队服志愿兵役，1911 年成为陆军二等计手，1912 年春升任一等计手，随后出任实习会计员后退伍。后来回归邮政贮金局继续工作，1914 年 2 月任陆军三等会计师。1915 年参与农商务省战时海上保险补偿法实施事务，随后又参与了战时海上再保险国营相关的再保险法的立案等相关工作。1915 年 9 月，任递信省高等（八等）官。1918 年 8 月，就任朝日海上保险会社的支店店长代理。1919 年 6 月出任东京支店店长，10 月与同窗富永熊雄一同入社满铁，任购买主任。后历任用度课课长代理、仓库课课长等职务，同年 10 月转至满铁兴业部。1921 年 10 月，到欧美各国考察一年研究满铁经营事务，归国后任用度课参事。1925 年 12 月，由于确立满铁中央仓库制度而出任仓库课课长。1925 年，出任大连铁道事务所经理长一职，并同时就任会社专任监查一职。同年 6 月，任监察课长。1932 年就任审查官一职，1933 年 1 月就任伪满洲电信电话株式会社设立准备委员会委员，同年 8 月设立伪满洲电信电话株式会社，任董事理事兼经理部部长。

中山正三郎

伪鞍山商工公会会长，昭和制钢所参事，总务部部长，满铁经理部主计科科长。1888 年 1 月生于大分县下毛郡中津町，是大分县猪饲麻次郎之子，后过继给中山又二郎为养子，1915 年 10 月继承家业。1910 年毕业于神户高等商业学校，后就职于九州水力电器会社，1915 年辞职转至朝鲜金融工会，1918 年辞职，8 月入职满铁，担任经理部主计科科长，并同时兼任南满电器会社董事、南满洲旅馆会计监察员。其间于 1924 年到欧美考察，归来后任铁道部经理课课长、经理部主计课课长、考查课课长等职，1931 年 8 月因病辞职归国。1934 年 1 月再次到中国东北，任昭和制钢所参事。1937 年 6 月任伪鞍山商工公会会长。

白滨砂吉

满铁长春地方事务所庶务系系长。1888 年 1 月生于鹿儿岛县萨摩郡高江村，是鹿儿岛县农民白滨佐太郎的长子。1906 年毕业于鹿儿岛县立川内中学校，1909 年 3 月任夆山小学校训导，1912 年 3 月任永利小学校训导，1916 年 7 月辞职，1916 年 9 月入职满铁后进入中国东北并供职于铁岭地方事务所。1922 年 10 月任铁岭地方事务所庶务系系长，1923 年 10 月供职于奉天地方事务所，1926 年 3 月任铁岭地方事务所庶务系系长，1928 年任满铁长春地方事务所庶务系系长。

太田久作

伪大连船渠铁工社社长、伪华北交通理事、伪锦县铁路局局长、满铁铁道部运转课课长。1888 年 2 月生于福山市区爱宕元町，是福山县农民太田作太郎的长子。1912 年毕业于东京帝国大学工科大学机械科，后进入满铁任职，先后担任运转勤务课管理、安东车辆系主任、奉天车辆系主任、长春运输事务所运转课课长、奉天铁道事务所所长代理、满铁铁道部勤务、南满工业专门学校教授等职务。1927 年 4 月任铁道部运转课课长。1926 年 2 月至 10 月，赴欧美考察旅行。1936 年 9 月任伪锦县铁路局局长，1939 年任伪华北交通理事，1943 年 8 月任伪大连船渠铁工社社长。

西川文吉

鞍山市浅间区第二分区区长，协和会浅间区第二分会会长，西川组主，满铁大连工务事务所土木系系长。1888 年 3 月生于鹿儿岛县鹿儿岛郡西樱岛村，是鹿儿岛县农民西川传藏的次子，1920 年 4 月分家自立。1908 年 3 月毕业于熊本县立东亚铁道学校土木科。同年 8 月赴中国东北并入职满铁，历任总务部土木课课员、总务部土木课沙河口派出所职员、总务部土木课沙河口派出所主任、大连工务事务所工事系主任、地方部土木课设计系主任、大连工务派出所土木系主任兼大连铁道事务所勤役等职务。1927 年 11 月，转任满铁大连工务事务所土木系系长。1935 年 2 月退社，独立从事土木建筑工程业务，后创立西川组，1942 年 12 月任西川社社长。

狩谷忠麿

伪铁道总局建筑课勤务，满铁大连工务事务所建筑系系长。1888 年 6 月生于东京府千驮驮谷町，是山口县士族村田昌宽的第六子，狩谷重秀的养子，1906 年 2 月继承家业。1914 年从早稻田大学理工科建筑科毕业后，同年 7 月来到中国东北入职满铁，任总务部技术局建筑课勤务。

1915 年 12 月入伍，作为志愿兵服役一年。兵役期满后，继续回到总务部技术局建筑课任职。1920 年 3 月主动辞职，转任奉天满洲土地建筑株式会社技师长。1922 年 11 月，转任大连南满兴业株式会社主任技师。1924 年 12 月转任大连高冈久留工务所设计部主任技师。1926 年 5 月再次回到满铁，担任满铁地方部设计部建筑课勤务，之后转入大连工务事务所。1928 年任大连工务事务所建筑系系长，1931 年为鞍山工事事务所所长，9 月任总务部审查员。伪满铁道总局创立时，任工务处工务科建筑系主任。1936 年 1 月，曾为学习寒地铁道关系建筑的保暖设施构筑而到欧美各国出访 8 个月。

西岛广吉

伪满国际运输庶务课事故系主任，满铁辽阳站货物主任。1889 年 10 月出生于山口县丰浦县宇贺村，是山口县农民西岛市五郎的次子，1906 年 10 月继承家业。1910 年毕业于下关商业学校，其后入职满铁。历任大连站货物方见习、四平街站货物方见习、大连管理局勤务、奉天站货物助理、长春站货物助理、抚顺站货物主任、铁道部营业课勤务、奉天铁道事务所勤务等职。1928 年 8 月任辽阳站货物主任，1930 年任小岗子站站长。1931 年 12 月主动辞职，1933 年 3 月任伪满国际运输株式会社计划课、调查课、管理课各勤务，1936 年 11 月任伪满国际运输庶务课事故系主任。

小西新一郎

满铁副参事，伪牡丹江建设事务所建筑长，满铁奉天铁道事务所建筑系主任。1889 年 10 月出生于福冈县饭塚町，是福冈县农民小西松次郎的长子。1911 年毕业于福冈工业学校，后来到中国东北，进入满铁工作，担任工务课建筑系职员。先后在辽阳、连山关、本溪湖、长春多地的保线系及长春工务事务所公主岭工事系任职。并于 1923 年担任公主岭地方事务所勤务。1925 年起担任奉天铁道事务所建筑系主任，1933 年 1 月任伪铁道部工务课建设系主任，伪铁道建设局成立后任伪牡丹江建设事务所建筑长，1936 年 9 月任副参事。

河内由藏

伪兴安局参与官，伪黑河省公署总务厅厅长，满铁大石桥地方事务所所长。1889 年 1 月出生于新潟县南蒲原郡中之岛村，是新潟县农民河内与市的第四子。1916 年大学毕业进入满铁工作，先后在辽阳地方事务所、安东地方事务所、奉天地方事务所、长春地方事务所任职。1925 年 4 月，转职到满铁本部地方部地方课。1927 年 11 月转任地方部学务课，担任大石桥地方事务所所长，后任瓦房店地方事务所所长、大连医院事务局局长。此后逐渐转任地方，1932 年任伪满奉天省公署事务官、民治科科长，1934 年任伪奉天省理事官，后任伪锦州省理事官，伪总务厅总务课课长，1936 年 8 月任伪黑河省公署总务厅厅长，1940 年 2 月任伪兴安局参与官，1943 年 10 月辞官。

远藤宪治郎

满铁开原地方事务所地方系系长。1889 年 2 月生于三重县津市绵内町，是三重县军人远藤敬吉的长子，1904 年 6 月继承家业。1911 年毕业于东京外国语学校中文专业，1912 年 5 月来到中国东北受聘为关东都督府雇员，在财务课工作。1913 年 11 月转入满铁工作，担任辽阳公学堂老师，历任四平街公学堂，四平街、本溪湖、奉天、铁岭多地地方事务所勤务。1926 年 9 月转任开原地方事务所地方系系长。其间到过上海、南京、青岛、济南、天津、北京等地。

荻野亨

东亚土木企业技师长，满铁大连铁道事务所工务长。1889 年 4 月 2 日生于冈山县上房郡高粱町，是冈山县荻野石松的第三子。1911 年毕业于熊本高等工业学校，后进入满铁工务课勤务工作。1916 年进入四郑铁路工务局，并派遣至民国交通部工务司交流学习。1919 年返回日本后受内阁派遣，任职西伯利亚铁道监理官，先后在海参崴、哈巴罗夫斯克、哈尔滨等地任职。1922 年 10 月返回满铁，担任昌图保线区区长，1925 年任职于大连铁道事务所，1927 年 5 月就任工务长，1931 年任东亚土木企业技师长。

仓桥泰彦

伪奉天市理事官，伪奉天市财务处处长，满铁奉天地方事务所庶务系系长。1889 年 7 月出生于新潟县北蒲原郡川东村，是新潟县公吏仓桥秀麿的次子，1917 年 4 月分家自立。1907 年毕业于新发田中学，1910 年到北海道任职，历时 9 年。1918 年 4 月来到中国，在山东青岛守备军民政部铁道部任职，1922 年作为共同委员会委员列席为解决山东问题召开的北京会议。其后任山东铁道引继实施委员。1923 年 3 月辞职，同年 6 月任陆军省临时顾问，负责山东铁道的资料整理事务。1923 年 11 月入职满铁，任铁道部货物课勤务，1926 年 4 月任营口地方事务所庶务系系长。1927 年 4 月任奉天地方事务所庶务主任。1928 年 6 月任满铁奉天地方事务所庶务系系长，1934 年 5 月任伪奉天地方事务所副所长，1934 年 8 月从满铁辞职，转任伪奉天交通常务董事。1937 年 7 月任伪奉天市理事官，后任伪奉天市财务处处长。

堀江元一

土木学会地方委员，满铁长春保线区区长。1890 年 12 月 1 日出生于东京市芝区爱宕下町，是东京市商人堀江贤藏的第六子，1913 年 10 月自立门户。1918 年从熊本高等工业学校毕业后旋即进入满铁，担任大连管理局保线课勤务。1919 年开始历任开原保线区主任、苏家屯保线区主任兼区长、奉天保线专门部讲师，曾在南满工业专门学校担任教职。1921 年 4 月任关东厅警察官练习所讲师和厅警务局讲师，兼任旅顺市议会议员兼副议长和"在乡军人会满洲联合支部"的理事，1934 年 6 月任技师，1935 年 3 月任伪横道河子铁路办事处处长，11 月任伪奉天铁道事务所工务课课长。

岩崎时夫

满铁副参事，大连机关区庶务主任，满铁奉天机关区庶务主任。1890 年 3 月 6 日生于熊本县八代郡文政村，是熊本县盐商岩崎龟太郎的长子，1923 年 4 月继承家业。从熊本县立八代中学毕业后，于 1911 年 4 月入职满铁，先后任公主岭车辆系物品系管理员、运转部运转课统计系员工、抚顺车辆系庶务、大连检车区勤务等职。1927 年 11 月从奉天机关区勤务转任庶务主任，1933 年 6 月任大连机关区庶务主任，1936 年 9 月任副参事。

国安进

满铁大连机关区区长，1890 年 3 月出生于爱媛县宇和岛市。爱媛县原郡长国安清治的次子，1924 年 9 月分家自立。1912 年毕业于大阪高等工业学校，毕业后入职满铁，先后在大连、公主岭及铁岭的各车辆系工作，担任抚顺车辆系主任，后在桥头、大石桥、奉天的各个机关区任勤务，并转任大连机关区区长。1921 年至 1926 年兼任地方委员。

白石研一

满铁用度事务所庶务主任，1890 年 4 月生于鹿儿岛县谷山町。鹿儿岛县官吏白石秀为之子，1911 年继任为家主。1904 年 6 月受雇于铁道作业局，1905 年 11 月任职于铁道提理部并进入中国东北，在材料课工作。1909 年 7 月进入用度课，任职员。1909 年毕业于满铁见习夜校。1926 年任用度课计算系主任。1929 年 3 月任庶务主任。

金野光明

满铁副参事，伪北票煤矿配给所所长，满铁瓦房店机关区庶务主任。1891 年 10 月生于广岛县御调郡市村，是广岛县农民金野源吉的第三子。1910 年从尾道商业学校毕业后到中国东北，入职满铁。先后任安东车辆系物品主务者、大连机关区庶务助手、满铁养成所讲师等职务。1923 年 4 月任瓦房店机关区庶务主任和瓦房店地方委员。1932 年 10 月任苏家屯机关区庶务主任，1933 年 11 月任职于伪铁路总局滨海铁路局，1934 年 4 月任伪哈尔滨铁路局总务处人事科人事股长，1935 年 3 月任职于伪哈尔滨铁路局人事课，8 月任伪奉天铁路局总务处人事科人事股长，1936 年 9 月任副参事，1937 年 6 月退社。1942 年 6 月任伪北票煤矿配给所长兼计划系主任、社员配给系主任。

渡边柳一郎

伪齐齐哈尔铁路局文书课课长，满铁铁道部工务课庶务长，齐齐哈尔日本人居留民会、齐齐哈尔"日满"青年会各副会长，协和会龙江省本部委员，满铁社员会、黑龙体育会各评议员。1891 年 3 月生于福岛县双叶郡富冈町，是福岛县渡边八十郎的第三子。高等小学毕业后进入福岛县师范学校当助手，并在教员养成所进修，离职后于 1913 年 9 月进入满铁，供职于运输课勤务、郭家店站、凤凰城站、瓦房店站等单位，后担任运输部庶务课人事系、安东铁道事务所人事主任，1925 年任铁道部计划课庶务主任，1927 年 4 月任工务课主任。1933 年 11 月在伪满铁路总局工作，1934 年 4 月任伪洮南铁路局文书课课长，1936 年 9 月任副参事，1937 年 4 月至 5 月曾短暂担任满铁参事。

青野丰三郎

满铁副参事，伪满铁道总局电气课勤务，满铁安东电气区区长。1891 年 4 月生于爱媛县周桑郡中川村，是爱媛县商人青野太三郎的长子，1921 年 5 月继承家业。1914 年毕业于电机学校，1915 年 7 月进入满铁，任技术局保线系勤务，在奉天铁道事务所通信区、大连铁道事务所等地任助理一职。1927 年 11 月转任满铁安东电气区区长，1931 年 8 月任大连保安区区长，1933 年 6 月任伪锦州建设事务所电气长，1937 年 3 月任满铁副参事。

三沟又三

"日满"商事常务董事兼大连支店代表者，满铁兴业部贩卖课铣铁系主任。1891 年 4 月生于岐阜县海津郡今尾町。1917 年毕业于东京帝国大学法科大学法律科，毕业后入职铃木商店，同年辞职。次年入职涩泽贸易合名会社，任羽毛球销售员，并任铁材输出入系勤务，同年该会社解散。1920 年入职满铁兴业部贩卖课，1922 年任印度出口部部长，其后改任兴业部贩卖课铣铁系主任，1930 年 6 月任贩卖部铣铁课课长，

1931 年 8 月任商事部贩卖第二课课长，1936 年 6 月任商务部部长兼庶务课课长，10 月任"日满"商事常务董事兼大连支店代表，1942 年 12 月任"日满"商事理事长。

山口复三郎

满铁安东地方事务所经理系系长。佐贺县东松浦郡相知村人，出生于 1891 年 8 月，是佐贺县山口浅太郎的长子，1918 年 5 月其父去世后继承家业。1913 年毕业于早稻田大学政治经济科，后进入日本邮船株式会社工作。之后又到大钟渊纺纱会社工作。1915 年 7 月进入满铁，先后担任经理部、辽阳地方事务所会计主任，铁岭地方事务所会计主任。1927 年 12 月转任安东地方事务所经理系系长。

吉田信治

伪奉天铁道事务所庶务课课长，伪大连工业株式会社常务董事，社员会评议员。1891 年 11 月生于鸟取县。1908 年毕业于满铁运输事务练习所，12 月入职满铁，任大连站职员，历任大连站乘务员、大连管理局庶务课和运输部庶务课各职员。1934 年 3 月任伪奉天铁道事务所庶务长，6 月任参事，后又任哈尔滨铁道学院主事兼伪哈尔滨铁路局人事课人事系主任、伪哈尔滨铁路局总务处职员、伪铁路总局总务处人事课职员。1937 年 4 月任伪奉天铁道事务所庶务课课长，1940 年 6 月任伪大连工业株式会社常务董事。

铃木七八

满铁副参事，伪哈尔滨土地建物董事兼支配人，满铁瓦房店地方事务所经理系系长。1892 年 12 月 18 日出生于千叶县片贝町，是千叶县农民铃木弥市的次子。1917 年毕业于东京帝国大学经济科，后进入浅野物产会社工作，1921 年 1 月辞职。1922 年 9 月来到中国东北进入满铁工作，担任奉天伪满洲医科大学书记员。1923 年 12 月转任到经理部会计课工作。1927 年 11 月转任到瓦房店地方事务所，担任经理系系长，1936 年 4 月任伪哈尔滨土地建物董事兼支配人，9 月任副参事。

小野寺清雄

伪满洲粮谷参事、调查员，满铁地方部庶务科人事系主任，预备陆军二等会计。1892 年 11 月出生于岩手县东磐井郡黄海村，是岩手县商人小野寺大之进的长子。1916 年毕业于中央大学商科后，被其同乡斋藤实子介绍进入满铁，先后任职于地方课勤务、公主岭地方事务所、大石桥地方事务所，历任四平街地方事务所地方系主任及用度系主任、图书馆领事、消防组副监督、附属地卫生委员等兼务以及长春地方区土地水道系主任、长春地方事务所庶务系系长、长春地方系系长、长春消防队监督、长春附属地卫生委员等职务。1926 年，由满铁地方部地方课转任至庶务课，1927 年 11 月被任命为庶务课人事系主任。1917 年 12 月曾以志愿兵的身份入伍一年，加入弘前步兵第五十二联队，此后兼任"在乡军人东公园分会"副会长、大连医备副团团长，1936 年 10 月从满铁退社。

山下藤五

满铁奉天铁道事务所保线主任。鹿儿岛县始良郡福山村人，出生于1892 年 11 月，是鹿儿岛县山下兼行的第三子。1910 年毕业于铁道学校后，11 月来到中国东北。1911 年 1 月进入满铁工作，先后担任长春保线系、本社工务课、熊岳城保线区主任，安东铁道事务所等勤务。后转任奉天铁道事务所转勤保线主任。兼任满铁补习学校商议员、熊岳城消防监督等。

小林完一

伪铁道总局监察附监察补，满铁兴业部商工课输出贸易系主任。1892年12月生于山口县中关町，是山口县小林滋太郎的长子。1911年毕业于下关商业学校后来到中国东北，进入满铁工作，任大连站勤务，后任站务助理，出札方、货物方勤务，再被调任本社铁道部庶务课勤务。1920年因美国纽约事务所开设，被派至纽约。1923年1月回到满铁任社长室文书课勤务、大藏理事秘书事务。1924年6月到中国华北、华南地区考察，1937年4月任伪铁道总局监察附监察补。

松富保明

在乡陆军主计少尉，伪满洲轻金属制造重役室主事，满铁大石桥地方事务所庶务系系长。1892年12月生于广岛市竹屋町，是广岛县松富光美的长子，于1926年10月继承家业。1916年毕业于日本大学，次年2月入职于山口县山阳电气株式会社，1921年2月辞职并进入满铁，任吉林公所勤务，1924年2月转任公主岭地方事务所勤务，1927年11月调任大石桥地方事务所庶务系系长，兼任后备陆军三等主计、大石桥在乡军人分会副会长。1936年9月任副参事，产业部勤务，11月任参事，后任伪满洲轻金属制造重役室主事。

中山恕世

"北鲜"铁道事务所庶务课长兼人事系主任，伪齐齐哈尔铁道局总务课课长，社员会"北鲜"联合会长，消费合作社专务理事。1892年3月生于岛根县簸川郡山口村。1922年毕业于京都帝国大学经济学部，6月入职满铁，任京铁大邱站站务部门职员，历任大田站构内兼事务副站长、京城转运事务所职员、经营课职员。1925年3月解除朝鲜铁路委托满铁经营后，转任朝鲜总督府铁道局书记，总督府外事课属铁道局副参事。1926年8月任铁道职员社长室人事课职员，后任长春站货物副站长、铁道部庶务课事故系主任、长春铁道事务所庶务长。1935年4月任"北鲜"铁道事务所庶务课课长，7月任参事。1937年4月兼任人事系主任。1939年4月任伪齐齐哈尔铁道局总务课课长。

福原昌龙

满铁用度事务所第四购买主任。1892年3月生于东京府寺岛町，是东京府某高等女子学校校长福原衡的长子，1922年12月继承家业。1920年毕业于小樽高等商业学校，当年4月来到中国东北，进入满铁任职于商事部，担任购买课勤务。1924年10月调至上海事务所物品购买系。1926年3月重回本社经理部用度课任职。1927年9月调任用度课安东支所，同年11月调回大连用度事务所任职。在满铁任职期间曾到长江沿线各地进行商业考察。

七田积

伪华北交通参事，伪运输部车辆课课长，满铁参事，伪哈尔滨铁路局机务处处长，满铁大石桥机关区区长。1892年4月出生于福冈县宗像郡岬村，是福冈县和服商人牛尾弥名吉的第五子，后成为七田茂吉的养子。1913年3月赴中国东北进入旅顺工科学堂学习。1916年12月毕业于该校机械工学科，后入职满铁，任运输部运输课勤务。后又在长春车辆系、辽阳车辆系任职。1919年4月任奉天车辆系技士，同年 8 月又转至大连管理局运输课任职。随后又任鸡冠山车辆系主任。满铁职制改变后任鸡冠山机关区区长，其后又历任铁岭机关区区长、铁道部运输课勤务等职。1926 年 11 月任大石桥机关区区长，曾到洮南调查洮昂线建设列车转运状况，1936 年 9 月任满铁参事，1938 年 9 月任伪华北交通参事、伪运输部车辆课课长。

西尾东

满铁铁岭地方事务所工事系主任。1892 年 8 月出生于德岛市下助任町，是德岛县剑道师西尾可行的次子。1916 年毕业于青森县立工业学校，同年 5 月来到中国东北，在关东厅临时土地调查部任职。次年 10 月入职满铁，在满铁建筑课及奉天地方事务所任职。1927 年 11 月转任满铁铁岭地方事务所工事系主任。

稻见繁太郎

满铁副参事，伪长春用度事务所罗津支所所长，满铁用度事务所奉天支所仓库系主任。1893 年 1 月生于爱媛县松山市北夷子町，是爱媛县稻见胜次郎的长子，1893 年 10 月继承家业。1913 年毕业于满铁育成学校，直接就任于满铁用度课，任仓库课本奉天支库庶务主任，1928 年 9 月担任用度事务所奉天支所仓库主任，1936 年任伪长春用度事务所罗津支所长，1940 年 4 月任伪哈尔滨用度事务所仓库系主任。

折田有信

曾任满铁参事，伪铁道总局职员。1893 年 3 月 15 日生于京都市上京区河原町。1921 年毕业于京都帝国大学经济学部，后入职满铁，历任经理部会计课、主计课及大连站、营口站的职员，大连列车区乘务员，大连站副站长，安东站货物副站长，货物主任，大连埠头第二、第三各埠头主任，安东站长，大连铁道事务所营业长，铁道部职员，伪铁道总局四洮铁路局车务处处长兼洮昂、齐克、洮索铁路局派遣等职。1933 年8 月任参事，后任吉长、吉敦派遣，洮南铁路局总务处处长，伪哈尔滨铁路局人事课课长兼庶务系主任兼文书课课长事务经理。1936 年任伪铁路总局总务处人事课课长兼人事系主任兼养成系主任，又任伪牡丹江铁路局总务处处长，1937 年4 月任伪铁路总局职员。1940 年4 月任伪大连埠头局局长。

古闲正雄

伪牡丹江铁路局副局长，满铁铁道部线路系主任兼任设计系主任，牡丹江卫生组合联合会副会长。熊本县人，出生于 1893 年 10 月，是熊本县富田长藏的第三子，1910 年被古闲健藏收为养子。1918 年毕业于东京帝国大学工科大学土木科，8 月来到中国东北并进入满铁工作，先后担任辽阳保线员、调查课交通系主任。1925 年从事日本国内金福铁道的测量与设计工作。1926 年 6 月离开满铁，被聘为金福铁道技师长。1927 年铁路竣工后辞职回到满铁，后转任满铁铁道部线路系主任兼任设计系主任。1930 年 6 月以后任技师，伪计划部技术课技术局、铁道部、关东军司令部事务顾问及伪铁道建设局计划课调查系主任、锦州建设事务所所长、电气长兼务、大连铁道事务所副所长等职。1936 年 1 月出访欧美各国，调查研究增加铁路运输量及经济价值的方案，归任后 1937 年 4 月任伪牡丹江铁路局副局长。

堀切盛秀

满铁待命副参事，伪铁道总局勤务，满铁地方事务所土木主任。

1893 年 11 月出生于鹿儿岛县始良郡东国分村，是鹿儿岛县农民堀切彦次郎的第三子。1911 年毕业于东亚铁道学校。1912 年 6 月供职于关东都督府土木课。1913 年 10 月因服兵役辞职。退役后于 1917 年 2 月进入满铁，一直从事土木事业。1934 年 4 月任职于伪奉天铁路总局，6 月转任伪洮南铁路局齐齐哈尔驻在。1935 年 8 月任改良课勤务。1936 年 3 月任伪吉林铁路局牡丹江勤务。1937 年 3 月任伪工务局水道课勤务，4 月任副参事。

吉村侃一

满铁消费合作社铁岭主事。1893 年 11 月生于山口县平生町，是山口县杂货商吉村虎次郎的次子。1911 年釜山商业学校毕业，1920 年到达中国东北，入职满铁消费合作社。1923 年 4 月至抚顺任职。1926 年 4 月任主事。参加过一年志愿兵，供职于第七十一连队，1917 年任步兵少尉一职。

久保田正次

伪华北交通参事，伪工作部工作科科长，满铁参事，伪铁道总局工作课课长，满铁铁道部工作课机关车主任，兴亚技术同志会干事长。1893 年 1 月 11 日出生于东京牛込矢来町。东京府久保田信平的次子。1911 年到中国东北，就读于旅顺工科学堂，1914 年毕业。1915 年 1 月入职满铁，任各方面勤务。1922 年在中国的京奉、津浦、沪宁各条铁路进行车辆考察。1924 年为了对机车进行设计调查，到欧美考察，后任工作课机关车主任。1936 年 10 月任参事，1939 年 4 月任伪华北交通参事，伪工作部工作科科长。

前田宽伍

伪满洲煤炭协议会理事，伪事务局局长兼企画部长，"日满"商事常务董事，大连窑业董事，满铁兴业部贩卖课计划系主任。1893年2月生于山形县西田川郡鹤岗町，是山形县村田宽新的第五子，后过继给前田可敏做养子。1914年毕业于旅顺工科学堂采矿冶金科，后入职满铁，先后在矿业部贩卖课、商事部贩卖课任职。1922年1月转任满铁兴业部贩卖课计划系主任。1926年8月为研究各地煤炭采掘技术和非洲煤的状况而赴非欧考察。1930年6月返回后历任大连受渡事务所所长、大连港湾计划委员会委员、商事部地卖课长兼计划系主任。1935年7月任贩卖第一课课长。1936年10月任"日满"商事株式会社常务董事。

松尾盛男

满铁社长室业务课庶务主任。1893年3月生于长崎县西彼杵郡矢上村，是长崎县农民松尾清左右卫门的长子，1909年主持家业。1910年7月赴中国东北任长春某特务机关的勤务。1918年4月入职满铁，历任地方部地方课勤务、社长室文书系主任、奉天地方事务所地方系系长、奉天地方事务所庶务系系长等职。1927年4月就任满铁社长室勤务，11月任满铁社长室业务课庶务系主任。就职期间曾到中国北部、上海、湖北、湖南、浙江等省旅游。

国崎毅一郎

昭和制钢所运输部调查员、满铁开原站货物主任。1893年7月出生于福冈县三池郡二川村，是福冈县医生国崎久成的第四子。1916年8月曾到中国北部游学旅行，1918 年毕业于东京拓殖大学，6 月赴中国东北，就职于满铁辽阳站货物系。1920 年 3 月就职于安东站，1926 年 4 月就职于抚顺站，负责货物事务。1928 年 10 月任满铁开原站货物主任，1934 年 4 月任伪总务部大连派出所事务顾问，1939 年 8 月任昭和制钢所运输部调查员。

庆德敏夫

协和会海拉尔市本部部长、协和义勇奉公队队长、满铁副参事、抚顺地方事务所庶务系系长、满铁开原地方事务所庶务系系长。1893 年 9 月 5 日出生于爱知县渥美郡神户村，是爱知县庆德次郎平的长子。1918 年毕业于日本中央大学商科，后来到中国东北入职满铁，历任地方部庶务课、瓦房店、鞍山及大石桥各地事务所勤务，晋升至地方部庶务系主任。其间曾作为志愿兵入伍一年，退伍后重新回到满铁地方部庶务课工作。1927 年 11 月任开原地方事务所庶务系系长，1933 年 1 月任伪奉天地方事务所苏家屯派出所主任，1934 年 9 月任经济调查会调查员，1936 年 9 月任副参事，1940 年 5 月任伪海拉尔市市长。

本多贯市

满铁经理部会计课储蓄系主任。1894 年 3 月生于名古屋市西区下广井町，是爱知县商人本多又市的第三子，1924 年 4 月继承家业。1914 年 9 月在满铁育成学校毕业后，从事务见习晋升到雇员、职员的职位。1928 年 11 月起至满铁本社经理部会计科供职，兼任满铁育成学校讲师。

井元德助

满铁安东检车区区长，满铁副参事，伪吉林铁路局车辆课课长，社员会吉林联合会第四分会评议员。1894 年 6 月 7 日生于宫崎县宫崎郡青岛村，是宫崎县商人井元德市的长子。1920 年毕业于旅顺工科学堂，同年入职满铁。先后在满铁转运课、沙河口工场、机关区等机构工作。1922 年检车区创设后，又担任大连检车区勤务。1927 年 11 月任职安东检车区长，1931 年任职于大连车辆事务所，1932 年任职于大连铁道事务所，后任伪吉林铁路局客货车股长，9 月任副参事，10 月任伪吉林铁路局车辆课课长。

槌谷好太郎

伪铁道总局配事课勤务，化学防水覆布研究委员会委员。1894 年 6 月出生于高松市西瓦町香川县，是米谷商人槌谷乙吉的长子，1921 年继承家业。1913 年 2 月毕业于香川县立高等商业学校，同年 5 月来到中国东北，进入满铁任奉天站站务助理。1919 年调任货物助理。1921 年升任货物主任，调至公主岭站。1924 年 4 月调至长春铁道事务所。1927 年 11 月调至满铁铁道部营业课配车系任职。1936 年 9 月任参事，10 月任伪铁道总局配事课勤务。1937 年 12 月任伪哈尔滨铁道局输送课课长。曾在预备役服役，任陆军中尉。

青木金作

满铁参事，伪牡丹江建设事务所所长，东亚土木企业董事，满铁临时甘井子建设事务所线路系主任。1894 年 7 月生于岐阜县本巢郡一色村，是岐阜县青木信次郎的次子。1917 年毕业于东北帝大工学部土木学科，后来到中国东北，入职满铁，任技术部勤务一职。后进入满铁本社，在铁岭保线系、奉天工务事务所、长春工务事务所、长春铁道事务所任职。1923 年 2 月任四平街保线区区长，随后历任铁道部计划科和铁道部工务课职务。1927 年 10 月兼任铁道讲习所讲师，12 月兼任育成学校讲师。1928 年 8 月任满铁临时甘井子建设事务所线路系主任。1930 年 12 月任职于工事部土木课。1932 年 1 月任职于地方部工事课，11 月任职于伪铁道部工务课。1933 年 3 月任职于伪铁道建设局，8 月转任技师，9 月任伪锦州建设事务所线路长兼建筑长。1934 年 4 月任伪齐齐哈尔建设事务所所长，9 月任伪白城子建设事务所所长。1935 年 3 月兼任地亩长。1936 年 2 月任伪大连铁道事务所工务课课长，9 月任参事，10 月任伪牡丹江建设事务所所长。1938 年 10 月任东亚土木企业董事。

江川一三

满铁副参事，在乡陆军步兵少尉。1894 年 8 月生于广岛县沼隈郡松永町，是广岛县农民大塚平四郎的第三子，后过继给江川家并于 1919 年 11 月继承江川家家业。1913 年毕业于下关商业学校，后来到中国东北并进入满铁工作，最初在铁道部统计系任职。在此期间当过为期一年的志愿兵，离开军队后获得陆军步兵少尉军衔。1936 年 9 月任副参事，在位于大连的伪铁道总局资料课任职，1939 年 4 月任伪资业局资料课勤务。

福田又司

伪奉天铁道技术员养成所所长，伪锦县铁路局机务处处长，满铁辽阳机关区区长。1895 年 3 月生于大分县中津町，大分县人福田兴七郎的长子。1928 年 4 月继承家业。1918 年从旅顺工科学堂机械工学科毕业后进入满铁工作，任运输部大连营理局运输课勤务，后历任铁岭车辆系技士、运输部运转课勤务、长春运输事务所勤务、辽阳机关区技士、辽阳技术主任并运转主任、鸡冠山机关区区长、安东机关区区长。1927 年 11 月被任命为辽阳机关区区长。1942 年 3 月任伪奉天铁道技术员养成所所长。

小出顺造

满铁副参事，伪白城子建设事务所庶务长，满铁奉天铁道事务所经理系主计主任。1895年3月生于广岛县己斐町，是广岛县农民小出兴太郎的第三子。1918年毕业于早稻田大学，同年12月来到中国东北，进入满铁工作。历任总务部工务局勤务、安东保线系勤务、安东工务事务所、安东铁道事务所勤务等职。1925年4月被调至奉天铁道事务所任职，1937年4月任伪白城子建设事务所庶务长。

吉留英熊

满铁瓦房店机关区区长。1895年4月生于鹿儿岛市上荒田町，是鹿儿岛市吉留盛吉的次子。1916年毕业于旅顺工学院后进入满铁运输部工作，1918年1月担任瓦房店机关区技术主任，1919年担任大连机关区技术主任，1920年担任抚顺机关区区长，1922年担任四洮铁路局机务总段长，1924年担任安东机关区区长，1925年9月继续担任此职。

樱木芳国

满铁大石桥地方事务所社会主事，陆军三等主计。1895年6月生于爱知县中岛郡明治村，是爱知县工人樱井海松的次子。1919年从中央大学商科毕业后来到中国东北，入职满铁，任经理部用度课勤务。1923年5月入伍，任陆军三等主计。复员后回到满铁，受命任大石桥地方事务所社会主事、修养园大石桥支部干事长、修养园妇人会干事、修养园武道有段者会常任干事、修养园武道后援会庶务干事等职务。

涩谷弥五郎

满铁公主岭地方事务所社会主事，伪满洲国红十字社参事、社会科科长。1896 年 12 月出生于山形县饱海郡北平田村，是山形县农民涩谷弥作的第五子。1921 年毕业于京都同志社大学法学部政治科，之后进入满铁工作，就职于埠头事务所。1923 年在抚顺煤矿工作，担任单身住宅区主任。1925 年被任命为社会主事，在辽阳地方事务所工作。1927 年 4 月转到公主岭工作。

贵岛克己

满铁社长室人事课审查系主任。1896 年 3 月出生于宫崎县都城市，是宫崎县贵岛基的次子。1920 年从东京帝大英法科毕业后入职满铁，任东京支社内东亚经济调查局勤务。1922 年到北京公社任职。1925 年 5 月受安东地方事务所涉外系任命。1926 年 4 月晋升为安东地方事务所庶务系系长。1927 年 4 月任满铁社长室人事课审查系主任。

仓永毅志夫

满铁参事，伪皇姑屯铁道工场场长，满铁辽阳工厂机关车职场主任。1896 年 4 月出生于熊本县饱托郡白坪村，是熊本县官吏仓永安基的长子，1935 年 12 月主持家业。1913 年毕业于熊本高等工业学校机械科，其后任川崎造船所兵库工场设计员。1916 年转任检查系员，6 年后辞职。1919 年 3 月赴中国东北任大连机械制作所设计主任。1920 年 3 月辞职转至满铁工作，任辽阳工场车辆职场主任。1924 年任满铁辽阳工厂机关车职场主任。1930 年 1 月任大连工场组立仕上职场主任。1931 年 4 月任客车途职场主任，6 月任铁路总局勤务，8 月任技师。1934 年 4 月任伪奉天铁路局皇姑屯工场场长，9 月任材料科科长兼务。1935 年 9 月任铁路学院讲师兼务。1936 年 9 月任参事，就任伪皇姑屯铁道工场场长。1937 年 12 月任伪奉天铁道工场场长。

黑住恒太

满铁大连电气修缮场场长。1896 年 5 月出生于冈山县御津郡今村，是冈山县农民黑住和平治的次子。1919 年毕业于早稻田大学理工科电气科后来到中国东北并进入满铁工作，先后在线路课、大连电气修缮场任职。1920 年 12 月服志愿兵役一年。1921 年 11 月复员后回到满铁，先后任大连通信区、奉天电气区助理，后调任至铁道部保线课。1924 年 3 月任预备工兵少尉。1927 年 4 月晋升为大连电气修缮场场长。曾任东公园分会的班长。

野田喜三郎

伪大连铁道工场第三作业长，满铁辽阳工厂调查系主任，在乡陆军工兵少尉。1897 年 1 月生于佐贺县水江町，是佐贺县今泉岩松次子，过继给野田梦洋做养子，1905 年养母去世后继承家业。1919 年 12 月毕业于旅顺工科学堂机械科，毕业后直接入职满铁，任沙河口工场勤务。1928 年 1 月转任辽阳工场调查系主任。此间参加为期一年的志愿兵，入铁道第二联队。复员后回到满铁，任陆军工兵少尉，1935 年 7 月任技师，1936 年 10 月任伪大连铁道工场第三作业长，1939 年 4 月任伪天津铁路局工作处处长。

白滨晴澄

伪兴安局参与官，满铁社长室情报课庶务系主任。1897 年 4 月 18

日生于鹿儿岛县始良郡加治木町，鹿儿岛县亡人白滨庄太郎长子，1929年2月继任为家主。1912年入学于陆军地方学校幼年学校，1917年士官候补。1919年1月在士官学校学习时，因病返乡休养，经平岛达夫引荐进入满铁。进入满铁前，被当时的士官学校校长之仓喜平中将特许以高阶军衔身份退伍，经时任满铁理事国泽新兵卫推荐，于1919年3月进入长春地方事务所。1920年9月哈尔滨日俄协会学校创立时，作为满铁第一届派遣学生入学。1923年3月毕业，供职于兴业部贩卖课。1928年4月任社长室情报课庶务系主任。1930年6月任交涉部资料课第二系主任。1931年1月任庶务课庶务系主任，8月任奉天事务所庶务课文书系长。1932年6月任伪兴安总署理事官及总务处处长。1934年任伪兴安总署参与官及安南省公署参与官。1937年任伪满洲国国务院兴安局参与官。

横山重起

天津事务所职员、殖产课土地科科长、伪满洲不动产株式会社董事。1898年10月1日出生于东京市本乡区弓町。1924年毕业于东京帝国大学经济学部经济学科，5月入东京信托会社。1927年6月入职满铁，任庶务部庶务课职员，历任大连医院职员、庶务部庶务课职员、交涉部涉外课职员、总务部外事课职员兼经济调查会调查员、总务部外事课第三系主任、总务部文书课涉外系主任、长春地方事务所副所长等职。1936年7月，任天津事务所职员，9月任参事。1943年5月任殖产课土地科科长，伪满洲不动产株式会社董事。

杉浦平八

满铁参事，伪吉林铁路局产业处处长，吉林商工会议所特别议员，在乡陆军主计少尉，满铁地方部庶务课文书系主任。1898年10月生于东京市深川区岛田町，是静冈县商人杉浦善四郎的第四子，1921年1月分家自成家业。1920年10月在日本中央大学就读期间，通过了高等文官考试行政科的测验。1921年7月毕业于中央大学大学部英法科后进入满铁，任地方部庶务课勤务。同年12月，进入近卫步兵第四联队服一年的志愿兵役。1923年4月退役，回到满铁工作。历任于地方部庶务课、长春地方事务所，任长春地方区勤务和长春地方区庶务系主任。1924年8月调任地方部庶务课勤务，同年12月通过了高等文官考试的司法科测验，以东京地方法院检事局律师的名义登记在册。1925年4月任陆军预备役三等主计。1928年6月晋升至满铁地方部庶务课文书系主任。1934年6月任参事。1936年9月任伪吉林铁路局产业处处长。1941年11月任伪满业代表，常务理事，伪满民生部大臣。

奥田光央

满铁长春电气区庶务助手，伪齐齐哈尔铁路局总务处人事科勤务、南满洲铁道株式会社副参事、伪哈尔滨铁道局总务部勤务。1898年10月生于石川县金泽市，是石川县士族官吏奥田光规的次子。1913年毕业于金泽通信生养成所，9月担任通信事务员。1916年12月进入满铁工作。历任齐齐哈尔铁路教习所主事、大石桥站勤务，在此期间被认定为电信技术甲种，先后任大连站车长、大连列车长、大连运输事务所同铁道事务所所长、安东铁道事务所所长、长春铁道事务所所长、在长春通信区庶务方任长春电气区庶务助手、长春保安区庶务助手、哈尔滨铁路局线路课庶务主任、洮南铁路监理所监理员等职务。1925年4月调到长春电气区任庶务助手。

小味渊肇

满铁安东地方事务所土木系系长，伪奉天铁道局副局长，满铁参事。1898 年 2 月 13 日出生于秋田县横手町，是秋田县教师小味渊泰的长子，1926 年继承家业。1917 年毕业于秋田县横手中学校，1920 年就毕业于第二高等学校，1923 年毕业于京都帝国大学土木科，后来到中国东北，担任满铁本社土木课勤务。1926 年 1 月转任奉天地方事务所工作。1927 年 11 月转任安东地方事务所。1930 年 4 月任奉天地方事务所土木系系长，6 月转任安东工事事务所。1931 年 8 月职制改革任地方部工事课奉天驻在员，11 月任地方部工事课道路系主任。1932 年 2 月任经济调查会第三部道路班主任及都市计划班主任，兼任伪满洲道路网计划及长春沈阳都市计划的顾问员。1933 年 2 月为研究上下水道及都市计划而到欧美各国留学一年零两个月。1934 年 7 月归任满铁地方部工事课一般土木系主任。1935 年 7 月任技师，10 月任土木工事系主任。1936 年 9 月任参事，10 月任伪产业部调查员。1942 年 9 月任伪奉天铁道局副局长。

石冈武

伪满水力电气建设局总务处处长，水利电气建设委员会干事，满铁辽阳地方事务所股长。1898 年 3 月生于埼玉县北足利郡木崎村，是冈猪四郎的长子。1922 年毕业于东京帝国大学法科大学政治专业，同年进入满铁东京分社，在总务部任职。1925 年转职进入大连满铁本部，在社长监察员室工作。1926 年 4 月升任候补监察员，9 月任满铁辽阳地方事务所股长。曾到欧美留学，归后历任伪哈尔滨铁路局产业科副科长，伪产业处副处长，伪牡丹江铁路局产业处处长，参事。1937 年 3 月退职，4 月受任伪满洲国水力电气建设局总务处处长。

川合正胜

在乡陆军主计少尉，伪满洲特产中央会常务理事，伪满洲制油工场振兴委员会委员，满铁长春地方事务所劝业系系长。1899 年 1 月生于福岛县北会津郡川南村，是川合良邻的长子。自幼随父来到中国东北，在旅顺的小学和中学毕业。后返回日本，1919 年在山口高等商业学校毕业，同年进入安部幸兵卫商店工作，不久又进入安部分公司济南府东亚蛋粉公司工作。同年 12 月，作为一年的志愿兵加入名古屋市步兵第六连队。退役后于 1921 年 2 月正式进入满铁工作，经任劝业课勤务，后转至长春，任总务部监理课调查系主任。1935 年 6 月任参事，后又任伪满洲特产中央会常务理事，伪产业部调查员，伪满业财务部调查课课长，伪满洲金属制造理事，伪满业监察部次长。1943 年 5 月任伪满洲石炭协议会理事生产部部长，又任伪满洲探矿外数会社监察员。

安原泷次郎

伪北京铁路局输送处处长，伪奉天铁路监理所所长，社员会奉天第一联合组合总代，满铁桥头机关区区长。1899 年 1 月出生于兵库县多纪郡城南村，是兵库县安原勘太郎的次子。1920 年毕业于旅顺工科学堂机械工学科，后入职满铁，曾任铁道部运转课科员。后担任大连铁道事务所运转系职员、大连机关区技术主任、消防监督、警备团长等职位。1933 年 3 月任伪铁路总局机务处运输科机关车系主任。1935 年 7 月任技师，11 月任伪奉天铁路监理所所长。1936 年任参事。1939 年 4 月任伪北京铁路局输送处处长。

伊保内盛

满铁副参事，伪奉天铁路监理所监理员，铁路学院讲师，满铁瓦房店机关区技术主任。1899 年 5 月出生于岩手县盛冈市上田町，是岩手县满铁职员伊保内芳太郎之子。1922 年 12 月毕业于旅顺工科大学机械工学科，1923 年 1 月进入满铁工作，最初在运转课实习两年。1925 年 6 月在大连铁道事务所运转系工作，10 月在运转课机关车系工作。1927 年 2 月担任技术主任，在瓦房店机关区工作，还兼任瓦房店实业补习学校教师。1927 年 10 月在中国东北各地进行了约 40 天的机关库设备调查，1936 年 9 月任副参事，12 月任伪奉天铁路监理所监理员。

久芳辉显

满铁奉天铁道事务所工务课保安主任。1899 年 6 月出生于八幡市，是福冈县久芳库吉的次子。1913 年 5 月到中国东北，在南满洲工业学校就读。1919 年毕业后入职满铁，任工务局设计课勤务。1919 年 10 月在对铁道预定线调查中，曾到洮昂、郑洮、洮热考察。1923 年 5 月任长春保线区助理和长春铁道事务所勤务。1927 年 11 月长春铁道事务所被废止，转任奉天铁道事务所工务课课保安主任。

大关铁夫

满铁副参事，伪齐齐哈尔铁道局总务处副处长，满铁铁岭站货物主任。1900 年 9 月 25 日出生于冈山县上房郡高粱町。冈山县大关准太的长子，1918 年毕业于福冈修猷馆。1921 年 3 月毕业于小樽高等商业学校，同年 4 月来到中国东北进入满铁工作，在铁岭站工作，担任铁岭站货物主任，同时兼任铁岭商业会议所特别议员，后历任长春列车区公主岭地方。铁岭站公主岭分区、铁岭站助理，长春铁道事务所、奉天铁道事务所。铁岭站货物主任，铁道部营业课、货物课兼任铁道教习所讲师，伪奉天铁路局派遣，伪奉天铁路局运输处货物课课长，伪吉林铁路监理所所长。1937 年 5 月任伪齐齐哈尔铁道局总务处副处长，1943 年 5 月任伪运输局总务课课长。

满铁站务人员合传

镰田正晖

伪奉天地方委员，满铁大连站站长。1879年12月出生于熊本县玉名郡木叶村。熊本县镰田正泰次子，1920年分家自立。在私立学校学习3年后，于1896年6月在九州铁道株式会社电信修技生教习所毕业，后到九州铁道电力方担任乘务员、助理、运转事务所员。1904年3月转任古河矿业所经营木尾矿坑事务员，1905年9月被委派到军用铁道提理部，同年辞职来到中国东北，到达安东担任轻便铁道助理、运输事务所员等职位。1907年4月满铁成立后入职，先后担任沿线各地站长，运输课派出员。1927年9月曾到欧美各国考察，1935年3月辞职。

宇野武治

正直洋行（资）有限责任出资社员，满铁沙河口站站长。1882年11月出生于秋田县楢山饵刺町，是秋田县水口安辉的第三子，1886年4月被过继给宇野惣太做养子，入其籍并继承家业。1903年12月受命出任新桥铁道作业局管下山北站雇员。1904年7月在野战铁道提理部附通信系工作时，到达中国东北。1907年2月在满铁创立之初引继入社，随后一直从事铁道运转日本专管企业的工作，1924年1月任沙河口站站长，1931年8月退社，任合资会社正直洋行无限责任社员，1936年1月任有限出资社员。

秋山卯八

福昌华工专务董事，伪大连市会议员、卫生委员，满铁大连埠头长。1882 年 11 月生于佐贺县小城郡砥川村。佐贺县商人秋山友吉第三子，1914 年分家自立。1905 年 9 月在安东任铁道作业局雇员。1908 年 4 月到达中国东北后，入职满铁任沙河镇站助理，5 月任本溪湖站站长。1912 年 12 月任奉天站助理，1917 年任范家屯站站长。1919 年 4 月任大石桥站站长，同年 8 月任辽阳站站长。1920 年任奉天站站长。1926 年任大连埠头事务所事务课课长。1927 年 11 月任大连埠头长。在奉天居住期间，兼任伪奉天地方委员、伪奉天地方委员会议长、伪奉天商业会议所特别议员，1932 年任福昌华工专务董事。

福井十一

满铁普兰店站站长。1882 年 4 月出生于山口县美祢郡，为山口县农民矢田东太郎的第六子。1914 年 8 月继承母亲福井家的家业。1898 年 10 月毕业于递信局养成所，后补任递信书记官。1901 年退职，1902 年来到山阳铁道供职，1905 年 5 月跟随野战铁道提理部来到中国东北，先后在大石桥电气系、电信主任、车长任上任职。1909 年被任命为公主岭站助理。1914 年 11 月晋升为平顶堡站站长，先后在凤凰城、松树、千山、海城站等地任职，并被任命为普兰店站站长兼实业补修学校校长。在凤凰城时曾任凤凰城日本居留民自治会会长，在海城时被选为地方委员。

金丸富八郎

奉天取引所信托代表董事，伪满洲殖产银行董事，伪满洲市场监察员，满铁关系会社监察员。1883 年 9 月 20 日出生于佐贺县杵岛郡武雄町，是佐贺县农民金丸要八的次子。1908 年山口高等商业学校毕业后，在铁道院任职约一年半。1909 年 10 月入职满铁，曾任开原站站长、长春站站长、长春铁道事务所营业长、大连铁道事务所所长代理等职。1926 年 5 月末在满铁关系会社的南满电气、南满瓦斯、大连工业、南满矿业等数十所会社任专务监察员。1927 年以考察的名义到欧美各国游历。1931 年 5 月任东亚土木企业株式会社专务董事，9 月在满铁辞职，任奉天取引所信托株式会社专务董事。

岩渊次三

满铁大连鸡冠区转运主任。1884 年 10 月生于福冈县远贺郡折尾町，是福冈县农民岩渊兵右卫门的第三子。高等小学毕业后，1900 年 12 月在九州铁道若松机关库任职，1904 年 12 月日俄战争之际随临时铁道大队出征，由临时军用铁道监部转任铁道提理部，1907 年在满铁创立时入社。随后，毕业于铁道部从业员养成所，任职于安东县车辆系，后在 1921 年 6 月累进任职到大连车辆系机关士。

中村梧良

满铁龙头站站长。1884 年 6 月出生于山口县佐波郡西浦村，山口县农民中村梅吉长子。1921 年 8 月继承家业，曾在 1907 年 1 月以野战铁道提理部部员的身份来到中国东北担任大连站驿手，在沿线各地担任见习乘务员，1919 年 9 月担任助理，1923 年 5 月升任站长之职。

稻川利一

满铁参事，伪长春站站长，满铁大石桥站站长，社员会长春联合会干事，消费组合总代。1884 年 9 月生于岐阜县大垣市林町，是岐阜县农民安田继治的长子，后以稻川吉五郎养子的身份入籍。1909 年进入满铁工作，历任大连车站管理员及站长助理、奉天运输事务所勤务、奉天铁道事务所勤务、鸡冠山车站站长等职务。1927 年 5 月调至大石桥站，任站长职务。1934 年 6 月任参事，11 月任伪长春站站长。

槌口寿朗

满铁李石塞站站长。1885 年 10 月生于鸟取县日野郡二部村，是鸟取县农民槌口文吉之子。1909 年进入满铁，任职于大连站，1919 年 10 月转职于长春站，1920 年 9 月任奉天站车长以及长春列车区助理代理，1927 年 6 月任李石塞站站长。

山口十助

大陆铁道输送协议会事务局局长，满铁参事，长春支社社长，满铁事务所次长。1885 年 3 月出生于三重县饭南郡西黑部村，是三重县农民山口为藏的长子，1918 年 1 月继承家业。1911 年 3 月毕业于拓殖大学后进入满铁工作，历任奉天站勤务、奉天站助理、营口站站长、长春铁道事务所庶务长兼营业长、哈尔滨事务所运输课课长、奉天铁道事务所次长。在此期间为了研究铁道运输而赴欧美留学两年。兼任汤岗子温泉株式会社董事。1936 年 9 月任伪长春事务局局长。1937 年 3 月任伪国都建设纪念式典准备委员会参与，5 月任水利电气建设委员会临时委员。1943 年 6 月任伪事务局局长，历任满铁华北交通、华中铁道各顾问，朝鲜铁道、关东军、朝鲜军、华北军、中国总军等顾问，北京居民团参事会长、会员、顾问。

西寺止

满铁五龙背站站长。1885 年 4 月出生于熊本县玉名郡高道村，是熊本县西寺法英的第六子，1910 年继承家业。1902 年毕业于九州铁道运输养成所，1907 年 11 月入职满铁，负责列车乘务员管理。自 1919 年 3 月起历任九寨站助理、汤岗子站勤务、大石桥列车区助理、卢家屯站站长、汤岗子站站长。1928 年 10 月任五龙背站站长。

滨田作次郎

满铁千山站站长。1885 年 7 月出生于鸟取县西伯郡外江村，是鸟取县农民滨田源吉的次子。1906 年 3 月成为米子铁道作业局境站勤杂人员，同年 6 月跟随野战铁道提理部在大连的苏家屯站工作。满铁成立同时继任为列车长，后转任至大石桥、鸡冠山、公主岭、抚顺、奉天站担任列车长一职。1919 年 11 月成为得利寺站副站长，并分别在石河、王家、立山站担任副站长一职，后晋升为南台站站长。1927 年 11 月转任至千山站。

池田延嗣

满铁营城子站站长。1885 年 8 月出生于东京市小石川区户崎町。东京市池田久五郎的长子，1901 年 3 月继承家业。1904 年 1 月成为铁道作业局雇员，1906 年 4 月随野战提理部来到中国，1907 年 4 月进入满铁工作，任沿线各站的勤务，后担任营城子站站长。

深泽助男

满铁公主岭站站长。1886 年 11 月出生于佐贺市白山町,佐贺县原警部深泽小五郎第四子。1905 年 3 月跟随野战铁道提理部来到中国东北,后进入满铁工作。先后在营口站货物方、瓦房店、开原、南关岭、安东站等地任助理,又历任福金站站长,奉天列车区长,鸡冠山、抚顺站站长,后调任公主岭站站长。

大尾袈裟助

伪华北交通参事,伪北京站站长,满铁抚顺站站长。1886 年 4 月生于鹿儿岛县始良郡国分町,是鹿儿岛县农民大尾小次郎的次子,1923 年继承家业。小学毕业后,自学了中学课程和早稻田大学的课程。1905 年 9 月就职于野战铁道提理部,随后到达中国东北。1907 年 4 月满铁创立之时进入满铁,随后历任列车员、烟台站助理、长春站助理、长春站事务主任、郭家店站站长、鞍山站站长等职务。1928 年 10 月任抚顺站站长。在长春工作时,为了研究俄罗斯的风土人情和铁道业务到西伯利亚一带及海参崴考察旅行。1925 年天长节期间在长春设立休养团支部,并被推荐任支部长。1937 年 5 月因病离职,1938 年 2 月转任伪北京站站长,7 月任参事。

斋藤顺治

伪华北交通副参事,伪天津站站长、长春站事务主任。1886 年 4 月出生于山形县饱海郡蕨冈村,是山形县官吏斋藤壮吾的第三子,1925 年分家自立门户。1909 年从山形县庄内中学毕业后在一所小学工作。1909 年 10 月到中国东北,进入满铁铁道教习所学习。1910 年 9 月毕业后,任公主岭站勤务。1917年任助理一职。1919年2月任公主岭实业学校讲师兼任顾问。1922年8月任刘房子站站长。1926年4月任长春站事务主任，兼任长春地方委员。1926年对华东地区全线进行考察，又任副参事。1937年1月退社，1938年2月任伪天津站站长。

早川正雄

满铁齐齐哈尔公所所长。1886年8月生于长野县上田市丸堀，是当地教育家早川正义的次子，1923年8月自立门户。1906年毕业于东京外国语学校。1910年5月在位于中国东北的泰东日报社就职，同年10月进入满铁地方课工作，之后被派往南满洲工业学校任教。1917年2月转任郑家屯公所主任，1921年1月开始在哈尔滨公所任职，1922年8月调任齐齐哈尔公所所长。

山田增次郎

满铁参事，消费组合大连区理事社员会评议员，满铁四平街站事务主任。1886年8月生于冈山县吉备郡服部村，是冈山县农民山田德次郎的长子，1924年9月继承家业。1909年9月来到中国东北，11月进入满铁工作，历任大石桥站车长代理。新城子站勤务、奉天站助理和长春列车区助理，1926年10月升任昌图站站长。1927年10月调至长春铁道事务所列车系，11月长春铁道事务所与奉天铁道事务所合并后，一直在长春工作，后调到四平街站任构内主任兼事务主任。1932年10月任入船站站长，1936年任副参事。

越后长三郎

满铁石河站站长。1887年2月出生于山行县最上郡大藏村，是山行县农民越后长兵卫的次子。1905 年 4 月担任乡里清水邮政局通信事务员。1907 年辞职，进入仙台邮政局传习生养成所学习，10 月毕业，11 月担任新庄邮政局通信事务员。1908 年 1 月响应征兵，进入东京中野电信队，11 月被派遣为日本华北驻屯军电信通信员，担任天津通信所勤务。1910 年 12 月离开军队进入满铁工作，任电信方满铁沿线各站出票员，之后担任石河站站长。

横山常二

满铁待命副参事，伪满铁道总局勤务，满铁桥头站站长。1887 年 4 月生于宫崎县北诸县郡中乡村，是宫城县农民横山高行的次子。1908 年来到中国东北，进入满铁养成所学习，12 月毕业后担任辽阳站站务，大石桥站勤务列车员，立山站助理。1915 年 8 月担任分水站站长，后担任金州和盖平站站长。1927 年 11 月就任桥头站站长，1933 年 11 月任北安站站长，1937 年 4 月任副参事待命，伪满铁道总局勤务。

藤村笃三

满铁瓦房店站站长。1887 年 4 月出生于熊本市北新坪井町，熊本县会社重役在盐山寿太郎次子，后过继给藤村元的女婿做养子。1903 年 2 月毕业于九州铁道事务所站务传习所，1905 年 9 月以野战铁道车长的身份来到中国东北，1907 年 5 月担任白旗站助理，后任南关岭站站长、运输部运转课、奉天铁道事务所勤务，瓦房店站站长。

远藤贞次郎

满铁参事，输送委员会干事，伪华北交通参事。1888 年 1 月 27 日生于山形县米泽市大町。1905 年 2 月任铁道作业局奉职，新庄站代理乘务员，又历任秋田营业事务所职员，北海道函馆商品陈列所兼营巴船客待合所职员，中部铁道管理局奉职，新桥站乘务员，江尻站、沼津站、藤泽站各站副站长，新宿站乘务员，新桥运输事务所等处职务。1919 年 10 月入职满铁，历任运输部营业课、货物课、大连铁道事务所、长春铁道事务所、长春站货物主任，铁道部货物课、营业课等处职务。1930 年 9 月任参事，历任调查委员会委员、伪奉天运输事务所所长、伪铁道部运输科配车系主任兼设备系主任、第二运输课课长。1936 年 11 月任输送委员会干事。1939 年任监察、伪徐州铁路办事处处长，后任伪华北交通参事。

神田矶吉

满铁海城站站长。1888 年 3 月生于大分县南海部郡西上浦村，是大分县回运业神田佐市的第三子。1905 年熊本邮政局通信生养成所毕业，后担任大分县、二荣县、美美津等地邮政局通信事务员。1909 年转入满铁工作，担任辽阳电信方、沙河镇及连山关站站务助理，大连站管理员，大石桥勤务等。1917 年 2 月转任满铁营业课勤务，大连铁道事务所营业事务。1927 年 4 月担任海城站站长，曾为日本帝国军人后援会大石桥支部干事，海城军人会名誉会员。

白井喜一

国际运输常务董事，满铁奉天铁道事务所营业长。1888 年 10 月生于广岛市大手町，是广岛县白井峰吉的长子，1918 年 2 月主持家业。1911 年毕业于山口高等商业学校，毕业后于同年 5 月赴中国东北，任运输课勤务，其后任货物乘务员、货物主任。1920 年 6 月任开原站站长。1921 年 6 月为研究铁道货物输送到欧美留学两年。回国后历任长春铁道事务所庶务长、大连铁道事务所代理所长。1927年11月任奉天铁道事务所营业长，1935年12月任国际运输常务董事，1938年9月任国际运输专务兼华北支社社长。

米山贤

满铁苏家屯站站长。生于鸟取县西伯郡车尾村，是商人米山熊次郎的次子。1904年毕业于米子中学后进入铁道作业局工作，担任米子派出所勤务，下市站出札兼货物方，仓吉站助理。1905年9月以野战铁道提理部的某职位来到中国东北，担任大连站勤务，瓦房店及抚顺站转勤。1918年1月担任二十里台站站长，后担任双庙子站、立山站等站长，长春列车区长。1927年10月担任苏家屯站站长。还担任伪双庙子及长春地方委员。

岩永唯一

满铁参事，伪横河子铁路监理所所长兼绥芬河铁路监理所所长，伪太原铁路局输送处处长，满铁铁岭机关区区长。1889年10月10日生于熊本县阿穗郡宫地町，是熊本县农民岩永佐三郎的第五子。1909年来到中国东北，在大连机关区任见习司炉工，1915年3月毕业于南满工业学校，是该学校的第一批毕业生。随后在进入机关方的三周后，成为机关士。经过助理任职阶段后，于1918年开始担任桥头机关区运转主任，后任大连机关区运转主任，在铁道部运转科工作，任桥头机关区区长。1927年11月任铁岭机关区区长兼任铁岭休养团支部部长，任职期间发明了动轮振替方法以及煤烟转向器，发明的右煤烟转向器被满铁申请专利。又动轮振替方法的发明让机关车的使用期限得到延长。1934年6月任技师，后任伪吉林铁路局机务处运转科科长。1936年1月任伪横河子铁路监理所所长兼绥芬河铁路监理所所长，9月任参事。1939年4月任伪太原铁路局输送处处长。

井上芳雄

满铁参事，伪安东都市计划现地委员会委员，伪安东交通专务，伪大连都市交通参与，大连站站长，满铁开原站站长，社员会评议员，消费组合总代。1889 年 1 月生于山口县阿武郡荻町，是山口县井上久次郎的次子。1913 年于早稻田大学商科毕业后进入满铁就职，历任埠头事务所勤务、埠头事务所人事系主任、文书系主任、上海支所码头主任、大连埠头华工系主任、奉天铁道事务所庶务长等职。1927 年 11 月任开原站站长。1934 年 9 月任大连站站长，1938 年 12 月任伪安东都市计划现地委员会委员。

大石义三郎

满铁副参事，四平街站站长，满铁凤凰城车站站长。1889 年 4 月生于东京市赤坂区青山南町，是东京市大石义忠的次子。1908 年毕业于东京麻布中学后就进入大连满铁教习所。1909 年 9 月进入满铁工作，历任铁岭站电信系、公主岭列车员、长春及奉天站助理、奉天列车区助理、刘家河车站站长。1927 年 11 月调动至凤凰城车站站长，1936 年 9 月任副参事，1937 年 4 月任四平街站站长。

青柳亮

满铁参事，铁道教习所所长，在乡陆军步兵少尉，满铁铁岭站站长。1889 年 6 月 15 日生于松江市北堀町。岛根县官吏松本正行次子。1910 年毕业于东京外国语学校英语科，毕业后投身教育界，就职于岩手县县立盛冈中学、京都府府立第二中学、台北中学等，此后攻读京都帝大法科，1919 年毕业。1921 年 10 月来到中国东北，入职满铁，任铁道部庶务课课长，累进升职到满铁铁岭站站长，其间还参加了为期一年的志愿兵役，任陆军步兵少尉。1932 年 9 月任参事，1933 年 10 月任"北鲜"铁道管理局庶务课课长。1935 年 4 月任伪洮南铁路局总务处长，7 月任伪齐齐哈尔铁路局总务处处长。1937 年任铁道教习所所长，1939 年 2 月任大连铁道学院院长，1943 年 3 月任"东满"铁道常务董事。

坂田辰治

满铁塔山站站长。1889 年 9 月出生于熊本县八代郡文政村，是熊本县农民坂田元治的第三子，1922 年分家。1908 年 12 月受命任奉天站杂役。1909 年任见习乘务员、大石桥站勤务。1910 年 4 月任乘务员、铁岭站勤务。1919 年 11 月任助理、石河站勤务。1920 年 10 月任瓦房店站助理。1921 年 7 月任大石桥站助理。1926 年 7 月受命任满铁塔山站站长。

上野国雄

满铁桥头站站长，满铁陈相屯站站长。1890 年 12 月生于熊本县饱诧郡川尻町，是熊本县小学校校长士族上野长的长子，1925 年 3 月继承家业。1908 年 1 月到达中国东北任满铁车站杂务一职，后任大石桥站勤务、管理员。随后历任雇员和列车员、芦家屯站助理、辽阳站助理等职。1920 年 10 月晋升为职员，1923 年 4 月任十里河站站长，1927 年 6 月任陈相屯站站长，1937 年 4 月任桥头站站长，1939 年 4 月任满铁副参事。

森下知次郎

满铁奉天站站长。1890 年 4 月出生于长崎市酒屋町，森下庄三郎长子。1927 年 6 月继承家业。1912 年从长崎高等商业学校毕业后就进入满铁工作，曾在码头事务所干部系、码头事务所参与海陆运输见习，后任船舶货物系、文书系主任、案内系主任、调查系兼华工系主任、大连铁道事务所庶务长、长春铁道事务所庶务长、安东站站长。1928 年就任奉天站站长一职。曾服过一年兵役，并以陆军炮兵少尉衔退役。

伊藤真一

满铁参事、大阪事务所所长、满铁旅顺站站长、伪满洲特产中央会参事。1890 年 7 月生于东京市本乡区台町，为伊藤博文的养子，后分家自立门户。1918 年 8 月在东京帝国大学英法科毕业，1919 年奉外务省命令赴欧美考察，返回日本后于 1921 年 10 月进入满铁。历任奉天站站务方、长春站站务方、长春站货物方、埠头事务所海运课勤务、埠头事务所庶务课勤务、东京支社勤务兼同庶务课勤务、秘书役铁道部勤务、旅顺站长兼旅顺实业补习学校长、铁道部庶务课勤务、铁道部旅客课勤务、铁道部营业课勤务、东京支社庶务课大阪鲜满案内所主任、大阪派出所所长。1936 年 10 月任大阪事务所所长，1943 年 5 月任驻东京参赞。

诸富鹿四郎

满铁参事、伪铁道总局货物课课长、国际运输株式会社专务董事、表彰与惩戒委员会委员、伪满洲畜产工业股份有限公司董事、国际运输株式会社监察员、伪满洲特产中央会参事、伪满洲制油工场振兴委员会委员和社员会评议员。1890 年 12 月生于福冈县久留米市庄岛町。1913 年毕业于长崎高等商业学校，后任朝鲜总督府铁道局南大门站、营业课大邱站货物主任，运转课、营业课等处职务，曾在欧美各国留学一年零两个月，回归满铁后担任营业课货物系主任、釜山铁道事务所所长等。1933 年 7 月任伪满铁道局参事，9 月退职，10 月任满铁铁路总局运输处货物课课长，1936 年 10 月任满铁参事。1940 年 4 月任国际运输株式会社专务董事。

平山敬三

满铁铁道部庶务课人事系主任、兴中公司董事、塘沽运输公司董事。1891 年 7 月生于茨城县稻敷君阿波村，是茨城县商人平山佐太郎的三子，1919 年分家独立。1918 年毕业于东京帝国大学法科大学，后供职于京城管理局，1920 年 11 月进入中国东北供职于满铁运输部，随后担任长春站货物系主任、安东站站长、长春站站长、大连铁道事务所庶务长，在欧美游历两年进行铁道管理的研究，回国后任铁道部人事主任。1935 年 12 月任株式会社兴中公司董事，1937 年 11 月退社。

沼川猪之助

满铁昌图站站长，预备陆军三等主计。1892 年 1 月生于爱媛县松山市南京町，是爱媛县沼川多市的次子，1926 年 8 月分家。1916 年从东京东洋协会大学汉语科毕业后，入伍做了一年志愿兵，进入广岛步兵第十一连队服役。服役期满，1920 年任陆军三等主计。1918 年 9 月来到中国东北，入职满铁，担任长春站货物方、公主岭列车区乘务员、铁岭站助理、四平街站助理、郭家店站站长等职务。1928 年 10 月任昌图站站长。

斋川圭嗣

满铁陶家屯站站长。1892 年 3 月出生于千叶县千叶郡幕张町。千叶县农民斋川菊造长子。1910 年 9 月入职满铁东京支社，在满铁养成所入所试验合格后，到中国东北。1911 年 8 月满铁养成所运输科毕业后，任开原站站务助理。在凤凰城站勤务任职中，进入尽中野电信队服役。1915 年 3 月离开部队后恢复原职，后担任大连站乘务员、瓦房电站勤务、蔡家站助理、长春站构内助理、八家子站站长。

大坂茂吉

满铁德胜车站站长。1892 年 8 月生于山行县南村山郡宫生村，是山行县大坂伊平治的第六子。1912 年 4 月进入岩仓铁道学校本科业务科，毕业后赴台湾任台北站车长见习，1914 年 9 月参军派往青岛，后退伍并入职满铁。历任辽阳站货物系管理员、奉天站乘务员见习、长春站勤务、大连站旅客乘务员，又调任长春站勤务、铁岭列车区助理、奉天站助理等。1927 年 6 月任得胜站站长。

井上亮介

满铁姚千户屯站站长。1893 年 2 月生于石川县鹿儿岛郡久江村，是石川县医院井上荣藏的第三子，1922 年 4 月分家自立。1912 年毕业于县立商业学校，同年 8 月入职满铁，之后在开原货物方见习，历任辽阳站勤务、奉天站乘务员、辽阳站乘务员、海城站助理、得胜台站勤务、草河口站勤务等职。1924 年 11 月担任姚千户屯站站长。

关　弘

满铁参事、满铁大连码头事务所第三码头主任、伪大连铁道事务所营业课课长、伪运输局副局长、大连汽船董事、“关东州”船舶运营会参与理事。1894 年 2 月生于福冈县三井郡宫诺村，是福冈县人关虎太郎的长子。1921 年毕业于东京帝国大学法科大学，同年 5 月来到中国东北，进入满铁工作，任长春站站务方勤务。1922 年 4 月任公主岭列车区乘务员，10 月任安东站货物助理。1923 年在铁道部货物课任职，1924 年 4 月任营口站货物主任，1926 年 4 月任开原站站长。1927 年 11 月起任大连码头事务所第三码头主任，1932 年 9 月任参事，历任伪铁道部营业课课长、伪奉天铁路局运输处处长兼总务处处长等职。1936 年 9 月任伪大连铁道事务所营业课课长，1940 年 4 月任伪牡丹江运输局副局长，1943 年 5 月任"关东州"船舶运营会参与理事。

大西正弘

满铁参事、伪奉天铁道事务所车务科科长、伪奉天铁道局副局长。1894 年 7 月 27 日生于石川县鹿岛郡能登部町。1919 年毕业于早稻田大学理工科，6 月入职满铁，任运转课职员。1920 年 7 月任职于奉天运输事务所。1922 年 5 月任机关区各职员，11 月任检车区区长。1926 年任大连检车区区长，1935 年 3 月任铁道部第一运送课设备系主任。1936 年 10 月任伪奉天铁道事务所车务科科长。1943 年 5 月任伪奉天铁道局副局长。

山口义人

满铁副参事，大石桥站站长，消费组合总代，满铁二十里台站站长。1895 年 10 月生于鹿儿岛县萨摩郡永利村，是鹿儿岛县农民山口七右卫门的第三子。1913 年毕业于满铁从事员养成所，后成为满铁职员，担任桥头站站务助理，桥头站货物方，奉天站列车员，瓦房店站勤务，大连管理局运转课勤务，在奉天也从事相关工作，还曾任长春运输事务所勤务。1921 年 12 月担任营城子站助理，之后转任万家岭站、大连铁道事务所勤务。1927 年 11 月担任二十里台站站长，1929 年 6 月任职于万家岭，1930 年 6 月任熊岳城站站长，1931 年任长春站构内主任，1936 年 11

月任副参事，1937 年 4 月任大石桥站站长，1939 年 6 月任大连站站长。

田中质

满铁烟台站站长。1895 年 11 月生于佐贺县东松浦郡唐津町，是佐贺县人村井晨太郎的第三子，后过继给田中沙衣做养子，并于 1905 年继承家业。1919 年毕业于东京外国语学校，同年 5 月进入满铁工作，来到中国东北，历任于外事课、四平街站、长春站及长春商业学校等。1923 年 5 月担任列车员及列车乘务员。1924 年 4 月出任铁岭站助理，后就任昌图站站长一职，1928 年就任烟台站站长一职。

胁川省吾

满铁瓦房店列车区助理，熊岳城站站长。1896 年 3 月生于熊本县天草郡须子村，是熊本县医师胁川信哉的第四子，1922 年 3 月分家自立。1915 年从熊本县立中学毕业，1919 年来到中国东北后被任命为大连站站务见习。1921 年 11 月在大连列车区任职，1922 年 6 月调至立山站站务方及货物方，后任夏家河子站站务方、大连列车区乘务员。1926 年 4 月任首山站助理，同年 11 月任熊岳城站助理，1927 年 9 月调任大连列车区瓦房店分区列车区助理。1931 年 8 月调至大石桥分区。1933 年 8 月调到伪铁道建设局庶务课、伪哈尔滨铁路局人事课。1936 年 1 月调至伪总务处、人事课等地工作，3 月任海伦站站长，11 月起兼任海伦汽车营业所主任。1937 年 4 月起任熊岳城站站长。

森田成之

伪满交通部铁路司司长、都邑计划伪中央委员会委员、伪满洲飞行协会董事、满铁长春站站长。1896 年 7 月生于福冈县鞍手郡直方町，是福冈县银行家森田万太郎的次子。在熊本五高学习之后，1921 年在京都帝国大学德法科毕业，后进入满铁。1926 年任营口站站长，1928 年 10 月就任长春站站长，1930 年 9 月任参事，历任奉天站站长、奉天事务所铁道课营业长、关东军顾问、滨海铁路保安维持会参事和副监事长。1932 年 6 月任伪满洲国交通部铁道司司长，又任水运司司长，1933 年 6 月任伪满交通部铁路司司长，1939 年 6 月任伪天津铁路局副局长。

滨田有一

满铁参事、伪哈尔滨铁道局长兼北满江运局局长、伪长春支社铁道课课长、伪长春交通董事、观光委员会委员、满铁四平街站站长。1896 年 5 月生于高知县安艺郡奈半利町，是滨田百次郎的长子。1923 年毕业于京都帝大法学部英法科，之后进入满铁工作，历任地方部庶务课和大连站货物方、满铁武道教师委托、安东站货物方、安东列车区站长、大连列车区和营口站货物方、营口站货物助理、四平街站货物助理等。1928 年 10 月成为四平街站站长。还担任了地方委员及社员会评议员，历任伪哈尔滨铁道局总务处处长，文书课课长，伪奉天铁道事务所营业课课长。1936 年 10 月任伪长春支社铁道课课长，又历任伪自动车局营业课课长，计划课课长，伪牡丹江铁道局副局长。1942 年 9 月任伪哈尔滨铁道局长兼北满江运局局长。

丰田贤次郎

满铁平顶堡站站长。1896 年 8 月生于岐阜县本荣郡手牧村，是岐阜县商人丰田市太郎的第五子。1914 年从大垣市立商业学校毕业后，来到中国东北入职满铁。1915 年 3 月从满铁铁道养成所毕业后，先后任公主岭站电信方、双庙子站站务助理、四平街站货物方、长春列车区乘务员、恒勾子站助理、公主岭列车区助理、铁岭站助理等职务。1927 年 8 月任平顶堡站站长。

诸井库之助

满铁黑河站站长、盖平站站长。1897 年 6 月生于埼玉县北埼玉郡须影村，是埼玉县诸井幸五郎的第四子。1920 年毕业于拓殖大学中国语科后进入满铁，在营口站管理货物。1922 年担任大连列车区车长，1923 年 9 月担任瓦房店站助理，并担任瓦房店地方委员。1927 年担任盖平站站长，1931 年 8 月任新台子站站长，1933 年 11 月任伪满铁路总局勤务，1934 年 4 月任皇姑屯站站长，1937 年 4 月任黑河站站长。

满铁技术人员合传

斋藤贤道

　　满铁中央实验所所长，理学博士。1878年6月生于石川县金泽市味噌仓町。1900年7月毕业于东京帝大理科大学植物科，9月进入东京帝国大学学习，1909年3月获得理学博士学位，同年11月来到中国东北。1911年任农商务省酿造试验场嘱托和东京税务监督局酒类分析鉴定事务顾问，同年9月回国，同年11月入职南满洲铁道株式会社，任所长代理研究课课长。有专著、业绩报文等40余部（篇）。1920年任满铁中央实验所研究课课长。1922年7月出任满铁中央实验所所长。曾被日本政府选拔为海外实业练习生，远赴德国留学。1925年曾到欧美考察8个月，归国后继续担任所长一职。辞去满铁中央实验所所长一职后，担任东京帝国大学教授。

川村一治

　　满铁辽阳保线区区长。1880年7月出生于岐阜县本巢郡席田村，是岐阜县农民川村清七的长子，1908年继承家业。1901年东京工手学校毕业，1905年4月作为临时铁道大队第二中队附军属来到中国东北，日俄战争期间在铁道大队、铁道监部、野战铁道提理部等任职。1906年为募集建设铁道所需的材料，他带领运兵队300名人员至中国咸广，用木筏来运输建造铁道的材料。在日俄媾和的时候，他成为新民屯线继任委员。满铁创立以来，他一直从事安东线的广轨改造工程。在满铁各个地方历任保线区区长。

根桥祯二

伪满洲轻金属制造理事长、伪满洲航空董事、伪满洲盐业顾问、工会议所特别议员、伪满洲发明协会理事、满铁会社铁道部计划课课长。1883 年 1 月生于陆奥三户郡田子村。毕业于东京帝国大学工科大学的土木工学。1905 年 7 月，日俄战争后美国总统提议日俄媾和谈判之际毕业，后入职日本铁道株式会社，担当技师，任工务课勤务。1906 年，铁道国营化，日本铁道株式会社被政府收购，其继而入职铁道院，至铁道作业局工作。1907 年满铁创立，其又从铁道院辞职入职满铁，任运输部建设课技师，从事各所的建设工作，入职满铁后曾一度离开本社工作，从事某路的建设保线事务。其间于 1911 年 4 月受命，为研究铁道土木及保线相关问题至德国留学。后任运输部保险课勤务，担任计划保险工作。并任铁道从业所员养成所讲师与"满洲"线线路检阅委员。1919 年任线路课次长，1922 年升任保线课课长。1924 年职制改正，保线课改为计划课，其职亦改为计划课课长。1928 年任铁道部参事，为研究甘井子煤炭船积设备设计问题而访问欧美，回到满铁后历任伪计划部技术课课长、伪技术局次长、伪计划部部长、伪经济调查会委员、满铁中央试验所所长，1936 年 10 月任伪满洲轻金属制造理事长，1938 年 1 月退社，1939 年 6 月任伪满业理事。

丸泽常哉

工学博士。曾任满铁顾问，昭和制钢所、满电化工、满化工各株式会社顾问，满铁中央试验所长事务经理，顾问兼技术委员委员兼经济调查委员会委员，伪满洲技术协会理事。1883 年 3 月生于新潟县中京城郡新道村。1907 年毕业于东京帝国大学工科大学应用化学科，毕业后进入日本舍密制造会社（日本人造化肥会社的前身）任技师两年，1909 年任农商务省工业实验所技师，1911 年 5 月任九州帝国大学助理教授，作为文部省留学生往英美各国进行三年化学研究，1914 年 7 月归来任九州帝大教授。1917 年 11 月提交学位论文《亚硫酸纸料蒸煮用液的本质及其作用相关的研究》，并获得工学博士学位。1923 年 4 月主动辞官，1924 年任旅顺工科大学顾问，又以在外研究员的身份旅欧，1926 年归来继任旅顺工科大学教授。1930 年 4 月任大阪工业大学教授，应用化学科教室主任兼旅顺工科大学教授，1931 年免兼职，1932 年 11 月任大阪工业大学校长代理，7 月任工学部部长候补，1935 年 7 月退职。1936 年9 月满铁改制，应松冈总裁的邀请担任满铁顾问并就任中央试验所长事务经理与顾问，1937 年 4 月在阪大退职。

佐藤恕一

曾任满铁参事、"关东州"能率协会理事、大连机械制作所专务董事、伪满洲技术协会理事、满铁会社铁道部机械课课长。1883 年 4 月生于兵库县尼崎市别所町，是尼崎藩藩士佐藤秀广的次子。曾于阪神工场地带学习机械工学，后进入东京帝国大学工科学习，于 1909 年 7 月毕业，毕业后直接入职满铁，到尚未完全竣工的沙河口工场任勤务。1914年 1 月兼任南满工业学校讲师，1918 年 3 月奉满铁命令到美国 10 个月，对美国的机械技术情形进行考察研究，回国后于 1919 年 3 月回到沙河口工场工作，任设计课勤务。1922 年 7 月任满铁本社的运输部代理机械课课长，1923 年 4 月转正，任满铁会社铁道部机械课课长，1927 年任工作课课长，1936 年任大连机械制造所专务董事，1937 年 4 月任伪满洲技术协会理事。

中川四郎

满铁大连码头副长，预备役海军中尉。1883 年 6 月出生于兵库县水上郡柏原町，是兵库县人中川保的第四子。1908 年从东京高等商船学校毕业后进入日本邮船株式会社，往返于各个航线之间。后来于 1912 年 8 月加入明治海运株式会社，历任各船的船长。1915 年退社，担任神户日本海事检定协会检查员，负责海事鉴定、船舶检查等工作。1925 年 4 月调任山口县立大岛商船学校教谕一职。1926 年 11 月辞职，加入满铁担任大连码头事务所荷役系主任，另受大连海务协会监察委员的顾问，同时担任码头副长。也是海军预备中尉，甲种船船长。

川又政忠

满铁奉天检车区区长。1885 年 4 月出生于茨城县东茨城郡上大野村，是茨城县普通农民川又常吉的次子，1913 年 8 月继承家业。他从水户中学毕业时正值日俄战争之际，1904 年 9 月作为野战铁道提理部副部长来到中国东北。经任第三运转班车辆勤务、第三运转班车辆汽车课副课长后，于满铁成立之际历任运输部运转课、安东车辆系、长春车辆系等。1918 年 12 月作为野战交通部副部长赴西伯利亚，返回后历任长春车辆系主任、总公司运转课勤务、安东检车区区长、长春检车区区长，1927 年 12 月任奉天检车区区长。

高野气次郎

满铁参事、技术委员会干事、工业标准规格委员会干事、化学防水覆布研究委员会委员、满铁沙河口工场仓库主任，预备役工兵少尉。

1887 年 2 月生于日本长冈市，是新潟县士族官吏高野让的次子，1914 年
2 月继承家业。1911 年东京高等工业学校毕业后，入职满铁，任沙河口
工场勤务。1919 年 4 月到 1920 年 2 月在鞍山制铁所任职，之后再次担
任沙河口工场勤务、仓库主任和见习养成所主事。另外还是在乡军人会
沙河口会会长。1930 年 6 月任技师，铁道工场勤务，又任伪总务部检查
课兼计划部能率课勤务，伪技术局勤务兼同庶务课兼规划系主任，计划
部规格班主查，1934 年 6 月任审查员，1936 年 9 月任参事，10 月任技
术委员会干事，1943 年 2 月从满铁退社，任伪满洲机械工业统副组合常
务理事兼生产部部长。

长谷川贞三

东亚土木企业相谈役，满铁地方部土木课课长。1888 年 4 月生于难
波高津町。中学毕业后，到东京帝国大学工科大学深造，1912 年 8 月毕
业后入职满铁，成为工务课社员。1914 年在职应征入伍，在军队中服役
一年，退伍之后仍旧回到工务课工作。1918 年任立山派出所勤务，一年
后又到鞍山工务课赴任，后升任为鞍山派出所主任，1920 年任该所工事
系主任，6 月转至地方部土木课任职数年。1922 年任职地方部勤务。
1923 年受满铁本社之命赴欧美 8 个月，在欧美各先进国家专门进行土木
学相关的调查研究。1924 年回国后任参事，在 1926 年担任地方部长，
后为土木课课长，1943 年 5 月任东亚土木企业咨询。

神本彦治

满铁长春电气区区长。1889 年 10 月生于山口县都浓郡末武北村，
是山口县神本金作的第三子。1910 年工手学校电气科毕业后直接进入满
铁工作，在铁道业务方面任职 10 年。1919 年因为俄国干扰远东以及欧
亚交通干线，受命出使西伯利亚，在哈尔滨和浦盐工作 4 年。1922 年回

到满铁，1923 年参与郑家屯到洮南段的铁道建设，1924 年从事洮南到齐齐哈尔之间的铁道建设工程。1925 年被吉敦铁路局派遣去吉林敦化等地完成铁道电气设置。1927 年回到满铁。继续担任长春电气区区长。

小泽清三

满铁中央实验所事务顾问，满铁中央实验所畜产化学科科长。1889 年 11 月生于长野县下伊那郡乔木村，是长野县农民小泽马太郎的第三子。1912 年毕业于东京高等工业学校，随后任职于东京明治制革株式会社工厂。1927 年 11 月转任满铁入职。1918 年 9 月至 1919 年 3 月，为了研究制革技术而去美国考察。1927 年任满铁中央实验所畜产化学科长，后为技师、参事，1937 年 4 月主动退职，后曾任满铁中央实验所事务顾问。

细山田三雄

满铁奉天铁道事务所运转系。1889 年 4 月出生于日本宫崎县北诸县郡，是宫崎县福山田正重的第三子。1908 年满铁教习所运输科毕业后，任公主岭站站务助理、长春站出札兼电信方、长春站货物方、运输部兼总务部事务局调查课勤务、铁道从事员养成所讲师、长春站电信主任、奉天运输事务所兼奉天站电信主任等职。1923 年 4 月任职于满铁奉天铁道事务所运转系。

井上爱仁

满铁参事、大连铁道工场场长、铁道研究所驻大连调查员、工业标准规格委员会委员、满铁技术研究所机械系主任。1890 年 5 月生于东京府南葛饰郡本田村，是东京府井上实爱的长子。1911 年毕业于大阪高等工业学校，1917 年 6 月由内务省技工转任至满铁沙河工厂，后历任辽阳工厂火车头厂主任、辽阳工厂机械科勤务。1923 年 7 月转任技术研究所勤务，1934 年为调查研究金属材料到欧美各国。1936 年任参事，1937 年 3 月任铁道研究所调查员，1942 年 10 月任大连铁道工场场长。

藤野确

满铁参事，伪铁道总局水道课职员，工业标准规格委员会委员。1891 年 2 月生于福冈县朝仓区秋月町。1914 年毕业于熊本高等工业学校土木工学科，7 月任职于制铁所二濑派出所工务课，1915 年 12 月任技手，1918 年 7 月入职满铁，后历任土木课、长春保线系、奉天工务事务所兼奉天工事系主任、奉天地方事务所兼奉天地方区土木系主任、安东地方事务所工务区区长、土木系系长。1927 年 1 月退社，任关东厅技手，又任内务局土木课技师，1933 年 5 月再入满铁，任伪铁道建设局、伪铁道总局工务处工料课土木系主任。1936 年任参事，又任伪工务局改良课职员，1936 年 10 月任伪铁道总局水道课职员，1939 年 9 月任大连工事事务所所长。

尾崎纯一郎

满铁地方部大连理工务事务所庶务系系长兼任经理系系长。1891 年 10 月出生于长野县小县郡神川村，是长野县尾崎秀次郎的长子，1906 年毕业于实业补习学校，作为当时满铁总裁后藤新平的秘书，后又作为同乡国泽新兵卫理事的秘书。1907 年在满铁创立之时入社，任社员见习一职，入社后在满铁见习学校深造。1910 年 7 月升职为职员，随后历任于公务课、大连保线系、大连管理局保线系、技术部庶务课、地方部土木课、地方部庶务课等。1926 年 4 月任大连理工务事务所庶务系系长，随后在 1927 年 6 月任职经理系系长。

中谷彦太

企画委员会特别干事，满电副参事，伪总务部调查课课长，伪满洲电业电话参事，伪总务部调查课课长兼总务部调查课资料系系长，满铁技术研究所常务股长。1891 年 11 月生于福井县大野郡阪谷村，是福井县农民中谷柳三郎的长子，1925 年 12 月接替父亲掌管中谷家。1914 年 5 月来到中国东北进入满铁工作，先后在经理部会计课、大连管理局驾驶课、铁道部驾驶课、社长室、技术委员会、审查室等任职。其间在伪满洲政法学院法科进修。1927 年 4 月因为技术研究扩展转任总务部考查课长，并任"满洲"政法学院理事。曾经为进行火车轮轴机油耐寒调查而到中国东北北部和西伯利亚。1933 年 9 月任满电副参事，伪长春首席驻在员。1935 年 2 月任伪总务部调查课课长，1938 年 4 月任企画委员会特别干事。

佐藤正典

满铁参事，伪满洲制油工场振兴委员会委员，工业化学商议员，满铁中央试验所油脂化学科科长，工学博士。1891 年 12 月生于大分县日田郡日田町，是大分县佐藤伍作的第三子。1917 年九州帝大工学部应用化学科毕业后，同年 8 月来到中国东北入职满铁，任中央试验所勤务。1927 年 4 月受命任中央试验所油脂化学科科长。1923 年 5 月为进行油脂化学的研究，前往欧美各国留学。1928 年获得工学博士的学位。1930 年 6 月任技师，10 月任工业标准规格调查会委员，1931 年 8 月任技术局有机化学班主查兼务，12 月任中试有机化学科科长兼燃料科长。1932 年 1 月到 7 月为大豆油抽出工场施设并抽出品利用方法调查而出访欧美各国，12 月任伪计划部有机化学班主查，1936 年 9 月任参事，11 月任伪满洲制油工场振兴委员会委员，1940 年 10 月任满铁中央试验所长兼抚顺煤矿研究所所长。

关　真

奉天商工公会参事，兴亚印刷局专务董事，伪奉天商工会议所议员，伪奉天居留民会评议员，满铁大连铁道事务所勤务。1891 年 6 月出生于福冈县久留米市日吉町，是福冈县关直太的第六子。1913 年 12 月毕业于旅顺工科学堂电气科，毕业后任该校的助教。1917 年 12 月入职满铁，任沙河口工场勤务，1919 年 12 月任技术部机械科勤务，1927 年 4 月转至铁道部电气课工作，1928 年 10 月就任于大连铁道事务所勤务。1935 年 4 月任兴亚印刷局专务董事，1939 年任社长。

河内三雄

筑港所工事助手。1891 年 7 月生于山口县熊毛郡麻里府村，是山口县河内谦吉的第三子。1912 年 3 月毕业于山口县立工业学校，1915 年 3 月来到中国东北进入满铁，在电气作业所工作。1919 年 3 月在沙河口工场工作时，作为满铁第一个贷费修学生到东京高等工业学校学习机械学。学成后先后在技术部机械课、筑港事务所、埠头事务所、大连铁道事务所等地任职，后转任于筑港所。

竹口弘

满铁参事，铁道研究所调查员，满铁铁道部工务局勤务。1892 年 6 月生于三重县饭南郡射和村，是三重县竹口九兵卫的长子。1913 年毕业于大阪高等工业学校，后来到中国东北在满铁任职，供职于铁道部。曾在欧美各国从事一年多的铁道信号及通信事项研究，后在满铁铁道部工务课任职，从事铁道信号的相关业务。1934 年 11 月任铁道部电气课课长，1936 年 10 月任伪工务局勤务，1937 年 6 月任铁道研究所调查员，1940 年 9 月任监察员。

直塚芳夫

满铁参事，伪铁道总局福祉课勤务，满铁大连机关区庶务系长。1893 年 7 月 23 日出生于佐贺市水镇。1913 年毕业于佐贺中学，在早稻田大学政经高等预科就读时中途退学，1915 年 9 月来到中国东北进入满铁。1916 年毕业于满铁铁道教习所，做了两年现业员后，调到本社铁道部人事系。后任大连机关区庶务系系长，兼任寮友会会长和社员会评议员。在此期间，为进行业务研究数次赴华东地区铁路沿线进行徒步考察。历任伪铁路建设局庶务课人事系主任、伪吉林铁路局人事科科长。1939 年 4 月任伪铁道总局福祉课勤务，1943 年 7 月任满铁参事。

古闲癸巳生

满铁奉天铁道事务所员。1893 年 9 月生于熊本县八代郡和鹿岛村，是熊本县农民古闲大平的第三子。1916 年毕业于熊本高等工业学校后进入满铁，任职于技术局保线课，1917 年 6 月在立山临时工事系任职，1919 年 4 月任本溪湖铁路养护人员，1921 年 6 月在鞍山工务事务所任职，1922 年 6 月在运输部任职，1923 年 5 月在安东铁道事务所工作，1925 年转任至奉天铁道事务所。

河边义郎

满铁参事，伪铁道总局工事课课长，"日满对满"事业公司、东亚土木企业各董事，满铁奉天铁道事务所工务长。1894 年 9 月生于爱知县渥美郡神户村，是爱知县河边仪助的长子。1915 年毕业于名古屋高等工业学校土木科，同年 8 月入职满铁，就职于技术部线路科，后改至长春工务所，历任大连保线区主任、安东铁道事务所工务长等职。1925 年 3 月被派遣参与洮昂线建设，1926 年 2 月被派遣至吉敦铁路工程局任工程股长。1928 年 12 月转任奉天铁道事务所工务长。1930 年 6 月任技师，历任铁道部勤务，吉长、吉敦铁路局派遣，吉林建设事务所所长。1934 年 4 月任职于伪铁道建设局。1936 年 10 月任伪铁道总局工事课课长，1943 年 5 月任伪吉林铁道局副局长。

辻茂树

满铁副参事，伪铁道总局监察附监察补。1894 年 9 月生于大分县佐伯町，是大分县商人永吉启太郎的第三子，1916 年过继给辻千藏作养子，1928 年养父隐居后继任为家主。1914 年任职于门司铁道局直方站站夫、连接手、制动手、操车挂，1917 年通过门司铁道局录用考试并受到考试委员长宇佐美宽尔的提拔，任门司铁道局运输课配车挂。1919 年辞职后供职于福冈中岛矿业、东京朝日矿业等，后入中央大学专门部经济科学习，1920 年通过大藏省普通文官考试，1921 年开展度量衡标准的研究，1922 年 4 月进入满铁来到中国东北，任职于满铁铁道部营业课货物系。1924 年 7 月任满铁技术委员会公尺实施调查员，1931 年 7 月任总务部文书课净书系主任，1936 年 3 月任运输处旅客课自动车系主任，9 月任营业系主任，1936 年 9 月任副参事，1937 年 3 月任伪铁道总局监察附监察补，1939 年 4 月任北京居留民团民会议员。

大内次男

大连商工会议所参与，"关东州"能率协会理事，伪满洲能率研究所所长，满铁参事。1896 年 12 月生于佐贺郡杵岛郡须谷村，是佐贺县大内弘的次子。1921 年旅顺工科学堂毕业后，到中国东北，入职满铁，先后任职于铁道部运转课，地方工场机关区、检车区、保线区等，主要负责铁道业务方面的工作。1925 年 4 月随着社长室能率系的设置，任能率系勤务，还受命任职于铁道部运转课。1927 年兼任育成学校讲师，还担任了日本能率协会的理事和伪满洲能率研究会干事。历任能率班主查，总务部审查员，1936 年 10 月任副参事，又任技术委员会能率班主查，工业标准规格委员会委员，1937 年 4 月任参事，后主动辞职，1937 年 9 月创立伪满洲能率研究所。

塚原懿智三

满铁参事，伪铁路总局电气课勤务，工业标准规格委员会委员，满铁大连铁道事务所电气区区长，步兵少尉。1896 年 5 月生于山梨县中巨摩郡三慧村，是山梨县人塚原开太郎的第七子。1922 年毕业于东京帝国大学工学部电气科，同年 5 月来到中国东北进入满铁任运输部线路课勤。1923 年因职务制度改革调入铁道部计划课。1927 年电气课被单独拆分出来，同时担任计划课、电气课两课的勤务。1927 年 11 月调任满铁大连铁道事务所电气区区长，1936 年任参事，1943 年 5 月任伪牡丹江铁道局副局长。

阿部良之助

工学博士，满铁参事、中央试验所燃料课课长，石炭研究室主任，临时石炭液化工场建设事务所勤务，一般燃料研究室主任，矿油研究室主任，产业部各兼务。1898 年 1 月生于北海道岛牧郡东岛牧村，是阿部良吉的长子。1923 年京都帝大工学部工业化学科毕业后，5 月在理化学研究所担任喜多研究室助手，1924 年 6 月在京都帝大工学部任助手。

1928年入满铁，在技术研究所工作。1930年9月任液体燃料调查委员会委员，1931年10月任工业标准规格调查委员会委员。1932年4月任满铁中央试验所煤炭研究室主任。1933年5月赴欧美各国考察煤炭液化工业。1934年9月任燃料课长及煤炭研究室主任。继任煤炭液化委员会委员。1935年4月又为考察煤炭液化工业赴俄瑞德法英美六国。1936年8月兼临时煤炭液化工厂建设事务和一般燃料研究室主任，9月任参事，10月兼矿油研究室主任。此前，1933年6月凭借论文《关于液体燃料的研究》获得京都帝大工学博士学位。1940年4月任满铁中央试验所研究员兼燃料课课长及高压化学研究室主任。1942年兼铁道润滑油工厂厂长。1944年任伪奉天满铁青年学校分室主事。1945年任研究监和燃料化学第一、第二研究室研究员。

押川一郎

满铁参事，伪华北经济调查所所长，伪满洲电气理事。1899年1月生于鹿儿岛市加治屋町。1922年毕业于东大经济学部。1926年任银行职员，又赴英国牛津大学留学。1927年入职满铁，历任哈尔滨事务所庶务课课长，经济调查委员会委员兼干事，关东军司令部事务顾问，产业部庶务课课长兼经济调查委员会干事事务经理。1937年5月退社，任企画厅调查官。1938年9月复归满铁，任参事，总裁室职员，伪华北事务局调查部次长。1939年4月任伪华北经济调查所所长，1943年9月任伪满洲电气理事。

石尾茂

满铁参事，铁道研究所调查员大连职员，东边道开发株式会社董事兼工作部长。1889年2月生于大分县。1911年毕业于熊本高等工业学校，后进入大阪炮兵工厂供职，任陆军技手弹丸制造所附。1917年入职满铁，历任鞍山制铁所工务课、技术部机械课各职员，运输从事员，养成所讲师，技术研究所"南满工专"工讲师。1926年8月赴欧美，1927年4月归任铁道部工作课职员，1930年6月历任技师、伪铁道部车务课机械系主任兼技术局职员、伪计划部审查员附车辆班主查兼务、中央试验所车辆研究课长兼产业部职员，1937年3月任铁道研究所调查员大连职员，1940年1月主动退社，任东边道开发株式会社董事兼工作部部长。

竹村胜清

伪北京铁路局工务处处长，满铁参事，满铁地方委员，社员会常务干事，连铁联合会会长，满铁四平街保线区区长，大连铁道事务所工务课课长。1895年8月生于东京市本乡区丸山福山町，是东京市尾崎秀次郎的次子，1910年过继给竹村虎太郎做养子。1919年4月从熊本高工土木工学科毕业后，到中国东北入职满铁，任大连铁道管理局保线课勤务，7月职制变更，任技术部线路科科员。1923年任职于安东工务事务所，后任铁道事务所勤绩。1924年3月任金州保线区区长。1926年任四平街保线区区长。此间负责大连—瓦房店线路改良工作。1930年6月获洮昂铁路局的派遣，1931年8月任职于总务部，1932年2月任职于铁道部，1933年3月任伪铁路总局工务处工务科保线系主任，1934年任技师，11月任伪总局机务处运送课第三系主任，1936年9月任参事，10月任大连铁道事务所工务课课长，1937年12月任伪总局勤务，1938年6月任伪北京铁路局工务处处长。

赤松乔三

满铁参事，伪铁道总局机械课课长兼工场课课长，满铁临时甘井子建设事务所机械系主任。1898年2月7日生于广岛市，是广岛县药种商人赤松又四郎的第三子。1921 年毕业于东京帝国大学工学部，5 月来到中国东北，入职满铁任满铁本社，任机械课勤务。1923 年 4 月转任抚顺煤矿机械课勤务。1925 年 8 月任大连埠头事务所机械系主任。1927 年 11 月转任大连铁道事务所工务系机械主任。1928 年 7 月转任满铁临时甘井子建设事务所机械系主任，1931 年任铁道工场第三作业场场长。1936 年 9 月任参事，10 月任伪铁道总局工作局机械课课长，1937 年后历任工场课课长，大连铁道场场长，伪铁道总局工作局局长，1943 年 5 月任伪工作局次长兼任输送委员会委员。

鞍山制铁所人物合传

长田吉次郎

满铁鞍山制铁所职员。1880 年 5 月出生于长野县西筑摩郡吾妻村，长野县农民长田周吉的长子。1887 年 3 月继承家业。1900 年毕业于长野县饭田中学。1903 年因执行参谋本部的特别任务来到中国东北，后又担任了关东厅的顾问。辞职后开始承包工程。后又再次接受了陆军翻译官的任命，随后又进入了满铁工作，在鞍山制铁所任职。

野崎一郎

满铁鞍山制铁所制造课动力水道系任职。1880 年 12 月出生于东京市牛込区早稻田鹤卷町，是东京市人野崎孙次郎的长子。1903 年 7 月担任京都市水利事务所水力发电所工手。1909 年因调至满铁大连发电所而来到中国东北。1910 年 5 月调至安奉线福金岭发电所。当年 11 月调至大连发电所。1917 年调至长春发电所。1918 年 7 月任沙河口工场兼鞍山制铁所勤务。1919 年任鞍山制铁所勤务及电路挂主务者。

长滨哲三郎

满铁监察官。1883 年 5 月生于山形县饱海郡酒田町，是当地律师长滨藤四郎的次子，1906 年 4 月继承家业。1911 年毕业于东京帝国大学法科大学，毕业后进入古河矿业公司。工作 8 年后辞职，随即进入满铁工作，曾任用度课参事、鞍山铁厂常务课课长、伪满洲医大干事等职务，后升任监察员。其间为了研究对华问题，曾经多次考察北京、上海、青岛、太原、汉口、南京等地。

梅根常三郎

满铁参事，鞍山制铁所制造课课长，工学博士昭和制钢所董事兼铣铁部部长。1884 年 2 月 27 日生于福冈县嘉穗郡宫野村。安元俊次次子，后过继给梅野专一郎作养子。1911 年京都帝大理工科大学冶金学科毕业，后任八幡制铁所研究员，后升技师，1917 年 7 月兼农商务省技师，1918 年任制铁所第一制钢课课长。1919 年 2 月入满铁，在鞍山制铁所工作，1923 年任该所制造课课长。昭和制钢所业务开始后任生铁部部长，升任董事。其间，为考察炼钢作业曾两次出访欧美。后向京都帝大提交《鞍山贫铁矿磁化焙烧法的研究》论文，1932 年 12 月获工学博士学位。曾发明贫矿处理法。

山本勘三郎

鞍山制铁所御用商。1884 年 2 月出生于广岛县双三郡八次村。广岛县山本嘉藏的次子，毕业于乡里农业学校。1905 年日俄战争中，随军到中国东北，于关东厅农事试验场、满铁地方课产业系任职。后转任鞍山制铁所御用商。1926 年任鞍山地方委员。

仲义辅

满铁鞍山制铁所制造课营缮系主任。1886 年 4 月生于山口县荻町，是山口县官吏仲直的次子。1909 年毕业于东京高等工业学校机械科，同年 8 月赴中国东北，就职于抚顺煤矿机械科，任技术员。1914 年 9 月辞职回国，就职于新潟铁工所。1917 年 6 月再度赴中国东北，入职鞍山制铁所，任制造课营缮系主任。曾于 1924 年 5 月为了选矿作业赴欧美，进行了为期 8 个月的考察。

久米哲夫

满铁鞍山制铁所制造课动力水道系主任，昭和制钢所参事，伪铁道部选矿工场场长。1887 年 4 月生于福岛县安积郡山市南町。1910 年毕业于东京高等工业学校电气科，毕业后入职焊管水力电气株式会社，从事发电所、变电所、电气铁道等的建设工作。1917 年 10 月入职满铁，任沙河口工场内鞍山制铁所临时建设系勤务，制铁所完工后又去鞍山工作。1924 年 6 月去欧美考察制铁所电器设施。1927 年 10 月任同所制造课动力水道系主任，1928 年 1 月任临时建设事务所兼务，1930 年 5 月任伪满洲工业标准规格委员会调查员，6 月任技师，11 月任工业规格调查委员，1931 年 4 月任动力水道工场场长，1933 年 6 月任昭和制钢所参事，伪工务部动力工场场长兼铁道部选矿工场场长，1941 年 6 月任昭和制钢所参事，社员炼成所所长。

吉田库人

满铁煤矿参事，伪总务部庶务课人事系主任，满铁瓦房店地方事务所庶务系系长。1887 年 7 月 1 日出生于三重县上野町。三重县富永前之子，以吉田伊十郎的养子身份计入户籍。在乡里今井塾学习过汉文、数学。1910 年 12 月来到中国东北担任关东都督府巡查。1912 年 7 月转任都督府雇员，之后一直在都督府任职。1918 年 12 月来到满铁工作，担任鞍山制铁所制造课勤务。1922 年 12 月担任地方庶务课转勤，1925 年

3月担任瓦房店地方事务所庶务系系长，1936年1月任满炭参事。

石桥由太郎

伪满洲化学工业工务部工作系系长。1888年3月13日生于福冈县三池郡银水村，福冈县石桥亲藏的第四子，15岁进入三池炭坑制造所见习，19岁进入三菱造船厂。1908年2月来到中国东北，担任抚顺煤矿机械工厂职工，后进入"南满工业学校"半工半读学习，1915年毕业。后为沙河口工厂勤务，1918年1月入职鞍山制铁所。1933年11月入职伪满洲化学工业株式会社，任伪工务部工作系系长。

古江茂橘

昭和制钢所参事，满铁鞍山制铁所参事，伪工务部工作工场场长。1888年4月生于福冈县早良郡原村。1910年毕业于熊本高等工业学校，同年进入满铁，任抚顺煤矿机械课勤务。1918年辞职，1919年进入鞍山铁矿振兴公司采矿总局任职，1925年9月为了进行采矿机械研究到欧美诸国进行了为期8个月的考察。1926年回到鞍山制铁所制造课，担任选矿工场勤务，8月任参事。1930年6月任技师，制铁部制造课兼临时建设事务所选矿系主任，8月任选矿工场场长，1931年8月任鞍山钢铁所选铁工场场长，1933年6月任昭和制钢所参事。1938年10月任伪建设局工作部次长兼建设现业事务所所长。1943年2月伪满洲铁钢工务会社设立，任伪满洲铁钢工务董事。

三木修藏

伪满洲电信电话参事，伪总务部印刷局局长。1888年8月出生于香川县小豆郡渊崎村，香川县医师三木方齐第三子。1927 年分家自立。1908 年从高松商业学校毕业后，在爱国生命保险会社工作一年。1909 年来到中国东北，进入满铁工作，任抚顺煤矿勤务，后随着鞍山制铁所的创立而调至鞍山制铁所。1922 年调任本社经理部勤务，后在主计课审查系任职，1933 年 9 月起历任经理部用度营缮各课课长，大阪派出所所长等，1941 年为伪满洲电信电话参事，伪总务部印刷局局长。

久留岛秀三郎

在乡陆军工兵中尉，昭和制钢所采矿部部长，伪满洲铅矿专务董事，岸本矿业专务，岸本商店东洋金属工业各董事，华中铁矿顾问技监，龙烟铁矿顾问，久和煤矿董事会会长。1888 年 9 月生于大分县久珠郡森町，是大分县药种商中野忠八的次子，儿童教育专家久留岛武彦的养子，并与其女结婚。1914 年九州帝大工科大学采矿学科毕业，9 月后入满铁，在鞍山制铁所和振兴公司任职，12 月入伍，担任志愿兵满一年，在工兵第十六大队服役。1916 年 8 月满铁退社，任农商务省札幌矿务署矿务技手。12 月任矿务技师。1917 年 1 月兼任小樽高等商业学校讲师兼矿务庶务监督官。1920 年 10 月复归满铁，在总务部鞍山任职，探矿总局局长次席。1922 年 1 月任矿山设备作业并为管理法的调查研究出访欧美各国。1923 年 4 月任采矿局局长，11 月任西鞍山采矿所主任兼务。1925 年 2 月任大孤山采矿所主任，8 月任参事。1927 年 10 月任鞍山制铁所事务课课长。1930 年 8 月兼任庶务课课长，9 月兼任煤矿部化学课。1931 年 8 月任采矿课课长等职。1933 年以后历任昭和制钢所采矿部部长、董事、伪满洲铅矿会社董事、华中铁矿会社及龙烟铁矿技术顾问。1945 年后曾在多家企业和团体兼职。1956 年发表矿业论文，获东北大学博士学位。

浅井柳作

就职于满铁社长室能率系。1889 年生于横滨市平沼町。神奈川县实业家浅川元三郎的次子。1911年毕业于陆军士官学校，毕业后任少尉，并加入近卫辎重大队。1914年任中尉，1915年因公负伤而退役。后在第七高等学校学习，1921年毕业于九州帝大工学部冶金学科，毕业后继续研究冶金学。1924年1月入社满铁，任"南满洲工业专门学校"教授，1926年转至满铁社长室工作。在此期间，1921年、1922年受横滨兴信银行委派从事矿业调查。曾任伪满洲技术协会常务委员。柔道是讲道馆五段，曾任大连讲道馆有段者干事、伪满洲能率研究会干事、全满柔道选手监督等职务。

今泉卯吉

满铁参事，满铁抚顺煤炭机械工厂厂长。1891年3月生于福岛县安积郡多田野村，是福岛县阿部恒藏的长子，今泉多助的养子。1913年毕业于旅顺工科学堂，后进入满铁工作，就职于沙河口工场立山派出所勤务，从事鞍山制铁所建设。1919年9月在沙河口工场担任转勤锻冶职场主任、货车制材职场主任。后担任抚顺煤炭机械工场场长。在此期间和同事一起创立东亚技术同志会，对东亚产业的开发做出了贡献。同时也为母校旅顺工科大学的存废问题组成续存委员会，并到东京请愿。1930年6月任技师，后为经济调查会勤务，第三部第二班主任，第三部道路班主任，此间担任交通事业调查立案参画，接收北铁哈尔滨总工厂的工作。1935年9月任长春工厂厂长，1936年任参事，长春铁道工场场长，后兼任铁工厂主任，1937年4月又为伪铁道总局勤务，5月辞职，此间任社员会分会长、协和会铁路分会长、伪满洲技术协会长春委员、长春东铁路俱乐部会长、技术同志会长春支部部长等。1938年4月又入社，任伪业务部长兼现场各工场场长。1941年任董事。

真田金城

真田水道工务所负责人，满铁奉天地方事务所土木系系长。1891年

10月生于东京市本乡区龙岗町，是东京府官吏岩村高俊的第五子，后过继给其外祖父真田庵作为养子。1917 年 10 月毕业于九州帝大土木工学科，后来到中国东北进入满铁工作，担任技术部土木课勤务。曾担任鞍山制铁所土木建筑系主任，地方部土木课设计系主任。1927 年 11 月升任奉天地方事务所土木系系长。1932 年任清水组大连支店土木主任，独立进行真田组的经营。1933 年为真田水道工务所主，在中国东北和华北等地建立十多家支店。

渡部通业

　　昭和制钢所参事，伪运输部次长，满铁铁道总局事务顾问，抚顺水泥专务董事，满铁铁道部工作课课员。1892 年 1 月出生于福岛县若松市马场上町，是福岛县满铁社员根本铁藏的长子，过继给渡部伊左卫门做养子，1892 年 5 月继承养父家业。1913 年毕业于旅顺工科学堂机械科，之后即进入满铁工作，在沙河口工场和鞍山制铁所任职。1920 年 1 月起调至铁道部工作课任职。曾在 1924 年到欧美进行考察旅行。1934 年任计划部技师，同年抚顺水泥株式会社创立，7 月任抚顺水泥专务董事。1937 年再次回到满铁，1938 年 10 月任昭和制钢所参事，伪运输部次长。

长尾一人

　　西川组董事技师长兼奉天支店店长。1892 年 1 月生于熊本县菊池郡加茂川村，是熊本县农民岩下九平的第四子，后过继给长尾甚八当养子，并与其女结婚。1911 年铁道学校土木科毕业后进入满铁，任职于技术局工务课及鞍山制铁所立山临时工务系，后又任草河口及金州等地保线区区长，随后转任大连铁道事务所工务系工作。其间于 1912 年响应征兵号召入伍，1914 年第一次世界大战期间来到中国青岛，战后同部队驻扎在青岛。1915 年 11 月复员再次进入满铁。历任于技术局工务课，鞍山制铁所，立山临时工事系，草河口、金州各保线区，大连铁道事务所工务系等。1930 年 12 月退社，1941 年 12 月入鞍山市土建业西川组，同组株式改组入川组，任西川组董事技师长兼奉天支店店长。

岩本善男

昭和制钢所研究部热管理所调查系主任，满铁鞍山制铁所动力水道成员。1892 年 2 月生于山口县防府町，是山口县士族岩本熊太郎的第三子。1910 年毕业于吴海军技术员培训所后进入鞍山制铁所工作部工作。1916 年进入满铁，任满铁鞍山制铁所动力水道成员。1933 年 6 月，入昭和制钢所职员工务课机械系。1935 年 4 月任昭和制钢所研究部热管理所调查系主任。1939 年 8 月任昭和制钢所经理部检查课纳品检查系主任。

小池真一

昭和制钢所参事，伪制钢部制钢工场平炉系主任兼铁合金系主任。1892 年 2 月生于东京府南多摩郡小宫前村，是东京府农民小池孚达的第三子，1923 年分家自立。1913 年为了到旅顺工科学堂学习而来到中国东北。1916 年毕业于旅顺工科学堂冶金科后进入满铁工作，在沙河口工场任职。1919 年转任鞍山制铁所制造课。在此期间被派遣到八幡制铁所，1933 年 6 月为株式会社昭和制钢所职员。1934 年 2 月在伪制钢部工作，1935 年 4 月任昭和制钢所参事，制钢部制钢工场平炉系主任兼铁合金系主任。1939 年 11 月任伪制钢部制钢工场场长。

福井真

昭和制钢所研究部热管理所所长，满铁鞍山制铁所制造课课员。

1893 年 1 月生于广岛县甲奴郡上下町，是广岛县商人福井百市的长子。1922 年继承家业。1919 年从九州帝大工学部毕业后，入职满铁，任鞍山制铁所熔矿炉勤务，并一直从事贫矿处理、选矿工场作业方面的研究。1920 年 6 月入临时研究所，1923 年 9 月入研究部，1925 年 5 月入制造课，1927 年 11 月入兴业部庶务课，1928 年 1 月免除兼职，1929 年 2 月任八幡在勤，6 月起进行了一年半的热管理专项研究，1931 年 3 月归任鞍山制铁所勤务，1932 年 9 月任技师，1933 年 6 月昭和制钢所设立，担任技师、伪研究部研究所热管理所长兼临时建设部勤务，1934 年 4 月任研究所主查，1935 年 4 月任昭和制钢所研究部热管理所所长。

星原实

昭和制钢所参事，伪铣铁部副产物工场场长，满铁鞍山制铁所制造课铣铁系主任。1893 年 2 月生于鹿儿岛县日置郡串木野村，是鹿儿岛县医师宍野康藏的次子，也是其叔父星原佐一的养子，1905 年 8 月继承家业。1914 年 12 月从旅顺工科学堂冶金科毕业后入职满铁，任沙河口工场分析室勤务。鞍山制铁所计划设立熔矿炉，为了从事熔矿炉作业的研究被派遣至八幡制铁所。1918 年 7 月回来后，继续从事鞍山制铁所熔矿炉作业。1926 年 1 月为窑业工厂主任，6 月为了从事耐火炼瓦制造法的研究，到欧美留学一年半归任后，历任鞍山制铁所铣铁系主任，制造课计划系主任，化学工场场长，1933 年 6 月任昭和制钢所参事，后又为化学工场场长及伪工务部兼务，伪铣铁部副产物工场场长。

森谷维长

满铁铁岭地方事务所经理系系长。1893 年 2 月生于冈山县小田郡大井村，是冈山县农民森谷九一的长子。1918 年毕业于中央大学，后进入满铁工作，被任命为鞍山制铁所庶务课勤务。1923 年 5 月被任命为鞍山

地方事务所勤务，1924 年 6 月任瓦房店地方事务所经理系系长。1927 年
3 月在瓦房店地方事务所担任地方系系长，11 月起任铁岭地方事务所经
理系系长。

水津利辅

　　昭和制钢所参事，业务课课长，伪鞍山市咨议员，伪鞍山地方委员
会议长。1893 年 6 月生于山口县阿武郡奈古村，是山口县农民水津源吉
的次子。1916 年从"南满洲工业学校"毕业后，进入抚顺煤矿工作。
受命任东乡炭坑内系员。1916 年 9 月任鞍山制铁所从事员。因受八幡制
铁所的派遣，因而从事制钢作业的研究。1920 年 3 月回到鞍山制铁所，
从事熔矿炉作业。1923 年 6 月任鞍山制铁所庶务课勤务，从事工场管理
及能率研究。1925 年 3 月鞍山制铁所制造课附主务、工场管理事务。
1933 年 5 月任昭和制钢所参事，1935 年 10 月去欧美进行 6 个月的访问，
1938 年 9 月任伪鞍山市咨议员。

见户猛三郎

　　昭和制钢所参事，伪研究部检定课长兼检定系主任，满铁鞍山制铁
所制造课职员。1894 年 4 月生于山口县阿武郡须佐町，是山口县酿酒业
者野上彦太郎的第三子，后过继给见户岩吉做养子，1927 年 9 月分家自
立。1918 年毕业于旅顺工科学堂，7 月任鞍山制铁所临时建设部勤务，
后任鞍山制铁所工务课勤务后调任制造课职员。1930 年 8 月任工作课检
查系主任，1933 年 6 月任昭和制钢所职员，又任伪工务部工务课检查系
主任，1934 年 11 月任工事事务所所长代理兼务，1935 年 4 月任昭和制
钢所参事，伪研究部检定课课长兼检定系主任。

藤冈一

满铁经理部会计课计算系主任。1894 年 10 月出生于广岛县丰田郡舟木村，广岛县人藤冈坂治的长子。1916 年 8 月其父去世，继承家业。于 1913 年毕业于满铁见习学校，在会计课任职。1918 年 1 月调至振兴公司任职，当年 6 月成为职员。1920 年 8 月调任鞍山制铁所经理课勤务，10 月调至北京公所。1927 年 4 月调至经理部主计课任职，11 月进入会计课，12 月起兼任育成学校的讲师。1929 年起免去讲师的兼职，专任经理部会计课计算系主任之职。

福富夏二

昭和制钢所制钢部第二压延工场场长兼薄板系主任、经理，伪建设局调查员，满铁鞍山制铁所制造课职员。1895 年 8 月生于德岛县那贺郡坂野町，是德岛县农民福富孙平的第三子。1914 年 4 月来到中国东北，进入旅顺工科学堂学习，1918 年在旅顺工科学堂机械工程科毕业，12 月进入满铁，在鞍山制铁所工作，从事熔矿炉作业。1929 年 3 月任八幡在勤，1933 年 5 月免职，6 月又任昭和制钢所八幡在勤，后又为本社压延课勤务转任工务部工务课及工作工场兼务，1935 年 4 月任昭和制钢所制钢部第二压延工场长兼薄板系主任，1936 年 4 月任昭和制钢所社员会相谈部部长，1938 年 12 月任伪建设局调查员。

后藤隆三

哈尔滨工业大学教授、机械科长、满铁副参事、满铁奉天地方事务所机械主任。1895 年 10 月生于鹿儿岛县始良郡重富村，是鹿儿岛县从事运送业的后藤太郎的第三子。1914 年 4 月来到中国东北，进入旅顺工科大学学习，1917 年 12 月从机械科毕业后进入满铁工作。担任沙河口工场勤务。1919 年 4 月进入鞍山制铁所工作，1920 年 1 月进入技术部机械科工作，1923 年 5 月转入地方部建筑课工作，6 月转入大连工务事务所机械系工作。1924 年 10 月被任命为奉天地方事务所机械系主任。1927 年从事关东厅原动机械检查事务。1928 年 12 月赴美国留学进行暖房换气及卫生工学研究，为期两年。1937 年 6 月任满铁副参事，12 月退社，担任伪满洲国高等工业学校教授，后又任哈尔滨工业大学教授。

三田正扬

理学博士，伪满洲国科学审议委员会专门委员，昭和制钢所研究部研究所主查，伪鞍山地方委员，昭和制钢所社员会妇人部部长，满铁鞍山制铁所材料试验系主任。1895 年 12 月出生于仙台市北三番町，是宫城县三田米太郎的长子。1919 年毕业于东北大学理科，毕业后直接赴中国东北入职满铁，任满铁中央实验所勤务，其后转至鞍山制铁所任材料试验系主任。1928 年 8 月受命去欧美考察。历任研究所实验课课长、研究所主查兼试料课主任，第二课长兼庶务课课长等。1935 年 6 月任昭和制钢所研究部研究所主查，1936 年 4 月任昭和制钢所社员会妇人部部长。1939 年在东北大学取得博士学位，1942 年 9 月任鞍山高级炉材董事。

三重野胜

满铁参事，伪奉天税关长，伪本溪湖地方事务所所长，社员会本溪湖联合会长，满铁鞍山制铁所职员。1896 年 1 月生于大分县北海部郡下北津留村，是大分县农民三重野友治的长子，1922 年 8 月继承家业。1921 年毕业于东京帝国大学法科大学，后即进入满铁工作，4 月任东亚经济调查局编辑课勤务，后转任于庶务部调查课、经理部主计课、社长室人事课、地方部庶务课等部门。1924 年 7 月调至鞍山制铁所任职，任鞍山医院事务长，长春地方事务所庶务系系长，地方系长兼长春消防队监督，伪满洲医大干事等，后为参事。1936 年 1 月任伪本溪湖地方事务所所长。1937 年 12 月其历任伪鞍山市次长，伪热河省次长，伪总务厅企划处参事官，伪营口税关长。1942 年 6 月任伪奉天税关长。

松浦梁作

伪满洲轻金属制造参事，伪计划部第一计划课课长，满铁中央实验所职员，科学审议委员会专门委员。1897 年 8 月生于山口县阿武郡奈谷村，是山口县松浦文吉的第四子。1919 年东京高等工业学校电气化学科毕业后，于同年 8 月到中国东北入职满铁，任满铁鞍山制铁所设计课职员。1919 年 9 月转任于中央试验所电气化学课。1928 年 12 月为了研究调查金属镁的制造，前往欧美考察。1936 年 9 月任副参事，11 月任参事，12 月任伪满洲轻金属制造计划部第一计划课课长，1941 年 8 月任伪满洲轻金属制造参事。

楢冈茂

伪鞍山商工公会会长，协和会鞍山市本部委员，伪奉天省学校组合协议会员，昭和制钢所参事，伪总务部次长兼福祉课课长，昭和制钢所总务部劳务课课长兼人事课课长，满铁奉天地方事务所地方系系长。1897 年 10 月生于山形县最上郡新庄町，是山形县军人楢冈金次郎的第三子。1922 年毕业于东京帝国大学，同年 5 月赴中国东北入职满铁，任社长室勤务，后又在鞍山、辽阳两处地方事务所任职。后转任满铁奉天地方事务所地方系系长。1932 年任参事，11 月为研究殖民地地方问题到欧美留学两年，1935 年 6 月退社，7 月任昭和制钢所总务部劳务课课长兼人事课课长，1941 年 6 月任伪鞍山商工会会长。

大野二夫

昭和制钢所铣铁部庶务系主任，伪化工部次长，满铁鞍山制铁所职员。1898 年 8 月生于熊本县玉名郡弥富村，是熊本县大野憬的次子。1920 年从明治专门学校应用化学科毕业后，4 月入职满铁，任鞍山制铁所制造课工场勤务，又任工务科兼任化学工场副产物挂长、制造课计划系主任，1933 年 6 月任昭和制钢所总务部计划系主任，后任昭和制钢所铣铁部庶务系主任，曾兼任伪整顿委员会、事故审查委员会、工程制度调查委员会各委员。

榊原增朗

任职于满铁鞍山制铁所制造课化学工业系。1902 年 3 月出生于东京市赤坂区，是东京府营造业者榊原钒次郎的长子，1925 年 1 月继承家业。1924 年于东京高等工业学校毕业后赴中国东北，入职满铁，任窑业工场勤务。同年 6 月在昌光硝子株式会社的前身——总硝子工场从事建设工作。1925 年 2 月转至鞍山制铁所制造课窑业工场工作，主要负责该工厂的生产作业，兼任伪满洲清廉联盟鞍山支部干事。

抚顺煤矿人物合传

大塚秋次郎

满铁经理部会计科出纳系主任。1879 年 8 月生于长崎市伊良林町，是长崎县商人小野盆造的次子。由于其父是赘婿，故后以大塚吉重养子的身份入籍，1903 年 11 月继承外祖父的家业，1906 年 9 月到达中国东北任职于满铁野战铁道提理部第一探矿班，陆军省雇员。1907 年 4 月在满铁创立时进入满铁工作，担任抚顺煤矿会计课勤务，随后从事烟台煤矿开坑事务。1910 年 7 月转任抚顺煤矿会计课，一直工作到 1917 年 2 月。后因家事而辞职回国，1920 年 3 月再次到中国东北，任职满铁经理部会计课出纳系主任。

片山嵓

满铁抚顺煤矿研究所所长。1881 年 1 月出生于东京芝区白金三光町。东京府官吏片山义一的长子，1906 年 1 月继承家业。1905 年，在东京帝大医学部药学科学习的同时在学校担任助手，同年担任传染病研究所技手。1907 年担任满铁地质课勤务，还在满铁中央实验所工作。1918 年 1 月担任朝鲜总督府中央实验所工程师及朝鲜总督府中央实验所工业专门学校教授。1926 年再度进入满铁担任特殊工作。在此期间，为了树脂工业、煤炭低温干馏、中页岩油制蜡工场机械方面的调查研究去欧美考察。

三宅亮三郎

满铁弘报协会监事，大同报社、大"新京"日报社董事，满铁大连医院事务局局长。1882 年 11 月 24 日出生于冈山县吉备郡圆村，是冈山县三宅小文二的第三子。1908 年毕业于神户高等商业学校，同年 6 月入职满铁，任总务部土木课勤务，次年任抚顺炭坑会计课勤务，由满铁本社转至地方工作，1910 年兼任抚顺实业学校的英语科讲师。1913 年回到满铁本社任矿业课勤务。1917 年，抚顺炭坑的业务不断扩展，其再度回到该地任会计课勤务，同年 12 月升任会计课课长，1921 年任庶务部部长。同年 8 月赴欧美，1924 年考察结束。1925 年 1 月任参事，1926 年任新设立的大连医院事务局局长，历任特别检查委员，沙河口工场次长，经理部主计课课长。1931 年 8 月辞职，其间担任伪大连市会议员，1932 年 6 月任伪奉天省公署顾问，1933 年 7 月任伪财务部顾问，1934 年 12 月任金融合作联合会理事，1936 年 8 月任满铁弘报协会监事。

山本孙市

在乡陆军步兵少尉，满铁参事，总裁室人事课庶务系主任，社员会相谈部部长，消费组合总代。1884 年 2 月 15 日出生于香川县绫歌郡金山村，香川县山本权平的次子，1917 年 4 月继承家业。1903 年毕业于香川丸龟中学校后进入丸龟税务监督局工作。1905 年 1 月入伍参加了为期一年的志愿兵，退伍后又回到军队，1908 年 6 月被任命为陆军步兵少尉。1911 年 9 月任抚顺煤矿坑经理人一职，1924 年 3 月进入满铁人事课。担任抚顺在乡军人分会副会长。1936 年 9 月任参事，1938 年 8 月任财团法人伪满洲弘济会总主事，1939 年 5 月从满铁退社。

武田常吉

曾任满铁抚顺煤矿采掘系主任。1885 年 6 月出生于福冈县嘉穗郡碓井村，是福冈县酒类商人武田吉五郎的长子，1895 年继承家业。1911年 5 月进入制铁所二濑派出所工作。1914 年到中国东北入职满铁，后来也到各个矿点工作。1925 年 4 月升任满铁抚顺煤矿采掘系主任。

清宫外记

满铁参事，抚顺煤矿古城子作业所主任。1885 年 10 月 11 日生于千叶县山武郡丘山村。1918 年 5 月任佐世保海军工厂造兵部检查工场分析手，1919 年 12 月免职，1922 年毕业于工学部火药学科，8 月任东京炮兵工厂岩鼻火药制造所职员，历任制药工厂附兼事务挂附，制药工场附兼工务挂附。1925 年 1 月任陆军技师，原料工场场长兼检查挂长兼粒药工场场长，制药工场场长。1929 年 10 月入职满铁，任职于抚顺煤矿火药制造所，1931 年 8 月任古城子采炭所作业所主任，1936 年 9 月任参事。

安东猷二

伪大连都市交通参事，伪奉北交通监察员，满铁参事，总裁室福祉课共济系主任，满铁抚顺煤矿人事系主任。1886 年 12 月生于福冈县朝仓郡秋月村，是福冈县安东春雄的次子。1906 年毕业于福冈县县立中学，1907 年 1 月为朝仓郡书记，12 月入步兵第二十四联队，1909 年 11月复员。1910 年 1 月在秋月寻常小学校任教，1911 年 2 月到达中国东北，后入职满铁，任满铁抚顺煤矿庶务课勤务，1917 年 11 月兼任抚顺简易图书馆主事（1918年2月免除），1922年1月兴业部管理课勤务，1930年6月在煤矿部庶务课，1931年8月任抚顺煤矿庶务课人事系主任，1933年8月任参事，9月任伪总务部人事课共济系主任，10月任总裁室福祉课共济系主任，1940年4月任伪大连都市交通参事，伪奉北交通监察员。

谷川善次郎

抚顺炭贩卖株式会社专务董事，满铁参事，总裁室勤务，伪满洲采金董事，"日满商事"，伪满洲电业各监察员。1886年1月生于兵库县津名郡志筑町五六四番地。1905年于大阪府立堺中学毕业，随后入神户高等商业学校就读，钻研四年，1910年6月毕业后赴大连入职满铁，任矿业课勤务。1911年5月兼任"南满工业学校"讲师，1917年6月到首尔工作一年，其后转至鞍山制铁所精力课工作，负责制铁所的经理事务。1920年3月回到满铁本社，任商事部勤务，5月到美国考察。1922年5月任社长室勤务，纽约特派员，在美国活动。1923年夏天赴朝鲜，任贩卖课京城派出所主任。1924年4月回到本社，任商工课参事。1925年4月转任贩卖课代理课长，1927年4月任抚顺炭贩卖株式会社专务董事。1937年4月任满铁参事，总裁室勤务，12月任"南满洲瓦斯社"、伪满洲瓦斯社社长。

堀之内士

伪满洲采金经理课主任，满铁抚顺煤矿庶务课劳务系主任。1886年2月生于鹿儿岛县伊佐郡大口町，是鹿儿岛县堀之内英吉的第三子，1927年分家。1907年毕业于熊本县立商业学校，1911年2月来到中国东北进入满铁工作，在抚顺煤矿会计课工作。1923年12月被调任为古城子采煤所事务主任。1927年10月转任至庶务课劳务系任职。1930年

8月自愿退社，1935年4月任伪铁路总局经理处会计课奉职，1936年4月任伪满洲采金经理课主任。曾任第三期地方委员。

内田富次郎

满铁抚顺煤炭老虎台工作系主任。1886年5月出生于福冈县朝仓郡三奈木村。1905年毕业于福冈工业专门学校机械科，毕业后入营当了一年的志愿兵，退伍后任山口县大岭海军探煤部勤务一职，并于1909年转任德山海军炼煤所继续工作。1914年4月来到中国东北后，入社满铁抚顺煤矿，在杨柏堡矿坑及龙凤探煤所工作。1921年转任老虎台探煤所工作系主任。

升巴仓吉

伪奉天省公署理事官实业厅农务科科长，协和会省本部委员，伪满洲抚顺煤矿庶务课劳务系主任。1888年2月出生于大分县西国东郡香香町。1910年东亚同文书院毕业后进入满铁，1912年在铁道部工作，1920年到抚顺煤矿，工作十余年升至参事，任该矿劳务系系长。1931年九一八事变后任关东军顾问，充当袁金铠的伪地方维持会顾问，1932年5月任伪奉天省公署事务官、伪实业厅总务科科长、伪理事官等。

冈本兼松

满铁抚顺煤矿东乡探采所劳务系主任。1888年6月生于佐贺县东松浦郡七山村，是佐贺县冈本熊造的长子，父亲年老后隐居，1928年2月继任为家主。1907年来到中国东北，1911年2月进入满铁，供职抚顺煤矿苦力系，负责中国劳工的募集和基本调查以及供职于中国华北、山东及热河等地，1925 年 8 月任职土地系主任，1929 年 1 月转任至满铁抚顺煤矿东乡探采所劳务系主任。

志崎武一郎

满铁抚顺煤矿东丘采煤所所长。1889 年 4 月出生于福冈县大川町，福冈县商人志崎久吉的次子。其于福冈县立中学传习馆毕业之后就读于旅顺工科大学采矿科，于 1913 年 12 月毕业。1914 年 2 月至满铁抚顺煤矿杨柏堡坑坑内系工作。1918 年 8 月任该矿万达屋坑主任，1924 年 1 月任千金寨坑主任，1925 年 3 月任同大山南坑主任。1927 年 7 月任代理东冈采煤所所长，同年 10 月升任所长。其间为了调查抚顺煤矿劳动华工原地生活状态及工资关系到中国北部旅行。

井上益太郎

满铁副参事，满铁抚顺煤矿技术指导员，"在乡军人会" 抚顺联合会副分会长。1889 年 4 月生于大分县玖珠郡东饭田村，是大分县农民井上文次的长子。1907 年 3 月毕业于大分县立农林学校后担任爱媛县技术员，1917 年 12 月进入满铁，任抚顺煤矿技术员，1931 年 8 月任抚顺煤矿采炭课测量系主任兼抚顺煤矿现业员指导员，1936 年 9 月任副参事，1940 年 4 月任伪抚顺煤矿采炭局第一计划课技术担当员。

隅田顺吉

煤炭细工制造贩卖商。1889 年 8 月生于京都府南桑田郡筱村。京都府农隅田弘太郎的次子，1918 年分家成为户主。1909 年进入步兵第三十八联队服役，复员后进入伏见商业学校，1917 年从伏见商业学校毕业后再次成为军人，1919 年 11 月进入中国东北任步兵特务曹长，1920 年编入预备役并于同年 6 月进入满铁抚顺煤矿，1927 年 12 月离职，1928 年 6 月成为煤炭细工制造贩卖商，曾被日本皇室购买，1929 年 2 月任川岸侍从武官，并在中国东北及内地开设多家特约店，其商品运输至德国和意大利。

佐藤信一

满铁社长室技术委员，昭和制钢所参事，伪建设局调查员兼采矿部调查员。1889 年 9 月生于仙台市锻冶屋前町。宫城县矿业者佐藤庄六的第六子，于 1924 年 12 月继承家业。1914 年毕业于东京帝国大学工科大学机械科，同年入社满铁，任抚顺煤矿机械工场系系员。1916 年任抚顺煤矿机械工场主任，1925 年任抚顺煤矿设计主任。1927 年 10 月任满铁技术委员一职，随后任伪满洲技术协会编纂委员，1938 年 9 月任昭和制钢所参事，1939 年 4 月任昭和制钢所参与。曾为考察古城子选炭机器制造赴欧美。

岩崎恒义

兴中公司贩卖部次长兼庶务课课长，满铁抚顺炭贩卖会社大连支店店长。1889 年 12 月 15 日出生于长野县上田市。岩崎庆次郎第三子。中学毕业之后到东京，进入拓殖大学的前身东洋协会专门学校求学，1913 年入职满铁，任贩卖课勤务。1923 年，抚顺炭贩卖株式会社成立后，其从满铁辞职加入抚顺炭贩卖株式会社，任大连派出所所长。从事抚顺煤炭的商路开拓和与满铁之间的谈判工作，此后大连派出所升为支店，其亦担任支店店长。1937 年 1 月任兴中公司贩卖部次长兼庶务课课长。

小田敬三

满铁参事，伪监察员兼庶务系主任，鹤岗煤矿董事兼经理部部长。

1890 年 3 月 25 日出生于福冈县远贺郡芦屋町，福冈县小田彦助长子。1908 年毕业于下关商业学校，1917 年 4 月来到中国东北进入满铁工作，担任满铁抚顺炭坑勤务，1918 年 1 月任职于坑务课，6 月任职于煤矿运炭课，9 月任矿务课勤务，1925 年 3 月任大山采炭所庶务主任，1930 年 7 月任职于总务部考查课，1931 年 8 月任职于监理部考查课，1932 年 2 月任矿业班主查，12 月任伪总务部审查员附矿业班主查，1933 年 11 月任审查员，1935 年 7 月任参事，1936 年任监察员兼庶务系主任，1939 年 5 月退社，又入满炭历任参事，伪大连事务所所长，伪鹤岗煤矿所次长。1943 年 3 月创立鹤岗煤矿，任鹤岗煤矿董事兼经理部部长。

石桥米一

满铁生活必需品理事长，满铁电业常务董事兼经理部部长，伪满洲电气协会理事，满铁用度事务所所长代理。1890 年 5 月生于福冈县三潴郡大川町，福冈县石桥常吉养子。1913 年毕业于长崎高等商业学校，后入职满铁抚顺炭场商业课，任老虎采炭事务所事务主任。任职满铁商事部勤务，曾于 1919 年离职，任大阪府下汤浅蓄电池株式会社用度系主任，不久又回归满铁，先后担任购买课第三系主任、用度课审查主任、第二仓库系主任。1924 年九月在留学欧美后回到日本，为三科主任，后任职用度事务所所长代理及用度事务所仓库长和参事，后又为大连株式会社满铁代表。1929 年 6 月任鞍山制铁所事务课课长，1930 年 6 月任抚顺煤矿经理课课长，1932 年 6 月任满铁旁系"南满洲电气会社"常务董事，兼任新义州电气、瓦房店电气、大石桥电灯、开原电气、铁岭电气、辽阳电气各会社董事，1934 年 11 月任满铁电业常务董事兼经理部部长，1939 年 10 月任伪满洲棉业联合会专务理事，1943 年 2 月任满铁生活必需品理事长。

高井恒则

伪满洲电气奉天支店店长，伪满洲电气化学工业理事，东方电气监察员，伪满洲工业会理事，满铁抚顺煤矿经历课课长代理。1890 年 5 月 13 日出生于富山县射水郡塚原村，富山县农民高井源平次子。1911 年 6 月毕业于东亚同文书院。同年 8 月来到中国东北直接入职满铁，随后在各个课转任。1927 年 7 月就任抚顺体育协会干事，1931 年 8 月任伪奉天省实业厅顾问同总务厅财政科长理事官等，1934 年 12 月任伪哈尔滨电业局次长，1935 年 9 月任伪满洲电气奉天支店店长，1938 年 10 月任理事。

江口八七吉

满铁参事，前抚顺煤矿工作课机械技术担当员兼抚顺煤矿理事，临时龙凤竖坑计划系机械担当员，满铁抚顺煤矿制图系主任。1890 年 9 月生于佐贺县佐贺郡新北村，是江口与助的次子。1907 年毕业于佐贺工业学校，后担任长崎三菱造船所勤务。1911 年辞职，入满铁工作，担任抚顺煤矿机械课勤务。1918 年 8 月退社，9 月入抚顺铁工会社。1920 年 9 月再入满铁，任抚顺煤矿机械课勤务，抚顺实业补习学校讲师、顾问。1927 年任职于煤矿机械工场。1930 年 6 月任职于煤矿部机械课。1931 年 8 月任抚顺煤矿工作课机械系技术担当员。1933 年 11 月兼任抚顺煤矿临时龙凤竖坑计划机械担当员。1935 年 7 月任技师。1936 年 9 月任参事。1937 年 4 月任待命抚顺煤矿勤务。

竹内德三郎

"日满"商事常务董事，伪满洲煤矿理事，伪满洲油化工业董事，鹤岗煤矿董事长。1889 年 12 月 10 日出生于东京市大森区大森町。1913 年东京高等商业学院毕业后，入久原矿业会社。1922 年转入满铁，后转抚顺煤销售会社，1929 年回归满铁。1930 年 6 月任满铁参事，10 月任奉天贩卖事务所所长。1931 年 10 月受命参加关东军财政经济事务，曾任伪东三省官银号及边业银行监理官，并任伪满中央银行创立委员、关东军顾问、伪特务部委员等职。伪满洲煤矿会社成立时任理事，后任"日满商事会社"常务董事、伪满洲油化工业会社董事、鹤岗煤矿董事长等。

高妻猛夫

满铁抚顺煤矿机械课课员。1890 年 9 月出生于宫崎县宫崎郡生目村，是神职人员落合兼政的次子，后为高妻胜彦的养子，与其女玉树结婚。1913 年毕业于旅顺工科学堂，12 月进入汉口东亚制粉株式会社工作，1914 年 12 月进入工兵第六大队服役一年，离开军队后于 1916 年 4 月进入满铁在抚顺煤矿机械课工作。在此期间，1928 年 7 月为研究油页岩破碎机技术而去欧美进行为期约 8 个月的考察。

杉本春喜

满铁辽阳地方事务所社长主事。1891 年 3 月出生于北海道桦户郡浦臼村，北海道农民杉本尚之长子。毕业于东京牛込区救世军士官学校。1915 年 6 月至 1917 年 10 月从事于基督教传教事务，曾在横滨市南太田町贫民窟创立私立明德学园并担任园长职务。1923 年 7 月进入满铁工作，担任抚顺煤矿庶务课保卫系员。1927 年 4 月被任命为辽阳地方事务所社长主事。

濑户辰五郎

南昌洋行支配人兼技师长，满铁抚顺煤矿东乡采煤所所长。1887 年 5 月 1 日出生于神奈川县足柄上郡山田村。1918 年毕业于京都帝国大学工学部采矿冶金学科，8 月到中国东北进入满铁工作，任抚顺煤矿勤务，又历任大山坑、老虎台、烟台各矿坑调查员室勤务，后晋升为抚顺煤矿东乡采煤所所长，1929 年任东乡采炭所所长，1931 年任南昌洋行支配人兼技师长，曾任伪抚顺地方委员会议长。

原正五郎

满炭技师，伪工作部工事课课长，满铁抚顺煤矿公务所建筑系主任。1892 年 4 月出生于东京市四谷区番众町。东京府田中正尧第五子，原重治的养子，1925 年 4 月继承家业。1916 年毕业于东京高等工业学校建筑科，1918 年 5 月来到中国东北进入满铁工作，在满铁本社建筑科工作，1919 年 2 月转任抚顺煤矿土木课工作。抚顺煤矿中央事务所、工会堂、永安台住宅等建筑都为其建筑系测绘。在军队中担任陆军步兵少尉。1937 年入社满炭，任工事课课长，伪技术局第一部工事课课长，满炭技师。

永井三郎

满铁参事，抚顺煤矿技师。1892 年 7 月生于石川县凤至郡轮岛町，石川县商人永井匠第三子。1920 年 3 月毕业于帝都大学工业部，后进入满铁，任抚顺炭坑勤务。1925 年为了研究煤炭采掘技术曾在欧美各国留学两年，后历任抚顺煤矿龙凤采炭所长同煤矿采炭课首席技师，坑内技术担当员，大同学院讲师兼本社计划部审查员燃料采矿班主查兼务，1939 年 1 月任伪调查部调查员，1943 年 5 月任满铁参事。

水间铁雄

伪华北交通副参事，伪哈尔滨电气修缮场场长，满铁抚顺煤矿运输事务所计划系主任。1892 年 9 月 25 日出生于久留米市京町，福冈县水间正幸长子。1913 年毕业于东京工科学校。毕业后赴中国东北入职满铁，任抚顺煤矿机械课杨柏堡坑勤务。1914 年 8 月在日德交战时出兵青岛，同年 12 月胜利后回满铁就职于电铁系、运输课。1925 年 12 月任运输系主任。1927 年 4 月任运输课计划系主任，其后运输课改名为运输事务所，其仍任原职，兼任哈尔滨电气修缮场副场长。1936 年 9 月任伪哈尔滨电气修缮场长，1939 年 4 月任伪华北交通副参事。

宫泽惟重

伪满民生部次长。1893 年 2 月生于秋田县秋田市。1919 年东京帝大毕业后入满铁。曾任抚顺煤矿老虎台庶务主任、煤矿庶务课课长等。1926 年至 1928 年 12 月赴欧美留学。1935 年 9 月任满铁地方部部长，其间任参事，并兼任伪经济调查委员会委员、伪地方行政权调整转让准备委员会委员长、伪奉天工业土地会社等会社董事、伪满洲发明协会法人、大连医院理事等。1937 年 7 月任伪满民生部次长。

植田贡太郎

伪吉林省次长，伪总务厅监察官，伪满洲国经史佛教会干事长。1893 年 3 月出生于香川县佛生山町，香川县植田春吉长子，1907 年毕业于香川县高松商业学校。于1912年5月到达中国东北任满铁抚顺煤炭机械课课长，1918年6月转任到大连满铁会计课工作。1920年创设主计课，与此同时担任主计课铁道部方面的职务。1925年任经理部部长。1927年11月转任满铁社长室业务课总务系副察，1931年7月任社长室业务课总务班副主查，又任参事。1932年为关东军招聘，从事伪满洲国成立事务，又任伪监察院审计部长主席审计官，伪长春特别市公署总务处处长，1937年7月任伪总务厅监察官，1939年12月任伪吉林省次长。

郡新一郎

伪华北交通参事，伪张家口铁路局局长，满铁参事，"蒙疆"电气通信设备理事，伪哈尔滨铁路局副局长，哈尔滨土地建物代表董事，满铁抚顺煤矿工务事务所所长。1893年9月25日出生于三重县员辨郡久米村，是三重县农民郡竹治郎的长子。1916年毕业于东京帝国大学工科大学土木科后，8月来到中国东北进入满铁工作，担任满铁工务局保线课勤务，之后历任辽阳保线区主任、奉天工务事务所线路长、奉天铁道事务所工务长。1926年7月担任洮昂铁路局顾问助手。1927年5月升任抚顺煤矿土木课课长，11月担任抚顺煤矿工务事务所所长。在此期间到中国连山湾、赤峰、开鲁、新邱方面各铁道线路上进行实地调查。又历任伪哈尔滨铁路局线路课长兼水道系主任、工务处处长、总局监察等。1936年9月任伪哈尔滨铁路局副局长，1938年6月任伪华北交通参事，伪张家口铁路局局长。

岩根元三

满铁煤矿技师，伪复州煤矿矿长兼矿技术系系长，满铁抚顺煤矿运输事务所采砂系主任。1893年9月1日出生于和歌山县那贺郡奥安乐川村，和歌山县岩根驹栏长子。1922年毕业于东京帝国大学工科大学矿山科后直接来到中国东北进入满铁工作，担任抚顺煤矿运输事务所采砂系主任。1934 年 6 月任技师，8 月参与伪复州湾煤矿经营，并任满铁煤矿技师，伪复州煤矿矿长兼矿技术系系长。

武田春二

抚顺煤矿勤务，技术担当员。1894 年 2 月 10 日出生于广岛市南竹屋町。广岛县武田松之助的次子，1914 年 7 月继承家业。1912 年毕业于广岛县立工业学校，8 月被任命到抚顺煤矿机械工场工作，1913 年 10 月在抚顺煤矿调查员室工作，负责技术方面的工作，主任级别的待遇。1928 年 10 月任抚顺煤矿勤务，又任技术担当员，1931 年 8 月退社，成为抚顺橡胶工业所所长。

土生琢介

伪满洲松风工业董事，满铁副参事，"在乡军人会"分会副会长，抚顺体育协会理事，满铁抚顺煤矿运输部庶务系主任。1894 年 3 月生于下关市，是山口县五郎兵卫的第七子。1912 年毕业于下关商业学校后，5 月来到中国东北进入满铁工作，在此期间当过为期一年的志愿兵，在军队中担任步兵中尉。历任于抚顺煤矿会计课、坑务课兼会计课、用度课、矿务课、运输课、运输事务所，又任庶务系主任，抚顺煤矿经理课仓库系主任，1935 年 1 月任抚顺煤矿经理课注文系主任，1941 年 4 月退社，12 月任抚顺窑业常务董事。

白石竹市

满铁参事、科学审议委员会专门委员，抚顺煤矿发电所长兼化学工业所所长，满铁抚顺煤矿大官屯发电工场主任。1894 年 3 月出生于福冈县筑上郡三社门前村，福冈县白石角藏的第五子。1916 年毕业于旅顺工科学堂，同年 12 月入职满铁，曾任技师，1933 年 2 月任满铁抚顺煤矿大官屯发电工场主任，1935 年 11 月为发电所设计并扩张的调查到美法多国进行为期半年的访问，后兼任会计系主任，1936 年 9 月免兼务，10月任参事，1940 年 4 月任伪东制油工厂建设事务所所长，1943 年 4 月任抚顺煤矿工业局局长兼工务局局长。

古田重秋

满铁参事，伪满洲技术协会常务委员兼工业博物馆干事，"南满洲工业专门学校"教授，社员会本社联合会评议员，满铁抚顺煤矿机械工场场长。1894 年 11 月生于秋田市楢山爱宕下，是秋田县官员古田驹藏的长子。1907 年 7 月其父去世，继承家业。1912 年 3 月来到中国东北任满铁机械工场系员勤务。1915 年四月因入学旅顺工科学堂而离职，1918年毕业，重归满铁担任抚顺煤矿机械课勤务，后为机械工场场长，1934年 4 月任"南满洲工业专门学校"教授，1938 年 2 月任参事。

贵志二一郎

满铁参事，抚顺煤矿研究所技术员，工业规格标准委员会委员，药学博士，满铁中央试验所研究员。1894 年 12 月 29 日生于和歌山县海草郡贵志村。1919 年毕业于东京帝国大学医学部药学科，后在大学院学习，并担任东京帝大助手。1927 年担任满铁卫生研究所职员，1928 年 6月任抚顺煤矿研究所分析系主任，历任技师、技术担当员。1936 年任参事，1937 年 4 月到德国，进行为期 6 个月的考察，后任燃料协会、日本工业化学会、日本药学会、日本卫生化学会各会员、社员会评议员、消费合作社代表，1941 年 9 月任满铁中央试验所研究员。

仲村银助

满铁吉林东洋医院庶务长兼看护妇养成所主事，满铁抚顺龙凤采煤所劳务系主任。1894 年 12 月出生于冲绳县国头郡羽地村。冲绳县农民仲村银次郎长子。于 1913 年毕业于冲绳县立农学校。1916 年以独立守备队的名义到中国东北，于 1918 年加入满铁，任抚顺煤矿庶务科保卫手、新屯矿勤务，1920 年 6 月担任职员，1921 年任新屯矿保卫系主席，1922 年 11 月转任龙凤采煤所华工系主任。1925 年 8 月在庶务课华工系任职，1928 年 3 月转任满铁抚顺龙凤采煤所劳务系主任。1924 年 11 月曾为了考察华工状况到中国山东、直隶等地，1931 年九一八事变时任职于复州煤矿，1934 年 4 月任职于伪总务部人事课，后又任瓦房店医院庶务长，社员会评议员，1937 年 4 月担任满铁吉林东洋医院庶务长兼看护妇养成所主事。

高木德次

"满鲜"坑木、兴安林业代董事，哈尔滨木材咨询，满铁副参事，满铁抚顺煤矿经理课决算系主任，抚顺体育协会理事兼会计部部长，抚顺赛马俱乐部监察员，消费组合理事，社员会抚顺体育部部长。1895 年 10 月 15 日出生于日本高松市。香川县高木作次的第六子。1915 年毕业于香川县立商业学校，1917 年 12 月入职满铁，1931 年 8 月任满铁抚顺煤矿经理课决算系主任，1936 年 9 月任副参事，1937 年任"满鲜"坑木、兴安林业代董事。

南家硕次

昭和制铜所采矿部次长，满铁参事，满铁抚顺煤矿杨柏堡采炭所所长兼监察系主任，"在乡军人会"抚顺分会、抚顺体育协会任理事，满铁抚顺煤矿古城子采煤系主任。1895 年 3 月 3 日出生于鸟取县西伯郡外江村。1920 年毕业于东京帝国大学工学部，8 月赴中国东北入职满铁抚顺煤矿，1932 年 9 月任技师，又任剥离系临时工事系各主任，1936 年 9 月任参事。

寺村重则

满铁抚顺煤矿电灯电话系主任。1895 年 4 月生于高知县香美郡良布村，是高知县医师寺村勇的次子。1917 年毕业于旅顺工科学堂，同年 12 月在抚顺煤矿蒙德瓦斯发电所工作。1920 年在抚顺煤矿蒙德瓦斯发电所第一发电所工作，1922 年转任至第三发电所。1927 年 10 月转任满铁抚顺煤矿电灯电话系主任。

人见雄三郎

满铁参事，伪铁道总局文书课课长兼经济调查委员会委员，抚顺煤矿次长，伪铁道总局表彰并惩戒委员会、工务委员会、审查委员会委员，消费组合总代，满铁抚顺煤矿古城子探炭所劳务系主任。1895 年 4 月生于兵库县明石郡玉津村。1923 年毕业于东京帝国大学政治学部经济科，在大学时通过高等文官考试，1923 年 4 月进入满铁，随后任职于抚顺煤矿以及兼任古城子探炭所劳务系主任，1936 年 9 月任参事，10 月任伪铁道总局文书课课长，1937 年 8 月任总裁室人事课课长兼伪铁道总局人事局局长，1942 年 2 月任伪抚顺煤矿次长。

荒贺直彦

满铁参事，伪抚顺煤矿大山采炭所所长兼监查系主任。1897 年 1 月

21 日生于东京市。1921 年毕业于东京帝国大学工学部采矿科，6 月入职满铁，任抚顺煤矿老虎台采炭所职员。1932 年 1 月任老虎台坑坑内系主任，8 月任伪抚顺煤矿采炭课坑内堀系技术担当员，12 月任职大山采炭所。1933 年 1 月任伪烟台采炭所所长兼监查系主任，1934 年 9 月任参事，10 月任伪抚顺煤矿大山采炭所所长兼监查系主任。1940 年 9 月任伪抚顺煤矿采炭局局长。

角田一雄

满铁参事，伪抚顺煤矿经理课课长，工务委员会委员，满铁抚顺煤矿经理课仓库系主任。1897 年 11 月生于宇和岛市，是爱媛县角田韩二郎之弟。中学毕业于宇和岛中学，1921 年毕业于神户高等商业学校，4 月入满铁工作，在抚顺煤矿工作，又当了一年志愿兵，后任古城子采炭所庶务系主任，经理注文系主任等，1936 年 5 月任伪抚顺煤矿经理课课长。

林祥一

满铁副参事，伪满洲不动产常务董事，伪齐齐哈尔铁路局产业处处长。1898 年 3 月 8 日生于兵库县明石郡垂水町，兵库县林长祥长子。1924 年 3 月毕业于东京帝国大学经济学部经济学科，后进入满铁供职于抚顺煤矿庶务课。1927 年 10 月担任古城子探炭所劳务系主任，1928 年任东冈探炭所庶务系主任，1929 年 1 月任职于满铁抚顺煤矿调查室，10 月任烟台采炭所庶务系主任，1931 年 9 月任机械工场庶务系主任，1933 年 11 月任伪铁路总局总务处人事课住宅系主任，1936 年 9 月任副参事，10 月任职于伪铁道总局福祉课，1937 年 5 月任伪齐齐哈尔铁路局产业处处长，1943 年任伪满洲不动产常务董事。

小杉辉男

满铁消费组合鸡冠山委托经营。1898 年 7 月出生于滋贺县伊香郡柳柳濑村。滋贺县小杉松之助长子。1913 年 3 月任刘家河站站长。入上级学校学习。1919 年"南满工业学校"采矿科毕业后，到抚顺煤矿任职。1920 年从抚顺煤矿退职，进入由津久居平吉经营的昌图煤矿工作，后来津久居平吉的经营终止，转由他来经营昌图煤矿，直到 1921 年 2 月该厂倒闭。1921 年 6 月进入鸭绿江采木公司工作，后到朝鲜总督府专卖局就职。1924 年 10 月退职。1925 年任鸡冠山消费组合委托经营，还担任了目下地方委员、伪满洲青年联盟支部部长等职务。

安成贞雄

满铁参事，抚顺煤矿制油工场临时计划系主任，伪抚顺煤矿工业局管理课课长。1899 年 11 月 26 日生于山口县丰浦郡丰东村。1924 年毕业于九州帝国大学，5 月入职满铁，任窑业试验工场、抚顺煤矿工业课发电所、研究所、临时制油工场工作系主任等职。1933 年 11 月任抚顺煤矿制油工场临时计划系主任，1935 年 7 月任技师，9 月任参事，1940 年 4 月任抚顺煤矿系制油工场场长，1943 年 4 月任伪抚顺煤矿工业局管理课课长。

诸冈一男

满铁参事，伪抚顺采炭课坑内掘系技术担当员，满铁抚顺煤矿大山采煤所南坑内主任。1900 年 3 月 20 日出生于长崎市江户町，为长崎县诸冈四郎的长子。1912 年来到中国东北，1920 年毕业于旅顺工科学堂采矿科，后入抚顺煤矿的老虎台矿坑坑内系任勤务。1928 年 8 月被任命为大山采矿所南坑内主任，1934 年 12 月任伪抚顺采炭课坑内掘系技术担当员，1935 年 7 月任技师，1936 年 9 月任参事。

板仓真五

满铁参事，伪长春支社勤务兼经济调查委员会委员。1904 年 3 月 17 日出生于爱知县碧海郡新川町。1926 年东京帝大毕业后入满铁。先后在社长室人事课、地方部涉外课、临时经济调查委员会、总务部文书课工作。1933 年赴海外留学。1935 年任伪总务部涉外系主任。后任伪经济调查会委员兼驻长春干事。1936 年 9 月任参事，1937 年任伪长春支社业务课课长兼经济调查委员会驻长春干事，1939 年兼伪长春支社调查室主事。1940 年 11 月任总裁室文书课课长兼伪铁道总局文书课课长。1943 年任伪抚顺煤矿总务局局长。1944 年任伪抚顺煤矿次长兼庶务课课长。

大连港人物合传

相生由太郎

相生合名会社代表社员，满铁涂装董事社长，白河浮船、伪满洲水产贩卖董事，福昌公司、"满蒙"兴业、"日满"钢材工业、大连郊外土地各监察员，兴亚印刷局、伪满洲计器董事，伪满洲飞行协会关东州支部顾问，日本红十字会大连委员，支部协赞委员，财团法人大连方面事业助成会、"关东州"果树组合大连支部、财团法人大连力行会各评议员，大连神社总代。1905年9月10日生于福冈县荒户町。1928年鸟取高等农业学校毕业。1928年5月进入福昌公司，1929年6月任株式会社福昌公司监察员，1930年1月任相生合名会社代表社员。

高野盛美

满铁大连埠头职员。山形县米泽市信夫町人，出生于1879年3月。是山形县医生高野吉弥的长子，1908年父亲去世，之后继承家业。中学毕业后进入明治大学法科校外科及日本文章学院修学，1898年6月进入横须贺海军兵团服役，1906年5月服役期满。1908年7月被任命为关东都督府兼外务省巡查，1918年5月进入警备部工作，1919年8月辞职，之后进入满铁，在埠头事务所工作。在海军服役期间，曾赴英国考察。

堀亲道

满铁埠头事务所工务课课长。1880 年 8 月 1 日生于大分县大野郡东大野村，毕业于高等学校，随后专攻于京都理工科，于 1907 年毕业。入职于大阪市的筑港事务所，曾任工程师以及管理员等职务。1914 年入社满铁，在埠头建业工作，从事筑港工事实际业务的工作。1920 年升任筑港事务所所长代理，1922 年转任至铁道部线路课工作，同年 7 月任课长代理。1923 年转任参事一职，同时任技术委员会临时委员。1924 年到英美考察 6 个月，后任铁道部的计划课参事。1926 年 4 月转任埠头事务所，任工务课课长一职。

关根四男吉

满铁大连铁道事务所船舶长。1883 年 7 月生于丰桥市。他是爱知县医生渡边吉三太的第四子，后被过继给叔父关根家做养子，并于 1914 年继承家业。1905 年日俄战争之际，参加志愿兵而入伍一年。1907 年毕业于东京商船学校，毕业后拿到了甲种船长的执照，并且进入日本邮船株式会社，同时任海军预备少尉候补，工作 6 年，随后辞职。1910 年获得甲种一等运转士。1913 年 6 月入社满铁，在船舶部工作，在榊丸号任二等运转士，因此在渤海湾一带生活。曾在大连埠头事务所工作，同年 8 月任"关东厅"海务局工程师一职。1914 年以一等运转士的身份转至隆昌丸号工作。1920 年转至满铁埠头事务所上海支店工作。1923 年任埠头事务的岸壁监督一职。1925 年任参事。1928 年 7 月任满铁大连铁道事务所船舶长。

河部是与

满铁长春站助理，国际运输长春支店劳务系主任。1884 年 8 月 10

日出生于日本爱媛县松山市。爱媛县河部宁静的次子。1903 年从爱媛县私立北豫中学毕业，1909 年 1 月到中国东北，入职满铁，曾任职于埠头事务所、营口埠头支所、长春铁道事务所等。1924 年 3 月转任职于长春站，1929 年 11 月任职于国际运输长春支店，后任公主岭营业所主任，支店庶务系主任，作业系主任等。1936 年 12 月任国际运输长春支店劳务系主任。

河端长吉

满铁大连机关区运转助理。1885 年 8 月生于新潟市柿崎町，是新潟市农河端重太郎的第三子。1905 年 8 月进入日本铁道株式会社工作。1905 年 12 月受命任职于野战铁道提理部。1906 年 1 月到中国东北，任辽阳机关库勤务。1907 年 4 月继续在满铁工作，1908 年 11 月任职员一职。1912 年 6 月进入铁道教习所学习。1913 年 10 月任机关士、点检方。1923 年 2 月任运转助理，后转任于大连埠头事务所事务课。1927 年 10 月就任满铁大连机关区运转助理。还曾到中国东部调查。

市川数造

满铁参事、铁道部营业课长兼铁道部次长。1885 年 8 月生于山口县熊毛郡三井村，是山口县古村彦造的次子，于 1912 年 12 月继承市川家家业。早年毕业于德山中学，后入学神户高等商业学校，1907 年毕业后又进入东京高等商业学校专攻部学习。1910 年毕业后入职满铁，先后任埠头事务所职员、事务所所长次席、庶务课课长。1923 年任埠头事务所所长。1927 年转任大连汽船、满洲船业、满洲旅馆、大连消防局、辽东旅馆等株式会社董事，兼任福昌华工株式会社监资役，在这期间为从事铁道研究，曾到南美、中国、西伯利亚各地旅行，后又担任了大连海务协会会长、会议员等名誉职务。

曾根涉

满铁副参事，"北鲜"铁道管理局运输课勤务，满铁大连埠头仓库系主任。1886年11月4日出生于日本松山市鲋屋町。爱媛县人川岛右一的第三子，也是曾根恒久的养子，于1891年12月过继给他。1915年3月另立门户。1911年中央大学经济科本科毕业后，入职满铁，任勤绩，1927年11月任大连埠头事务所仓库主任，1931年2月负责国际运输，1934年2月，满铁复职，任"北鲜"铁道管理局运输课勤务，1936年9月任副参事。

桑原利英

满铁参事，伪铁道总局筑港课课长，工务委员会委员，满铁甘井子临时建设事务所所长，土木学会地方委员，"日满"仓库常务董事。1886年6月6日生于山口县佐波郡牟礼村。桑原宰登长子。1924年4月主持家业。1914年毕业于东京帝国大学工科大学土木科，毕业后赴中国东北入职满铁，历任于筑港事务所、埠头事务所工务课，1926年6月任铁道部工务课参事，1927年任职于铁道部工务课，1928年8月升任满铁甘井子临时建设事务所所长，1930年6月任技师工事部筑港课长兼临时建筑事务所所长，9月任大连港湾计划调查委员会委员，1931年1月为筑港及埠头设备研究赴欧美及其殖民地调查，11月归任，1932年2月兼任经济调查会调查员，3月兼第三部第四班主任，1933年3月任罗津建设事务所所长，1936年1月兼任筑港长，4月任伪满铁道建设局计划课课长，10月任伪满铁道总局筑港课课长，工务委员会委员，1941年3月退社，5月任"日满"仓库常务董事。

矢野舍义

满铁副参事，伪牡丹江建设事务所庶务长兼车务长，满铁铁道部经理课课员。1887年2月出生于宫崎县儿汤郡木城村。宫崎县矢野定藏的长子，1921年2月继承家业。先前奉职于铁道作业局，任铁道院书记。后于1917年6月入职于三菱制铁会社。1921年4月任职于满铁埠头事务所车务课，并担任了满铁庶务课调度系主任以及大连埠头计划主任。1928年12月转任为铁道部经理课勤务，后为齐齐哈尔建设事务所兼伪铁路总局勤务，白城子建设事务所庶务长兼车务长。1936年9月任副参事，1937年4月任伪牡丹江建设事务所庶务长兼车务长。

寺久保保四郎

满铁大连埠头船舶助手。1887年4月出生于静冈县田方郡三岛町。静冈县商人寺久保传右卫门的次子，1927年10月分家独立。1903年毕业于静冈县沼津商业学校，1913年10月获得乙种船长的资格证，1908年2月进入满铁为埠头社员，1910年11月由于参加船长考试而辞职，翌年5月再次进入满铁，1913年4月职位升迁，1926年10月任满铁大连埠头船舶助手。

吉冈丰太郎

满铁待命副参事，伪铁道总局勤务。1888年1月21日生于大分县臼杵町。大分县商人吉冈平造的第五子，1906年2月去浦盐斯德从事商业贸易，1908年至1909年8月进入满铁供职于满铁大连埠头事务所调度系，1927年职位变更，工作于满铁大连埠头事务所庶务系，1934年3

月任伪吉长、吉敦铁路局派遣，4月任伪长春铁路局经理处用度课仓库股长，1935年9月任于伪吉林铁路局，11月任经理处用度课计划股长，因1936年度职制大改革，为同处用度课勤务，1937年为待命副参事，伪铁路总局勤务。

野本谦治

满铁参事，伪北满江运局副局长，松黑运输董事，伪哈尔滨铁路局勤务，满铁埠头事务所输入系主任。1888年6月生于新潟县北蒲原郡佐佐木村，是新潟县农民野本伊三郎长子。1922年12月另立门户。1916年东京帝国大学德法科毕业后，到北日本汽船株式会社工作。后到内外贸易株式会社任职，后该会社破产。1922年9月在大连任伪满洲日日新闻社总务部部长。1923年6月入职满铁，任职埠头事务所勤务，大连市会议员，后历任陆运课、庶务课、海运课，大连埠头运输系主任，大连铁道事务所甘井子在勤，后退社，1932年2月任铁道部临时顾问，罗津建设事务所庶务长助理兼"北鲜"铁道管理局勤务，1936年4月任满铁参事，伪哈尔滨铁路局勤务，1939年4月任伪北满江运局副局长，松黑运输董事。

松原源吉

满铁副参事，大连埠头副长，满铁大连埠头出纳主任，消费组合理事，福昌华工船舶作业课课长。1890年2月27日出生于新潟县佐渡郡赤泊村。新潟县农民松原由藏的次子，于1926年9月分家自立。1913年毕业于东洋协会专门学校，同年赴中国东北就职于满铁，任埠头事务所现金系勤务，1917年转任于货物系，从事发送和到达事务，1919年转至哈尔滨运输营业所，任运输课勤务。1923年任埠头事务所海运课勤务，也在上屋系和煤炭系任职。1927年任满铁大连埠头出纳主任。后历任第一埠头主任，埠头事务所甘井子在勤，伪铁路总局运输处水运课埠头系主任等。1936 年 9 月任副参事，大连埠头副长。1939 年 7 月任福昌华工船舶作业课课长，1942 年任伪满洲劳务兴国会劳工课课长。

石井保吉

伪长春输入组合理事，伪长春商工公会参事，满铁沙河口工厂事务主任以及会计部门主任。山形县东村山郡天童町人，1891 年 12 月生。山形县石井勘吉长子，1923 年 6 月继任为家主。1914 年东京高等商业学校毕业，入职满铁埠头事务所货物系，后任主任、上屋系主任。1923 年 12 月从满铁离职，任职于国际运输株式会社大连支部。1925 年 9 月再次回到满铁，任职满铁沙河口工厂事务主任以及会计主任，1937 年 5 月任伪长春输入组合理事。

高桥实

满铁大连埠头货物方。石川县金泽市石引町人，出生于 1891 年 4 月。石川县官吏岩本岩二郎的长子。1914 年毕业于东洋协会专门学校后直接到中国台湾，担任台湾总督府铁道部书记。1920 年辞职后来到中国东北，5 月进入满铁，在埠头事务所庶务课工作。1928 年转任满铁大连埠头货物方。

谷川正之

满铁参事，满铁大连铁道事务所埠头船舶系主任。1891 年 9 月 1 日生于山口县玖珂町，山口县农民谷川丰治郎次子。在 1914 年毕业于广岛县立商船学校，12 月任甲种二等运转士。1915 年 1 月来到中国东北后直接任职满铁，任上海航路榊丸号三等运转士和机组人员。1922 年 2 月任甲种船船长，同年 7 月转任大连埠头海运课勤务。1927 年 11 月编制改正同时任埠头船舶系主任、海员夜学校讲师、满铁社员会评议员。1936 年 10 月任满铁参事，伪满铁路总局勤务。同时也曾兼任"在乡军人会"大连埠头分会会长、大连联合分会常务理事，海事审判补佐人。

久高唯浩

满铁大连码头第一码头系任职。1892 年 12 月出生于冲绳县那霸市若狭町，冲绳县人久高唯隆的长子。1907 年 10 月其父去世，因而继承家业。1915 年毕业于长崎高等商业学校之后即进入满铁工作，任码头事务所勤务。1918 年 9 月任码头事务所上海支所勤务，1922 年 8 月调回原岗位。1927 年 11 月调至码头事务所第一码头系任职。

野村岛小一

满铁副参事，伪牡丹江铁道局经理部会计科科长，伪吉林铁路局经理处会计科勤务。1893 年 3 月出生于日本金泽市。为石川县的箔业者野村岛小太郎的长子，1918 年继承家业。1911 年毕业于金泽商业学校后进入横滨市贸易商织田商会。1913 年 7 月来到大连任满铁码头事务所事务勤务。1936 年 9 月社员制度调整，任伪吉林铁路局经理处会计科勤务，1938 年 3 月任满铁副参事。

寺岛富一郎

满铁大连用度事务所埠头派出所主任，伪满洲酸素工业专务董事，阿部组常务董事，王鸿魁工业顾问。1893 年 3 月生于东京府丰多摩郡。

东京府原会社员寺岛元重的长子。1917 年毕业于中央大学部商科，毕业后入职于社会计科，1918 年参加了为期一年的志愿兵而入伍，1920 年 3 月转任至仓库课，担任勤务一职。1926 年转任满铁大连用度事务所埠头派出所主任，1931 年 4 月退社。后担任伪满洲电业监察员，关东军司令部顾问（高级官待遇），关东军援产业常务及专务等职务。1943 年 3 月伪满洲酸素工业设立，专任于此，4 月阿部组设立任常务董事。曾任"在乡军人大连联合分会"评议员、东京棒球俱乐部经理、日本游泳讲习会专任教授。

太田雅夫

满铁参事，伪奉天地方事务所所长，伪抚顺煤矿次长兼抚顺地方事务所所长。1893 年 3 月 29 日生于冈山县浅口郡鸭方町。为冈山县太田右三郎的儿子。1920 年 11 月分家自立。1917 年毕业于东京大学法科大学，1919 年 4 月进入满铁埠头事务所任职，担任营口地方事务所所长、安东地方事务所所长。1927 年 11 月担任奉天地方事务所所长后转任于伪满洲市场会社。1930 年赴欧美和澳洲调查殖民地政策与设施，11 月任地方部学务课课长。后历任齐齐哈尔公所所长、齐齐哈尔事务所所长、审查员，兼经济调查委员会委员、天津事务所所长。1937 年 4 月任伪抚顺煤矿次长兼抚顺地方事务所所长、满铁参事。1943 年任伪复州矿业社社长。

九里正藏

满铁参事，伪铁道总局旅客课课长兼旅馆课课长，伪满洲观光联盟理事长，满铁大连埠头事务所输出主任。1893 年 5 月 16 日出生于大阪府中河内郡巽村。大阪府九里善吉的长子。1921 年 7 月继承家业。1921 年从东京帝大经济学部经济科毕业后，5 月到中国东北入职满铁，任职于大连埠头事务所，担任统计系的管理员，还在发送系任职。1928 年

10 月任大连埠头事务所输出主任，大连第二埠头主任，旅顺、营口各站长，长春、奉天铁道事务所庶务长。1933 年 9 月任参事，后为埠头事务所兼埠头实业补习学校校长，伪大连铁道事务所营业课课长，伪奉天铁路局总务处处长，伪锦县铁路局总务处处长，1937 年 4 月任伪铁道总局旅客课课长兼旅馆课课长。

坂东隆明

满铁待命参事，大连"共荣"组合专务理事，满铁大连铁道事务所员工。1893 年 6 月生于香川县香川郡盐江村，为香川县农民西村浅次的次子，坂东富雄的养子，1921 年继任为家主。1916 年毕业于旅顺工科学堂工学科后，进入满铁供职于沙河口工场电器课并从事电气设计及制作，工作五年后进入大连筑港事务所工作随后转任机械长，随后职务变更担任埠头事务所工务课机械系主任，后从事大连港机械诸设备建设及运用，1927 年 3 月供职于大连铁道事务所运转系负责诸机械的运用管理计划。1933 年 8 月任技师，1936 年任审查员，1937 年为满铁待命参事。

渡边正太郎

满铁参事，伪牡丹江铁路局经理处处长。1894 年 3 月 2 日出生于佐贺县小城郡小城町，是农民渡边卯三郎的长子，1913 年继承家业，1916 年毕业于长崎高等商业学校，同年入职满铁，任埠头事务所勤务。1919 年 9 月任职于庶务课，1920 年 11 月任寺儿沟实业补习学校讲师顾问，1927 年 11 月任职大连铁道事务所，1928 年 12 月任大连埠头庶务主任，1931 年 8 月任埠头事务所庶务长兼庶务主任兼埠头实业补习学校校长顾问，1932 年 3 月任非役吉长、吉敦铁路局派遣，1933 年 3 月任职于伪铁路总局，1934 年 4 月任伪长春铁路局经理处处长，1935 年 9 月任伪吉林铁路局经理处处长等。1936 年 10 月任伪牡丹江铁路局经理处处长，

1939 年 5 月任伪奉天铁道局经理科科长，1940 年 11 月任满铁参事，伪总务局监察员。

市濑亮

满铁参事，在乡陆军炮兵少尉，奉天站站长。1895 年 2 月 1 日出生于日本冈崎市。爱知县市濑丰三郎的第三子。1918 年从东京外国语学校毕业，后入职满铁，历任埠头事务所勤务，铁道部货物系在勤和四平街长春货物主任，开原站站长，洮南铁路货物科科长，运输副长，哈尔滨站站长，博克图铁路监理所所长。1928 年 12 月任四平街站货物主任。曾为志愿兵一年，服役期满后任陆军炮兵少尉。1937 年 4 月任奉天站站长。1940 年 5 月任满铁参事。

中村幸一郎

伪华北交通副参事，天津铁路学院主事。1895 年 2 月生于岛根县松江市。岛根县中村久之助的长子，1928 年 9 月继任为家主。1912 年毕业于岛根县县立商业学校后进入满铁，供职于大连埠头事务所任管理、营口埠头支及营口站，1915 年 12 月在职期间进入步兵第十二联队当了一年志愿兵，复员后于 1918 年 2 月任营口货物管理员，1919 年 11 月任营口实业补习学校委托人讲师，1920 年 2 月任营口站货物助理，1924 年 8 月由奉天站转入铁道部经理课。后为奉天铁路学院讲师，哈尔滨铁路学院主席讲师，伪华北事务局经理部审查课勤务等。1939 年 2 月任副参事，4 月从北交转出任伪华北交通副参事，天津铁路学院主事。

滨野重雄

满铁大连埠头货物所助理，伪哈尔滨铁路局勤务，伪大连都市交通总务部用度课课长。1897 年 5 月 21 日生于枥木县河内郡上三川町。枥木县滨野保平的长子，1920 年 2 月父亲过世后继任为家主，在宇都宫商业学校、满铁从事员养成所运输科毕业后进入大连站及开原站工作，后由埠头事务所转至货物课货物系工作，1923 年于伪满洲法政学院政治经济科毕业后供职于埠头庶务课监查系，1927 年 11 月担任货物助理。1937 年 4 月任伪哈尔滨铁路局勤务。1939 年 4 月转入伪大连都市交通支配用度事务所，1943 年 2 月任伪大连都市交通总务部用度课课长。

永井功

"日满"商事参事，大连支店店长代理兼金属第一系主任，满铁兴业部销售课员，陆军主计少尉，伪满洲钢材组合常务理事。1898 年 4 月 14 日生于广岛市水主町。广岛官员永井谦造长子。1908 年随父母一同来到中国东北，1920 年毕业于高等商业学校，之后直接进入满铁工作。后入大连码头事务所工作，又服兵役一年，隶属广岛步兵 11 连。次年退伍。1924 年 5 月进入满铁营业部工商课工作。之后转任销售课工作。1926 年 9 月出任鞍山在勤员。曾经走访中国长江沿岸和哈尔滨。1931 年 12 月任抚顺受渡事务所事务主任，后任安东贩卖事务所事务主任、同事务所所长，鞍山营业所所长等，1936 年 9 月任副参事，10 月任"日满"商事鞍山派出所所长，后任奉天支店铁铜系主任同支店店长代理，"日满"商事参事。1940 年 11 月任伪满洲钢材组合常务理事。

小畑猛雄

伪满洲化学工业参事，伪满经理部部长。1899 年出生于兵库县三原郡大野村，兵库县小畑伊代造的长子。1918 年从神户商业专修科毕业后，进入大阪市贸易商丸松合资会社工作。1918 年 12 月临时任兵库县洲本邮政局通信书记。1919 年 12 月入职满铁，任埠头勤务一职。1923

年任社长室文书课监察员，后转任满铁社长室业务课课员。1938 年任非役现社参事经理代理课长兼决算系主任，8 月任满铁副参事，后退社，1939 年 2 月任伪满化参事，伪满经理部部长。

平井几郎

满铁参事，在乡陆军工兵少尉，满铁大连埠头长。1899 年 6 月 17 日生于松江市北崛町，岛根县商人平井久太郎的长子。1920 年毕业于旅顺工科学堂电气工学科，后进入满铁电气作业所，1921 年 1 月入伍成为志愿兵进入广岛电信联队，复员后进入天川发电所工作，随后进入大连埠头事务所工作，后为研究煤炭机械装卸技术赴南非，回国后担任机械系主任，官至陆军工兵少尉。1929 年 5 月为考察煤炭基础作业实地练习赴美国，后任埠头事务所大连甘井子埠头长，1935 年 7 月任技师，1936 年 4 月任满铁参事，后为大连埠头长，大连埠头事务所副所长，1940 年 4 月任"在乡军人会"满铁埠头分会会长。

满铁调查关联职员合传

上田恭辅

　　满铁会社社长室秘书役，原籍东京市赤坂区仲之町。1871 年 12 月出生。1886 年赴美国印第安纳州伯灵顿市中学学习三年，1888 年毕业后进入康奈尔大学，学习梵语并专攻比较语言学。其后受聘于旧金山某外国学校任西班牙语教师。1895 年 9 月到加州州立大学医学部任职，担任教授的助手，同年获得文科硕士学位，同时通过伊利诺伊州芝加哥大学的博士测验，攻读博士，1899 年 5 月获得博士学位。同年 9 月到英国留学，在伦敦大学和牛津大学做旁听生，当时台湾总督府授意其进行殖民地制度调查，故而同年 12 月赴法国巴黎留学，专攻殖民地裁判所构成法。并为司法行政相关内容调查，于 1901 年在欧洲各国和非洲、地中海沿岸、埃及、南洋地区调查，后回国。1902 年 8 月受台湾总督府覆审法院委托，在日俄战争期间任陆军通译，属于大本营赴"满洲"军总司令部附营口军政署。1905 年 6 月属"关东州"民政署官方。满铁创立时加入，任调查员一年有余，于 1909 年任满铁会社社长室秘书役。

川崎良平

　　满铁临时经济调查委员会委员。1875 年 6 月出生于宫崎县沃肥町，是宫崎县农民川崎小太郎的次子。1896 年于宫崎县师范学校毕业后在本县从事教师一职。1912 年 7 月来到中国东北，10 月进入满铁抚顺碳矿，1925 年 5 月转任至总公司经理部会计课。1927 年 12 月转入临时经济调查委员会。

杉本吉五郎

曾供职于满铁地方部。1876 年 3 月生于东京市本乡区丸山福山町。东京府杉本新三郎的第三子，1900 年分家成为户主，在明治法律学校学习，1907 年毕业于东京外国语学校中国语科后进入大藏省属、台湾总督府土地调查局属、陆军通译工作，1909 年进入中国东北任关东都督府兼翻译官，1915 年进入土地调查局工作并兼任关东都督府职员讲习所讲师，1918 年进入满铁调查课，在此期间受满铁命令研究吉林木材业相关工作并在满铁地方部工作，同时从事中国法政研究及专攻土地制度，著有《中国语教程》《急就篇总译》《"关东州"土地旧惯提要》《"关东州"土地制度论》《吉林省东北部经济调查》《中国民法》等。

村田熊三

步兵大尉，营城子煤矿、伪满炭坑木、伪满煤矿机监察员、伪满炭顾问。1881 年 10 月生于东京市赤阪区青山高树町，东京市村田仓之进的第三子。1918 年 5 月分家。1905 年毕业于陆军士官学校，获陆军步兵少尉，后晋升大尉。欧洲战争时辞去军职，与大谷光瑞共同实施南洋地区创业计划，但因为天灾而被迫中止。1920 年 2 月入职满铁，任人事课勤务及调查课郑家屯驻在员。后从事洮南公所建设和当地地方开发。1927 年被召回本社，后担任庶务部社长室特命调查员。退社后在实业界活动，在中国各地包括台湾地区都有产业，且兼做军事考察。

村上钣藏

满铁地质调查所所长，理学博士。1881年10月生于京都府福知山町。是京都府士族竹内白助的第四子，后被过继给村上德兵卫作养子。于1896年继承家业。在1909年毕业于东京帝大理科地质学科，毕业后任大藏省临时建筑部工程师。1910年5月入职满铁，任地质调查所工程师，1923年就任地质调查所所长并兼任满铁资源馆馆长。在此期间为了地质研究在1917年赴美国一年，后在1922年再度赴欧美一年，曾参加过万国地质学大会。

青地乙治

曾任职于满铁地质调查所。1884年5月出生于石川县金泽市。他是石川县斋藤政春的第三子。青地直喜的养子。1927年9月养父去世，继承家业。1907年广岛高等师范学校毕业后，任广岛中学奉旨。1919年从东北帝国大学理科大学地质工科毕业后，入职满铁，在中国东北地区以及蒙古从事地质矿产方面的工作。

小林九郎

满铁哈尔滨事务所劝业系主任。1885年10月生于长崎县北松浦郡平户町，为长崎县农民小林岩太郎的长子。1916年3月继承家业。1910年毕业于东京外国语学校后到俄罗斯游历。1914年进入满铁工作，历任长春站货物方和助理、货物主任等职。1918年调到码头事务所船舶系，1920年调任总务部调查课俄罗斯系主任。1923年起历任哈尔滨事务所调查课经济系主任兼资料系主任、贸易系主任。1927年任庶务课劝业系主任。在满铁任职期间曾到俄罗斯进行一年的经济地理研究，并到俄国远东地区进行数次调查，有《浦盐斯德商港》《俄罗斯领有沿海地区和北库页岛》等著述，另有其他译著出版，亦担任在哈尔滨"长崎县人青年会"会长。

松原菊藏

"日满"仓库经理系主任，满铁待命参事，满铁经理部会计课证券系主任。1885 年 10 月 10 日生于山口县德山町。是山口县松原惣左卫门的长子，1918 年 10 月主持家业。1912 年毕业于上海东亚同文书院，同年入职满铁，任调查课勤务，从事"满蒙"经济调查共 8 年之久。后历任满铁经理部会计课证券系主任，会计课参事，现金系主任。1925 年为调查中国金融情况在中国各地考察 3 个月。1936 年 7 月任伪满经理部会计课审查系主任，1937 年 7 月退社，12 月任"日满"仓库经理系主任。

佐藤贞次郎

满铁临时经济调查会委员兼第三部干事。1886 年 4 月出生于青森县南津轻郡黑石町，是青森县商佐藤才八的第三子。1911 年东京帝大文科毕业，1919 年东京帝大法科大学毕业，分别获得了文学学士和法学学士的学位。在此期间，即 1912 年到 1914 年担任第三高等学校讲师。1919 年入职满铁，进入调查课工作。1920 年到中国东北。1925 年 5 月受命任哈尔滨事务所调查课课长。1927 年任满铁临时经济调查会委员兼第三部干事。1923 年到 1925 年到欧美各国的海港进行考察。

立光庄平

曾在满铁临时经济调查委员会第三部勤务。宫崎县儿汤郡高锅町人，出生于 1886 年 5 月，是宫崎县商人立光团次郎的长子，1893 年 6 月继承家业。1903 年从家乡中学校半途退学到东京，1905 年毕业于私立中学国民学校，后在专修学校两年，国民英学会进行两年的修学，在此期间被陆军省雇用，1909 年 3 月因被关东都督府雇用而来到中国东北，1913 年在关东都督府医院担任书记。1918 年 6 月辞职，后入满铁工作，任鞍山制铁所经理课现金出纳系主任，1926 年 12 月在临时经济调查委员会第三部工作。

藤平田文吉

长城矿业常务，大成洋行营业所主，辽东矿业所代表，工业原料用铁产物土石类商人。1886 年 10 月 24 日生于石川县金泽市上本多町。石川县军人藤平田正明的长子，于 1907 年 11 月继承家业，分修日本大学法科、中央大学法科。1910 年 8 月到 1912 年 7 月在东京大日本图书株式会社工作，从事教科书的编辑出版工作，后任周刊杂志社社长。1914 年 12 月入职满铁。任矿业部勤务，负责鞍山及其相关诸矿山的业务，后任本社矿务课地质调查所经济调查委员会勤务、庶务主任等职务。在调查系工作时，研究并勘察了蒙古、中国东北地区和其他各地的地质及矿山，编辑了《中国矿业时报》，还提议并且设立"满蒙博物馆"。后任伪满洲技术协会工业博物馆的常务委员。1931 年在满铁辞职，成立满铁指定商的大成洋行。1935 年设立长城矿业。

池边重炽

满铁临时经济调查委员会大豆工业调查系主任。东京市日本桥区滨人。1887 年 5 月生，是东京池边瓢平的次子，1919 年 1 月分家。1905 年文部省药剂师实验考试合格，1907 年 12 月到中国任关东部督府中央实验所技员，后在 1919 年 10 月调至满铁，曾派往欧美学习研究谷物方面的贮藏加工，于 1927 年 11 月回国从事经济调查。在此期间从事煤炭实验法、大豆水分、大豆油相关的研究。发表过大豆贮藏品质鉴定方面的研究报告。

井本幸一

伪满国务院总务厅统计官、统计处勤务。鸟取县人会分会副会长协和会总务厅分会总务委员。曾在满铁庶务部调查课统计系工作。鸟取县西伯郡中滨村人，出生于 1888 年 3 月。是鸟取县井本定藏的儿子，1918 年 3 月继承家业。1903 年毕业于大阪高等薄计学校。毕业后在五百井商店总店及朝鲜镇南浦分店工作。1908 年 11 月转到平壤铸业所，1911 年 8 月退所。1911 年 12 月来到中国东北，1912 年 2 月进入满铁工作，5 月在电气作业所继续工作，1914 年 12 月转任总务部事务局调查课统计系工作，1932 年 6 月任伪满国务院法制局统计处统计官兼事务官。1935 年 11 月就任伪满国务院总务厅统计官、统计处勤务。

木村六郎

满铁兴业部地质调查所所长。1888 年 11 月 6 日生于日本福岛县汤本町。福岛县商木村重五郎的第六子。1915 年东京帝大理科大学地质学科毕业，任职于藤田矿业株式会社，任小阪矿山买矿课勤务。1920 年 9 月任农商务技师、官矿山局地质调查所勤务，负责工业原料矿物的调查工作。1924 年 1 月，入职满铁，任地质调查所勤务，从事矿产地及其他应用地质的调查工作。1937 年退社。

小芝元吉

满铁临时经济调查委员会职员。1889 年 3 月生于千叶县馆山町，是千叶县米商小芝定吉的长子，1921年9月继任为家主。1914年毕业于九州帝国大学工科大学机械工学科，同年8月进入满铁，在沙河口工场工作，任材料实验室主任、旋盘工具职厂主任、组立仕上职场主任，1927年12月转任至临时经济调查委员会，1928年8月兼任旅顺工科大学机械工学科讲师委托人。

荻野顺次

满铁照片通信社社长。1889年8月生于埼玉县入间郡三芳野村，是埼玉县农民荻野惣吉的次子。在当地权威东京小川相片制版所学习技术，1915年4月来到中国东北，任职于伪满洲日日新闻社摄影部，1921年7月从伪满洲日日新闻社摄影部辞职。后伪满洲照片通信社成立，任社长。

北岛享亮

满铁副参事。1889年12月于山口县厚狭郡吉田村，是山口县士族北岛道之的次子。1915年12月毕业于旅顺工科大学电气工学科，后入满铁任职，为抚顺煤矿发电所勤务，历于电铁、采煤所、烟台煤坑发电所工作。1927年12月调至临时经济调查委员会任勤务。1929年2月18日任电气事业主任，技术者资格检定委员。1936年9月任副参事。

佐藤英雄

东亚合金公司主，满铁临时经济调查委员会勤务。1890年1月生于神奈川县小田原町。神奈川县爱甲郡爱川村佐藤嘉助的次子。1902年分级，另立门户，户籍转至小田原。1912年仙台高等工业学校毕业后，进入京都奥村电机会社工作。1913 年 3 月辞去该职，4 月进入千叶铁道联队服役，6 月服役期满。1913 年 12 月入职满铁，先后担任了沙河口工场铸物职场勤务、铸物职场主任、货车制材职场主任等职务。1927 年 12 月担任满铁临时经济调查委员会勤务。1930 年 2 月退社，同时成立东亚合金公司，开始负责专门制造合金。

宫岛忠雄

满铁参事，铁道研究所大连调查员，工业标准规格委员会委员，满铁技术研究所土木系主任。1891 年 5 月出生于仙台市东四番町。宫城县陆军教授宫岛升的第四子，1917 年毕业于九州帝国大学土木工科，同年 8 月任东北帝国大学工学专门部讲师，1918 年 8 月升任该部教授。1920 年转任宫城县土木技师兼道路技师，同年 1 月赴中国东北入职满铁，任鞍山工务事务所土木长。1922 年 10 月任长春公务事务所土木长，1923 年 3 月职制改正后任长春地方事务所工务系系长。1924 年 6 月任本社土木课勤务，1926 年 4 月任土木课调查系主任。1927 年 9 月任技术研究所土木系系长。曾为做寒地的上下水道的卫生处理调查研究考察欧美各国。

柴部一之

满铁轻金属制造参事，伪矿山部长兼小市采矿所所长，经济调查委员会石炭系主任。1891 年 11 月出生于冈山县和气郡香登町，是冈山县农民柴部十吉的次子。1914 年毕业于大阪高等工业学校，其后入职满铁，任抚顺煤矿老虎台坑勤务。1920 年 4 月任新屯坑主任，同年 6 月任龙凤坑主任，1923 年 4 月任塔连坑主任，同年 12 月任万达屋坑主任。1927 年 12 月任满铁经济调查委员会石炭系主任。1940 年就任伪矿山部长兼小市采矿所所长。

金子荣一郎

满铁副参事，伪锦县铁路局经理处会计课课长，吉林"日本在乡军人分会"评议员同奉天分会监事，辽阳神社会计干事，辽阳及哈尔滨各小学校保护者会委员，满铁社员俱乐部满铁运动会支部各会计干事，弓道部干事。1892年3月生于长崎县南高乐郡南串山村，是长崎县商人金子龟八郎的长子。1909年3月来到满铁实习。1912年在满铁见习学校毕业后进入本社调查课任勤务，同年12月进入佐贺步兵第55联队服役。1914年8月参加了青岛战役，因负伤在战争结束后退役回到工作岗位，历任计理部会计课课长、吉林公所所长、"南满医学堂"书记、伪满洲医科大学会计主任等职。1916年调任奉天地方事务所会计主任一职，后又出任辽阳地方事务所经理系系长，哈尔滨事务所经理系主任，伪哈尔滨铁路局出纳系主任兼哈尔滨满铁事务所经理系主任，伪哈尔滨铁路局经理处会计课出纳股长。1936年被任命为满铁副参事。

高久肇

满铁庶务部调查科产业系主任。1892年9月出生于福岛县喜多方町。福岛县商士族高久孝吉的长子，1914年从东亚同文书院毕业后入职满铁担任技术局勤务。1925受参谋本部的委托到内蒙古东部调查从满铁辞职，到蒙古、昭乌达、卓索图、锡林郭勒盟调查了一年半。1917年在军队服兵役一年半，升任步兵少尉。1919年1月受农商务省的嘱托，到中国中部地区调查经济，12月入职满铁任职于复归社长室调查课。1925年五卅事件后，为调查中国国民革命运动，在上海、汉口工作两年半。1927年10月任满铁调查课复归。

宫崎正义

企画院委员，满铁参事，关东军司令部事务顾问东京在勤干事，"日满"财政经济研究会主事，满铁调查科俄罗斯系主任，中国派遣军总司令部顾问，伪满洲矿工技术员协会理事。1893 年 2 月 1 日出生于金泽市。石川县宫崎正行的第三子，1911 年毕业于金泽第二中学，被石川县选派留学生到俄罗斯留学三年。1914 年又受满铁会社的派遣到俄罗斯莫斯科帝国大学学习。1917 年 7 月毕业后回国，任满铁运输部营业课勤务，次年任长春站利落货物事务所勤务，后转至满铁本社调查课工作，又升任调查课俄罗斯系主任。1923 年之后曾任满铁语学校检定试验委员、满铁社员会常任干事。1930 年 9 月始历任总务部勤务经济调查会委员，第一部主查兼干事，奉天在勤干事，关东军司令部事务驻长春在勤干事，关东军司令部事务顾问东京在勤干事，参谋本部事务顾问。1936 年任满铁参事。

上村哲弥

满铁参事，总裁室福祉课课长兼参事，伪满洲弘清会、大连基督教青年会财团法人理事，满铁运动会干事长。1893 年 7 月 31 日生于鹿儿岛县萨摩郡上甑村，上村菊太郎的第三子。1919 年毕业于东京帝国大学法科大学，后入满铁工作，为东亚经济调查局勤务。1920 年 3 月调至本社调查课。1921 年调至社会课新设的共同课任勤务，同年 6 月大连女子人文学院创立之时，他和友人中村芳法合作创办了杂志《新天地》。1925 年 4 月至 1927 年 6 月接受会社任命，以社会事业研究为目的到欧美各国留学，在美国大学兼修教育学与社会学。1927 年 1 月在伦敦大学及大英哲学会交流发言，3 月后考察了荷兰、法国、瑞士、意大利、奥地利和德国的社会事业和教育事业，后任伪满洲社会事业协会理事。

1928 年 7 月在日本两亲再教育协会设立之时任勤务，10 月《子供研究讲座》发刊。1931 年 4 月，任社会设施及社会教育指导官。1932 年 8 月任伪国务院文教部理事官学务司司长，1935 年 3 月辞职，4 月任满铁参事审查员。1936 年 10 月任满铁参事，总裁室福祉课课长兼参事，并为伪满洲医科大学评议员。

野中时雄

满铁参事、参与，伪产业部调查员，满铁临时经济调查委员会常务干事，伪满洲养鸡振兴各社社长，"关东州"槐兴亚食料兴业，"关东州"青果配给统制各监察员。1893 年 11 月生于京都市河原町，为京都府野中武雄第三子。1917 年东北帝大农科毕业后，7 月任北海道厅技手，在北海道农事试验场工作，11 月任满铁调查课勤务。此间，在 1923 年 8 月到 11 月被派遣到俄罗斯的首都莫斯科参加博览会。并在俄罗斯、波兰和德国考察。1926 年赴欧美留学，1928 年回国，任临时经济调查委员会常务干事。其后在兴业部农务课、殖产部农务课、总务部调查课工作。1931 年任上海事务所副参事。1933 年任伪吉林事务所所长。1935 年任经调会第五部主查，同年任伪天津事务所调查课课长兼经调会天津地区干事。1937 年 4 月任伪产业部调查员、"北满"经济调查所所长。1939 年任满铁本社参与。1940 年退出满铁后任大连农事会社社长。是满铁老调查员，满铁农村调查创始人之一，是七七事变前进行大规模华北经济调查的华北日军"军嘱托班"的负责人。

矢部茂

满铁参事。1896 年 12 月生于东京市小石川区小日向台町。大连一二三牧场及大连农园主矢部万吉的长子。1916 年从旅顺工科学堂毕业后，进入东北帝大理学部学习。1920 年从东北帝大毕业后，1921 年担任山形高等学校教授。1922 年 5 月入职满铁，担任抚顺煤矿龙凤采炭所勤务，1923 年担任地质调查所勤务，1932 年 6 月从事砂金采金法研究，1933 年 1 月为铁产地第一班主查，1935 年 7 月任技师，1936 年 9 月任参事。

稻叶贤一

满铁副参事，满铁营口地方事务所庶务系系长兼任社会主事。1898 年 5 月生于栃木县下都贺郡栃木町，是栃木县稻叶道四郎的长子。1920 年在明治大学法科毕业，后直接入职满铁，历任社长室人事科调查系、社会课调查系、地方部庶务课设施系、大石桥地方事务所社会主事等职务。1925 年 9 月任大石桥地方事务所社会主事，1927 年 11 月兼任营口地方事务所社会主事，1928 年 8 月从营口地方事务所庶务系系长转任社会主事。1931 年 1 月任代理所所长，同年 8 月任长春地方事务所庶务系系长，后又兼秘书主任，1936 年 9 月任副参事，在此期间，曾任伪满国都建设纪念式典准备委员会市民部干事。

赤濑川安彦

满铁地质调查所所员。1901 年 1 月生于鹿儿岛市皷川町，是鹿儿岛县赤濑川源左卫门的第四子。1922 年毕业于旅顺工科大学工专部探矿学科。1923 年 1 月入职满铁，任职于地质调查所。从 1925 年开始受满铁指派，到北京大学开始为期两年的留学，研究汉语。归任后继续在地质调查所工作，在此期间，为了调查地质与矿产而两度考察中国南北部，并且研究了多种与中国地质以及矿床相关的英文和日文研究著作。

大冢令三

满铁副参事，上海事务所勤务，兴亚院华中联络部所管中支建设资料整备事务所编译部主任。1901 年 12 月生于爱知县西尾町。1920 年毕业于满铁育成学校。1925 年明治大学专门部政治经济科毕业，1920 年10 月入职满铁，任京都支部庶务课勤务，后历任于满铁庶务部调查课、社长室情报课、情报课上海驻在、交涉部资料课、总务部调查课、经调会第一部第五班、东亚经济班、经调会第六部综合班工作。1937 年任上海事务所资料系主任，1939 年任上海事务所调查室统计系主任，兼任兴亚院华中联络部所管中支建设资料整备事务所编译部主任。1940 年任上海事务所副参事。1944 年任东亚经济调查局调查员。曾推出多种有关中国共产党的调查报告和资料。

川崎巳三郎

1931 年东京商科大学毕业。曾任无产者科学研究所中央委员。1932年被捕，获释后为无产者科学研究所重建委员会负责人。并与深谷进合作创办《经济评论》，任编辑。1937 年入企画院。1939 年经平馆利雄介绍入满铁，在伪调查部第一调查室，作为通货膨胀委员会核心成员，对"日满华"通货膨胀调查进行理论研究。1941 年奉总裁特命，进行以伪铁道总局为中心的"南方作战的对满铁影响调查"，在进行报告期间因企画院事件被捕入狱。主要著作有《国防经济的再生产结构》（1940）、《关于通货膨胀理论的若干文献》（1940）、《关于不等价交换的理论》（1940）等。

满铁嘱托合传

满铁嘱托是一种与满铁保持松散的雇佣关系的满铁雇员，比满铁顾问身份稍低，但承担的任务近似。满铁为其支付一定的咨询费（津贴或奖金），其为满铁完成某种特殊任务（一般为咨询或情报任务），承担了类似于今天"智库"的角色。在相当长的时期内（1927年—1939年），日本军方定期向满铁派驻现役军官担任嘱托，为方便军方借助企业身份从事情报收集等间谍活动。

在满铁的历史上，曾经担任"嘱托"的人物多达三四千人。据满铁《昭和16年统计年报》载：1920年的满铁嘱托有74人，1925年达到了142人，1930年为314人，1935年为869人，1939年达到了1063人。几乎每五年翻一番，从数量的增长中可以看出这一群体的重要性。可以说满铁嘱托是满铁的一种特殊雇员，他们在满铁对中国东北实行经济侵略的过程中发挥了重要的作用。

本章另参考了吉林省社会科学院编撰的《满铁档案资料汇编》第十五卷中"满铁上层人员简历"的相应内容。

高柳保太郎

满铁嘱托奉天驻在员，伪满洲弘报协会理事长，伪满洲日日新闻社董事，大同报社（股）董事，陆军中将。原籍石川县金泽市里见町二五番地，1869年12月9日出生，1951年9月7日去世。是近代日本对俄谍报活动的早期活动者，弘报特务机关的命名者。石川县士族出身，是三浦贤高的次子，后过继给高柳文吉做养子，曾参与出兵西伯利亚行动，时任盐浦军参谋长，是陆军部内有名的俄国通。于 1890 年进入陆军士官学校学习，1893 年任少尉，曾参与中日甲午战争并于该期间内升任中卫，其后在欧美各地进行军事视察，1900 年随八国联军入北京并升任大尉。日俄战争期间任第二军参谋，随后任参谋本部作战课课长、陆军大学校兵学教官、海军军令部参谋。其后参与第一次世界大战中的对德战争，任青岛攻略军兵站部部长，在欧洲战线上跟随俄军行动，任观战武官，升任大佐，后升为少将。1918 年，西伯利亚由于俄国革命十分混乱，其受命任盐浦军参谋长开赴西伯利亚地区，在 1920 年 7 月 17 日签订停战协议时为日方代表，与远东共和国国防大臣交换停战协议。1922 年升任陆军中将，并转为预备役，1922 年受招聘任满铁总裁室嘱托，享受理事待遇。1923 年，高柳负责满铁社长室宣传和宣抚活动，提出"弘报系"的设置的建议，任弘报纸系的初代股长。其后受满铁招聘任满铁会社嘱托奉天驻在员，伪满洲国成立后担任伪满洲弘报协会会长，1930 年任伪满洲日报社社长，成为大陆情报战略的基础。1933 年任伪满洲日日新闻社社长。1936 年任株式会社伪满洲弘报协会理事长，又兼任伪满洲文化协会理事，在乡军人会顾问，伪满洲军犬协会会长，伪满洲刀剑会会长等。

渡边精吉郎

满铁及关东军嘱托。1874 年 12 月生于东京市小石川区。旧土佐藩家老深尾康臣次子。因同族渡边寅之助无后，精吉郎于 1901 年 4 月被过继出渡边本家。1892 年进入日本铁道公司，1906 年 11 月铁道国有化改革，公司被迫解散改编成铁道作业局。1907 年进入满铁负责主管铁道拓宽工程的一切事宜。工程结束后精吉郎着手编纂铁路运营的各项规程。1917 年 2 月转任抚顺煤矿运输课课长，同年 10 月辞职前往朝鲜开发矿业。1919 年 12 月担任满铁铁道部嘱托。1927 年 9 月担任社长室事务嘱托。在伪满就职期间为了研究"满蒙"开发和通商的经济价值以及日本通货运行状况，编写了一系列关于伪满金银货币的研究著作，如《吉会铁道与其终端港》和《日本北满新型交通路线》等。1935 年头揭两社成立，任社长，同时任满铁及关东军嘱托。

远藤寿俨

满铁嘱托。1875 年 5 月出生于东京府荏原郡驹泽町。是东京府官吏远藤谆造的长子，1892 年毕业于广岛中学，其后入陆军炮工学校、炮兵射击学校。1912 年毕业于陆军大学。其间在 1904 年受陆军中尉军衔，日俄战争时参军，后被选任为炮兵工厂检察官。曾在参谋本部任职，在蒙古、西伯利亚和中国南部和北部驻扎。任参谋官获农商省的产业调查班班长。其后任北京公使馆附、近卫联队附、旅顺司令部参谋长等要职，因病辞职后任满铁嘱托。曾任伪大连市会议员。

武村清

满铁嘱托，曾任满铁沙河口工场场长、伪满洲船渠会社董事、大连工业会会长、长春工矿技术院院长、长春工业大学校长等职。1878 年 6 月生于德岛县德岛市被佐古町。是德岛县的教师佐香美古的次子，后来过继给武村章次做养子。1889 年继承家业。1902 年毕业于东大机械科，毕业后直接进入铁道作业局神户工场工作。1904 年任铁道工程师。同年 8 月初，任山北机关库主任。1905 年升任为工程师，随即调任到东京工作。1906 年，进入临时铁道国有准备局担任工程师并兼任递信省工程师一职。1907 年升任满铁工程师，随后便来到中国东北。1908 年 8 月任第一区车辆监督工程师。同年 10 月转至运转课工作。1911 年 3 月奉命到外国留学。1912 年 10 月回国。1919 年 7 月任技术部机械课课长。1923 年任技术委员会委员长，1924 年升任沙河口工场场长，同年 4 月因鞍山制铁所钢铁工场建设相关的调查赴欧美各国，1925 年 4 月归任，8 月任参事一职。并两度赴中国南北方地区调研。1939 年出任长春工业大学校长。

柳井三之助

满铁嘱托，抚顺煤矿火药工场主任。1880 年 2 月生于东京市牛达区北山伏町。东京府柳井新五郎的长子，1912 年 3 月继任为家主。1902 年毕业于陆军士官学校，第二年担任炮兵少尉并进入东京湾要塞炮兵联队。1904 年进入涵馆重炮兵大队担任炮兵中尉，1909 年毕业于陆军炮工学校高等科，1910 年担任本校的教官。1912 年在东京炮兵工厂岩鼻火药制造所担任大尉，1919 年同厂作业课制造挂长以及板桥火药制造所，1920 年升至炮兵少佐进入野炮兵第二联队。1921 年担任野炮兵第二联队的大队长，1924 年进入广岛湾要塞司令部门工作、第四师团兵器部部长，1925 年升至中佐，在横须贺重炮兵联队工作。1927 年 7 月升至大佐。1934 年编入预备役，1928 年 9 月通过满铁招聘进入中国东北就职。

牧野丰助

满铁嘱托，在乡海军少将。1880 年 9 月 1 日生于吴市。广岛县医师牧野安良的第四子，1916 年分家，1912 年毕业于海军大学并专修船舶用机关计划及军需工业，日俄战争后去英国考察军用电器及工厂。回国后于海军水雷学校担任教官，先后任海军省舰政本部、造兵长制造部、大阪造船兵监督长。1918 年 10 月去英国任海军造船首席监督，三年后回国担任舞鹤海军工厂造机部部长及海军船政本部主任，1924 年 4 月进入满铁担任满铁嘱托，1931 年 9 月退社，1932 年 2 月复任满铁嘱托。

橘 朴

1881 年生。日本第五高等学校中退。原为报界人士。1906 年任《辽东新报》记者。1913 年赴天津任《日华公论》主笔，后转至北京刊行《支那研究资料》。1922 年任天津《京津日日新闻》主笔。1924 年发行《支那研究》。1926 年任满铁嘱托。先后在社长室情报课、总务部调查课、总务部、总裁室工作或挂名。1931 年 8 月，与小山贞知等创办《满洲评论》，1940 年在满铁东京支社挂名。1945 年死于沈阳。橘朴原为重农主义者，思想多次转向，最后沦为民粹主义者。

峰旗良充

满铁吉林公所、临时经济调查会嘱托。1881 年 4 月出生于京都府缀喜郡青谷村。1905 年到中国。1906 年任天津高等学堂主任。1909 年先任吉林省教育顾问，后任职于优级师范学堂、法政学堂教习等。1917 年中日合办的共益公司成立，经营范围包括矿业、林业、交通事业等，1919 年辞职。1924 年任满铁嘱托，并担任了吉林居留民会议员及会长。又在合办的吉林兴业土木公司任顾问。曾为从事中国东北及蒙古一带的研究而在这些地区旅行。

金子利八郎

满铁社长室嘱托。1884 年 4 月出生于岩手县紫波郡日诘町，是岩手县日诘町原町长金子七郎兵卫的第七子。1910 年从东京高等商业学校本科毕业之后，进入了古河矿业株式会社会计课担任勤务。1912 年为进行会计学的研究，入东京高等商业学校专攻科就读。1914 年从计理课毕业，回会社工作，历任矿山部勤务员、足尾矿业所会计系系长、本社会计课精算系系长、古河合名会社管理课课长等职。为进行矿山会计制度研究赴美，在欧美各国留学考察。后担任同社簿记课课长，依旧在古河合名会社。1928 年 5 月因满铁改善业务之需，被聘入满铁，著有《事务管理》一书。

船桥半三郎

满铁嘱托。1884 年 6 月出生于香川县仲多度郡度津町。香川县船桥恒治郎的三子，1919 年 2 月分家，另立门户。从第一高等学校毕业后，1910 年 3 月进入国民新闻社工作，任横滨支局局长。1917 年 6 月退社，在横滨从事物流运输业、钢铁销售业、土木建筑业等方面的工作。1922 年 6 月到中国东北，任极东周报社主干，负责《满蒙经济新报》的发刊工作。之后任满铁嘱托庶务部调查课法政系勤务，为了从事中国政治外交方面的研究，数次到中国各地旅游。

金井清

满铁总裁室嘱托，日法对"满"事业股份有限公司常务董事，社团法人大连俱乐部理事，太平洋协会参事。1884 年 12 月 7 日生于长野县。1911 年毕业于东京帝国大学法科大学政治科，同年高文合格，后历任铁道院书记同副参事同参事，伪铁道局参事，伪帝都复兴局书记官，文书课课长，铁道书记官，监督局业务课课长，朝鲜总督府铁道局参事。此间曾到中国、西伯利亚、欧美等地考察，后退任，又任伪哈尔滨事务所长总务部审查员、监察员，1937 年任满铁总裁室嘱托。爱好旅行。

寺见英雄

满铁奉天铁道事务所列车系主任。1886 年 2 月生于冈山县赤磐郡太田村。是冈山县官吏寺见顺造的长子，在 1912 年 10 月继承家业。1904年毕业于岩仓铁道学校，并在同年 4 月在北海道厅工作，同年 12 月任野战铁道提理部部员，随后到达中国东北。1907 年入社满铁，任第一区运输副监督、大连运输事务所勤务、满铁运转课勤务等职务。1917 年 12月被任命为吉长铁路管理局派遣员，1918 年 12 月任野战交通部派遣员，1919 年 5 月受内阁的嘱托为了研究西伯利亚的铁道管理赴西伯利亚，1920 年 7 月回国并出任满铁长春运输事务所勤务。1927 年 11 月任奉天铁道事务所列车系主任。在此期间，任野战交通部派遣员，出席了在西伯利亚的伊尔库茨克召开的日英法俄中等国铁道部联合调查委员会，还调查了达斡里亚、东清、乌苏里和阿穆尔等地的铁道。

盛岛角房

满铁嘱托。1886 年 9 月出生于鹿儿岛市山下町，为鹿儿岛县农民盛岛角三的第三子。1910 年 5 月为了进行蒙古的研究到中国东北，曾接受陆军和外务省的嘱托，从事蒙古研究二十多年。1914 年移居张家口，著有《外蒙的现势及其将来》。

大川周明

满铁顾问嘱咤。1886 年生，日本山形县人。1918 年任满铁东亚经济调查局嘱托，1920 年任该局编辑课课长，在同年成立的以该局为中心的日本全国经济调查机关联合会任理事长。1923 年任该局调查课课长，1926 年任该局主事。1929 年该局变为财团法人独立时，任理事长。1932 年因"五一五事件"受牵连退出该局，但 1939 年该局回归满铁后，仍任顾问嘱托。此前，早与右翼浪人头目北一辉合谋组织法西斯团体"犹存社"。后与日本右翼组成"地行社"和"神武会"等组织。尤其在九一八事变前后极力鼓吹侵占"满蒙"，并广泛从事组织"东亚会"

等活动。是 1931 年事件，即"三月事件"和"十月事件"的策划者和参与者，是唯一成为甲级战犯的所谓"民间"法西斯右翼分子。其主要著作有《特殊殖民会社制度研究》（上、下卷）等。

小山贞知

满铁总务局嘱托，协和会参与，伪华北政务委员会顾问。1888 年 11 月生于长野县更级郡上山田村，为小山六兵卫长子。1905 年日本上野县立上田中学毕业。1910 年任满铁埠头事务所勤务，1915 年退社，后赴华北，在驻济南武官贵志大佐手下工作。1924 年入青岛鲁大公司。1928 年任满铁嘱托。1931 年创办《满洲评论》。1932 年参与伪满洲国协和会的活动。1934 年任协和会中央本部审查员。1939 年任协和铁山会社董事。1940 年任协和会中央本部审查员。1941 年任华北新民会顾问。1943 年 4 月任协和会参与、伪华北政务委员会顾问。1944 年任满铁总务局嘱托。著有《张学良研究资料》（1931）、《满洲协和会的发展》（东亚公论社，1941）等。

菊竹实藏

满铁郑家屯公所所长。1889 年 1 月出生于福冈县浮羽郡椿子村。福冈县菊竹忠五郎的第三子。从东京外国语学校毕业后，到北京游学。游历了蒙古各地，了解了从蒙古文学、人情、风俗习惯到产业、贸易、资源、言语等方面的情况，后继续从事蒙古方面的研究。1921 年任满铁嘱托，依然在从事蒙古方面事情的调查研究。在蒙古居住的时间达十五六年。1926 年，在关东军的支持之下进行新一轮内蒙古调查。1927 年 7 月任满铁郑家屯公所所长。正珠尔扎布任满铁嘱托后就在其手下活动。九一八事变后与正珠尔扎布及其兄甘珠尔扎布共同拼凑伪内蒙古自治军，攻打通辽。伪满洲国成立后，任主管蒙政的伪兴安局次长。

日森虎雄

日本浪人。1889 年生，日本熊本县人。1922 年到中国上海，经山田纯三郎介绍进入刊行《周报上海》的"春申社"，学习中文和中国古籍，后转入上海日报社，秘密获取中共刊物《向导》等。1926 年与山田纯三郎共同创办西山会议派机关报《江南晚报》，年余停刊。1928 年末在大矢信彦、手岛博俊协助下开始发行以中共内部情报为内容的《日森情报》。20 世纪 30 年代推出有关中国共产党的著述和译著，如《赤化发展的现势和第四次讨伐的意义》（1932）、《中国红军及苏维埃地区的发展情况》（上、下卷，1932）、《抗日人民战线运动的展望》（1936），等等。1934 年任《满洲日报》上海特派员。同年 11 月发行《中国资料月报》。1935 年任满铁上海事务所嘱托。1936 年因长春谍报事件与川合贞吉一起被捕，但送至长春后获释。1939 年经满铁上海事务所和日本领事馆协助，成立日森研究所，继续发行《日森情报》。满铁"中共通"大塚令三等都利用《日森情报》开展研究。1944 年返回日本，1945 年在东京大轰炸中死亡。著有《中共二十年史》《中国革命与共产党》等。

田中盛枝

满铁参事，伪产业部资料室调查班主查。1890 年 10 月 2 日生于福冈县三井郡合川村。1917 年东京帝大法科大学政治学科毕业，同年入茂木合名会社。1920 年任外务省嘱托，在临时和平条约事务局工作。1921 年高文外交科合格，赴瑞士交流。1922 年以日本代表委员资格参加国际劳动大会。1927 年任满铁嘱托，先后在庶务部、总务部工作。后任经调会第五部第二班主任。1933 年任参事、经调会委员、第五部主查、关东军事务嘱托。1936 年 10 月任满铁产业部资料室调查班主查兼劳务系主任。1938 年任满铁调查部调查员兼华北事务局调查员，到 1940 年为止，兼调查部第二调查室主查。不久病死。满铁诸多重要文件、报告和资料，均由其执笔。

五十岚保司

满铁嘱托。1890 年生。1914 年东京高等商业学校专攻部毕业后入满铁，曾在地方部地方课和劝业课工作。1922 年任满铁兴业部商工课长代理。1925 年任兴业部商工课参事。1928 年任临时经济调查委员会委员兼第二部干事。后任殖产部商工课课长。九一八事变后，任关东军嘱托、关东军统治部财政课课长、伪满洲中央银行创立委员长、伪满洲中央银行理事兼总务部部长。1940 年任汉口中江实业银行顾问。

土方成美

满铁东亚经济调查局嘱托。1890 年生，日本兵库县人。1914 年东京帝大毕业。1921 年任东京帝大教授，1933 年任该校经济学院院长。其间曾任大川周明主宰的满铁东亚经济调查局嘱托。曾在满铁派驻东京的宫崎正义主持的"日满"财政经济研究会（即所谓宫崎机关）任委员，参与伪满洲国的所谓"产业开发计划"的炮制。反共经济学者，继承了德国资产阶级的"正统派"财政学。20 世纪 30 年代初与日本马克思主义者论战，1937 年任东京帝大经济学部长期间，协助政府迫害进步教授。著有《经济学总论》《日本经济研究》《日本经济政策》《统制经济政治结构》《法西斯——思想、运动、政策》等。

志村悦郎

满铁参事，伪产业部调查员，伪满洲国实业部嘱托，华北经济调查所调查员。1894 年 7 月 7 日生于神奈川县足柄下郡下府中村。志存平八郎长子。1914 年东亚同文书院商务科毕业，7 月入森村商事株式会社，1915 年 7 月任上海在勤，又任重庆在勤，上海派出所勤务，1919 年 4 月任上海派出所主任，1923 年 8 月与同社同僚为中国部事业让渡，在华森公司创立后任常务董事，10 月因关东赈灾而辞职。1926 年 2 月任满铁嘱托。1927 年正式入满铁，在兴业部商工课工作，驻在上海。1928 年任职员，在上海事务所工作。1930 年先后在殖产部商工课和哈尔滨事务所工作。1933 年 9 月任哈尔滨事务所庶务课工商系主任，1934 年 9 月任参事兼伪铁道总局勤务。1935 年 3 月任伪哈尔滨铁道局产业课课长兼事务所产业课勤务，11 月任经调会第四部商业班主任，后任第六部综合班主任。1936 年任产业部附、调查员。后在华北交通会社人事局工作。1939 年任华北经济调查所调查员。1940 年任满铁监理役。1941 年任满铁调查员，后曾任华北经济调查所长代理。1942 年任长春支社调查室主事。1944 年任企画室参与。著有《浙江财阀》《农村协同组合》等书。

加藤新吉

满铁参事，伪铁道总局资料课课长，满铁社长室情报课主任。1896 年 6 月 8 日生于福冈县朝仓郡三奈木。当地农民加藤新次郎长子。1920 年毕业于明治大学法科。1920 年 6 月入职满铁，在社长室人事课工作。1922 年 8 月为见习学校讲师（1924 年 4 月废止），1923 年 8 月兼任见习学校舍监，1924 年 4 月任育成学校舍监兼讲师同时任职社长室文书课（1926 年 10 月免舍监，1929 年 3 月免讲师），1927 年 4 月转任到情报课。1929 年 3 月受公司派遣，赴欧美做科学的宣讲方法及情报机关的组织制度调查研究，为期一年。1930 年 6 月任职总务部，12 月归来任职社长室，1931 年 8 月任职总务部人事课，10 月兼任学校讲师，1932 年 8 月任职奉天事务所，11 月任职长春地方事务所，1933 年 3 月任伪铁路总局总务处文书科资料系主任兼运输处旅客科弘报系主任，1935 年 10 月任满铁参事，伪铁道总局资料课课长。

松本丰三

满铁参事，总裁室弘报课课长，社员会编辑部部长，观光委员会委员。1898年8月8日生于兵库县揖保郡太田园村，松本迈次子。1922年东京帝大经济学科毕业，后入职满铁，在社长室社会课工作，1924年为调查社会设施及劳动问题赴中国内地。1925年3月离开满铁，任《大阪每日》记者，后曾任《又新日报》编辑长。1933年任满铁嘱托，任总务部资料课情报系主任，1936年任资料课课长，9月任参事。1938年任总裁室弘报课课长兼伪铁道总局资料课课长和调查部调查员，1940年任《满洲日日新闻》社理事长和伪满洲弘报协会理事。是满铁宣传与情报活动长期的实际主持者。

岸谷隆一郎

伪通化省警务厅厅长。1901年2月8日生于青森县南津轻郡黑石町，岸谷秀太郎次子。1923年哈尔滨日俄学会学校毕业后，留校任助教授兼寮监，1924年退职。1927年任满铁庶务部调查课嘱托。九一八事变后，1932年任满铁经调会第一部嘱托。后任伪满黑龙江省公署事务官，1933年任伪龙江县参事官，1934年任伪瑗珲县参事官，1936年任伪长春县参事官。1937年7月任伪通化省警务厅厅长。1940年参与野副大讨伐，指挥伪通化警察队追剿抗联杨靖宇将军及其部队，是杀害杨靖宇将军的首恶之一。后调伪满国务院总务厅地方处任职。1943年任伪热河省次长直至1945年8月。

尾崎秀实

满铁东京支社调查室嘱托。1901年生，东京人。1925年东京帝大毕业后，任《朝日新闻》社记者，1928 年至 1932 年任该报驻沪特派员。川越茂任驻华大使期间聘任尾崎秀实担任使馆顾问。1937 年归国任《朝日新闻》东亚问题调查会会员，主编亚洲问题讲座。因精通中国问题，1938 年 7 月任第一次近卫内阁嘱托，当时已加入昭和研究会中国问题研究会。1939 年 4 月至 1941 年 10 月任满铁东京支社调查室嘱托。其间，1940 年任第二次近卫内阁期内，参与日本政府中枢活动。1941 年因所谓"共产国际谍报团"（又称"佐尔格"事件）被捕入狱，1944 年被处死刑。尾崎秀实对满铁的调查，集中于中国抗战力调查。反对日本军国主义立场坚定，对社会主义前途充满信心。

滨正雄

步兵少尉，满铁副参事，上海事务所调查室干事。1905 年 1 月生于福冈市鸟饲町。1928 年九州帝大毕业后，受外务省资助到中国留学。1934 年任满铁北平事务所青岛驻在事务嘱托。1935 年正式入满铁，属天津事务所，驻青岛。1937 年转总裁室东亚课，兼育成学校讲师。1939 年 2 月任副参事，上海事务所调查员。1940 年 6 月任上海事务所调查室干事。1942 年任上海事务所调查室主事，满铁参事。1944 年任满铁企画室参与。主要著作有《山东的棉作》《山东纺织业的概况》《密云县小营村、香河县后延寺农村实态调查报告书》等。

土井章

满铁副参事、调查局东京调查员。1905 年 9 月生于大阪府北河内郡。1927 年大阪外国语学校中国语科毕业，先在大阪产业部门工作，1935 年 11 月入职满铁。后任大连本社勤务，任总务部东亚课嘱托，1937 年兼产业部附。1938 年 9 月被派东亚研究所，任该所第三部政治班主任。1940 年 9 月回满铁上海事务所南京支所。1941 年 8 月转东京支社调查室综合班，军令部嘱托。1942 年任满铁副参事，1944 年任满铁调查局副参事（驻东京）。是 1937 年前后中国统一化问题争论的参与者。主要著作有《华北情况综览》《中国资本的农村参与及其再殖民地化》《中国农业开发的诸倾向与上海资本》《中国产业合作政策与银行资本——买办性机能的垄断过程》《西安事变与中国政局动向》《币改后的中国经济发展及其统一性》《中国的统一道路与分裂道路》《中国事变及其前途》《大陆经营的诸问题》《中国再建问题》等。

貝岛兼三郎

任职于满铁调查部。1905 年生，日本福冈市人。1928 年九州帝大毕业后，先在九州帝大任助手，在同志社大学任助教授。1937 年入满铁，任伪产业部资料室嘱托。1938 年转属伪调查部，1939 年在伪调查部综合课，1941 年在第三调查室综合班工作，后转第一调查室。是中国抗战力调查的发起者之一及核心成员。曾发表《物资战略与外交政策》一文，明确主张与美英为对手对日本不利。在 1939 年的《中国抗战力调查报告书》中，担任"外援篇"即"各国对华援助"部分的执笔。1942 年在满铁调查部事件中被捕。1945 年后曾任日本中国研究所理事，九州大学教授、校长。1952 年获法学博士学位。

正珠尔扎布

满铁嘱托。蒙古族。1906 年生，第二次"满蒙独立运动"的策划者、蒙匪巴布扎布之子，甘珠尔扎布之弟。日本陆军士官学校毕业后，1928 年任满铁嘱托，于郑家屯满铁公所工作。九一八事变期间组织伪自治军，任军械处处长。1932 年任伪兴安省政务处警务科属官。1937 年任伪治安部官房事务官、伪军骑兵上校。1938 年任伪兴安军管区司令部上校参谋处处长、代理参谋长、司令部附。1940 年任伪兴安骑兵第四团团长。1943 年任伪满第十军管区参谋长。1944 年 3 月晋级少将。

Eduard Eduarudovich Von Ahnert

满铁地质调查所嘱托。俄国人。1895 年起，以西伯利亚铁路沿线矿山地质探查队长身份进行活动，并在中东铁路管理局矿山部支援下，进行"北满"地质调查。1933 年起，任满铁地质调查所嘱托。1944 年 10 月任满铁北满经济调查所嘱托。主要著作有《北满矿产志》（北平地质调查所《地质专报》甲种第 7 号，1929 年 12 月）、满铁经济调查会《苏联远东的产金地》（全 2 册，1936 年，俄文翻译苏联远东及外蒙调查资料，第 33 编）等。

天海谦三郎

1906 年东亚同文书院毕业后，任关东都督府翻译嘱托。1908 年入满铁，属调查部，参加"满洲旧惯调查"。1918 年在总务部调查课时退社，加入三菱合资会社。1934 年回归满铁，任经调会第五部法制班主任、嘱托（调查员待遇）。1936 年任伪产业部资料室嘱托。1939 年任伪调查部第二调查室嘱托。1942 年任伪调查局民族调查室主查和调查局法制调查室调查员。主要著作有《安奉沿线旧惯调查资料》《满洲旧惯调查报告书，前篇·内务府官庄》《满洲旧惯调查报告书·前篇·皇产》等。

西雅雄

《社会主义研究》编辑。1922 年参加刚成立的日本共产党，1923 年在第一次共产党事件中被捕。1924 年参加《马克思主义》创刊，为编辑兼发行人，从事马克思主义文献的执笔与翻译。1928 年在三一五事件中被捕，1931 年被保释。1932 年成为《历史科学》编辑、发行人。1939 年任满铁上海事务所调查室嘱托，1942 年在满铁调查部事件中被捕，1944 年死于狱中。主要著作有《阶级斗争史概论》《最近的阶级运动》等。

堀江邑一

1923 年京都帝大毕业。1924 年任高松高等商业学校教授。1932 年在上海留学期间，因从事为日本共产党筹集资金的活动，被认为违反治安维持法而被捕。后曾任东洋协会嘱托和外务省企画委员。1938 年任东亚研究所设立委员。与大上末广共同起草东亚研究所调查计划。但因有左翼活动经历未能进入东亚研究所。1939 年 4 月任满铁嘱托，先后在伪调查部综合课和总务课工作。1942 年在调查部事件中被捕。主要著作有《现代中国的土地问题》《中国经济地理概论》等。

原觉天

1924 年日本法隆寺劝学院毕业，先后在文部省维新史料编纂会、日本新闻社、报知新闻图书室工作。1939 年任满铁嘱托，属伪调查部资料课，后在伪调查部资料课第三编纂系工作。1942 年转东亚经济调查局资料室。著有《现代亚洲研究成立史论》（劲草书房，1984 年），记述满铁调查部及其活动。此外在《满铁资料汇报》（1940 年第 5 卷 1 号及 11 号）发表《奉天古典资料》和《清朝史学的性格》等论文。

铃木小兵卫

1925 年东京帝大毕业，在学期间系新人会成员。1928 年加入无产青年同盟。1935 年 12 月任满铁总务部资料课嘱托，1936 年资料课改为伪产业部资料室资料班，从事《满铁调查月报》和《满洲经济年报》编辑业务。1938 年 6 月转长春支社业务课任第二系主任。1939 年 1 月兼伪满协和会本部企画局嘱托。同年 10 月转回调查部第二调查室任构成班主任。1940 年 6 月辞去满铁工作，7 月任协和会本部企画局第三课课长。是"满洲经济争论"的当事者之一，观点与大上末广的"满洲经济封建性固定论"不同，在《满洲的农业结构》（1935 年）一书中提出，在中国存在着的大量小佃农，已是带有向资本主义性租地农业转化的农业者了。铃木是"左翼前历者"。1941 年 12 月 30 日又因"合作社事件"而被捕。在押期间因揭发满铁调查部的左翼人员状况，致使满铁调查部事件发生。

杉之原舜一

1925 年京都帝大毕业，1926 年任九州帝大法文学部助教授。1928年在因三一五事件受牵连而发生的九大事件中被解职，1929 年加入无产者科学研究所。1932 年被捕，1937 年出狱。1940 年任满铁调查部嘱托，后任满铁华北经济调查所嘱托，成为华北农村惯行调查的实际领导者。1944 年任华北经济调查所燕京支所所长（嘱托）。1945 年转任于伪华北开发会社调查局。

Kinney Henry Walsworth

美国人，生于夏威夷，哥本哈根大学毕业，夏威夷大学大学院结业。在夏威夷、东京从事新闻记者工作。1925 年至 1935 年任满铁总务部、社长室嘱托。从事满铁的宣传、情报活动。特别是九一八事变前后和日本退出国联前后，曾积极为满铁搜集欧美情报。主要著作有 *Modern Manchuria and the South Manchuria Railway Company*（Japan Advertiser

Press 1928）；*Manchuria today*（Printing by Hamada Print，1930）；*La Mandchourie moderne et la Compagnie du chemin de fer sud-mandchourien*（imprimeurs，E. Baudelot，1928）；等等。

大上末广

1929 年京都帝大毕业后入大学院，1931 年在中国上海留学。1932 年经满铁经调会第一部第五班主任天野元之助介绍，入满铁任嘱托，先后于经调会第一部第五班、第一部"满洲"经济班工作。1936 年任伪产业部庶务课业务系主任。系满铁调查活动的理论中心人物。1938 年去东亚研究所，任该所设立筹备员，后任第二部、第三部（中国）班主事。1939 年任京都帝国大学人文科学研究所助教授。1942 年在满铁调查部事件中被逮捕，1944 年死于狱中。是"满洲经济问题论争""中国统一化论争"的重要参与者。

尾崎庄太郎

1930 年东亚同文书院毕业，在学期间参加共产主义运动，1931 年参加无产者科学研究所中国问题研究会，是该所出版物发行名义人。1932 年被捕，1935 年出狱赴中国。1935 年 11 月至 1937 年在《读卖新闻》上海支局任临时雇员，同时担任《上海周报》编辑，为该报撰稿。1937 年加入"天津支那问题研究所"，任《支那问题研究所所报》编辑。1938 年任新民会伪河北省指导部总务科企画股股长。1939 年任满铁嘱托，先后在满铁华北事务局调查部、华北经济调查所第六班（金融）、第五班（丁业）工作。1942 年 7 月在所谓"中共谍报团事件"中被捕。是"中国统一化论争"的当事者之一。主要著作有《中国农村社会经济的现阶段及其研究方法论上的争论观察》《关于中国农业土地问题的研究》《国民党土地理论的分析》《围绕中国统一化的诸问题》《救国运动与军阀去向》《关于中国统一化的诸见解》等等。

松冈瑞雄

第一高等学校在学期间参加社会科学研究会。1930 年京都帝大毕业。1931 年因协助共产党、全协重建而被捕。1935 年由京都大学院退学，任职于《满洲评论》社，1936 年任满铁经调会嘱托，同年在产业部资料室任职。后历经总裁室文书课、调查部庶务课业务系主任、综合课第二班主任，1939 年 9 月任长春支社调查室第一系（业务）主任兼"北满"经济调查所庶务系主任，是"日满华"通货膨胀调查和战时经济调查的核心人员。1941 年 7 月入伍，在关东军参谋部第五课服役。在1942 年满铁调查部事件中被捕入狱。

安斋库治

1931 年东亚同文书院毕业。在学期间即与中西功等开展左翼运动。1939 年任满铁调查部嘱托，同年在包头驻在，1940 年调张家口经济调查所。1942 年在所谓"中共谍报团事件"中，与中西功、尾崎庄太郎等一起被捕，月余获释。1945 年后，曾任中国研究所专职研究员及日共中央调查部部长、组织部部员等职。1958 年日共"七大"以后任日共中央委员、书记处书记。在满铁时的主要著作是关于蒙古方面的调查报告，例如《复兴途上的内蒙古》《内蒙古社会经济的物质及其发展道路》《关于绥远的垦务资料》《清末时绥远的开垦》《包头的绒毯业》《包头的黑皮房》等。

Khionin Aleksei Pavlovich

俄国人。日俄战争时驻旅顺俄国领事。1934 年任满铁哈尔滨事务所产业课嘱托。1937 年任"北满"经济调查所嘱托。1940 年任满铁调查部第三调查室嘱托。1944 年 10 月任满铁调查局北方调查室嘱托。主要著作有满铁调查部《最新标音蒙露日大辞典》(石田兴与共著，学艺社，1941 年)、满铁哈尔滨事务所《哈产露极东资料》等。

满铁附属文教人员合传

守濑与三吉

满铁社长室文书课英文系主任，1874 年 5 月出生于横滨市吉滨町，神奈川县农民守濑藤吉的次子。1886 年起拜穗积重宝为师学习英汉学，后又在东京市净土宗预备学校、东京高等普通学校、横滨商业学校等地学习。1904 年起就学于东京学院高等科，1909 年 5 月以日本基督教青年会同盟主事的身份来到中国东北，创建大连基督教青年会。1910 年到美国斯普林菲尔德市基督教青年会大学学习。1911 年 3 月返回大连青年会任专任主事，1918 年再次到美国纽约的哥伦比亚大学和联合神学院修学。第一次世界大战期间曾任美军慰问主事。1919 年回国后任中国东北、德—迪菲利记者。1920 年 4 月加入满铁，任社长室文书课英文系主任，亦曾接受关东厅海务局英文事务的任命，他此前也曾任英语教师、翻译、横滨税关翻译生，还被选为东京帝国大学交换教授德伊·井博士讲演时的翻译。有记述表示，他翻译了《每日之慰》，又著有《红衣妇人》等书。亦兼任大连语言学校、大连实业补习学校的英语教师。

三卷洋一

满铁地方部学务课课员。1876 年 1 月出生于山口县吉敷郡山口町，为山口县已故的陆军少将三卷弘义的长子。1920 年 12 月继承家业。

1902 年毕业于山口高等学校，当年 9 月被任命为德岛县脇町中学校的教谕。1903 年 4 月任兵库县洲本中学校教谕。1906 年 10 月任山口县山口高等女子学校教谕。1917 年 4 月任釜山中学校教谕。1922 年 4 月任台北第二高等女子学校教谕，1923 年 7 月任台北第一中学校兼台北工业学校教谕等。1923 年 10 月来到中国东北，进入满铁任学务课教科书编辑部勤务，曾在 1925 年 8 月在华北各地旅游。1928 年 10 月开始兼任满铁育成学校讲师。

小林胖生

满铁兴业部非役参事、中日合办大新矿业合资公司理事。1876 年 7 月生于东京府下涩谷町，是东京府医师小林柳庵的第四子，因兄长早逝，于 1912 年继承家业。1895 年毕业于工手学校采矿冶金科，同年为调查烟台煤矿赴中国东北。1907 年入职满铁，在矿业部地质课任勤务，从事地质及矿产地调查相关工作。先后参与发现了鞍山铁矿山、复州耐火黏土层、海城滑石层等矿藏，其间曾任参事。1917 年在社任大新矿业合资公司日方代表，负责新邱煤矿的经营。多次赴中国各地、西伯利亚等地实地调查地质和矿产。同时也从事考古学和民族人类学的研究。后任东方考古协会干事，并兼任东亚考古学会干事、伪满洲开发学会评议员、北京大学兼职教授，与相关领域的中国学者往来密切。曾搜集以中国为主的各个国家一万多支古箭镞。

井上信翁

满铁参事、满铁地方部学务课课长。1878 年 2 月生于新潟县东颈城郡牧村，是新潟县僧侣井上行翁的长子。1927 年 12 月继承家业。1905 年毕业于东京帝国大学文科大学伦理学专业。毕业后任学习院教授，1906 年为了专攻伦理学研究，赴美国纽约哥伦比亚大学学习一年。1907

年又到法国巴黎，参与法国政府组织的日语教科书的编纂。同年 12 月
到俄国圣彼得堡的彼得格勒等大学学习，在东洋专门大学从事日语教授
工作。1908 年在法国巴黎的语言学校、圣彼得堡语言研究学校和俄国东
洋大学任教。1912 年被满铁聘为"南满工业学校"教谕，同年 10 月再
度到俄国彼得格勒大学留学。1913 年回国后回到"南满工业学校"任
职，并于教员教习所教授《伦理学讲义》。1918 年转至地方课任职，任辽
阳地方事务所事务接待，1921 年任长春地方事务所所长，1925 年任奉天
地方事务所所长。其后又兼任地方部学务课课长，兼任地方课课长，随后
平岛氏就任地方课课长，井上信翁遂不再担任该职务，专任学务课课长
一职。

川岛梅吉

满铁营门地方事务所庶务系涉外主任。1878 年 3 月出生于滋贺县甲
贺郡柏木村。滋贺县普通农民川岛善太郎的第四子。1911 年分家后自立
门户。自小去美国游学，在弗吉尼亚大学被授予文学硕士及文学博士学
位。后在冈山县高粱町顺正女学校、神户关西学院、神户女学院等担任
数学教师一职。后在神户从事出口贸易工作。1921 年 8 月到达中国东
北，在大连美国领事馆担任书记一职，后又从事贸易工作。在大连医院
建造时，他担任了 8 个月的满铁特约顾问。1924 年 4 月作为满铁的外部
人员到营口任职。

保保隆矣

满铁地方部部长。1879 年 1 月出生于熊本县菊池郡阵内村，1910 年
通过了高等文官考试，1911 年毕业于东京帝国大学政治科。后来历任警
视总监秘书、爱知县警视、郡长和县内各课课长职位。1920 年 1 月进入
满铁，历任学务课课长和教育专门学校校长，后调任至地方部部长职

位。在满铁任职期间，于 1921 年到欧美进行了为期一年半的考察。

藤森千春

满铁社长室人事课文书课课员。长野县农民科町人，出生于 1880 年 12 月。为长野县农民藤森顺十郎的长子，1883 年继承家业。1903 年进入讲道馆学习柔道，1905 年 9 月任警视厅柔道世话系及东京高等师范学校附属中学柔道候补老师。先后于金泽第四高等学校、金泽医学专门学校、金泽第一、第二中学校、石川县师范学校、金泽商业学校、步兵第七联队、步兵第三十五联队等担任武道老师。1913 年 8 月被满铁聘为武道老师，后到中国东北。1923 年 6 月后，退居二线。1924 年担任满铁单身社宅候补主事，在社会课庶务课工作，1928 年 9 月离开庶务课，任社长室人事课文书课课员。

富部佐平

满铁地方部学务课委托小学校系主任兼视学满铁嘱托。1881 年 2 月生于静冈县磐田郡下阿多古村，为静冈县已故商人富部平次郎的长子，1919 年 10 月继任为家主。1902 年毕业于静冈县师范学校，留任学校担任训导，1907 年文检教育科考试合格，1909 年修身科考试合格，1915 年任静冈县师范学校教谕。1917 年任满铁辽阳公学堂教员地方部学务课勤务历经参事，后任该课学事系主任兼视学，后辞职。1919 年 9 月任职于满铁地方部学务课。1937 年 4 月任满铁嘱托。

佐竹义继

满铁学务课图书馆系主任。1881 年 3 月出生于京都市堺町松原上夕颜町。京都市佐竹义三的长子。1910 年从东京中学校毕业后，进入哲学馆学习，半途退学。后进入文学博士岛田重礼设立的双桂精舍学习。同年 5 月来到中国东北，进入满铁，在地方课教育系任勤务。也曾在京都帝大图书馆任勤务。在实业之日本社出版名为《幕末勤王烈士手翰抄》等著述。他对中国近代货币亦有研究。

河村牧男

满铁奉天地方事务所社会主事。1881 年 10 月出生于滋贺县滋贺郡雄琴村。原是滋贺县和田秦辅的第三子，后过继给同县的河村专治为养子，于 1907 年 4 月分家自立。1903 年毕业于滋贺师范学校，后在滋贺县小学校任训导直至校长职务。1911 年到朝鲜任镇南小学校训导。1915 年 4 月任平安南道院阳公立普通学校校长，1916 年 10 月任平壤府私立光成高等普通学校教员。1920 年 2 月入职满铁，在满铁社会课的前身慰藉系任勤务。

三浦由之助

满铁瓦房店图书馆主事。1882 年 3 月出生于秋田县由利郡西泷村。是秋田县三浦由吉的长子。1903 年继承家业。1899 年秋田中学中途退学。1904 年 8 月日俄战争中，随军出征。1906 年 3 月任陆军雇员。1911 年 4 月回国。1913 年 3 月，再次到中国东北地区的大连，经营了五年运送业，后废止。1918 年 8 月先后担任了满铁雇员、大连图书馆勤务、埠头图书馆馆长。1925 年 11 月任瓦房店图书馆馆长，在其就任期间，随 1926 年职制调整，就任瓦房店图书馆主事。

小野求太郎

满铁抚顺图书馆馆长。1882 年 5 月出生于爱知县名古屋市东区富士塚町。是爱知县小野庄五郎的长子，于 1907 年八月继承家业。1908 年毕业于早稻田大学英文科，随后受命担任京都帝国大学图书管理员，1916 年辞职入社满铁，任调查科勤务。1919 年出任抚顺图书馆馆长，并于 1923 年转任大连图书馆图书管理主任，1927 年再次受命任职抚顺图书馆馆长一职。

日向保良

满铁社会课家庭研究所主任。1883 年 10 月生于长野县南佐久郡青沼村。长野县农民日向七郎的次子，1919 年 4 月分家独立。1906 年毕业于长野县师范学校后任长野县下南佐久郡荣寻常高等小学校训导以及校长，并任职于同村农工补习学校。1914 年 4 月进入满铁，在长春公学堂任教员，后在满铁学务课教育研究所任职以及兼任抚顺宝科女学校教员并在满铁人事课和抚顺高等女校担任教谕，1924 年 5 月任满铁社会课家庭研究所主任。曾研究在中国东北的日本人的生活情况。

秋山真造

满铁地方部学务课学事系主任。1884 年 4 月出生于栃木县芦野町，是栃木县商人秋田兵次的长子。1910 年于东京高等师范学校毕业后入山梨县师范学校任教谕。1913 年 4 月转任东京女子师范学校任校长，任职三年半。随后又到京都帝国大学攻读哲学和教育学专业，于 1919 年毕业，同年 9 月赴中国东北任满铁教育研究所勤务，负责殖民地教育研究。此后历任满铁地方部学务课视学，教育研究所讲师、学务课学事系主任。曾志愿服兵役一年，任步兵少尉。

泷川嘉一郎

满铁辽阳小学训导兼校长。1884 年 6 月生于石川县河北郡津幡町。为石川县泷川嘉作的长子，1905 年毕业于石川县师范学校，后进入高松小学校做训导。1907 年任职于津幡小学校，1908 年任职于医王山小学校训导兼校长，同年任职于石川县师范学校训导，1910 年 4 月进入满铁工作，任奉天寻常高等小学校训导，1915 年任连山关小学校训导兼校长，1919 年任大石桥小学校训导兼校长，1920 年任辽阳小学校训导兼校长。曾于 1919 年在中国东北、1927 年在中国东北和台湾地区进行学事调查。

田中清之助

满铁待命参事，伪铁道总局勤务，满铁铁道教习所讲师兼首席舍监。兵库县揖保村揖西村人，出生于 1884 年 7 月 21 日。1906 年毕业于兵库县姬路师范学校，担任兵库县明石女子师范学校训导。1913 年 1 月担任兵库县若狭野小学校长。为研究汉语于 1915 年 4 月进入满铁教育研究所。1916 年 9 月有志于中国人教育入职满铁，担任开原公学堂教师，1917 年 10 月担任营口实业学堂教师，1918 年在北京留学同学会语学校专攻中国语，著有《注音华语速修篇》。1921 年 7 月担任满铁教育研究所讲师兼任关东厅大连高等女学校教务方面的工作。1923 年 5 月担任满铁铁道教习所讲师。1936 年 10 月任副参事，1937 年任待命参事，并在师范学校中学校高等女学校（中国语科）任教员。

柿沼介

满铁参事、大连图书馆馆长。京都府加佐郡舞鹤町人，生于 1884

年 8 月，是京都府柿沼精一的次子。1911 年毕业于东京帝国大学文科大学哲学科。1915 年 4 月，任职东京市立日比谷图书馆勤务，1919 年到满铁大连图书馆继续工作，1923 年 10 月留学访问欧美各国，1926 年 5 月任满铁参事兼大连图书馆馆长。

生田美记

满铁视学。1884 年 10 月出生于广岛县贺茂郡野路村。广岛县医师生田良硕的长子，1921 年 4 月继承家业。从广岛师范学校毕业后，1910 年 1 月任职满铁瓦房店小学训导和公主岭小学校长。1918 年受命从事教育学研究，到美国哥伦比亚大学师范课留学三年半，获得科学学士学位。回国后任满铁视学。

能登博

满铁参事，总裁室弘报课第一系主任。1885 年 5 月生于兵库县城崎郡中竹野村。兵库县农民能登又右卫门的第五子。1910 年从早稻田大学文学部英文学科毕业，后在东京从事文学及戏剧的研究。1919 年 2 月入职满铁，任职于人事课慰藉系。在职制变更后，任社会课慰藉系勤务，也在庶务系任职。还担任了读书会杂志编辑主任。1924 年 10 月任慰藉系主任。任职期间，还担任了育成学校讲师、大连博览会美术部委员、日法竞技委员等职务。1933 年 3 月任职伪铁路总局总务处人事课福祉系主任，1936 年 10 月任满铁参事，总裁室弘报课第一系主任。入职满铁后任大连女子人文学院的讲师。讲授艺术文学。

高仓义雄

满铁铁道教习所所长。1885 年 5 月生于福冈县直方町，福冈县农民高仓观了的次子。1908 年毕业于大阪高等工业学校机械科，第二年进入中国东北任职于满铁进入辽阳机关区工作，1915 年 3 月进入山东铁道工作及担任铁道技师，1923 年 5 月进入满铁任职于公主岭及大连机关区区长，1927 年 9 月去欧美旅行考察进行铁道业务研究，回国后担任铁道教习所所长。

片山笃郎

曾任满铁铁道教习所讲师。岛根县松江市北堀町人，出生于 1885 年 8 月。是岛根县教育家片山育郎的长子，1908 年毕业于东京外国语学校英文科后直接进入教育界工作。在山梨、岛根、滋贺、千叶等县立中学工作 12 年。1920 年受到满铁招聘，从事国际运输关系的事务，1921 年转任营口外人系主任。致力于在日外国人会社的融合工作，1924 年 3 月担任满铁硝石工场建设事务主任，1925 年辞职，转任铁道部旅客课勤务。1927 年 10 月担任铁道教习所讲师，兼任舍监，同时在涉外课工作，受大连语学校的委托担任英语讲师。

西村秀治

曾任职于满铁地方部学务课设施系。1886 年 1 月生于兵库县美方郡兔塚村，为兵库县农民西村忠治的次子。1906 年毕业于姬路师范学校后进入神户市小学担任训导，1913 年 9 月担任铁岭小学训导后转任至长春小学训导，并担任校长，1921 年 4 月任满铁教育研究所职员后转任于满铁地方部学务课设施系。

池田弘

满铁副参事、地方部学务课学事系主任、地方行政权调鉴移读准备委员会干事。曾在满铁地方部学务课负责庶务事务。福井市吉野上町人，出生于 1886 年 5 月。为福井市池田和助的第三子，1928 年 1 月分家。1907 年毕业于福井县师范学校，1910 年为福井县训导，任福井县福井市志比小学校勤务。1910 年 3 月来到中国东北，担任大连公学堂教谕。后担任坊子汉语学校讲师。1919 年 9 月进入满铁工作，任地方部学务课勤务。后为寺儿沟实业补习学校讲师，地方部庶务课兼学务课顾问，熊岳城公学校长兼教谕，地方部学务课青年训练系主任兼大连实业补习学校长兼图书馆系主任，伪哈尔滨铁路局福祉课庶务系主任，伪哈尔滨铁路局图书馆主事等职务。1936 年 4 月任伪地方部学务课学事系主任、地方行政权调鉴移读准备委员会干事，9 月任满铁副参事。

高津敏

满铁音乐会会长，大连音乐学校讲师。1886 年 6 月 24 日生于神户市平野上祇园町，为兵库县教育家小笠原长次郎的次子，1899 年 6 月继承了父系亲属高津加的家业。1899 年进入陆军户山学校军乐队，经大阪医学专门学校预科至 1903 年毕业于陆军音乐学校，1910 年派遣到英法交流约一年半。1917 年任教官。1920 年进入第五师团司令部工作，派遣其在西伯利亚工作，担任陆军乐长编入预备役。随后 1923 年 6 月受聘于满铁音乐会，任大连音乐学校讲师兼任会长。其为伪满洲国国歌的作曲者之一。

柚原益树

满铁视学。1887 年 1 月出生于熊本市鹰匠町。熊本县公务员柚原备彦的第四子。1912 年从东京帝大哲学科毕业后，1913 年任熊本第一师范学校教谕。1918 年 4 月任"南满中学堂"教谕。后到中国东北，于1920 年任奉天中学校教谕。1922 年到北京留学，主要研究东洋哲学。

1923 年任奉天高等女学校教谕。1924 年任满铁视学。

谷口良友

满铁地方视学兼开原小学校长。1888 年 4 月生于长崎县平户町。其为长崎县谷口良吉的长子，1928 年 7 月成为户主。1911 年毕业于长崎县师范学校，后历任长崎县高滨小学校、佐世保小学校、上长崎小学校、长崎师范训导。1914 年 7 月进入满铁担任鞍山小学校的训导。1924 年 5 月任地方视察，1925 年任开原小学校长。1926 年到华北调查。

山路犹龙

满铁松树公学堂长。1888 年 7 月出生于广岛县广岛市，为广岛县高利贷者藤原海的儿子，过继给山路嘉市为养子，和嘉市之女结为夫妇。1910 年毕业于宫崎县师范学校，1913 年 5 月来到中国东北，先进入满铁教员讲习所学习汉语、中国的风土人情和日语教授方法，毕业后担任本溪湖日语学堂的教员，后来又转任长春公学堂的教谕。1924 年 4 月起担任松树公学堂长一职，在满铁工作期间为进行教育和中国风土人情方面的研究曾到华南和台湾视察，在北京留学 6 个月。亦担任松树区地方委员会议长、松树区审查委员、"南满教育会"评议员和满铁教育研究会第二部第一区干事。

伊藤伊八

伪安东省公署视学官，满铁学务课视学。1888 年 12 月生于静冈县磐田郡香山村，静冈县商人伊藤弥八的次子。1913 年于神宫皇学馆毕业之后入职满铁，在教育研究所任职，后转至满铁学务课任职。1917 年，为了学习中文以及研究中国，在北京留学一年。回职后继续在学务课任职。1932任伪吉林省公署视学官，1934 年任伪安东省公署视学官。

高桥一二

大连图书馆司书系主任，埠头图书馆馆长。岩手县和贺郡藤根村人，出生于 1890 年 1 月。为岩手县农民高桥五郎的次子。1915 年毕业于早稻田大学专门部政治经济科。曾为大连经济日报社勤务，1919 年在满铁工作，后担任大连图书馆勤务至司书，又升至司书系主任，迁至埠头图书馆馆长。

伊藤显道

满铁安东中学校教谕。1900 年 6 月出生于群马县前桥市向町。是群马县实业家伊藤胜次郎的第三子。1924 年从东京高等师范学校毕业后任横滨高等商业学校讲师。1927 年 3 月入职满铁任安东中学校教谕兼安东小学校训导。在这期间，为了从事地理研究到中国东北各地旅行。

赤塚吉次郎

满铁长春商业学校校长。1891 年 1 月生于三重县名张町。是三重县山田文三郎的第五子，过继给三重县赤塚兵藏做养子。1916 年毕业于东京高等师范学校，毕业后直接就职于大阪府池田师范学校，任教师。随后历任大阪市精华小学老师、爱媛县师范学校教师及大阪府池田师范学校教师。1923 年 3 月入社满铁，任满铁学务课课员兼教科书编辑部部员。1925 年 10 月开始在北京留学两年，归任后任编辑部主事，监督各种教科书编纂，1935 年 4 月满铁设立长春商业学校任教员，1936 年任校长。

森田良一

伪三江省公署事务官，伪教育厅学务科科长。1891 年 10 月 16 日出生于鹿儿岛县姶良郡西国分村，为鹿儿岛县农民森田源次郎的长子。1913 年毕业于鹿儿岛师范学校，后任鹿儿岛县小学校训导，日置郡伊作村小学校在勤。1918 年 4 月加入满铁，任熊岳城公学堂教谕。5 月进入大连满铁教育研究所，1920 年 4 月转任盖平公学堂教谕，同年赴北京留学一年，1921 年 4 月在满铁教育研究所工作，1922 年任营口商业学校教谕，1925 年 4 月被调任为盖平公学堂堂长。1929 年 4 月任鞍山公学堂堂长，1932 年 8 月从满铁辞职，入职伪满洲国政府，任伪奉天省公署理事官教育厅督学科科长，1934 年 12 月地方制度改革后设立伪三江省，任伪三江省公署事务官。

成田昌德

伪满洲医科大学附属图书馆司书主任。1892 年 4 月 18 日出生于青森县南津轻郡藏馆村。为青森县士族成田宽藏的长子。于 1928 年 8 月继承家业。1919 年毕业于早稻田高等师范学校国汉文科，8 月进入满铁任安东图书馆主事，历任伪满洲医大书记，"南满医学堂"勤务。1923 年调任伪满洲医科大学图书系主任兼"南满医学堂"图书馆系主任，又任伪满洲医大附属图书馆司书，伪满洲医大书记兼司书。1935 年 10 月任伪满洲医科大学附属图书馆司书主任。

笕 渊

伪满洲电信电话参事、营业部放送课课长。也曾任职于满铁庶务部庶务课。1893年4月14日生于福井县吉田郡圆山西村,为福井县机织业笕清吉的次子。1913年12月受聘于伪满洲日日新闻社进入中国东北,1918年10月入满铁任为文书课勤务,后任庶务部庶务课编纂系主任等职务,1929年6月,在美为该社纽约事务所勤务,直至九一八事变后为关东军嘱托,参与派遣后的电力建设。1933年8月任该社副参事和伪总务部调查课课长。1935年2月任伪大连中央电话局长兼大连放送局局长。1936年4月免除兼任。9月,任伪满洲电信电话参事、营业部放送课课长。

前田龟吉

满铁职员,伪本溪湖地方事务所社会主事,大石桥图书馆馆长。1894年10月出生于鹿儿岛县萨摩郡高江村。是福冈县堤寿吉的第三子,前田斧眦的养子。1923年因养父死亡,继承家业。1910年进入福冈县立中学传习馆学习,但由于生病,中途退学。1914年11月进入大连贸易商松田洋行工作。1916年11月拥有大连贸易商松田洋行交易代理人执照,并且兼任会计主任。1918年辞职后,进入满铁图书馆奉职,职务为经理系责任人。1926年3月任勤绩,同年4月受命任大连图书馆大石桥图书馆长同主事地方部学务课等。1934年任伪本溪湖地方事务所社会主事。

佐久间弘雄

"东满"总省视学官,吉林同文商业学校校长。山口县佐渡郡右田村人,出生于1894年11月。他是山口县士族教员佐久间嘉作的长子。1913年毕业于大分县立宇佐中学,后入大分县师范学校本科二部学习,历任大分县高赖小学校训导员、四日市小学校训导员。1923年4月来到中国东北进入满铁工作,1924年1月担任松树学堂教谕,之后转任长春公学堂教师。在此期间,1927年4月为学汉语和中国问题研究而留学北京。后又任吉林同文商业学校校长。

椿田琢三

满铁抚顺中学校教谕。1896年2月生于广岛县安佐郡原村。为广岛县农民椿田佐吉的第四子，1918年毕业于熊本高等工业学校，后去美国斯坦福大学地质科进修，1922年毕业，1923年5月回国，1924年4月任京城延喜专门学校教授，1928年4月担任满铁抚顺中学校教谕，负责教授英语和数学，后以陆军工兵少尉衔退役。

平田肃

曾任满铁营口图书馆主事。神奈川县中郡平塚町人，出生于1897年1月。神奈川县从事果树园艺业的平田繁之助的第四子。1919年毕业于明治大学商科，7月进入满铁工作，在劝业课商工系工作。9月先后在奉天地方事务所商工系、经理系、社宅系工作。1925年10月在大连图书馆工作。1928年9月担任营口图书馆主事。

芦泽吉雄

满铁大连图书馆管理员。1898年7月生于冈山县津山市，是冈山县官吏芦泽功的长子。1923年由于生病从早稻田大学文学部退学。在满铁大连图书馆工作，在学习中，曾研究爱尔兰戏剧并为了研究戏剧与同学创设《我的星座》，解散后参加了筑地小剧场的建设，以濑野皓太为笔名创作过数篇小说、戏曲、电影、脚本等，并在伪满洲日报社连载小说《人生的曲艺》等。

东海林太郎

满铁铁岭图书馆馆长。秋田县秋田市人，出生于 1898 年 12 月。他是秋田县东海林大象的长子。1923 年毕业于早稻田大学商学部，后来到中国东北进入满铁工作，在满铁调查科任职。1926 年担任铁岭图书馆馆长，著有《满洲产业工会》。

长尾正之

曾为满铁吉林公所所员。1899 年 8 月生于爱知县海部郡永和村。为爱知县会社员长尾玉三郎的长子。1917 年毕业于爱知县县立津岛中学，1918 年 1 月进入满铁，任职于长春站，其间当了一年的志愿兵后复员，随后回到长春站工作，1922 年 10 月根据满铁命令在北京留学两个月专门研究中国语及中国事情，其间任陆军步兵少尉，1924 年 9 月到满铁后任职于长春铁道事务所，后转任至计划课，随后从事洮昂线铺设。1927 年 8 月转任吉林公所，在汉口、上海、香港、广东、台湾、青岛等地考察旅行。任吉林居留民会议员、学务委员、青年联盟支部干事等名誉职位。

前田好久

伪安东市视学官。1900 年 11 月出生于奈良县吉野郡下市町。是奈良县前田久次郎的第四子。1920 年从奈良县师范学校毕业后，任县下五条小学的训导。1921 年 3 月入职满铁，任长春公学堂教谕。1922 年 4 月任职于四平街公学堂。1926 年 4 月为了从事汉语研究，受命前往北京以及中国南北地区考察一年半。1927 年 4 月任松树公学堂教谕。1937 年

12 月业务上退社后任伪安东满商公立小学校长，伪安东市公立仁忠国民优级学校校长。1943 年任伪安东市视学官。

水谷国一

满铁参事，大连图书馆馆长，东亚经济调查局总务科科长兼第一调查科科长兼东京支社业务室参事，总裁室弘报课情报第二系主任。1904 年 1 月 2 日出生于爱媛县松山市出渊町。士族水谷故义麿的长子。1925 年从东亚同文书院毕业，3 月入职满铁，先后任职社长室文书课、庶务部调查课、总务部调查课经济调查员，资料课调查系主任兼资料系主任，情报系主任兼调查系主任。1933 年于经调会第五部第一班任职。1936 年 10 月任总裁室弘报课情报第二系主任和伪华北事务局弘报班长代理。1938 年任伪调查部资料课长兼大连图书馆馆长。1941 年任东京支社调查员。1943 年任东亚经济调查局总务课课长。1944 年任伪调查局总务课课长。

满铁附属医疗人员合传

　　日本从 1905 年日俄战争之后就开始部分控制中国东北地区，尤其是 1932 年日本侵略者通过扶植建立伪满洲国，通过其代理人完全掌控了东北地区。在这一过程中，日本不断扩大侵略范围、翻新侵略手段，通过不断建立卫生殖民组织和机构来加大对东北的卫生殖民侵略，妄图实现操控整个东北地区卫生行政事务。

　　满铁附属的医疗组织可谓日本最早侵入中国东北的医疗队伍，且在整个殖民侵略过程中影响最大。这些卫生组织和机构表面上是提供医疗服务，但其本质是为了服务殖民侵略而设立的，它使得东北人民不仅在军事、政治、经济上受到了残酷的打击，健康权和生存权也被剥夺。日本侵略者在中国东北推行长达四十年的殖民统治，致使东北人民生活在水深火热之中。至于日本殖民统治时期所谓的各种社会福利、免费医疗、红十字会等都是殖民侵略的遮羞布，而他们对城市卫生的改造、对中医药的改进、对华工的"慰问"以及各种所谓的慈善机构等的本质都是为其殖民统治服务的，这一点学界早有定论。

　　本章就以满铁附属的医疗人员为例，对此略作说明。

塘慎太郎

　　曾任满铁本溪湖地方事务所所长。1874 年 4 月出生于兵库县姬路市博劳町，是兵库县人塘四郎平的长子，1908 年继承家业。早入军籍，并且在日俄战争中随第三军司令部出征，后在第十师团司令部、姬路卫戍医院等地任陆军上等看护长勤务。服役期满后，1911 年入职满铁，在"南满医学堂"、辽阳医院、营口医院等地任事务员。先后任辽阳地方事务所庶务主任、奉天地方事务所庶务主任、鞍山医院事务长、安东医院事务长的职务。

中屋敏夫

吉敦铁路局蛟河诊疗所所长。1874 年 5 月生于山口县厚狭郡厚狭村，是山口县职员中屋义弼的长子。1927 年 1 月父亲病故，敏夫接管了中屋家的家业。1898 年毕业于第五高等学校医学部。毕业后获得长崎医学学士学位。先后在东京传染病研究所和福冈医科大学结核病科从事研究工作。1899 年开始在山口县立丰浦中学担任博物学教师兼任校医、县防疫医疗官、私立长府医院院长等职务。其间还做过帝国铁道顾问、日本红十字日本山口县结核病分部讲师顾问，后升任山口县医学会会长。1918 年 2 月前往中国东北，在大连行医。1926 年 7 月升任满铁沿线防疫事物顾问，后来又进入蒙古调查班工作。1927 年受满铁推荐，进入吉敦铁路局担任蛟河诊疗所所长。曾公派去蒙古调查。

广海舍藏

关东厅公医。神户市入江通人，出生于 1876 年 3 月。兵库县教育家广海多门的次子，1889 年 10 月继承家业，1895 年被授予药剂师毕业证书，1900 年毕业于东京医学专门学校的前身济生学社。1902 年在兵库卫生课工作，从事细菌监查及卫生行政方面的事务。1909 年被关东都督府招聘，在旅顺从事霍乱防疫工作，11 月又回到兵库县。1911 年因为满铁招聘而再次到中国东北，从事鼠疫防疫工作，后在长春被清政府聘请为卫生顾问并从事相关工作。1912 年进入满铁医院担任医员，1922 年辞职后担任关东厅公医。早年还担任"关东州"老虎滩会长，发起电车延长运动和电车赁均一运动，老虎滩改善期成会。曾在中国南方旅行。

拜田英之

曾任长春满铁医院内科医长，陆军二等军医。1876 年 6 月出生于大分县宇佐郡丰川村。是大分县农民拜田武重的长子。1916 年 9 月继承家业。1896 年从长崎医专毕业后，做了一年志愿兵，兵役期满后，任东京私立医院医员。日俄战争期间，随部队出征，任二等军医。1910 年 8 月到中国东北入职满铁，任长春医院勤务一职。

滨田幸太郎

满铁大连医院事务员。1876 年出生于山口县佐波郡富海村。1904 年 11 月日俄战争时期，任第七师团步兵第二十七联队小队长，到各地出征、作战。1906 年 1 月战争结束后任守备勤务一职。数次到中国东北，在部队任步兵大尉一职。退役后，1921 年入职满铁，任人事课勤务，后转任大连医院事务员。

胁屋次郎

满铁直属医生，胁屋医院院长。1878 年 2 月生于京都市上京区柳马场大道，是圆部藩儒士胁屋均的次子，1898 年 1 月继承家业。1899 年毕业于京都府立医学专科。毕业后进入部队，1901 年 7 月在华北驻军从事战地医疗工作，1902 年 1 月转任到东京预备医院，1904 年 12 月成为陆军一等军医。此后在后备第二师团野战医院工作，曾随军侵略朝鲜，而后继续工作至 1913 年退役。之后接任京都镰仓医院副院长，1914 年 7

月转入同仁医院，1915 年 2 月成为满铁直属医生，并在撕儿沟开办了胁屋医院。

坂本德一郎

满铁长春细菌检查所主任。1878 年 6 月生于爱知县碧海郡知立町。爱知县商人坂本荣次郎的长子，1920 年 6 月继任为家主。1901 年毕业于爱知医学专门学校，1909 年进入传染病研究所专门研究细菌学，先后供职福冈县、兵库县检疫医院、朝鲜总督府、关东厅嘱托医生。1921 年 1 月进入满铁长春细菌检查所工作并兼职关东厅医务顾问，其间在北美的加拿大、塔科马等地考察，担任长春爱知县人会长。

森一夫

满铁抚顺医院烟台卫生所主任。1879 年 3 月出生于广岛县贺茂郡野路村，为广岛县人森佐一的长子。1902 年毕业于京都府立医学校。1904 年被任命为陆军预备役见习医官，当年 11 月被任命为陆军三等军医，随临时军用铁道监部来到中国东北，任本溪湖和奉天医务室的勤务。1906 年 11 月，他在广岛县贺茂郡内海町开设了医院。1918 年 11 月来到中国东北进入满铁工作，任长春医院城内分院勤务，后任抚顺医院勤务后被调至抚顺医院烟台卫生所主任。

户谷银二郎

满铁大连医院院长，医学博士。1880 年 11 月生于爱知县名古屋市东区萱屋町。1908 年毕业于京都帝国大学医科大学，其后在京都帝国大学医院从事研究工作。1910 年应满铁的医务嘱托来到大连，1911 年任大连医院勤务，同年 6 月兼任满铁医学堂的讲师。1913 年受满铁本社的命令到德国留学。1916 年期满回国，随即升任满铁奉天医院院长，同时兼任"南满医学堂"教授，有一定影响。其论文经京大教授会推荐，于 1918 年获得医学博士学位。1919 年任大连医院勤务，两年后任次长，兼任院长助理，承担医院经营的重任，1925 年升任院长。

丰泉铅吉

满铁抚顺医院龙凤坑派出所主任。1880 年 11 月生于东京市小石川区茗荷谷町。为东京府丰泉龙仙的第三子。1907 年毕业于东京慈惠医院医学专门学校，1916 年 2 月进入中国东北供职于满铁任营口医院分院院长，1925 年 8 月进入抚顺医院工作，在目下煤矿医院龙凤坑派出所工作。

安藤荣次郎

大连市主事，满铁瓦房店医院事务主任。1881 年 6 月生于香川县三丰郡萩原村。是香川县农民安藤茂平的第三子，于 1913 年 8 月分家。在 1901 年 10 月任小学校正式教员，1909 年 6 月因出任陆军一等看护长之故来到旅顺卫戍医院。1912 年 6 月任上等看护长，任职于辽阳卫戍医院。1914 年 11 月待命，1915 年 3 月入职满铁，任开原医院勤务，1916 年工作于公主岭医院，1920 年工作于辽阳医院，1923 年 10 月工作于营口医院，任事务主任一职。1926 年任满铁瓦房店医院事务主任，随后任瓦房店地方委员。1937 年任大连市主事。1943 年 2 月任养源研究所代表董事。

生熊喜太郎

长春满铁医院药剂长。静冈县滨名郡小野口村人，出生于 1882 年 3

月。1903 年毕业于东京药学专门学校，1908 年 4 月担任高知县技术员，1914 年 11 月担任大分县技术员，后转任卫生实验所主任。1918 年 5 月来到中国东北进入满铁工作，担任长春医院药剂长。在日本时担任高知县卫生会理事，大分县药剂师会会长。

石井信二

伪满洲医科大学预科教授。1882 年 5 月出生于鸟取县青谷町。鸟取县农民石井世三郎的次子，1909 年从东京帝国大学文科、哲学科毕业后于早稻田中学、群马县高崎中学、栃木县真冈中学、东京高等工业学校等校担任教谕、教授。1922 年 8 月任伪满洲医科大学预科教授。

志茂平藏

在满铁抚顺医院工作。札幌市山鼻町人，出生于 1882 年 11 月。是北海道志茂桃次的第三子。1903 年毕业于东京慈惠医学专门学校，医术开业试验考试合格，1917 年来到中国东北进入满铁工作，在抚顺医院工作。

三井修策

满铁四平街医院院长兼医长。1883 年 3 月出生于山梨县巨摩郡日野春村。为山梨县银行家三井龟六的次子。1909 年从京都医学专门学校毕业。1911 年 2 月任职于东京日本红十字社医院外科，后转入满铁大连医院外科工作。之后他担任了营口医院外科主任，公主岭医院长兼医长。1926 年 2 月曾到中国内地留学。1928 年 2 月任抚顺医院外科医长，同年 12 月任四平街医院长兼医长。

野村笃三郎

满铁地方部卫生课奉天卫生技术员。1883年6月出生于东京市小石川区贺龙町。是东京市主任医师野村元达的第三子，1922年1月继承家业。1908年4月毕业于爱知县医学专门学校后，就进入东京帝大医科皮肤科学教室继续研究。1912年6月受命为警视厅警察医员，1913年7月转任至青森县警察医生，1918年9月成为静冈县警察医生，同年9月升职成为县立鸭江医院院长，1920年4月被任命为静冈县技师，1923年6月成为关东厅医院医官兼大连妇科医院院长。之后来到中国东北，1926年2月晋升至从六位后退职。同年3月进入满铁公司，就职满铁地方部卫生课奉天卫生技术员。兼任于奉天附属地卫生医院，伪奉天警察署务特约顾问、东京会长。

中楯幸吉

满铁卫生科保健防疫主任、医学博士。1884年1月生于山梨县东八代郡丰富村。中楯新左卫门第三子。1909年10月入釜山工兵一队工作，后进入满铁任职。1925年向庆应大学医学部发表了一份关于民族卫生的论文，获得医学博士学位。任职期间为了研究社会卫生曾赴欧美各国留学。

盛新之助

满铁大连医院副院长兼医长。原籍德岛县名西郡高川村，1884年3月1日出生。少有从医之志，入京都帝国大学医学部学习。1911年毕业，同年入东京帝国大学附属医院任副手，从事眼科工作，1912年任眼科助手，好学术研究，被推举为京都帝国大学的讲师，工作一年后辞职。1916 年 9 月被满铁聘为大连医院医长，其后五年间对中国东北的医学发展有一定的影响。1921 年受命到德国留学两年。1923 年返回日本，1925 年任大连医院副院长，辅佐户谷院长工作，在留德期间获得博士学位。

守中清

伪满洲医科大学教授兼满铁医院院长，医学博士，财团法人大连医院长兼内科部医长。1884 年 12 月出生于福冈县京都郡苅田町，为福冈县农民守中小平的次子。1910 年毕业于京都帝国大学医科大学。1915 年 4 月进入京都帝国大学大学院就读。1919 年 4 月进入满铁工作，任"南满医学堂"教授兼奉天医院内科医长。1921 年被授予医学博士学位，同年 11 月受命到德国、意大利、美国留学两年，进行内科学的研究。1924 年 1 月回国复职财团法人大连医院长兼内科部医长。"南满医学堂"升格为伪满洲医科大学，仍任伪满洲医科大学教授。1939 年 3 月任伪满洲医科大学校长，科学审议委员会委员。

平松满贞

满铁抚顺医院药剂长。1885 年 2 月出生于名古屋市西区押切町，为爱知县人平松弥三郎的次子。1905 年毕业于爱知药学校。1906 年被登记为药剂师，同年被任命为京都帝国大学医科大学附属医院调剂手。1911 年被任命为药剂手。1914 年 2 月进入满铁工作，在抚顺医院任职。曾在伪满洲药学会发表题为《室内卫生用验湿计供览》的论文。

山下友市

满铁瓦房店医院医生。1885 年 3 月出生于熊本县天草郡本户村。熊本县农民山下传次郎次子。1912年毕业于东京牙科医学专门学校。1916年2月来到中国东北，进入满铁公司营口医院工作。1918年2月转至大连医院。1920年9月从满铁公司辞职。在市内自己营业。1923年2月再次进入满铁，任瓦房店医院牙科员工。

塚本良祯

曾任满铁长春医院院长兼主任医师、医学博士。1885年11月生于静冈县田方郡上狩野村，其家庭是医学世家，1929年1月塚本良桢继任为家主。1911年毕业于京都帝国大学医学部。1912年8月入中国东北在满铁安东医院外科担任主任医师，1919年升任至铁岭医院院长，1923年在京都帝国大学进行了为期一年的欧美留学研究，1926年4月发表论文《毛样神经节摘除后对瞳孔的作用》获得京都帝国大学医学博士学位。5月任鞍山医院院长兼外科医长，鞍山地方委员和议长，1928年12月任满铁长春医院院长兼主任医师。

内野舍一

满铁抚顺医院院长兼主任医师、参事，医学博士。1886年7月出生于熊本市知足寺町。父亲是熊本县的内野茂三郎，其为家中长子。1908年毕业于东京帝大医科大学后，于1919年4月进入满铁公司，成为"南满医学堂"教授兼奉天医院医长，1923年1月按照公司的命令前往欧美各国留学两年，1924年8月被授予医学博士学位。归国后1925年8月受到满铁参事的待遇。1928年12月转任至抚顺医院院长，兼任主任医师一职。

平井穰

满铁抚顺医院眼科医长。熊本县天草郡志岐村人，出生于1886年8

月，是熊本县平井久市的长子。1909 年毕业于长崎医学专门学校，1910年 6 月被任命为步兵第十三联队附陆军三等军医。同年 9 月被任命为熊本陆军地方幼年学校附教官，之后担任若松公立医院眼科医长。1916 年12 月来到中国东北，进入满铁工作，担任长春医院眼科医长。1920 年在营口医院工作，1921 年转任抚顺医院眼科医长。

金井章次

满铁参事、满铁地方部卫生课课长，医学博士。生于 1886 年 12 月1 日，是长野县仓岛稍平的第四子，后过继给金井广治做养子。1912 年毕业于东京帝国大学医学部，毕业后留校，在病理学教室担任副手。1913 年进入日本内务省传染病研究所，任技术师一职，从事并学习与传染病相关的研究，同年 10 月辞掉职务后，转入北里研究所（由北里柴三郎创立），1916 年升任至副部长。1920 年开始留学于英法德各地，并在英国的李斯特研究所开始了为期两年的精修医学，1922 年在瑞士日内瓦国际联盟事务局保健部工作，由于很早就从事了关于远东方面的传染病调查研究而在医学界出名。1922 年 6 月，金井取得东京帝国大学医学博士学位，同年 12 月作为日本劳动局的日本代表加入伦敦国际炭疽病委员会，因此到英国工作。1923 年他回到日本，在庆应义塾大学任医学教授。1924 年，经北里柴三郎推荐，他被满铁任命为地方部卫生课课长。此后他推动成立了满铁卫生研究所，并任首任所长，并积极参与地方各属地的卫生设施的建设工作。其间，他任大连市议会议员、大连市参事会会员。1928 年伪满洲青年联盟成立，他任顾问。1930 年，他代理伪满洲青年联盟理事长。1931 年九一八事变爆发后，他任辽宁省治安维持会最高顾问。伪满洲国成立后，历任伪奉天省总务厅厅长、伪滨江省总务厅厅长、伪间岛省省长。1937 年他任伪蒙疆联合委员会最高顾问兼代理总务委员长。1939 年 4 月 29 日，通过金井及军部的压力，德王出任伪蒙疆联合委员会总务委员长。1939 年 9 月 1 日伪蒙疆联合自治政府成立，金井任最高顾问。此后因与德王和日本军部发生矛盾，1941 年

11 月 27 日金井辞职，由大桥忠一接任最高顾问。此后金井先返回长春。太平洋战争爆发，日军占领新加坡后，金井曾到新加坡研究英国的东亚政策。1942 年 4 月，金井回到东京。1943 年 4 月，金井出版《满蒙行政琐谈》一书。日本投降后，金井一度成为"公职追放"对象，1947 年后解除。东京审判时，金井曾经就蒙疆的鸦片种植问题出庭做证。1948 年，金井在日本杂志《文艺春秋》上发表《在沙漠中创建国家之事》一文。1961 年 3 月 11 日到 5 月 1 日，金井在日本的《信浓每日新闻》分 40 回刊登《记蒙古自治政府成立》的回忆录。1967 年 12 月 3 日去世。

梅田嘉四郎

满铁安东医院院长兼主任医师，医学博士。1887 年 1 月出生于京都府竹野郡满谷村。父亲是京都府的医生梅田养安，其为家中第四子。1912 年从京都帝大医科大学毕业，直到 1915 年 6 月为止在本大学作为助手研究内科学，同年进入满铁公司，在长春医院工作。1920 年 9 月担任长春医院院长兼主任医师，1921 年被满铁派遣留学。从 11 月开始到 1924 年 1 月作为京都帝国大学大学院学生研究药物学，同年 5 月被授予医学博士学位。从 1924 年 1 月到 8 月前往欧美进行医事考察，归来后同年 10 月成为瓦房店医院院长兼主任医师，1927 年 11 月转任至满铁安东医院院长兼主任医师。

柳原英

满铁大连医院主任医师、皮肤科医长，医学博士。1887 年 1 月出生于广岛县吴市阿贺町。柳原英出生于医生世家，1912 年从京都帝大医科大学毕业。1920 年 8 月进入满铁，担任大连医院主任医师、皮肤科医长。1922 年发表结核病研究的论文而获医学博士学位。1924 年去欧美考察两年，其间任大连同寿医院院长。

大井昌四郎

　　满铁抚顺医院小儿科主任医师，医学博士。1887 年 2 月生于北海道后志国岩内郡岩内町。其为北海道大井昌次郎的第四子，1915 年毕业于京都帝国大学医科，1916 年 1 月进入京都帝国大学附属医院小儿科担任研究室副手，1918 年在新加坡博爱医院任职，1921 年 11 月进入满铁担任抚顺医院小儿科主任医师，1924 年 3 月获得医学博士学位。

村上纯一

　　满铁大连医院院长兼内科医科长，医学博士。1887 年 3 月出生于兵库县揖保郡龙野村。兵库县士族兼医生村上春策的长子。1920 年接替父亲掌管家业。1912 年毕业于京都帝国大学医学部。后入伍一年，隶属第十师团步兵第十连队，次年复员。复员后直接进入京都帝国大学医学部附属医院市立京都医院工作。1916 年 3 月受命为陆军三等军医，6 月入小仓医院内科担任主治医师。1919 年 10 月来到中国东北，到大连医院担任内科主治医师。1923 年 5 月取得医学博士学位，之后为了研究内科常见病而赴欧美留学，1925 年回到医院继续工作。1933 年 10 月任满铁大连医院医长，1937 年 4 月任满铁大连医院理事。

岩田襄

　　满铁地方部卫生课现业卫生主任、医学博士。1887 年 9 月出生于爱知县中岛郡奥町。他是爱知县岩田畯的长子。1911 年从爱知县立医学专门学校毕业。1911 年 7 月任警视厅警察医一职和东京地方裁判所嘱托。

1913 年 9 月任铁道院工程师和官房保健主任，主要从事铁道卫生方面的工作。1916 年入职满铁，任满铁地方部卫生课现业卫生主任。1928 年 8 月凭借《与产业卫生相关的研究》等七篇论文，获得了爱知医科大学授予的博士学位。

玉村泽吉

曾任满铁大连医院医生。1887 年 10 月生于东京市深川区御船藏前町。东京府农民玉村清五右卫门的次子。1910 年 8 月分家。1909 年毕业于东京医牙科医学校，同年 5 月牙科医术检验开业考试合格并于东京神田开设诊所，1913 年 3 月进入满铁，入职于大连医院，1914 年 3 月工作于营口医院，1916 年 3 月工作于长春医院，1919 年工作于辽阳医院，1920 年 12 月回到大连医院工作。

田中贯一

满铁大连医院牙科医长，医学博士。东京人，出生于 1888 年 5 月。东京牙科医师田中熊三郎的长子。1913 年毕业于京都帝国大学医学部后，担任京都帝国大学外科教室助手，之后三年担任东京帝国大学医学部牙科教室助手。1916 年 2 月进入满铁工作，担任大连医院牙科医长。1922 年至 1925 年在欧洲留学 3 年，后被授予医学博士学位。还担任"南满洲牙科医学会"名誉会长。

前田利实

满铁营口医院院长。1888 年 7 月出生于兵库县神崎郡山田村。于 1914 年毕业于京都帝国大学医科大学，1915 年 6 月任陆军二等军医，

1916 年再度进入京都帝国大学，钻研外科学。1918 年 10 月成为一等军医，任东京和大阪两地的卫戍医院外科主任。其后任旅顺卫戍医院庶务兼外科主任。1925 年 9 月改为预备役，同年 1 月入职满铁，任大连医院沙河口分院长，1924 年 12 月转任营口医院医长兼院长。同时也兼任在乡军人营口分会会长。

菅　端

曾任满铁抚顺医院医生。1889 年 2 月出生于熊本市内坪井町，为熊本县鹿井贞雄的次子，过继给同县菅姓人家做了养子。1912 年毕业于长崎医学专门学校，1923 年进入满铁工作，任本溪湖医院勤务，后在大石桥、营口、瓦房店各地的医院任职。1928 年 10 月被任命为抚顺医院医生。

森本征夫

满铁吉林东洋医院药剂员。1889 年 5 月出生于冈山县后月郡出部村，为冈山县农民森本竹平的第四子。1922 年 10 月继承家业。1917 年以药剂师身份毕业于大阪道修药学校，1912 年至 1919 年 5 月这段时间在病医院任勤务。1919 年 6 月至 1920 年 3 月任大阪市卫生课消毒隔离所勤务。1920 年 6 月至 1922 年 1 月任众议院守卫。1926 年 6 月进入满铁工作，任大石桥医院勤务。1928 年 8 月调至满铁吉林东洋医院任职。

尾崎吉助

伪间岛省公署技正，伪锦州省警务厅技正。1889 年 11 月出生于长野县南佐久郡平贺村，是长野县人尾崎丰二郎的长子。1912 年从长野县师范学校毕业后，在长野县的小学任训导五年。1916 年 5 月任关东厅小学训导。后到中国东北，任大连第三小学勤务三年。1923 年 7 月入职满铁，任卫生课员。在工作时，仍坚持学习，考入"南满医科大学"。1924 年大学毕业后，再次入职满铁，任地方部课员。在这期间，为了研究医事方面的内容，到天津、北京、汉口、长沙、南京等地考察。还曾为了研究鼠疫等防疫检验方面的内容，到郑家屯、洮南、齐齐哈尔等地。1933 年任伪长春警察厅技佐，卫生课勤务，又任伪民政部技佐兼间岛省公署警务厅技佐。1938 年 3 月任伪锦州省警务厅技正。

白鸟文雄

辽阳医院院长，医学博士。长野县诹访郡中洲村人，出生于 1889 年 10 月。他是长野县商人伊藤弥一郎的次子，叔父白鸟三郎兵卫的养子。1915 年毕业于京都帝国大学医科大学，之后继续从事研究。1918 年 9 月被招聘为满铁本溪湖医院院长，来到中国东北。1919 年 12 月转任营口医院院长。1923 年 9 月受命去欧美留学，后被授予医学博士学位，并担任安东医院内科医长，后转任长春医院院长。1928 年转任辽阳医院院长。

鹿野八千代

满铁抚顺医院医长兼抚顺永安寻常小学校诊疗医生。东京市芝区爱宕下町人，出生于 1889 年 12 月，是日本海军少将鹿野勇之进的第三子，1923 年分家独立。1913 年毕业于东京牙科医学校后，在欧美留学三年。1916 年父死归国。1923 年 12 月入满铁工作，任长春医院牙科部主任，长春医院医长兼长春高女检查医生，兼长春商科学校检查医生，后任满铁抚顺医院医长，兼抚顺永安寻常小学校诊疗医生，还兼任抚顺医院看护妇养成所讲师，抚顺工业学校、抚顺高女各校检查医生。

松冈市兵卫

满铁铁岭医院事务员。1889 年 12 月出生于福冈县朝仓郡甘木町。福冈县商业松冈市石右卫门的长子，1902 年 4 月继承家业。1907 年福冈商业学校毕业后，1909 年 6 月到中国东北，7 月任职于满铁抚顺煤矿会计课。1918 年 12 月任职于抚顺医院。1925 年 3 月任职于大石桥医院事务所。1928 年 8 月，任满铁铁岭医院事务员。

斋藤源治郎

满铁吉林东洋医院院长，医学博士。山梨县中巨摩郡明穗村人。出生于 1890 年 1 月 8 日。山梨县农民斋藤吉石右卫门的第三子，1926 年 5 月分家。1916 年毕业于九州帝国大学医学部，后进入帝国大学医学部小野寺内科深造，1919 年 5 月进行了胃液和诸种物质关系的研究，后担任高知县中村町幡多医院内科部部长。1924 年 5 月转任到满铁工作，担任满铁鞍山医院院长。1927 年 9 月，任吉林东洋医院院长，在九州大学医学部及欧美留学，归后任大石桥满铁医院院长。1932 年 7 月任满铁吉林东洋医院院长。

越智通明

满铁抚顺医院事务长。1890 年 2 月生于爱媛县周桑郡国安村。1913 年毕业于第五高等学校，1917 年毕业于东京帝国大学德国法律科，同年 7 月入东洋煤矿株式会社东京本社工作，1920 年 12 月进入中国东北任职于满铁抚顺煤矿庶务课，1925 年 9 月任抚顺医院事务长。

田坂仁宪

满铁四平街医院长兼医长，医学博士。广岛县高田郡高原村人，生于 1890 年 7 月 2 日。广岛县医师田坂克己的长子，1915 年毕业于九州帝国大学医学部，1916 年 1 月担任九州帝国大学医学部助手及副手，1917 年 3 月担任久留米市医院眼科部部长。1920 年 3 月进入满铁工作，之后担任过鞍山、大连、抚顺等医院眼科医长。1923 年 5 月转任安东医院眼科医长。1926 年 6 月以《郁血乳头的成因及相关试验的研究》论文获得博士学位。1937 年任满铁四平街医院院长兼医长。

松岛茂

满铁鞍山医院医长。1890 年 10 月出生于鸟取县岩美郡蒲生村。1928 年 7 月在京都帝国大学取得医学博士学位。鸟取县医生松岛启治的次子，1915 年毕业于京都帝国大学医科大学。1916 年 1 月任京都帝国大学外科副手，同年 4 月升任助手，1918 年 4 月任滋贺县公立彦根医院的副院长。1921 年 4 月赴中国东北入职满铁，任长春医院医长。1923 年 2 月转至安东医院工作，1926 年 1 月回到京都帝国大学留学，1928 年 4 月回到长春医院工作，同年 12 月转任满铁鞍山医院医长。

不破保充

满铁鞍山医院小儿科医长。1891 年 4 月出生于岐阜县不破郡宫代村。岐阜县公务员不破光正的次子，1920 年 9 月继承家业。1918 年从九州帝大医学部毕业后继续在这里从事了两年小儿科方面的研究。1920 年 10 月被聘任为青岛守备军民政部济南医院小儿科主任。1922

年任日本红十字社奉天医院小儿科医长。1925 年转任满铁鞍山医院小儿科医长。

酒井肇

满铁抚顺医院牙科主任，协和会营口市本部事务长。1891 年 5 月出生于东京府荏原郡田谷町，是东京府酒井秀见的次子。1918 年 10 月毕业于东京医学专门学校，1919 年赴中国东北入职长春医院任勤务，1923 年转至抚顺医院任牙科主任。兼任满铁社员会抚顺支部妇人部部长。1940 年 2 月任协和会营口市本部事务长。

土谷钦一郎

满铁卫生研究所血清科科长。1891 年 8 月生于群马县高崎市寄合町。群马县医师土谷金次郎的长子。1919 年毕业于大阪医科大学，入北里研究所从事细菌学研究，1924 年 4 月来到中国东北，入职满铁奉天细菌检查所。

吉村宁仪

医学博士，曾为在乡陆军军医少尉，满铁长春医院皮肤科医长，长春在乡军人会理事，防空卫生团副团长，医师会理事，满铁社员会评论员，长春棒球俱乐部部长。福井县福井市人，出生于 1892 年 2 月 25 日。是福井县医师吉村祥二的第四子。1919 年毕业于东京帝大医学部，12 月进入第九师团步兵三十五联队服役一年，1921 年 3 月退役。1921 年 4 月任东京大学医学部皮肤科副手。1922 年 4 月任陆军军医。11 月任满铁长春医院皮肤科医长。1929 年 12 月参与皮肤科学研究，1935 年 1 月向东大医学部提交了《癫性斑纹与汗腺机能的关系》的论文，获得博士学位。

伊藤肇

满铁大连医院外科医长，医学博士。1892年4月出生于京都市。京都市医师伊藤准三的长子。1917年从京都帝大医科大学毕业后，1919年5月受京都帝大医科大学的副手顾问任助手一职。1922年6月京都帝大医科大学助教。1925年辞职后入职满铁，任大连医院外科医长。1926年3月获得京都帝国大学医学博士学位。

吉富英助

曾任满铁卫生研究所卫生科科长，药学博士，东京府下落合町人。出生于1892年8月，是佐贺县药种商人吉富牛兵卫的第四子。1917年东京帝国大学药学科毕业后直接进入东京卫生试验所工作，负责临时制药调查业务。1919年担任东京卫生试验所技师。1926年辞职后进入满铁工作，担任大连医院药剂长。1928年2月转任满铁卫生研究所卫生科科长，受关东厅嘱托担任伪满洲药学会会长。

内田勋夫

满铁抚顺医院医生。1892年10月出生于福冈县山门郡濑高町，是福冈县农民田小一郎长子，1929年1月继承家业。1916年7月于长崎医学专门学校毕业以后就到达了中国东北，在营口开设私人诊所三年。1919年8月进入满铁公司，在公主岭和吉林医院担任医生一职，又因某种原因暂且辞职。1922年6月再次进入满铁公司担任抚顺医院医生一职。

金子甚藏

大连医院小儿科副医长，医师，医学博士。福岛县石城郡平町人，生于 1892 年 11 月。福岛县和洋酒商人金子丰吉的次子，1917 年 7 月毕业于"南满医学堂"，后入满铁大连医院小儿科担任勤务，1924 年被单位任命去京都帝国大学进修，进行小儿科学方面的研究。1926 年 9 月回到岗位，1927 年 1 月提交了《脑脊髓液的渗压关联研究》论文获得医学博士学位，并担任大连医院小儿科副医长。

三田泰三

满铁参事，在乡陆军军医少尉，医学博士，满铁公主岭医院院长，皇风会会长，修养团支部部长。1893 年 8 月出生于东京市本乡区驹込千驮木町，是和歌山县教师三田伊之松的第三子，1915 年分家。1919 年东京帝大医学部毕业后，在东京帝大真锅内科工作四年，从事内科及理学疗法的研究。1920 年 12 月入伍做了一年志愿兵。1923 年 4 月受命任关东厅医院医长。还就任旅顺医院内科部部长。1924 年 3 月任陆军三等军医。1925 年 4 月辞职，5 月受命任满铁开原医院医长，还担任了在乡军人开原分会会长。1933 年任满铁公主岭医院院长。1934 年 3 月获医学博士学位。1939 年 4 月任牡丹江医学院长兼医长，满铁参事。

栗屋秀夫

满铁大连医院事务长。1893 年 10 月生于广岛市大手町九丁目，是广岛市栗屋敏夫的次子。1921 年毕业于东京帝大政治科，毕业后直接进入满铁，任职于地方部庶务课。随后，任辽阳地方事务所庶务系系长兼任地方系系长。在鞍山地方事务所、长春地方事务所、伪满洲医科大学、鞍山医院等地工作。1927年11月任满铁大连医院事务长。曾两度考察中国南北部。

森田近

满铁抚顺医院耳鼻喉科医长，医学博士。1893年12月出生于福冈县粕屋郡势门村，福冈县医生森田悟的次子。因其长兄体弱多病，于1926年2月继承家业。1920年毕业于九州帝国大学医学部之后，进入本校耳鼻喉科教室从事研究工作。1922年至1925年任上海福民医院耳鼻科科长。1925年至1927年在九州帝国大学大学院从事研究工作。1927年12月来到中国东北，被任命为满铁抚顺医院耳鼻喉科医长。1928年3月被授予医学博士学位。

斋藤护邦

满铁长春医院妇科医长兼长春妇科医院长，医学博士。福冈县太宰府町人，出生于1894年9月16日，他是福冈县医生斋藤文山的次子。1919年毕业于京都帝国大学医学部，1920年1月任京大副手，后任妇科教室勤务，1922年5月任附属医院妇科教室勤务，又入医学部产科学教室学习，1923年进入京都帝国大学大学院，进行妇科学相关的解剖学学习。1925年5月任满铁抚顺医院妇科医长，1926年被授予医学博士学位并担任妇科医长。1936年3月至6月任伪满洲医大讲师和顾问，1937年4月任满铁长春医院妇科医长兼长春妇科医院院长。

飞田英次

满铁大连医院金州分院药剂主任。鸟取县根雨町人，生于1894年

11 月。鸟取县飞田宽次的次子。1917 年毕业于大阪药学专门学校后，入堺市近藤制药工场工作。1918 年 3 月转职到本地近藤木柴干馏工场工作。1919 年 7 月来到中国东北入职满铁，在大连医院工作，之后转任金州分院药剂主任。

新井涣

满铁大石桥医院院长。1895 年 1 月生于福岛县耶麻郡丰川村，是福岛县新井圆次的长子。1921 年毕业于大阪医科大学，毕业后在大阪医科大学担任小幡外科副手，大约工作一年。1922 年 5 月工作于大阪西区井上医院，1924 年 1 月入职满铁，工作于铁岭医院，随后任职于长春医院外科首席医师。

桂七郎

满铁抚顺医院医员。福冈县宗像郡南乡村人，出生于 1895 年 1 月 26 日，福冈县医师桂元硕的第六子。1916 年毕业于长崎医学专门学校。1918 年至 1921 年 1 月为九州帝大医学部武谷内科勤务，同时继续进行研究。1922 年就职于福冈县嘉惠郡中岛医院。1923 年 9 月为满铁医员，抚顺医院勤务。1936 年 10 月为抚顺煤矿庶务课兼务。

堀内正重

满铁大连医院金州分院院长，在向陆军军医中尉，陆军三等军医，医学博士学位。1895 年 2 月生于山梨县东八代郡黑驹村，山梨县农民堀内兵辅的第四子。1926 年 9 月分家自立门户。1919 年 6 月从"南满医学堂"毕业后，以志愿兵身份进入近卫步兵第一联队服役。退役后，1923 年进入京都帝国大学医学部研究科，师从藤浪教授进行病理学研究。1926 年 4 月退学后即被任命为伪满洲牙科大学助理教授，同年 7 月被授予京都帝国大学医学博士学位。1927 年 3 月他被调到满铁大连医院，1929 年 1 月调任至金州分院院长。1934 年 2 月任本院勤务，同时为进行内科学研究赴欧美各国留学一年六个月，1935 年 12 月回归，再任大连医院金州分院院长。

宫田太喜男

满铁大连医院 X 射线科主任。1895 年 3 月出生于金泽市百姓町。石川县宫田太三次的次子。1918 年从金泽医学专门学校毕业后，于 1919 年入职满铁，同年 9 月来到大连医院任勤务。在这期间，跟随小池博士和藤浪博士学习研究 X 射线。1922 年受满铁任命到欧美学习研究。归国后任满铁大连医院 X 射线科主任。

小仓久雄

满铁长春医院医长。1895 年 4 月出生于群马县前桥市曲轮町。1923 年从九州帝大医学部毕业。从 1925 年 7 月开始在九州帝大医学部小儿科学教室任勤务。1925 年 7 月任朝鲜兼二浦三菱制铁所医院小儿科部长。1927 年 10 月在九州帝大小儿科学教室从事了一年的研究。1929 年 1 月任满铁长春医院小儿科医长。

儿玉得三

曾就职于满铁卫生研究所药物研究室，医学博士。1895 年 8 月生于丰桥市旭町。爱知县医师儿玉太郎长子。1923 年毕业于庆应义塾大学医学部，毕业后参与杂志原稿、翻译的撰写以及于夜间医院工作。与此同时，在庆应义塾大学的药物教室继续从事研究。1928 年入职满铁，在卫生研究所工作，同年 11 月得到医学博士学位。

高木宗吉

满铁开原医院医长，满铁安东医院外科医长。1896 年 3 月生于山形县东田川郡泉村。其为山形县人伊藤真一的五子，后过继为高木悦太郎的养子。1923 年毕业于庆应义塾大学医学部，后入庆应义塾大学外科教室当助手，1926 年 9 月起历任满铁营口医院医长、开原医院医长、四平街医院医长等，1937 年为满铁安东医院外科医长。

今井冷

满铁卫生研究所药品实验系工作。三重现铃鹿郡龟山町人，出生于 1896 年 4 月。他是三重县今井幸次郎的第四子，1925 年分家。1912 年毕业于爱知药学校，后通过文部省药剂师实验考试。1912 年 11 月任爱知药学校助手，后任该学校老师。1920 年 1 月进入满铁工作，担任中央试验所庆松药学博士的助手，1927 年 4 月 1 日，他把业务移交给了同社卫生研究所之后就职于药品实验系。著有《一定性分析实习》《小定性分析实习》《药品配位禁忌一览表》，1925 年 6 月进入伪满洲医学会。

藏本常雄

西广场医院院长，医学博士，满铁大连医院妇产科医生，藏本医院院长。1896 年 9 月 9 日出生于广岛县贺茂郡西高屋村。广岛县官吏藏本敬夫次子。1926 年分家后，自立门户。1922 年从冈山医科大学专门部毕业后作为本大学的顾问助手，在妇产科教室继续从事研究。1924 年 2 月成为朝鲜总督府医院医生兼朝鲜总督府京城医学专门学校助教授。同年 12 月辞职。1925 年 1 月进入满铁公司担任大连医院医生，从事妇产科诊疗。1937 年 3 月西广场医院成立，任院长。曾在 1934 年 8 月发表学位论文《肠内核蛋白消化及胆汁酸的影响》，获冈山医大医学博士学位。

梅田生

满铁抚顺医院内科主任医师、医学博士。1896 年 9 月出生于熊本县天草郡鬼地村。1922 年毕业于九州帝大医学部，1928 年 12 月进入满铁公司，就任满铁抚顺医院内科主任医师，1929 年 1 月获得医学博士学位。

秋本伊三雄

满铁长春医院妇科首席医师。1897 年 1 月生于山口县吉敷郡小郡町，是山口县会社员秋本伊三郎的长男。1923 年毕业于东京帝大医学部，毕业后直接加入妇产科教室任副手。1926 年 8 月加入长春医院，任满铁长春医院妇科首席医师。

市场元

满铁参事，满铁瓦房店医院医员。1897 年 3 月出生于长崎县西彼杵郡雪浦村。生于长崎县的一个医学世家。1920 年从长崎医专毕业后，任小仓市纪念医院及釜山府立医院各内科的勤务。这期间，入久留米步兵第五十六联队做了一年志愿兵。1927 年 3 月入职满铁任瓦房店医院医员，本溪湖医院医长，后任满铁副参事。1943 年 9 月任满铁参事。

前田翠

满铁参事，齐齐哈尔医院长兼医长，医学博士，满铁瓦房店医院院长兼外科医长。1897 年 4 月 19 日出生于鸟取市庖丁人町。鸟取市前田亮的次子。1914 年 9 月从九州帝大医科毕业半年后，在九州帝大的三宅外科部门从事一般外科学的研究。1915 年 10 月来到中国东北，入职满铁，任瓦房店医院外科勤务，1928 年 3 月任职于吉林东洋医院兼吉林中间区学校医师，1930 年 3 月任吉林东洋医院院长，4 月任职于铁岭医院，6 月任医长，1933 年 2 月为从事外科研究而留学两年，1935 年 3 月任营口医院医长，4 月任职于瓦房店医院，10 月任满铁瓦房店医院长兼外科医长。1938 年 4 月任满铁参事，齐齐哈尔医院院长兼医长。

北原孝麿

满铁大连医院小儿科医师。1897 年 7 月出生于长野县上伊那郡手良村。长野县农民北原泽次郎的第四子。1921 年 4 月到中国东北，进入"南满医学堂"学习。1925 年毕业后，任奉天医科大学小儿科教室勤务。1926 年任满铁大连医院小儿科医师。后辞职，成立独立小儿课医所。

成濑俊夫

医学博士，满铁苏家屯医院医长兼苏家屯寻常高等小学校医，青年学校校医，警察署嘱托医。1897 年 11 月 2 日生于佐贺县东松浦郡镜村。

是佐贺县成濑多助的长子。1924 年 10 月继任为家主。1924 年 3 月毕业于大阪医科大学，并为九州帝国大学附属医院医员，嘱托小儿科副手。1927 年 2 月 3 日任满铁铁岭医员兼铁岭区学校医师，1933 年 3 月任满铁苏家屯医院医长兼苏家屯寻常高等小学校医，青年学校校医，警察署嘱托医，4 月获得大阪医科大学博士学位。

仓内喜久雄

医学博士，满铁参事，地方部勤务，满铁卫生研究所人员。1897 年12 月出生于福井县今立郡上池田村。为福井县农民仓内市兵卫第三子。1926 年毕业于庆应大学医学部后就进入了满铁公司，在卫生研究所细菌科从事研究。1931 年 12 月任血清科科长助理兼细菌科科长助理，1932年 12 月获庆应大学博士学位，1933 年 8 月任血清科科长，1938 年 4 月为研究血清和预防医学问题留学欧美一年。1937 年 9 月任满铁参事。

田岛成人

满铁长春医院医生。1897 年 12 月生于福冈县山门郡西开村。其为福冈县医师田岛末吉的长子。1923 年毕业于熊本医学专门学校，后入东京木泽医院小儿科工作，关东大地震后进入九州帝国大学医学部第三内科医局工作，后入满铁任职于长春医院。

荻野贯一

满铁大连医院内科医生，大连医院内科副医长。1898 年 1 月出生于滋贺县爱知郡稻枝村，为滋贺县的荻野骥医生的长子。1911 年 9 月继承家业。1925 年从京都帝国大学医学部毕业后，在本校的真下内科担任副手。1927 年 10 月进入满铁起就在大连医院内科工作。1929 年 7 月晋升为大连医院内科副医长。

中村万里

满铁鞍山医院耳鼻喉科医生，医学博士。1898 年 2 月出生于福冈县丝岛郡怡土村。父亲是福冈县医师中村健吉，万里是家中长子。1920 年毕业于京城医学专门学校，后入九州帝国大学大久保教室研究耳鼻喉科。1922 年赴欧洲，主要是去瑞士讲学和参观欧洲各国。1925 年回国，1926 年 10 月来到中国东北，入满铁鞍山医院耳鼻喉科。1927 年 2 月 9 日向九州帝国大学医学教授会提交论文，获得博士学位。

山岸守永

满铁参事，伪产业部庶务课长兼经济调查委员会干事，满铁长春医院事务长，伪锦州铁道局副局长。1898 年 5 月 2 日出生于福井县今立郡片上村。福井县农民山岸净信长子。1923 年于东京帝大法科大学毕业后就来到中国东北，进入满铁在社长室文书课工作。同年作为一年志愿兵进入靖江步兵第三十六联队，退役后任陆军步兵少尉。复归到满铁后在地方部庶务课工作。1928 年 11 月被任命为长春医院事务长。1935 年 7 月任参事，10 月任伪抚顺煤矿庶务课课长，1937 年 5 月任伪产业部庶务课课长兼经济调查委员会干事。其间还任伪抚顺煤矿现业员育成所长兼任现业员训练所所长，伪抚顺市场会社社长，伪抚顺制冰会社代表董事。1940 年 4 月任伪锦州铁道局副局长。

松根幸雄

满铁大石桥医院药剂科主任，满铁铁岭医院药剂长。1898 年 10 月生于德岛县津田町，是德岛县松根幸三郎的长子。1919 年毕业于明治医学专门学校。1921 年任朝鲜平安北道厅卫生课卫生试验场技手，1923年 2 月入职满铁，任鞍山医院勤务，1928 年 7 月任满铁大石桥医院药剂科主任。1933 年 4 月任满铁铁岭医院药剂长。

阿部勋造

满铁瓦房医院妇产科医生。1898 年 8 月生于广岛县津田町。是广岛县农民阿部梅助的第四子。1925 年毕业于九州帝大医学部，毕业后在九州帝大妇人科医院办公室以及今治市医院妇产科工作。

田中文五郎

满铁医长。长野县更级郡盐崎村人，出生于 1899 年 3 月，是长野县农民田中三津五郎的第五子。1925 年毕业于庆应义塾医学部，同年 4 月任庆大医学部助手与顾问。1926 年受东京市社会局顾问来到庆应医院妇科担任助手，1927 任满铁开原医院勤务，1928 年 4 月兼任昌图区学校校医，1930 年 6 月任医长，1934 年 3 月任苏家屯医院医长，1935 年 6 月任鞍山医院医长，1936 年 1 月为产科研究留学，3 月任伪地方部勤务。

植岛秀人

医学博士，满铁鞍山医院医长，满铁铁岭医院代理主任医师，1899年 7 月 7 日出生于奈良县山边郡丹波市町。奈良县神职植岛赖政第三子。1924 年毕业于庆应私塾医学部后留在本部的妇产科教室从事研究。后就职于东京市赤羽恩赐财阀济生会本院妇产科。1925 年 11 月进入满铁，就职于铁岭医院。1934 年 2 月从事产科妇科研究，两年间在庆大医学部留学，担任川上病理学教室助手，1936 年 3 月任鞍山医院医长，1937 年 5 月获博士学位。

森塚严夫

满铁长春医院牙科医生。1899 年 10 月出生于室兰市母恋北町，北海道会社社员森塚胜才长子。1923 年毕业于东京牙科医学专门学校，1925 年 4 月来到中国东北加入满铁工作，任长春医院牙科医生。

柳泽弥吉

满铁参事，伪铁道总局混保检查所长助理，满铁哈尔滨事务所运输课混保系主任，在乡陆军步兵少尉，伪满洲特产中央会参事，伪满洲制油工场振兴委员会委员，社员会评议员，消费组合总代。1899 年 11 月生于静冈县滨名郡和田村，是静冈县农民柳泽庄吉长子。1921 年毕业于盛大学，后被授予医学博士学位，曾在 1920 年进入满铁任大连医院医长兼大连同寿医院院长。工作期间曾于 1924 年到欧美考察两年，1936 年 9 月职制调整，任参事。1938 年 1 月参与伪满洲国实施《重要特产物检查法》。

仓尚贞

医学博士，日本红十字会大连医院外科医长，满铁抚顺医院医生。1898 年 12 月生于大阪府中河内郡孔舍卫村，是大阪府北岛熊三郎的第三子，后成为仓家的养子。1922 年毕业于京都府立医学专门学校。1928 年 4 月在铃木外科工作，9 月进入满铁任抚顺医院外科勤务，1929 年 2 月获博士学位，6 月任副医长，9 月辞职，任日本红十字会伪满洲委员会本部诊疗所医员，又任大连外科医长。

佐伯不二男

满铁鞍山医院内科医生。1899 年 1 月生于长崎县北松浦郡平户町，是长崎县医师佐伯登人的长子，1909 年 9 月继承家业。1922 年 5 月毕业于长崎医学专门学校，同年 7 月在长崎县卫生课工作。1925 年 9 月到达中国东北后，在鞍山医院内科工作，任满铁鞍山医院内科医生。

吉武惟扬

满铁大连医院医员。大分县东国东郡上伊美村人，出生于 1900 年 4 月，是大分县官吏吉武获的长子。1924 年毕业于京城医学专门学校后进入其附属医院进行研究。1925 年 4 月进入满铁工作，担任大连医院医员。

藤森章

满铁参事，医学博士，满铁抚顺医院医长兼抚顺中学校检查医，抚顺永安寻常小学校诊疗医，抚顺医院看护妇养成所讲师，满铁长春医院眼科主任。1900 年 4 月 18 日出生于长野县松本市南深志。长野县医师藤森金吾的次子。1925 年从庆应大学医学部毕业后，继续在母校眼科教室从事研究。从 1927 年末就一直从事眼科学方面的研究。任富士见高原疗养所眼科主任期间，为研究曾外出考察 6 个月。1928 年 1 月到中国东北，任满铁长春医院眼科主任。1929 年 10 月任长春医院医长助理，1930 年 6 月任医长，1932 年 4 月任兼务，长春高等女学校同商业学校检查医，1935 年 2 月为眼科研究在庆大学习两年，1936 年 7 月又赴欧美各国学习，1937 年 3 月任满铁抚顺医院医长兼抚顺中学校检查医，抚顺永安寻常小学校诊疗医，抚顺医院看护妇养成所讲师。1940 年 4 月任满铁参事。

平田松太郎

满铁抚顺医院耳鼻咽喉科医生。爱媛县喜多郡大洲村人，出生于 1900 年 5 月 18 日。爱媛县平田秀吉的长子。1928 年毕业于京城医学专门学校后直接进入奉天伪满洲医科大学附属医院耳鼻喉科工作，担任医生。1929 年 2 月转任抚顺医院耳鼻喉科医生。

中村明

哈尔滨伪国立医院医官，满铁抚顺医院医生。1901 年 7 月 2 日生于山口县阿武郡荻町。高桥常吉第四子。父亲死后，中村明被过继给中村市太郎。1923 年 10 月养父病故，中村明继承了家业。1925 年 6 月毕业于"南满医学堂"，此后直接进入伪满洲医科大学附属医院眼科教室工作。1928 年 10 进入满铁为抚顺医院医长。1935 年 6 月任伪满洲国国立医院医官，哈尔滨伪国立医院医官。

本村宗平

满铁大连医院外科医生。1901 年 9 月出生于香川县大川郡富田村，为香川县人本村金四郎的长子。1926 年在京都帝国大学医科毕业后，在该校从事两年科研工作。1927 年 9 月来到中国东北，任满铁大连医院外科医生。

饭田清二

医学博士，满铁参事，铁岭医院院长兼医长。1901 年 12 月 3 日出生于鹿儿岛市车町。鹿儿岛县林传太郎的次子，过继给饭田助一做养子。1926 年从东京帝大医学部毕业后，进入东京帝大附属医院研究。1928 年 10 月入职满铁，在瓦房店医院任勤务。1936 年 1 月为了外科学研究到东京帝大学习两年，后为图们医院院长兼医长，1940 年 4 月任满铁参事，铁岭医院院长兼医长。

花田孙平

吉林满铁东洋医院事务员。1902 年 1 月出生于福冈县远贺郡冈垣村，是福冈县农民花田祯太郎的次子。毕业于上海东亚同文书院，后入职满铁，其间在小仓联队做了一年志愿兵，1927 年 4 月兵役期满后，任满铁长春医院勤务。1927 年 11 月任吉林满铁东洋医院事务员、陆军步兵曹长、吉林在乡军人分会副会长。1923 年为了进行经济调查到中国云南、贵州、四川旅行，1924 年还考察了中国江西、湖北。

川原传吉

满铁大连医院耳鼻喉科医员。出生于 1902 年 3 月，是长崎县官吏星野吉松第四子，后过继给旅顺千岁町关东厅外事课员川原忠恕作养子。1926 年毕业于"南满医学堂"后直接进入奉天日本红十字医院工作，担任医员，同时在奉天日本总领事馆警察医院工作。1927 年 6 月调到满铁大连医院耳鼻喉科工作。

藤森虎章

满铁大连医院医员。1902 年 4 月出生于长野县南安郡丰科町，是长野县公司职员藤森千春的长子。1926 年从日本牙科医学专门学校毕业后，于 1926 年 3 月到中国东北，受命任大连医院临时医员。1927 年 12 月正式担任大连医院医员。

荒木松实

满铁大连医院医生。1902 年 6 月生于长崎市炉糟町。长崎县荒木荣三郎的第三子。1925 年毕业于长崎医科大学专门部，毕业后直接在长崎医科大学外科教室工作。1926 年 3 月转任大连医科院外科医生。

山岸清一郎

满铁大连医院医生。1903 年 4 月出生于兵库县宍栗郡西谷村，是兵库县农民山岸源藏的次子。1927 年从"南满医学堂"毕业后就被任命为医生候补，在大连医院外科工作。同年 8 月成为防疫官。翌年 3 月作为大连医院外科医生回到满铁。在此期间，为考察卫生情况旅行中国各地。

永田三六

伪营口市保健卫生科科长，满铁职员，伪四平街保健所主任，满铁卫生研究所血清课职员。1903 年 6 月 6 日生于滋贺县蒲生郡金田村。永田小三郎第三子。1909 年 2 月来到中国东北，1926 年毕业于"南满医学堂"，毕业后直接进入满铁卫生研究所，研究血清学。历任伪地方部卫生课勤务，驻抚顺保健所勤务等。1936 年 3 月伪任四平街保健所主任，1937 年 12 月任市技佐，伪鞍山市保健卫生科科长，1939 年 7 月任伪营口市保健卫生科科长。

中田德三

伪华北交通副参事，太原铁路医院医长，满铁安东医院眼科医生。1903 年 11 月生于兵库县美方郡大庭村。兵库县建筑承包商中田增藏长子。1926 年 5 月毕业于"南满军医学堂"。后入伪满洲医科大学眼科教室专研眼科。11 月进入安东满铁医院工作，专攻眼科。兼任安东小学校医。1939 年 4 月从太原诊疗所勤务调任伪华北交通副参事，太原铁路医院医长。

佐佐木守夫

满铁大连医院妇产科医生。广岛县双三郡十日市町人，出生于 1904 年 3 月。广岛县教育家佐佐木贞作的长子。1926 年毕业于京城医学专门学校，4 月进入釜山铁道医院工作。1927 年 9 月来到中国东北，担任满铁大连医院产科妇科医生。

五十岚稳

抚顺满铁医院牙科医师。1904 年 10 月出生于福岛县伊达郡东汤野村。福岛县五十岚善七长子，从旅顺中学毕业后，进入日本牙科医学专门学校学习，于 1927 年毕业。1928 年入职满铁任抚顺医院医科医员。

田中斌雄

满铁长春医院医员。新潟县东颈城郡安塚村人，出生于 1906 年 9 月。是新潟县田中德隆的长子，1928 年继承家业。1926 年 5 月毕业于"南满医学堂"，6 月被任命为关东厅大连疗病院医员，1928 年 1 月辞职。5 月进入满铁工作，担任长春医院勤务。为了考察中国各地的风俗习惯，于 1920 年和 1921 年在中国北方旅行，1928 年在中国南方旅行。

矢岛将雄

满铁抚顺医院新屯卫生所主任。出生在日本名古屋市，为爱知县人矢岛野一郎的长子。1903 年毕业于千叶医学专门学校后直接被编入军籍，1904 年被任命为陆军三等军医，跟随第一师团第二野战医院参加了日俄战争。1908 年晋升为陆军一等军医。1915 年被编入预备役。1916 年 2 月来到中国东北进入满铁瓦房店医院供职，后历任于四平街各个医院。1924 年 2 月调任至抚顺医院新屯卫生所主任。

满铁附属农林牧畜人员合传

枥内壬五郎

东亚劝业株式会社董事。1872 年 10 月生于北海道夕张郡长沼，是旧仙台潘士添田龙吉的第五子，后被过继给枥内里子做养子，1898 年继承家业。1896 年从北海道帝大农科毕业后，在北海道厅奉职，任工程师、拓殖课课长，其间还兼任通商课课长。1901 年任殖民部拓殖课课长。1903 年兼通商课课长。1905 年在桦太民政署特殊事务工作。1906年任桦太厅特殊工程师一职。1908 年 5 月任桦太厅拓殖课课长，兼任农事试验场场长、种畜场场长及水产课课长。1913 年 3 月入职满铁，历任地方课产业系系长、农事试验场场长及农务课课长。在此工作的十四年间，发表了关于"满蒙"富饶的资源及产业开发相关的著述两册。1918年转至勤业课工作。1922 年 1 月任农务课课长。后担任满铁嘱托、东亚劝业株式社董事、伪北满洲棉花会社监查、伪满洲农事协会理事、伪大连农会副会长、伪大连市会议员。

神田胜亥

满铁农事实验场场长。1877 年 10 月出生于北海道渡岛国龟田郡龟田村。北海道神田一胜长子。1900 年北海道帝大农科毕业后担任札幌农学校助理教授，北海道厅技师兼札幌农学校助理教授。1913 年 4 月进入满铁工作，担任公主岭农事实验场场长。1914 年为了农业设施改良事项而去欧美各国考察。

佐藤荣三郎

满铁农事试验场庶务主任。1880 年 3 月出生于函馆市蓬莱町，是函馆市商人佐藤利三郎的长子，1908 年 9 月继承家业。在 1897 年毕业于北海道函馆商业学校，同年 10 月参加工作。1907 年开始独立经商。1915 年 7 月进入满铁，1917 年 5 月任农事试验场勤务。在此期间，1899 年 7 月为木材贸易而在华南和华北进行考察。

柳町寿男

满铁抚顺煤矿庶务课农林系主任。1880 年 4 月出生于山形县东置赐都高畠町，是山形县农民柳町茂雄的长子，于 1924 年 5 月继承家业。1904 年毕业于札幌农学校，之后进入北海道厅担任技手，1909 年 4 月被韩国政府聘用，1910 年 8 月担任朝鲜总督府技手。1914 年 4 月进入满铁工作，任抚顺煤矿庶务课农林系主任，在此期间为进行森林调查曾到中国华北、东北北部进行视察。

渡边柳藏

满铁农事试验场熊岳城分场长事务顾问。熊岳城地方委员会议长，关东州外果树组合联合会顾问。1882 年 12 月 30 日生于爱知县宝饭郡御津村，是爱知县渡边县辰次郎的次子。1908 年毕业于广岛高等师范学校博物学专业，1913 年毕业于东北帝国大学札幌校区农学科。1913 年 8 月入满铁，随后入职工作于熊岳城农事试验场分场，1924 年 3 月留学英美法德等国进行果树蔬菜园艺调查研究。1926 年回国，并担任试验场分场长、熊岳城农业学校校长、种植科科长、病理昆虫科科长、兴城园艺试验场场长等职务。1930 年 6 月任技师，1936 年 9 月因职制修改转任为参赞，1937 年 4 月辞职，继续担任分场长事务顾问。

中本保三

满铁公主岭农事学校校长兼教谕。1885 年 1 月出生于山口县阿武郡三见村。为山口县人中本秀的第三子。于 1911 年毕业于北海道帝国大学农学部，1913 年 4 月担任山形县立农事试验场勤务。1915 年 2 月到中国东北加入满铁，担任种艺科科长，致力于大豆等农作物的种子改良研究。1920 年 5 月为农作物改良研究到欧美留学，1923 年 2 月回国。因为其对农作物的改良，在 1926 年 4 月受到了满铁的表彰。1930 年 6 月任技师，后任农业试验场场长兼农业经营科长兼公主岭农业学校校长，1936 年 9 月任参事，农业试验场勤务，10 月任满铁公主岭农事学校校长兼教谕。

木浦将一

满铁中央试验所庶务系主任。1885 年 6 月出生于冈山县真庭郡美和村，是冈山县木浦浅治郎的长子，1911 年 3 月继承家业。1901 年中学毕业后进入通信生养成所学习，1902 年毕业。1906 年到递信省奉职，同年转任会社员。1912 年 11 月任职于满铁中央试验所庶务课。1918 年任中央试验所会计课主任。1920 年 6 月任中央试验所庶务系主任。

稻田实

满铁参事，抚顺煤矿庶务课农林系主任。新潟县北蒲原郡新发田町人，出生于 1885 年 10 月，是新潟县稻田甫吉的长子。1910 年毕业于札幌农科大学林学科，同年任札幌厅农务课技手。1912 年 4 月入满铁工作，历任本社勤务及熊岳城农事实验场、安东地方事务所劝业课、抚顺煤矿庶务课农林系主任。

松岛鉴

满铁参事，伪兴业部农务课课长。1886 年 7 月生于长野县上伊那郡手良村。他是长野县农民松岛庄太郎的第四子。1913 年 7 月毕业于东北帝国大学农学科，同年进入满铁担任公主岭农事试验场勤务，1922 年在欧美留学研究畜业学，1925 年 7 月回国，到公主岭农事试验场农务课担任勤务，1927 年 10 月担任伪农务课课长。

高桥秀次郎

曾任满铁奉天行政处技佐，兽医。1887 年 1 月生于岩手县和贺郡笹间村，为岩手县农民高桥庆太郎的次子，1909 年 3 月分家成为户主。1903 年毕业于岩手县农民学校，后进入警视厅担任警察医生。1910 年离职，后进入满铁关东厅海务局，担任检疫兽医。随后历任关东厅顾问，医生技手、产业技手，在大连屠场长离职后，担任伪南满兽医畜产学会委员。

世良正一

满铁参事，伪满洲轻金属制造理事长，伪满洲重工业开发参与，伪满洲化学工业协议会理事，伪产业部次长兼地质调查所所长兼技术委员会委员兼经济调查委员会委员，大连油脂工业、伪满洲大豆工业董事，满铁中央试验所代理所长。1887 年 5 月生于广岛县高田郡吉田町，广岛县人世良准平之子。1914 年毕业于东京帝国大学农艺化学科。1915 年考取东京帝国大学研究生，后在三共株式会社的早川工场任技师，又晋升为副场长。1927 年 3 月来到中国东北，进入满铁工作，被任命为中央试验所代理所长。1936 年 9 月任伪产业部次长兼地质调查所所长兼技术委员会委员兼经济调查委员会委员，12 月退社，又任满业理事，伪联络部部长兼轻金属部部长，1941 年 2 月退任，3 月任伪满洲轻金属制造理事长。

草间正庆

满铁参事、伪满林业部部长、伪农事试验场熊岳城分场林科科长兼伪铁道总局附业课职员。1887 年 12 月生于松本市。1913 年毕业于东北帝国大学农科大学林学科，11 月任该校林学科讲师。1916 年 9 月加入满铁，任产业实验场熊岳城分场职员，1923 年 12 兼任熊岳城分场主任，1930 年 6 月任技师，1935 年 6 月兼任伪总局附业科，1936 年 9 月职制改正转任参事，1938 年 7 月任伪满林业部部长。

宗光彦

曾任满铁公主岭农业学校校长。1888 年 7 月生于大分县竹田町，是大分县人三好成的第四子，1916 年 12 月继任为家主。1911 年毕业于东京帝国大学农学部农学科，1913 年 4 月来到蒙古地区。后入职满铁公主岭农事实验场地方部、内蒙古洮南郑家屯试做农场等，1922 年 6 月从满铁离职，1922 年 7 月进入东亚劝业公司，经营内蒙古农场约两年半。1925 年 6 月再次进入满铁，任公主岭农业学校校长兼公主岭农业实习所所长。

宇户修次郎

伪满洲皮毛统制组合理事长，满铁长春地方事务所兽医，长春屠宰专务董事，伪满洲畜产常务，"蒙疆"畜产董事。1889 年 10 月生于和歌山县日高郡南部町，是和歌山县农民宇户重的第四子。1917 年 7 月自立门户。1910 年毕业于东京市麻布兽医畜产学校。1911 年 5 月随满铁前往中国东北，在长春地方事务所工作兼任关东厅兽医事务顾问。1936 年长春屠宰公司创立，任长春屠宰专务董事。

香村岱二

农学博士，满铁参事，哈尔滨农业大学校长，农事试验场场长。1889 年 12 月出生于兵库县武库郡御影町，是兵库县会社员香村文之助的次子。1923 年 12 月分家。1913 年 2 月北海道帝大农科畜产学科毕业后入职满铁，任公主岭农事试验场畜产科科长。在这期间，为了从事畜产状况的调查，到"满蒙"以及中国北部旅行七八次。1915 年为了购入种羊而到美国考察。1922 年 12 月任东亚劝业株式会社顾问，负责指导关于畜产的事务，1924 年 4 月任兴业部农务课兼务，后为畜产科科长，临时马政委员会委员顾问。1930 年 3 月为畜产改良研究而赴美留学，6 月任技师，后历任地方部勤务，兽疫研究所长兼农事试验场勤务、地方部农务科科长兼兽疫研究所所长。1935 年 11 月被推举为伪满洲农业团体中央会理事。1936 年 10 月任满铁参事。其间还任熊岳城农业实习所评议员，又任大连农事株式会社董事。1940 年 5 月任哈尔滨农业大学校长。曾发表《蒙古脂肪尾羊种交配试验特殊毛质及毛量遗传因素研究》，获得北海道帝国大学博士学位。

泽田壮吉

满铁公主岭农业学校教谕。1891 年 1 月生于大阪市东区小桥元町，为大阪市官吏泽田寿吉的长子，1916 年 4 月继任为家主，1912 年毕业于盛冈高等农林学校，同年 11 月进入陆军，历任三等兽医、二等兽医，1923 年 3 月任一等兽医，同年成为预备役并且进入奉天东亚劝业株式会社，1924 年 12 月担任奉天东亚劝业株式会社铁岭派出所主任，1925 年 6 月离职，1926 年 3 月担任满铁公主岭农业学校教谕兼伪满洲青年联盟理事，对"满蒙"畜产开发有所影响。

足立启次

满铁参事，伪产业部调查员兼农产系主任，科学审议委员会专门委员，企画委员会特别干事，大连农事株式会社代表。1891 年 4 月生于神奈川县中郡成濑村。1917 年毕业于东北帝国大学农科大学农学科，8 月入职满铁，任产业试验场职员。1923 年 4 月自愿退职，又历任秋田县产业技师，农事试验场技师，秋田县农事试验场场长，秋田县农事补习学校教员，养成所长事务经理，秋田县师范学校讲师、顾问等，1933 年 7 月再入满铁，任地方部农务科农产系主任，1934 年 6 月任技师兼任伪铁路总局总务处附业科职员，1936 年 10 月任伪产业部调查员兼农产系主任，1938 年 5 月任大连农事株式会社代表。

坂本宽吉郎

满铁卫生研究所痘苗科科长。1891 年 11 月生于栃木县芳贺郡清原村，为栃木县农民坂本吉十郎的第三子，1920 年 6 月分家独立。1918 年毕业于东京帝国大学农学部兽医科，后进入农商务省兽疫调查所工作，1923 年 10 月任技师，1926 年 9 月满铁卫生研究所建立，坂本宽吉郎受聘进入中国东北，在满铁卫生研究所卫生课工作，研究兽疫及疫苗的制造。

横濑花兄七

伪满农业部理事官、农务司特产科科长。1892 年 3 月生于茨城县真壁郡大宝村。为茨城县农民横濑忠右卫门的第六子。1916 年毕业于札幌农科大学农业经济学科，后进入北海道厅担任技术员，1918 年 4 月进入满铁，随后入兴业部农务课，在东亚劝业、大连农事各会社工作。1932 年在伪满洲国任实业部技正、农务司农务科长和农产科长兼任农政科科长等。1937 年 7 月，就任伪农业部理事官、农务司特产科科长，其间还担任伪满洲农业团体中央会理事、伪满洲特产中央会参事、伪满洲制油工厂振兴委员会委员等。

中井清

辽阳满铁屠宰场顾问、兽医顾问。1892 年 5 月生于栃木县那须郡乌山町。中井安雄第三子。从东京兽医学校毕业后就直接留校做助手，此后又转入东京市场公司工作。矢志研究家畜病患治疗技术。1921 年来到中国东北，任关东厅及满铁兽医顾问。之后主要从事家畜卫生工作和中国兽医学研究工作。在他的呼吁下建立了辽阳兽医院。之后六年一直救助病畜。

突永一枝

满铁参事，农事实验场农艺化学科科长。1892 年 3 月 10 日生于广岛县丰田郡入野村，为广岛县农民突永善吉的长子，1916 年毕业于北海道帝国大学农学部农艺化学科，后进入北海道农事试验场担任顾问，12 月为大藏省税务监督局鉴定部勤务，1918 年 9 月，任税务署技手。1919 年 6 月入满铁，就任满铁农事试验场农艺化学勤务。1925 年 12 月就任满铁参事、农事实验场农艺化学科科长。在此期间还任公主岭农业实习所讲师、关东军顾问等，同时参与北海道农事试验场的土壤问题与广岛税务监管局的酿造问题的研究工作。在朝鲜、华北等地区进行考察。1930 年 7 月参加在苏联召开的第二次国际土壤学会议，作为国际土壤学会日本支部代表和满铁的代表，还考察了苏联第一个五年计划的农业成果。

佐藤义胤

满铁参事，伪产业部农林科科长兼经济调查委员会委员，熊岳城农业实习所评议员，大连农事株式会社董事，伪满洲畜产工业股份有限公司董事，伪满洲特产中央会参事，伪满洲制油工场振兴委员会委员。1892 年 7 月生于三重县员辩郡东藤原村。1916 年毕业于东京帝国大学农科大学农艺化学科，9 月任东北帝大理科大学助手，1917 年 3 月任亚铅株式会社技师，1918 年 7 月入职满铁，任中央试验所酿造科职员，后历任于地方部劝业课、农务课，技术委员会临时委员，"满蒙物资参考馆"兼务。1926 年 11 月为大豆粕销路开拓赴南洋、爪哇、中国台湾，1927 年 3 月返回满铁。历任殖产部农务课、总务部经济调查委员兼地方部农务课职员，经济调查第二部第一班主任。1932 年 9 月任技师，关东军事务顾问。1934 年 8 月赴欧美各国，进行农业及移民政策实施及大豆相关的调查。后任伪哈尔滨经济调查所主事兼经济调查委员，伪北满经济调查所所长。1936 年 9 月任参事，1938 年 12 月退社。1941 年 8 月任伪满洲农产公社大连支社社长。

泽畠贞之介

满铁职员，伪四平街地方事务所农务系主务，满铁凤凰城烟草试作场主任。1893年7月生于茨城县那珂郡玉川村，是茨城县农民泽昌德太郎的次子。1921年5月分家，另立门户。1910年从乙种农业学校毕业，后一直在日本及朝鲜、中国东北等地任职，从事烟草耕作法的研究。1912年3月任职茨城县久慈郡世喜村寻常小学校，7月辞职。1913年2月进入水户专卖支局烟草技术员养成所学习。1913年5月为朝鲜总督府司税局忠州派出所员工。1915年总督府专卖课更改名称后，在12月为技术员。1918年受聘于满铁会社。1918年3月到中国东北，入职满铁，任得利寺试作场主任，任职七年。1925年得利寺试作场倒闭，转任为凤凰城烟草试作场主任。还担任了安东地方事务所勤务、瓦房店地方事务所勤务。在任职期间，曾到北京、天津、山东等地考察。1926年任奉天省凤城县公署农事顾问，后担任奉天省凤城县公署名誉顾问，任职时间为三年半。1935年6月任伪四平街地方事务所农务系主务。

藤原贤一

满铁职员，伪满农业部农林科拓殖系主任。北海道上川郡当麻村人，出生于1894年10月，是农民藤原虎市的长子，1917年6月继承家业。1912年毕业于北海道厅立空知农业学校农学科，6月入职满铁，担任熊岳城苗圃勤务，后在农药实验所地方课和熊岳城任职，产业实验所熊岳城分厂人员兼任熊岳城公学堂讲师，兴业部农务课（在海龙任职），开原地方事务所所长，长春地方事务所经济调查会调查员，第二部农业班主任兼任第二部出回班主任等职务。1936年10月任伪满农业部农林科拓殖系主任。

御园生正二

满铁副参事，伪锦县铁路局产业处农务科科长，满铁铁岭地方事务所所员，伪附业局产业科勤务。1895 年 12 月 15 日出生于千叶县市原郡，为千叶县人御园生卯七的次子。1918 年从千叶高等园艺学校毕业后继续攻读，当年 12 月退学。1919 年 1 月进入满铁工作，被任命为公主岭农事试验场勤务。1924 年 9 月调至铁岭地方事务所任所员。1936 年 11 月任伪锦县铁路局产业处农务科科长。1938 年 5 月任满铁副参事兼奉天铁道自警村农业修习所讲师。

井爪清一

满铁参事、中央试验所一般农产化学研究室主任，财团法人双叶学园理事，理化学研究所顾问。1896 年 12 月生于东京市日本桥区。1918 年毕业于明治专门学校应用化学科，同年在东京帝大农学部任讲师，兼理化学研究所助手。又作为海外实业练习生在美留学，1927 年 2 月任理化学研究所顾问，5 月任满铁中央试验所职员，1934 年 6 月任技师，1935 年 3 月任满铁中央试验所一般农产化学研究室主任，1940 年 4 月任满铁参事。

小川增雄

伪满协和会吉林省本部事务长兼吉林市本部事务长。1897 年 4 月出生于大分县东国东郡西安岐町，是大分县农民小川金五郎的次子。1917 年从农学校毕业后，就职于朝鲜全北不二兴业株式会社全北农场。1918 年 3 月到中国东北，入职满铁，任教育研究所助手。后转任熊岳城农事试验场职员、伪满洲青年联盟熊岳城支部干事长、满铁俱乐部干事、修养团熊岳城支部干事长，1935 年 8 月任伪满洲国协和会吉林省本部事务长兼吉林市本部事务长。1926 年末兼任伪满洲青年联盟熊岳城支部干事长，满铁俱乐部干事修养团熊岳城支部干事长。

中村撰一

伪兴安南省公署参与官，伪黑河省省长。1898 年 3 月 14 日生于神奈川县都筑郡新田村。1919 年东京帝大农学部兽医学毕业，8 月入职满铁，为公主岭农事试验场勤务。1932 年 7 月退社，同年 8 月任伪满兴安总省参与官，1934 年 6 月任伪兴安东省参与官，1937 年七月任伪兴安南省参与官。1939 年 6 月任伪兴安西省次长。1941 年 7 月任伪黑河省次长。1942 年 1 月任伪黑河省省长。

高杉英男

曾任在乡陆军辎重兵少尉，满铁熊岳城农事试验场场长，社员会锦县联合会评议员，兴城在乡军人分会会长。在昆虫病理方面很有经验。札幌市人，出生于 1899 年 9 月，是青森县教育家高杉荣次郎的次子。1924 年毕业于北海道帝国大学农学部农业生物学科植物学分科，4 月为北海道帝国大学副手，12 月进入军队服役一年，担任辎重兵少尉，退役后继续帮助母校进行实验。1926 年 9 月入职满铁，在公主岭满铁农事试验场工作，1927 年 2 月被任命为病理昆虫科科长，1928 年 10 月转任熊岳城分场病理昆虫科科长，12 月兼任熊岳城农业实习所讲师，1936 年 3 月任兴城园艺试验场主任，6 月任满铁熊岳城农事试验场场长。

满铁关联企业人员合传

柳谷正因

满铁煤炭特约贩卖业。1873 年 6 月出生于东京市神田区锦町，是柳谷正信的长子。1908 年 10 月继承家业，1893 年从大阪府立中学毕业，又作为参谋本部陆地测量部修技所第三期毕业生毕业后，作为大本营配属参与中日甲午和日俄两大战争，来到中国东北，又从事台湾及桦太占领地作战经过地的调查。1909 年 12 月作为关东都督府特约顾问三次来到中国东北。后多次进行"北满"及蒙古方面的实地调查。1911 年 3 月开始从事朝鲜土地调查事务，直到 1919 年 3 月。之后四次回到中国东北，在公主岭开始从事满铁煤炭特约贩卖业。在此期间从 1920 年 1 月开始，在东印度地方为研究栽培业进行了大约一年时间的考察旅行。

白川友一

铁道、土地、建物会社经营及贸易商。香川县仲多度郡柞原村人，生于 1873 年 6 月。他是香川县制盐业安达小平太的第四子，以白川八十太的养子身份计入户籍，1903 年继承家业，曾经是乡里的町村村长，还担任过会社银行的社长、董事、监察员等诸多工作。曾两次当选香川县会议员（在职八年），两次当选为众议院议员（在职七年）。担任冈山县下津井铁道株式会社、哈尔滨土地建物株式会社的各董事社长，合资会社白川商会（神户）代表社员，白川洋行主任，协通公司代表人等职位。爱好是事业经营，在 1928 年去欧洲考察过。

角野万寿彦

满铁特约煤炭商。1873 年 11 月生于福冈县筑上郡宇岛町。其为福岛县农民渡边弥五平的次子，角野庄助的养子，1874 年 1 月继任为家主。1893 年毕业于东京高等商业学校，进入尾道商业学校教书数年，1896 年辞职进入佐贺县唐津芳谷炭坑会社担任副经理，1906 年辞职在朝鲜和中国东北进行为期两年的考察，1912 年 3 月进入中国东北入职满铁，1918 年辞职后成为满铁特约贩卖人，担任奉天各种炭组合常务理事。1902 年在中国南方地区、中国香港、新加坡、菲律宾、马尼拉等地进行为期约半年时间的煤炭贩卖的考察。

吉冈庄左卫门

满铁煤炭特约贩卖业。长崎县南高来郡千千石町人，1876 年 3 月生。他是长崎县吉岗文十郎的次子，1922 年 12 月分家。1905 年 8 月来到中国东北，考察了中国南北各地，从事安东县满铁煤炭特约贩卖业的经营。

荒井文雄

曾任东三省顾问，海军少尉。1878 年 8 月生于吴市，是广岛县原吴市市长荒尾金吾的次子，于 1913 年 12 月分家。在 1900 年毕业于海军机关学校。在义和团事件时作为候补生从军，1901 年任少机关士，随后任大尉。日俄战争时期参军，在 1904 年 2 月 8 日的旅顺口袭击战时，乘坐第一驱逐队一号舰白雪号参战，第一次世界大战期间，任大佐一职，在佐世保海军工厂担任检察官，1919 年 12 月升职海军少将，同年旅顺要港部取消，同时，由于要港部附属修理工场与满铁的借贷关系，满铁会社希望他辞去海军的职务入社满铁，随后在 1923 年 4 月在设立"满洲船渠株式会社"的同时会社董事并兼任旅顺市会议员一职。1926 年 4 月任期期满后辞任，之后由于与同省顾问的关系移居到奉天。在海军在职期间，远洋航海到美国西岛各地巡航，为了参加英国前皇帝在军舰高砂号的即位仪式而到达英国，随后在中国南北部旅行。

中原吕庆

煤炭商人、满铁煤炭特约商人。1879 年 12 月生于北海道中川郡本别村。父亲是北海道某公司职员，中原昌发长子。读完中学三年级就开始在神户的贸易商店工作，之后以工业用品商及对中国贸易商的身份前往大阪经营生意。1907 年来到中国东北，在大仓土木组工作。1909 年进入哈尔滨宝石和煤炭商人的竹内商会工作。1923 年 11 月脱离商会经营起自己的生意。工作期间考察过中国东部穆棱煤矿、西部呼海铁路沿线的偏远地区。

矢幡谦治

旅顺振兴协会无限责任社员，煤炭贩卖及代理业主（矢幡商会），旅顺市会议员。1880 年 5 月生于福冈县筑上郡三毛门村。在日俄战争期间赴中国安东县，在该县的和洋杂货商龟屋工作。1913 年 7 月、8 月，满铁运营困难，受推荐于 11 月接手旅顺业务，成立矢幡商会。1925 年秋旅大自动车会社成立，担任董事。1936 年开始经营旅顺市有力者合资会社。

泽井教吉

　　曾任贸易商泽井商会主,满铁煤炭特约店东华公司主。东京市三天四国町人,出生于 1880 年 11 月,是东京市泽井近知的儿子,1916 年 3 月继承家业。1906 年毕业于明治大学法科,后来到中国东北担任邮政课课长和各地邮政局局长,后晋升为通信局事务官。1921 年 8 月辞职,1922 年 7 月在哈尔滨经商,后移居大连前记商业经营。担任株式会社平和银行代表董事,合资会社泽井商会代表人,大连煤炭商联合会代表干事。曾对俄国远东、华南、萨哈林岛南部进行经济交通方面的考察。

石桥德太郎

　　抚顺仓库各事务董事,"满鲜特产兴业"董事,抚顺公司经营主,抚顺实业协会副会长。从事煤炭和精米贩卖。1880 年 10 月 13 日生于福冈县三潴郡大川村,是福冈县汽船业者田中荣造的儿子,石桥利吉的养子,1917 年分家。1905 年 2 月任第十二师团工兵大队附属酒保。1906 年 4 月其抚顺杂货铺开业,1909 年经营煤炭贩卖业,1919 年兼营精米贩卖业,乐天地株式会社社长、抚顺仓库株式会社检查董事吉区长,宝业协会评议员、输入组合评议员。

森田彦三郎

　　曾从事煤炭贩卖业、矿业。1882 年 2 月出生于京都市东丸太町山王町,为京都市的酿酒业者森田半兵卫的长子。1902 年 5 月继承家业。1898 年毕业于京都商业学校。1906 年 7 月成为合名会社山下本店的社员。为进行业务整理来到中国东北。1907 年山下公派店开始经营陆军用品及杂货商业务。1912 年起开始经营炸子窑煤矿。1926 年 7 月将经营权让给满铁。1927 年 1 月起开始经营煤炭贩卖业、矿业，担任瓦房店金融会社业务代表社员兼地方委员副议长。

牛木宽三郎

哈尔滨商业信用调查所所长，朝日新闻贩卖店店主，哈尔滨日本居留民会会长，哈尔滨特别市自治委员。1882 年 5 月生于新潟县中颈城郡津有村，是新潟县牛木专三郎的次子，1924 年 3 月分家。第四高等学校中途退学，毕业于东京外国语学校专科德语专业，1904 年毕业于明治大学法学部，1910 年 8 月担任哈尔滨周刊北中国记者及日本专栏编辑，同时担任《满洲日日新闻》及《大阪每日新闻》哈尔滨通信员，1918 年担任大阪日日新闻社特置通信员，后为名誉通信员。1927 年 2 月电话通信（商通组合）成立，同年 11 月兼营哈尔滨商业信用调查所及朝日新闻"北满贩卖店"，同时担任哈尔滨日本居留民会副会长。

千田宗次郎

曾做过煤炭商。1882 年 8 月出生于金泽市藤棚町，为石川县农民千田籴寿的次子。1904 年 7 月因日俄战争而从军来到了中国东北。1906 年 3 月退役，留在了中国东北。1907 年进入"满洲日日新闻社"营业部工作，1910 年 10 月辞职，1911 年 7 月进入满铁贩卖课工作，在辽阳、铁岭、旅顺、大连等地都工作过。1920 年 5 月从满铁退职，1921 年 1 月起成为满铁煤炭特约贩卖商，自此定居于铁岭。亦担任铁岭商业会议所的议员。

小田斌

满铁煤炭商东莱洋行主、大连市会议员、大连商业会议所常议员、沙河口实业会长。原籍大分县东国东郡大内村，1883 年 8 月出生。与政界的元老田国东翁是同乡，小时候就随父亲到了东京，毕业于曲町的商工中学，其后又到东洋协会专门学校学习，1908 年于该校毕业。其后作为志愿兵在军队服役一年。1909 年 12 月赴中国东北入职满铁，任满铁兴业部贩卖课勤务，管理营口业务。随后在辽阳、鞍山、四平街等地方事务所工作，任安东派出所主任，1919 年升任满铁本社贩卖课庶务主任，1920 年 3 月取得煤炭贩卖人认可，同时从满铁辞职。该年 4 月其经营的东莱洋行开业，其后还兼任沙河口仓库的其他重要工作。

小出英吉

"满洲日日新闻社"普兰店支局局长，小出洋行代表者，"日满商事会"特约贩卖人，满铁煤炭特约贩卖人，"关东州"营业税审查委员，居住民会评议员。1883 年 10 月 27 日生于东京市麻布区六本木町，是小出英发的第三子，1919 年分家。1902 年从庆应商业学校毕业。1903 年从善邻书院毕业。1904 年到中国东北，任陆军翻译。1906 年辞职，从事旅馆营业、物品贩卖业、石材采掘贩卖、果树园经营等方面的工作。1920 年随着普兰店电灯会社、满洲钡矿会社等会社创立，担任普兰店居住民会会长。

笹山卯三郎

成和公司主，咸北古乾原德昌煤矿主，兴城县荆条山铅亚铅矿代表，盖平电业董事，满铁煤炭特约贩卖及杂货贩卖并矿业。1883 年出生于广岛市斜屋町。广岛县和纸问屋并诸纸及金箔商笹山理兵卫的次子。1907 年上海东亚同文书院毕业后，从事柞蚕丝柞蚕茧及绢细贸易业。1907 年从任满铁煤炭特约贩卖开始，相继经营了杂货贩卖并兼营矿业。在这期间，1914 年首先获得采矿权，随着萤石、重晶石、滑石、苦土矿等矿物的发掘，从事这些矿物的采掘和贩卖工作。在任委托的五年间，成功获得某县以及方圆四十华里的大矿山的地主契约及采矿权。1918年任职于矿业组合组织，到中国东北各地进行调查，从事辽西的银、亚铅铜矿以及隋家屯的萤石矿的采掘贩卖工作。他还担任盖平居留民会长及地方委员。

市濑良胤

市濑工务所经营主，市濑土木代表董事，满铁地方部土木课管理系主任。1886年5月出生于新潟县高田市，是新潟县医师市濑胤章的长子，1923年11月，继承家业。他毕业于新潟县立高田中学及东京商工学校土木科，毕业后任东京市役所水道课勤务。1911年10月辞职，入职满铁，在长春任一时沿线附属地的工事系员和工事主务者，担任了本溪湖勤务，还担任了大连市中央公园改良委员会委员，吉林省水道名誉顾问等职务。1930年任技师，又任土木课代理，退社后任大连农事工务系系长。1933年2月辞职经商，为市濑工务所经营主，1942年12月，任市濑土木代表董事。

志和俊阳

吉泰汽车董事，阜昌公司主，煤炭商。1886年11月15日出生于高知县长冈郡本山町。高知县农民和田彦斯第三子，志和省三郎的养子。1907年1月继承家业。1904年从高知中学毕业后进入私塾学习。1906年任奉天商品展览会事务员。1907年任居留民会事务员，同年10月入职满铁任勤务。又任地方部奉天派出所员。1908年12月退社。1909年为木材商。1910年入奉天石炭贩卖组合工作。1911年1月转入新民屯工作，从事煤炭销路的扩张。任职期间，着手负责新邱煤矿以及其他矿山的扩张。1917年到奉天居住，历任奉天商工会议所议员、淀町町内会长以及"满蒙"牧场、"满洲"企业、"满洲自动车"各株式会社董事，奉天猎友会副会长。

末宗繁市

曾为铣铁及煤炭商人。1889 年 3 月生于大分县宇佐郡北马城村。为大分县农民末宗和平的次子。1907 年 6 月进入中国东北在满铁实习，1909 年从育成学校毕业，毕业后三个月加入了北京留学同学会，经介绍进入满铁工作，1919 年 1 月在兴业部辽阳贩卖所担任主任，1920 年 3 月离职来到鞍山，在满铁煤炭及铣铁特约贩卖店工作，其间在张家口、山西、河南、北京、上海等地前后进行了数次旅行。

久松治

"日满商事"石炭课课长，满铁兴业部贩卖课奉天贩卖所主任。1891 年 5 月 16 日生于长崎县西彼杵郡三重村。其为长崎县农民久松金太郎的长子，1918 年 8 月继任为家主。1921 年毕业于东京高等商科学校，4 月为满铁商事部贩卖课勤务，1925 年 4 月担任平壤贩卖所主任，1927 年 5 月担任奉天贩卖所主任。1931 年 10 月任石炭课地卖主任，1933 年 7 月任长春营业所所长。1936 年 10 月"日满商事株式会社"创立，入社任石炭课课长。

中岛五十治

阜新兴业、阜新酱园各董事，兴仁制业董事，满铁长春地方事务所涉外主任。1891 年 9 月出生于栃木县足利郡三和村。栃木县医师中岛林仙的第五子。于 1927 年分家自立。中学肄业，于 1905 年到中国东北，在安东县有马组任勤务，同时又在安东中文学校学习中文。之后在凤凰城交涉局任翻译，其后又转任安东巡捕队通译、关东都督府通译事务顾问。1917 年在公主岭任警察，1919 年 4 月入职满铁。于 1922 年为了语言学研究奉命至北京留学，1923 年 11 月回到满铁，任满铁地方部地方课勤务，1926 年 4 月转任长春地方事务所涉外主任。其间曾到京绥线、京汉线、正太线、陇海线、津浦线、胶济线、沪杭线、沪宁线等处沿线地区进行考察旅行，后任副参事，1936 年 10 月退社，并在兴仁制药股份有限公司成立时任董事，11 月任"日满商事会社"煤炭指定贩卖人，1942 年 4 月任长春煤炭监察员。

长井租平

"满炭"常务理事兼经理部部长，舒兰煤矿监察员，满铁兴业部农务课庶务系主任。1896 年 2 月出生于广岛县佐伯郡二十日市町，是广岛县银行员长井传三郎的长子。1917 年通过了律师考试，1918 年 1 月在神户从事律师工作。1919 年入职满铁，任满铁人事课勤务，1920 年升任庶务系主任，1922 年 3 月转任地方部庶务科，同年 10 月又改任奉天地方事务所土地水道系系长，1924 年 1 月任地方系系长，同年 5 月任地方部地方系土地管理系主任，1926 年 3 月任瓦房店地方事务所所长，任满 3 年后于 1931 年 3 月担任满铁兴业部农务课庶务系主任。1934 年 5 月任"满炭"常务理事，1939 年 7 月任舒兰煤矿监察员。

川畑洋一

满铁煤炭特约贩卖业。鹿儿岛县鹿儿岛市稻荷町人。生于 1905 年 9 月，他是鹿儿岛县商人川畑直二的长子。1923 年毕业于大连商业学校，后进入东洋协会大学预科学习，入学一年后中途退学，帮助他父亲的土木工程及满铁煤炭贩卖业的生意。1928 年 5 月父亲去世后继承家业。担任火灾海上运送生命伤害各种保险社代理店长，兼太平洋海上火灾保险株式会社伪满洲支部部长。

参考文献

一　日文原版资料

西濃聯合教育会編『西濃人物誌：修身資料. 第 1 輯』、大垣町（岐阜県）西濃印刷、1910 年。

箭内亙、稲葉岩吉、松井等撰；白鳥庫吉監修『満洲歷史地理・南満洲鉄道』、丸善、1913 年。

世界公論社編『進境の人物』、世界公論社、1917 年。

後藤新平著『日本植民政策一斑』、拓殖新報社、1921 年。

稲葉岩吉『対支一家言』、日本評論社出版部、1921 年。

稲葉君山『支那社会史研究』、大鐙閣、1922 年。

大陸出版協會編『満鉄王國』、大陸出版協會、1927 年。

松岡洋右著『東亞全局の動搖：我が國是と日支露の関係・満蒙の現状』、先進社、1931 年。

松岡洋右著『動く満蒙』、先進社、1931 年。

満洲国文教部『高级小学校国史教科书』、満洲国文教部、1934 年。

松岡洋右著『満鉄を語る』、第一出版社、1937 年。

鶴見祐輔編著『後藤新平伝』（全四卷）、後藤新平伯伝記編纂会、1937 年。

関東洲廳長官官房庶務課編『關東州施政三十年回顧座談會』、関東洲廳長官官房庶務課発行、1937 年。

稲葉岩吉『新東亜建設と史観』、千倉書房、1938 年。

稲葉博士還暦記念会編『稲葉博士還暦記念満鮮史論叢』、稲葉博士還暦記念会、1938 年。

石井満『野村龍太郎傳』、日本交通學會、1938 年。

蓑洲会編『野村龍太郎伝』、日本交通学会、1938 年。

渡辺幾治郎『歴史を作る人』、東洋経済新報社、1939 年。

日本教育資料刊行会編『新東亜建設を誘導する人々』、日本教育資料
　　刊行会、1939 年。

稲葉岩吉『満洲発達史』、日本評論社、1939 年。

稲葉君山『後藤新平伯と「満洲歴史調査部」』、南満洲鉄道株式會社
　　鉄道總局広報課、1939 年。

渡辺幾治郎『歴史を作る人』、東洋経済新報社、1939 年。

南満洲鉄道株式會社編『満洲鉄道建設誌』、南満洲鉄道株式會社、
　　1939 年。

稲葉岩吉『満洲国史通論』、日本評論社、1940 年。

鶴見祐輔著『後藤新平傳 2』、太平洋協會出版部、1943 年。

東亞研究所編『異民族の支那統治史』、大日本雄辯會講談社、1944
　　年版。

満史会編『満州開発四十年史』（全三卷）、満州開発四十年史刊行会、
　　1964—1965 年。

安藤彦太郎編『満鉄：日本帝国主義と中国』、御茶の水書房、1965 年。

外務省編『日本外交年表竝主要文書』（上下卷）、原書房、1965—1966 年。

伊藤武雄，荻原極，藤井満洲男編『「満鉄」（現代史資料、全三
　　卷）』、みすず書房、1966—1967 年。

東亜同文会編『対支回顧録』（全二卷）、原書房復刻版、1968 年。

満洲帝国政府編；滝川政次郎解題；衛藤瀋吉校註『満洲建國十年史』、
　　原書房、1969 年。

防衛庁防衛研修所戦史室著『戦史叢書關東軍』（全二卷）、朝雲新聞
　　社、1969 年。

白鳥庫吉『白鳥庫吉全集 8—10』、岩波書店、1969—1971 年。

満洲国史編纂刊行会編『満洲国史』（全二卷）、満蒙同胞援護会、
　　1970 年。

満洲国史編纂刊行会編『満洲國史・総論』、満蒙同胞援護会、1970—
　　1971 年。

東亜同文会編『続対支回顧録』（全二巻）、原書房復刻版、1973 年。

満鉄会編・発行『満鉄最後の總裁山崎元幹』、1973 年。

松岡洋右伝記刊行会編『松岡洋右：その人と生涯』、講談社、1974 年。

南満洲鉄道株式会社編『南満洲鉄道株式會社十年史』（明治百年史叢
　　書第 239 巻）、原書房、1974 年。

南満洲鉄道株式会社編『満洲事変と満鉄』（全二巻）、原書房復刻版、
　　1974 年。

南満洲鉄道株式会社編『南満洲鉄道株式会社三十年略史』、原書房復
　　刻版、1975 年。

菊池寛著『満鉄外史』、原書房、1975 年。

南満洲鉄道株式会社編『南満洲鉄道株式会社第三次十年史』（上中下
　　巻）、龍溪書店舍復刻版、1976 年。

南満洲鉄道株式會社總裁室地方部殘務整理委員會『満鉄附属地經營沿
　　革全史』（全三巻）、龍溪書店舍復刻版、1977 年。

山田豪一『満鉄調査部：栄光と挫折の四十年』、日本経済新聞社、
　　1977 年。

草柳大蔵著『満鉄調査部』、朝日新聞社、1979 年。

原田勝正『満鉄』、岩波書店、1983 年。

満鉄会編・発行『財団法人満鉄会小史』（第三版）、1985 年。

山崎元幹，田村羊三共著『思い出の満鉄』、龍溪書舍、1986 年。

満鉄会編『満鉄史余話』、龍溪書舍、1986 年。

満鉄会編『南満洲鉄道株式会社第四次十年史』、龍溪書店舍、1986 年。

満鉄会監修『満鉄社員消費組合十年史』、龍溪書店舍復刻版、1986 年。

野々村一雄著『回想満鉄調査部』、勁草書房、1986 年。

原覺天著『満鉄調査部とアジア』、世界書院、1986 年。

満鉄会監修『満鉄在籍社員統計』、龍溪書舍、1989 年。

満鉄会監修『南満洲鉄道株式会社課級以上組織機構変遷並に人事異動
　　一覧表』、龍溪書舍、1992 年。

岩壁義光，広瀬順晧編『原敬日記』、北泉社、1998 年影印本。

小林英夫編『近代日本と満鉄』、吉川弘文館、2000 年。

小林英夫『満鉄調査部「元祖シンクタンク」の誕生と崩壊』、平凡社、2005 年。

加藤聖文『満鉄全史：「国策会社」の全貌』講談社、2006 年。

井上直樹『帝国日本と〈満鮮史〉：大陸政策と朝鮮・満洲認識』、塙書房、2013 年。

外務省編『日本外交文書』、日本国際連合協会発行。

奥谷貞次，藤村徳一編『満洲紳士録：前編』、1907 年。

奥谷貞次，藤村徳一編『満洲紳士録：後編』、1908 年。

遼東新報社編・発行『記念誌』、1924 年。

『支那在留邦人興信録』、1926 年。

『最新満州国人名鑑』、1934 年。

満洲日報社編・発行『満蒙日本人紳士録』、1929 年。

日清興信所編『満洲紳士縉商録』、1927 年。

満蒙資料協会編・発行『満洲紳士録：初版』、1937 年。

満蒙資料協会編・発行『満洲紳士録：第三版』、1940 年。

満蒙資料協会編・発行『満洲紳士録：第四版』、1943 年。

南満洲鉄道株式会社編『社員録（職員録）』、1909—1940 年。

多田辰應著『満洲官民職員録』、1934 年。

満洲国国務院総務庁人事処『満洲国官吏録』、1941 年。

満洲国国務院総務庁人事処『満洲国官吏録』、1942 年。

満蒙資料協会編・発行『満華職員録』、1942 年。

西孟利（創生）著『満洲芸術壇の人々』、1929 年。

満蒙文化協会（満洲文化協会）編・発行『会員名簿：満蒙文化協会』、1926 年。

満蒙文化協会（満洲文化協会）編・発行『会員名簿：満洲文化協会』、1937 年。

佐々木泰治著『満洲朝鮮における帝国之実業成功者列伝』、1914 年。

伊藤武一郎著『成功せる事業と人物』（『満洲十年史』（1916 年）の付録）、1916 年。

菊池秋四郎、中島一郎共著『奉天草分の人々・事業と活躍の人々』

（『奉天二十年史』收録）、1926 年。

野田凉著『奉天省に活躍する主要人物』、1933 年。

山田浩通编『満洲寿帖』、1928 年。

芳賀登编集『日本人物情報大系・2・満洲编』（11—20）（注：本书影
　印收録了上列 64—86 号资料）。

二　中文资料

王古鲁：《最近日人研究中国学术之一斑》，日本研究会 1936 年版。

王芸生：《六十年来中国与日本》，生活·读书·新知三联书店 1980 年版。

[日] 满史会编著：《满洲开发四十年史》上、下卷，东北沦陷十四年史
　辽宁编写组译，1988 年（内部发行）。

陈本善：《日本侵略中国东北史》，吉林大学出版社 1989 年版。

[日] 冈部牧夫：《伪满洲国》，郑毅译，陈本善校，吉林文史出版社
　1990 年版。

苏崇民：《满铁史》，中华书局 1990 年版。

严绍璗：《日本中国学史》，江西人民出版社 1991 年版。

台湾“中研院”近代史研究所：《中国近代史资料汇编中日关系史料东
　北问题》（全 4 卷），台湾“中研院”近代史研究所，1993 年。

[日] 铃木隆史：《日本帝国主义与满洲》，周启乾译，台北：金禾出版
　社 1998 年版。

王胜利等主编：《大连近百年史人物》，辽宁人民出版社 1999 年版。

[日] 五井直弘：《中国古代史论稿》，李德龙译，北京大学出版社 2001
　年版。

中国社会科学院中日历史研究中心编：《九一八事变与近代中日关
　系——九一八事变七十周年国际学术讨论会论文集》，社会科学文献
　出版社 2004 年版。

朱诚如主编：《辽宁通史》，辽宁民族出版社 2009 年版。

苏崇民：《满铁档案资料汇编·第一卷·日本的大陆政策与满铁》，社会
　科学文献出版社 2011 年版。

苏崇民：《满铁档案资料汇编·第二卷·巨型殖民侵略机构满铁》，社会

科学文献出版社 2011 年版。

解学诗：《满铁档案资料汇编·第三卷·列强势力范围争夺与中东路》，
社会科学文献出版社 2011 年版。

解学诗：《满铁档案资料汇编·第四卷·日本独占中国东北铁路交通》，
社会科学文献出版社 2011 年版。

苏崇民：《满铁档案资料汇编·第五卷·垄断东北铁路和海港》，社会科
学文献出版社 2011 年版。

苏崇民：满铁档案资料汇编·第六卷·水陆交通和运输工人》，社会科
学文献出版社 2011 年版。

苏崇民：《满铁档案资料汇编·第七卷·掠夺东北煤炭石油资源》，社会
科学文献出版社 2011 年版。

解学诗：《满铁档案资料汇编·第八卷·鞍山昭和制钢所始末》，社会科
学文献出版社 2011 年版。

苏崇民：《满铁档案资料汇编·第九卷·农林牧业扩张与移民》，社会科
学文献出版社 2011 年版。

苏崇民：《满铁档案资料汇编·第十卷·工商矿业统制与掠夺》，社会科
学文献出版社 2011 年版。

解学诗：《满铁档案资料汇编·第十四卷·满铁调查部》，社会科学文献
出版社 2011 年版。

解学诗：《满铁档案资料汇编·第十五卷·文献补遗与满铁年表》，社会
科学文献出版社 2011 年版。

李孝迁编校：《近代中国域外汉学评论萃编》，上海古籍出版社 2014 年版。

解学诗：《评满铁调查部》，人民出版社 2015 年版。

郑毅、赵文铎、李少鹏等：《"间岛问题"与中日交涉》，吉林人民出版
社 2016 年版。

郑毅、李少鹏：《近代日本社会满蒙观研究》，吉林文史出版社 2018 年版。

三　其他档案及网络资料

国立公文書館（http://www.archives.go.jp/）

国立国会図書館（http://www.ndl.go.jp/）

アジア歴史資料センター（https：//www.jacar.go.jp/index.html）

外務省外交史料館（https：//www.mofa.go.jp/mofaj/annai/honsho/shiryo/）

防衛省防衛研究所（http：//www.nids.mod.go.jp/index.html）

皓星社《日本人物情報大系》索引系统（http：//www.libro-koseisha.co.
　jp/top01/main01.html#data_jin）

维基百科日文版（https：//ja.wikipedia.org/wiki/）

抗日战争与近代中日关系文献数据平台（http：//www.modernhistory.org.
　cn/index.html）

后　记

　　《满铁人物评传》是吉林省社会科学院邵汉明院长主持的国家社科基金重大项目"满铁资料整理与研究"［17KZD001］的子课题"满铁人物评传"的最终成果，子课题委托本人组织北华大学东亚中心和黑河学院文化旅游学院的部分教师共同编写完成。

　　满铁作为日本对中国东北重要的殖民统治机构，存续时间长达40年，与满铁直接相关的中日各阶层人物不下二十万人，在编写评传时，我们无法做到尽收无遗。本书选择了具有代表性的约八百名人物，这也是目前国内外唯一一部相关题材的论著。书中囊括了满铁的历任总裁、理事、参事、中层骨干、技术人员、调查人员，特别将其殖民地行政中的文教、医疗、农林畜牧相关人员单独列出，以期全方位地展示满铁作为日本侵略中国东北的殖民工具的历史事实。

　　本书在编撰时，我们曾经收集到1909年到1940年满铁编撰的《社员录》（后改称《职员录》）以及相关的档案资料，但这些资料只有名单，并无简历，因此没有被作为主要资料使用。本书具体的简介主要参考了《满洲绅士缙商录》（1927年）、《满蒙日本人绅士录》（1929年）、《满洲绅士录》（1937年初版，1940年三版，1943年四版）、《满华职员录》（1942年）等资料，其中经常出现自我吹嘘的言辞，显然文字是出自传主本人提供的资料。经与日本国立公文书馆藏的内阁"叙勋""叙位"的裁可档案比对，其基本事实尚属可靠。我们以此为基本素材，通过皓星社的"日本人物情报大系"（http://www.libro-koseisha.co.jp/）通检查重，绝大多数人物均参考了两种以上的简历资料编写而成。

　　除此之外，我们也参考了国内外出版的一些日本政治人物传记、人物事典、网络资源等资料。书中的人物照片则主要出自满铁编撰的"十年史"类资料的附图。个别图片、文字的出版单位和原作者，因未能及时联系上，特表示歉意。俟取得联系，我们将按照国家稿酬支付标准支付相关费用。

受材料所限，除大藏公望、山崎元幹等少数人外，多数满铁人物在1945年以后的社会活动情况甚至卒年我们均无法获知。应该说，大部分满铁人物在离开满铁后对战后日本没有太大的影响，且他们在战后的活动多数与满铁无关，也已逸出本课题的研究范畴。但我们仍感觉，对他们战后经历的记录缺失是本书的一个遗憾。另外，在人物选择方面我们力求囊括满铁中高层人员与技术骨干，从数万人中选择了一千三百余人，又进一步裁汰剩下约八百人。但哪些人物更具有代表性，这实际上是一个见仁见智的问题。我们将在本书出版后虚心听取各方意见、继续收集相关资料，以期在再版时进一步补充、完善。

在本书的编写过程中，辽宁大学的王铁军教授提供了宝贵的资料，黑河学院的丛喜权副校长、潘华院长为本书提供了诸多便利，我的学术助手李少鹏博士负责具体的事务性工作，北华大学东亚中心的硕士研究生魏仕俊、于铭扬、王瑞麟、赵培文、谭泳新、郑成志、赵恒等同学为本书付出了辛苦的劳动，谨向他们致以诚挚的谢意！

由于笔者的水平所限，相信本书还有一些不足之处，敬请读者多多批评、指正！

郑　毅
于北华大学东亚中心
2023 年 8 月